LITERATI

Barry McCrea

Literati

Traducción de
Luis Nacenta

Círculo de Lectores

Para Ludovico

–¿Oíste alguna vez una vieja canción que empieza:
«Naranjas y limones, dicen las campanas de Saint Clements?».
O'Brien, muy serio, continuó la canción:
«Me debes tres peniques, dicen las campanas de Saint Martins.
»¿Cuándo me pagarás?, dicen las campanas de Old Bailey.
»Cuando me haga rico, dicen las campanas de Shoreditch».
–¡¡Sabías el último verso!! –dijo Winston.
–Sí, lo sé, y ahora creo que es hora de que te vayas.

George Orwell, *1984*

«Naranjas y limones», dicen las campanas de Saint Clements.
«Me debes cinco peniques», dicen las campanas de Saint Martins.
«¿Cuándo me pagarás?», dicen las campanas de Old Bailey.
«Cuando me haga rico», dicen las campanas de Shoreditch.
«¿Y eso cuándo será?», dicen las campanas de Stepney.
«No lo sé», dice la gran campana de Bow.

Tradicional

Libro primero

Prólogo

Al final, abandoné mi nueva vida y a las personas que me habían ayudado a construirla, y regresé al mundo de juegos extraños y sistemas secretos del que ellos me habían salvado. En verano, tras haberme apartado del culto, todos estaban satisfechos con mi progresiva adaptación a la vida cotidiana: me instalé en un piso del centro con mi viejo amigo, trabajaba a tiempo parcial introduciendo datos en un banco y todo estaba arreglado para regresar al Trinity en octubre y repetir el curso que había perdido. Pero nunca me acostumbré realmente al trabajo que ocupaba mis días desde mi rescate, y en los momentos de ocio dejaba que mi mente regresara a las preguntas peligrosas y los misterios, a los actores entonces desaparecidos y a las intrigas que había prometido olvidar definitivamente.

Mi retorno al culto tuvo lugar una tarde cálida, a mediados del verano de 2004, mientras esperaba, sentado en soledad, un mensaje de texto de mi nuevo amante. Estaba aturdido y nervioso; el piso me oprimía con sus cucharas y cojines. Miraba la pantalla sin iluminar del móvil y deseaba que el mensaje llegara antes de que fuera demasiado tarde. Pero cuando finalmente el teléfono sonó, vibró y se iluminó, en lugar de cogerlo y leer el mensaje, me dirigí a la habitación de Patrick, como obedeciendo una orden, y me detuve ante su librería. En un solo instante de iluminación, como el flash y el estallido de una bombilla al fundirse, supe que esa nueva vida, breve y segura, había terminado. Me contuve unos momentos, en una resistencia falsa, desviando de vez en cuando la mirada hacia los coches que circulaban regularmente por Baggot Street y se sucedían ininterrumpidamente unos a otros, como los días, los minutos, los años. Pero yo no era acosado ni perseguido en contra de mi voluntad; no sufría por amor, fatiga o nervios. Me había perdido voluntariamente, hacía mucho que me había marchado.

Encendí la lámpara de lectura de Patrick para iluminar los títulos de la librería.

Cuando tomé el primer volumen prohibido, el tráfico, el rumor de la nevera, la pareja de mendigos peleándose en el exterior, el tictac del reloj despertador de Patrick e incluso, tal vez, el timbre de mi teléfono se habían entretejido en un fino entramado de sonido: el inevitable y peligroso cántico en latín que me había seducido la primera vez y que ahora iba a guiarme de nuevo:

ecce enim veritatem dilexisti
incerta et occulta sapientiae tuae manifestasti mihi
Asperges me hyssopo et mundabor
Lavabis me, et super nivem dealbabor.

Mas tú amas la verdad en lo íntimo del ser,
y en lo secreto me enseñas la sabiduría.
Rocíame con hisopo, y seré limpio,
lávame, y quedaré más blanco que la nieve.

Uno

Pero al comienzo todo fueron palabras. Durante muchos años tuve la costumbre de mentir, y de decir que las palabras habían sido «siempre» mi «terreno», cuando lo cierto es que mi lengua no es otra que la lengua ruda de mi tierra natal, los suburbios burgueses de la parte sur de Dublín, el área levantina que desde los edificios de ladrillo rojo, acallados por los árboles, de Ranelagh, Rathmines y Donnybrook, en el límite del centro de la ciudad, un lugar solemne con canales, cornisas y ciudadanos apacibles, se extiende hacia el este y el sur a lo largo de una resplandeciente costa mediterránea. Los trenes verdes anfibios recorren su filo espumeante, se deslizan entre el corazón de la metrópoli hiberniana y las tierras lejanas del sur y atraviesan las poblaciones litorales de Glenageary, Blackrock y Killiney, por Dalkey, Seapoint y Bray. La autopista de Stillorgan cruza este territorio por el centro; es como una espina dorsal que atraviesa lateralmente los parajes salvajes y oscuros de Foxrock y Leopardstown, y se prolonga por incontables valles y llanos solitarios en dirección a las primeras estribaciones de la parte oeste, las colinas, el fin de la tierra, el área literalmente fantástica bajo la sombra solemne de Three-Rock. Éstos son los confines de mi tierra natal, y mi lengua consiste sólo en sus suaves vocales napolitanas, su cadencia marítima de clase media y un cierto rechazo de los tiempos verbales.

Una aceptable capacidad de empollar y una habilidad engañosa, casi corrupta, para aprobar los exámenes me permitieron completar sin dificultad los estudios secundarios en el instituto jesuita Gonzaga College, y ganar algunas competiciones locales. En mi último año en el instituto (es decir, nueve meses antes de la tarde en el piso de Patrick), resultó que estos dones mediocres, combinados con una modesta facilidad para los idiomas extranjeros, me brindaron una oportunidad más excitante. Ésta se materializó en una nueva beca, la Beckett Foundation Fellowship, de la que sólo se concedían dos en Irlanda, para estudiar literatura francesa e inglesa en el Trinity College. La beca me daba derecho a tomar parte en los «Commons» –la cena en el gran Dining Hall, cada tarde a las seis– y, lo que era más importante, a una residencia (en verdad una sola habitación) en el Trinity, hecho que me permitiría mudarme y abandonar, después de diecinueve años, la fría casa victoriana de mis padres y de mi infancia, sobre el oleaje triste del mar, en Dún Laoghaire.

Salí de casa a principios de octubre y caminé hacia la estación del DART[1] entre las hojas secas, la lluvia nocturna y, muy probablemente, la gran luna naranja del tiempo de la cosecha. Ante la luz azul y preocupada del televisor me despedí de mis padres y rechacé su oferta de llevarme en coche. Ellos hablaron con inquietud sobre el dinero y la comida y me dijeron que estaban orgullosos de mí. Yo les dije que les quería y me marché.

Podría haber interpretado mi partida hacia una nueva vida en la ciudad como un rito iniciático, la extremaunción de mi infancia, pero en mi mente sólo había lugar para Ian O'Neill. Hacía más de un mes que Ian había vuelto de un viaje en interrail por Europa, y a pesar de mis llamadas prácticamente diarias a su móvil y de los mensajes que dejé en el teléfono fijo de su familia, sólo le había visto y había hablado con él en una ocasión durante todo ese tiempo. Unos días antes de que comenzara sus estudios de comercio en el University College de Dublín (UCD), me presenté sin previo aviso en la puerta de la casa de los O'Neill, una vivienda adosada en Dartry, guiado no tanto por el afecto o el amor como por un violento deseo carnal de sentir la presión de su carne cuando nos diéramos un apretón de manos.

1. Sigla de Dublin Area Rapid Transport, que identifica al servicio ferroviario de cercanías de Irlanda. *(N. del T.)*

Su novia –Laoise, creo que se llamaba– estaba en la sala de estar. Él no me invitó a entrar, me retuvo en el porche durante los pocos minutos que duró nuestra conversación, pero pude sentirla moviéndose en el interior, como una misteriosa y regia prisionera en una torre. El trato de Ian fue amistoso, cómo tú por aquí, qué tal te va, pero sus ojos inexpresivos dejaban entrever que ya conocía la verdadera naturaleza de mis sentimientos hacia él, un reconocimiento completo, al fin, del fervor caníbal que había caracterizado mi interés por su persona. Noté de inmediato en su voz que había descubierto el velo de hipocresía con que yo había envuelto nuestra amistad durante los dos últimos años de instituto, dos años locos e interminables en los que rondé cada noche como lady Macbeth por los cuartos oscuros de casa, deseando que llamara, atormentado por el pensamiento de que tal vez habría salido a ligar con chicas o –peor aún– a compartir sus confidencias con otros chicos.

Nuestra asociación era bastante rara: un empollón reservado y ligeramente impopular y un jugador de rugby de pelo rubio, afable y seguro de sí mismo. Según el curso habitual de la vida en el instituto, nuestros caminos nunca se hubieran cruzado, así que nuestra amistad fue cuidadosamente planeada por mí a partir de una serie de encuentros en apariencia inocentes y fortuitos en paradas de autobús, en celebraciones religiosas y en las colas de los quioscos de Ranelagh. Gracias a estas estratagemas y maquinaciones me convertí en el mejor amigo del objeto de mi obsesivo deseo sexual, y si bien es cierto que le confundían mis celos extremos hacia la vida social que mantenía aparte de mí con su viejo grupo de amigos, acabó aceptándolos como una rareza de mi carácter, una muestra de verdadera amistad.

Sin embargo, todo cambió en el verano tras el examen final del bachillerato, los meses entre el instituto y la universidad, que yo dediqué a pasear por el frente marítimo de Sandycove con mis padres y mi hermana, y él a viajar en interrail por Europa con un grupo alocado de compañeros del instituto Gonzaga. Durante esta aventura continental, la lejanía de Dublín y la convivencia con amigos que no le reprochaban amargamente su insensibilidad o su despreocupación debieron de llevarle a un replanteamiento de nuestra extraña amistad. Una tarde, mientras bebía cerveza de un vaso de plástico en la plaza Wenceslas, o charlaba tal vez con un grupo de viajeras australianas con mochila en el puerto de Brujas, debió de asaltarle una repentina visión retrospectiva de mí esperando en casa, en aquellas noches de fin de semana en Dublín en las que él había salido con sus otros amigos. Quizá mientras descendía borracho por la pendiente adoquinada de la Piazza del Campo en Siena, o corría a validar el billete en el Hauptbahnhof en Múnich, la súbita comprensión de cómo habían sido las cosas realmente le había obligado a detenerse de golpe, haciéndole resbalar, perder el equilibrio y caer sobre un carro de maletas, a la vez que se formaba en su mente la imagen de mi espera un viernes por la noche, rondando miserablemente de una a otra oscura habitación en nuestra casa grande y vieja junto al mar, a la espera de alguna señal de Ian, como una Bernadette sin esperanzas en un Lourdes lluvioso aguardando inútilmente una aparición divina que irrumpiera con el sonido del teléfono.

Ahora en cambio, mientras caminaba sobre los adoquines y las hojas secas del Trinity y me dirigía a recoger mis llaves en la recepción, estos recuerdos recientes se desvanecieron. Firmé en el lugar correspondiente y el portero me indicó cómo llegar hasta mi nueva dirección, el edificio 16, situado en la esquina de acceso a un complejo de granito del siglo XIX conocido como Botany Bay. La habitación, en el tercer piso, era amplia y luminosa, estaba amueblada con un escritorio, una cama individual y una librería y tenía un lavabo en un rincón y dos viejas ventanas que daban a las pistas de tenis y a un edificio gótico, el Graduate Memorial Building. Miré la librería, las paredes vacías y el techo alto y blanco y pensé: «Yo daré vida a esta habitación».

Estaba enfrascado en la labor de deshacer mi equipaje, y en los pensamientos agradables que la acompañaban, cuando un timbre en el interior de la habitación emitió dos fuertes y largas llamadas. Era el timbre de mi puerta, un mecanismo estridente y anticuado situado sobre ella. Era imposible que nadie viniera a verme, puesto que yo mismo desconocía cuál era mi habitación antes de recoger la llave. Tampoco había escrito mi nombre en el interfono situado junto a la puerta exterior. El timbre sonó dos veces más y me quedé inmóvil en medio de la habitación, en una postura de autómata, con una pila de calzoncillos en los brazos. Los dejé caer al suelo, me acerqué a la ventana, la abrí y asomé la cabeza a la oscuridad. Detrás de mí el timbre emitió dos nuevas llamadas vehementes. De pie en los escalones de acceso al edificio 16, un hombre joven miraba hacia mi ventana mientras retiraba el dedo del interfono. Primero le tomé por Ian y después por Patrick, antes de darme cuenta de que no era ninguno de los dos, ni nadie, en verdad, a quien conociera. Era algo mayor que yo, tenía el cabello rubio y rizado y llevaba una chaqueta de cuero marrón.

–¿Quién es? –grité hacia la puerta.

El desconocido saltó de las escaleras y se acercó hasta detenerse justo debajo de mi ventana, mirando hacia arriba con las manos en los bolsillos.

–Hola –grité de nuevo.

–¿Niall? ¿Niall Lenihan? –gritó hacia mí alegremente.

–Sí, sí, soy yo; hola –dije.

El extraño rió, se retiró algunos pasos, y formando un altavoz con las manos junto a la boca cantó en dirección a mi ventana:

–«Naranjas y limones, dicen las campanas de Saint Clements.»

–¿Cómo?

Echó una sonora carcajada y cantó de nuevo:

–«Naranjas y limones, dicen las campanas de Saint Clements.»

Le miré, atónito, intentando imaginar qué podía significar aquello.

–¿Quién eres? ¿Qué quieres de mí?

–Pablo Virgomare –dijo, con un perfecto acento irlandés–, encantado de conocerte.

–Extraño nombre –respondí, en tono acusatorio.

–Más extraño que el tuyo, en cualquier caso, Niall Lenihan –replicó–. Tan pocas letras, repetidas y reordenadas.

–¿Qué quieres? ¿Cómo sabes quién soy? –dije.

Él rió de nuevo.

–Repetidas y reordenadas –dijo otra vez.

La campana del Dining Hall dio la media hora. El desconocido exclamó hacia mi ventana:

–Es la llamada de San Clemente. Ten cuidado. Escucha bien, si me necesitas, ya sabes dónde encontrarme. Mándame una canción.

Me lanzó un beso y se marchó, siguiendo la valla de las pistas de tenis, hacia Front Square. Asomado en la ventana miré el viento y las hojas de Botany Bay, buscando vanamente una pista, con el verso de la canción resonando en mi cabeza. Finalmente volví al interior, me senté en la cama y me esforcé en pensar si le conocía de algo, tal vez de la escuela, o quizás era amigo de alguno de mis primos, y a qué tipo de broma conocida podía referirse aquella canción. Tal vez no era más que un desequilibrado gastando una broma. Pero conocía mi nombre y había averiguado cuál era mi habitación.

Me sobresalté, y mi corazón latió de nuevo con fuerza, cuando el timbre sonó otra vez. Quedé paralizado, aterrado, hasta que la llamada cesó, y aguardé inmóvil y tenso a que volviera a comenzar. Lo hizo tras una pausa larga: dos cortas llamadas. Me armé de valor y me acerqué con precaución a la ventana. No me atreví a mirar hacia abajo, de modo que me limité a gritar ciegamente y con decisión hacia las estrellas:

–¿Sí? ¿Hola?

Respondió la voz de una chica, con el acento cantarín del norte de Irlanda:

–¿Niall? ¿Niall Lenihan?

Miré hacia la puerta. Tenía el cabello castaño y largo hasta los hombros y esperaba con los brazos cruzados.

–¿Quién eres? –pregunté.

Se acercó, como el anterior visitante, y se detuvo debajo de mi ventana.

–Me llamo Fionnuala Shiel, soy la otra, bueno, ya sabes, la otra becaria de la Beckett Foundation. El vigilante del Front Arch me dio el número de tu habitación. Sólo he venido a saludarte.

–Ah –dije, desconfiado.

–¿Es un mal momento?

–¿Cómo? Oh, no, de hecho no. Quiero decir, bueno, no. Mucho gusto.

–¿Quieres tomar algo, una taza de té? –preguntó.

Dudé un momento. Todavía me parecía que aquello podía ser una trampa, parte del juego arcano del anterior visitante. Luego pensé que cualquier cosa era preferible a quedarme solo en mi habitación esperando el regreso de Pablo Virgomare, de modo que le lancé la llave y la invité a subir.

Mientras sus pasos se acercaban lentamente por la escalera, saqué el edredón de la mochila y lo extendí sobre la cama, con la idea de que un colchón desnudo era algo inapropiado para recibir una visita.

–De modo que tú eres el misterioso Niall –dijo cuando le abrí la puerta–; felicidades por la beca.

–Lo mismo digo –sonreí–. ¿Por qué misterioso?

–No estuviste en ninguna de las sesiones de presentación. Pregunté por ti varias veces durante la Freshers' Week.

–Me las salté –admití, avergonzado de haberme demorado en casa, esperando el hecho completamente improbable de que Ian llamara al teléfono fijo o viniera a verme–. Acabo de llegar ahora mismo.

Fionnuala tenía los ojos verdes, grandes y atractivos, y vestía como una persona seria, ropa moderna y bien combinada, elegida no para llamar la atención, sino más bien con el propósito de adolescente tímida de pasar tan desapercibida como fuera posible. La invité a entrar y nos sentamos en dos sillas junto a la estufa de gas, que encendí mientras ella observaba mi habitación.

–Bonita habitación –dijo.

La estufa se encendió al fin, me senté frente a Fionnuala y aspiramos un ligero olor a gas sin quemar. Me gustaba el sonido de su acento norteño, el pequeño trino al final de cada frase, el vibrato de las vocales.

–Eres del norte...

–Sí, de Belfast. ¿Y tú?

–Dublín. Soy de Sandycove, junto a Dún Laoghaire, sabes, de donde parte el barco de Holyhead.

–La Riviera de Dublín.

–Eso mismo.

Había conocido a nuestros compañeros de la clase de francés, y dijo que parecían bastante agradables; habían salido juntos a bailar a una discoteca situada detrás de Grafton Street, Break for the Border. Me preguntó si había oído hablar de ella. Así era. Recibí un soplo lejano de la brisa que corría por los fríos confines del mundo privado de Ian, el mundo de jugadores de rugby y sus novias del que yo estaba miserablemente excluido, condenado a deambular, como la dama blanca de Hampton Hall, por nuestra casa de Sandycove, donde el sonido distante de la televisión, que miraban mis padres y mi hermana, no era mucho más audible que el sonido fantasmagórico de la música y los bailes lentos a cuyo ritmo Ian podía estar moviéndose junto a alguna chica afortunada de Mount Anville o Muckross, sonido que me alcanzaba desde una vasta distancia, insalvable, de la imaginación, rota tan sólo por las risas veladas del público del programa en la sala de estar, o por la llamada insulsa de algún compañero de clase para informarse de los deberes, de muchachos que intercambiaban juegos de ordenador, leían novelas fantásticas y temían a sus madres.

–Bueno, el caso es que algunos compañeros de la clase de francés han quedado esta noche en un pub, ¿te apetece venir? ¿Qué hora es? Las siete y media, tenemos tiempo de tomar algo antes de que lleguen.

Me sentía irritable e insociable, pero la anterior visita me había provocado una gran ansiedad y no quería quedarme solo en mi habitación, así que respondí que iría encantado.

–Hemos quedado en el O'Neill's. ¿Sabes dónde está? Yo no.

–Yo sí –dije, complacido.

A pesar de que en muchos sentidos el centro era un lugar extraño para mí, enturbiado todavía por las aguas amnióticas de Sandycove, Dún Laoghaire y Dalkey, años de paseos erráticos con Patrick y sus amigos los sábados por la tarde, añadidos a la información de segunda mano sobre pubs y clubs que era parte del legado de Ian, me habían proporcionado un conocimiento aceptable, aunque en gran medida teórico, del trazado de sus calles y locales nocturnos.

Mientras caminaba con Fionnuala por el Trinity en dirección al pub, entre el tráfico de College Green, pasando junto a Molly Malone, orgullosa y exuberante, me relajé y me alegré de haber ido con ella. Introdujimos nuestros números en los respectivos móviles, un gesto agradable de inversión en el futuro, una anticipación divertida del momento en que nuestros nombres se iluminarían en las pantallas, anunciando una fiesta de estudiantes o informando de algún chisme sobre las tutorías. El O'Neill's estaba tranquilo cuando llegamos; nos sentamos a una mesa grande cerca de la entrada, para que los demás nos vieran fácilmente.

–¿Qué vais a tomar?

La camarera era española, pero imitaba, de un modo bastante cómico, el acento del inglés coloquial de Dublín.

–Una media pinta –dijo Fionnuala–; bueno, no, qué carajo, una pinta.

–Una Guinness, por favor.

Fionnuala dejó el bolso sobre la mesa y se acomodó en la silla.

–En Belfast te toman por una fresca si bebes pintas. He venido al sur para liberarme.

Pagué las consumiciones pese a las protestas de Fionnuala y brindamos por una vida feliz como estudiantes. Mientras bebíamos, una alegría indefinida se apoderó de nosotros, y olvidando al extraño visitante de las naranjas y los limones, sentí una oleada de afecto por la primera de mis nuevas amistades. Hablamos de nuestras familias. Ella era adoptada, la mayor de cuatro hermanos, todos adoptados excepto el pequeño. No sabía nada de sus padres biológicos, y no le interesaban lo más mínimo («Yo ya tengo una madre y un padre, Niall»). La conversación se desvió, por supuesto, hacia el sexo, e intenté formular una respuesta que no fuera una completa falsedad ni tampoco una declaración abierta de mi homosexualidad; abrí la boca, pero me salvó el saludo repentino de Fionnuala a una mujer joven que pasaba junto a nuestra mesa.

–¡Sarah!

–Oh. Hola, Fiona.

–Fionnuala.

Era mayor que nosotros, probablemente menor de treinta años, tenía la cara pálida como un fantasma y los ojos grises, grandes e intensos. Su pelo castaño estaba descuidado, peinado con la raya a un lado de un modo más bien masculino. Llevaba un bolso raído de color marrón en una mano y un cigarrillo en la otra. Ignorándome por completo, se dirigió a Fionnuala en tono de urgencia.

–¿Conoces a mi amigo John? ¿Le has visto? –preguntó con voz grave, hombruna.

–No le conozco, Sarah, lo siento...

–¡Maldita sea! –exclamó decepcionada–. ¡Malditos mentirosos!

Se quitó el abrigo y lo lanzó sobre el banco. Me desplacé hacia Fionnuala para dejarle espacio y ella se sentó.

–¡Malditos mentirosos! –exclamó de nuevo, y luego alzando la voz–: ¡Camarero! ¡Camarero, aquí!

Miró a Fionnuala y le dijo:

–No es así como debe decirse, ¿verdad?... Recuérdame cómo debe decirse.

Tenía un ligero deje provinciano, casi neutral, pero en todo caso no de Dublín.

–Niall, Sarah; Sarah, Niall. –Fionnuala nos presentó alegremente–. Niall es el otro becario de la Beckett.

Sarah desvió hacia mí sus grandes ojos grises, en una mirada breve pero intensa. Me pareció ver en ellos un rastro de otro color, un efecto raro de la luz; le devolví la mirada con cierto descaro. De nuevo se dirigió hacia Fionnuala.

–Éste es el O'Neill's, ¿no? Se supone que tenía que encontrarme con un amigo en el pub O'Neill's, pero aquí no está.

–¿Por qué no le mandas un mensaje? –sugirió Fionnuala, señalando con la cabeza nuestros móviles sobre la mesa.

Sarah no le contestó y pidió a la camarera un vodka con naranja con una rodaja de limón.

–Sarah es la persona de quien te hablé antes, Niall –dijo Fionnuala–, la estudiante de doctorado que vive en la habitación sobre la mía.

–¿En qué trabajas? –pregunté–. Me refiero, ¿de qué trata tu doctorado?

–De qué trata, ¿realmente tengo que decirlo? Supongo que sí. Sobre el irlandés antiguo. –Le dio a este término una especie de énfasis incrédulo–. Quiero decir, muy antiguo.

–Oh, qué interesante –dije.

–¿Tú crees? ¿Realmente? ¿El irlandés antiguo? Oh, qué interesante –repitió con aire ausente, como para sí misma.

Luego desvió la mirada y rebuscó en su bolso hasta que llegó su bebida. Pagó, tomó un trago y cogió el cigarrillo que había dejado en el cenicero.

–Odio los cigarrillos sin remojar. Oh, qué interesante –volvió a repetir, como sopesando su significado.

–Pues no falta mucho para que prohíban fumar en los pubs –intervine, sin obtener respuesta alguna.

Tras unos instantes, Fionnuala hizo otro intento:

–¿Y cómo va todo, Sarah?

Sarah paseaba la mirada distraídamente por el bar. Al no encontrar lo que buscaba, suspiró y sacó un libro en rústica de su bolso. Pasó las páginas con rapidez, se detuvo hacia la mitad, y posó el dedo sobre la página abierta. Leyó un poco, luego cerró el libro y lo lanzó sobre su abrigo. Se levantó, volvió a barrer el local con la mirada, y se sentó con brusquedad.

–Definitivamente era el O'Neill's, no hay duda. Pero él no está aquí. Ni rastro. ¿Qué hora es, Fiona?

–Las diez y media.

–¿Dónde debe de estar...?

–¿Seguro que era el O'Neill's de Suffolk Street? –intervine.

–Bueno, era el O'Neill's O'Neill's. ¿Dónde más podría ser?

–¿Hay otro O'Neill's, Niall? –preguntó Fionnuala.

–En Pearse Street –dije entonces, orgulloso, por una vez, de ser una fuente de conocimiento local, un buen rastreador indígena.

Sarah me puso el libro en las manos y dijo:

–Pasa las páginas y léeme una frase cualquiera.

–¿La primera que encuentre?

Miré fugazmente a Fionnuala, que me guiñó un ojo.

–Eso mismo, rápido –dijo Sarah, mirando nerviosamente alrededor.

–Mmm.

Abrí el libro hacia el final y puse el dedo sobre una frase. Comencé a leerla, pero me detuve sobresaltado cuando vi lo que había elegido. Me rodó la cabeza y cerré el libro.

–¿Qué te ocurre? –preguntó Sarah, mirándome de forma extraña–. ¿Qué dice?

–Yo...

Era increíble. No podía leerlo. Le tendí el libro y le señalé el pasaje que había elegido.

–«Naranjas y limones, dicen las campanas de Saint Clements» –leyó en voz alta–. ¿Y esto...? ¿Qué ocurre?

–Una extraña coincidencia –dije–, es realmente asombroso.

Estudió mi cara con atención, buscando en mis ojos algo concreto.

–¿Qué tipo de coincidencia? –inquirió de forma incisiva.

–Sólo... una frase repetida, bueno, fuera de contexto... salió antes y ahora aparece de nuevo.

Ella estaba visiblemente sorprendida. Mantuvo sus ojos en los míos, buscando una respuesta, y mientras le devolvía la mirada sentí que estaba a punto de ver algo concreto, como palabras escritas, emergiendo del fondo gris de sus pupilas. De repente apartó los ojos de mí, metió el libro en el bolso y se levantó con decisión.

–Tengo que irme... probaré en el O'Neill's de Pearse Street... debo irme. Hasta luego.

Hice gesto de levantarme e intenté llamarla, pero cuando hube formulado mi pregunta ella se había alejado a grandes pasos entre la gente del pub y ya no podía oírme. Volví a recostarme, confuso.

–¿Qué diablos es todo esto? –preguntó Fionnuala, inclinándose hacia mí.

Abrí la boca para responderle pero, por segunda vez aquella noche, no hallé las palabras.

–Oh... bueno, un *déjà-vu*, algo así, ya sabes. Me ha chocado.

–Está un poco loca, ¿no te parece?

–Sin duda.

De nuevo fuimos interrumpidos, esta vez por la llegada de nuestros compañeros de la clase de francés. Eran cuatro en total. Estuvimos bebiendo y charlando hasta la hora de cerrar. Yo no estaba acostumbrado a tratar con gente de fuera de Dublín. La última vez que había tenido contacto con jóvenes de otros lugares del país fue en una escuela de irlandés a la que asistí con Patrick, donde durante tres semanas desayunamos, comimos, practicamos deportes, bailamos en *céilithe,* y hablamos un irlandés rudimentario con otros chicos de catorce años procedentes de Limerick, Thurles, Arklow y Bunclody. Del mismo modo que en aquella ocasión me aferré a Patrick durante las clases, las sesiones de deporte, las excursiones y los bailes, ahora, en aquel pequeño grupo de peregrinos reunidos por primera vez en el O'Neill's de Suffolk Street, me acerqué al único viajero que también procedía de mi mundo, una chica de Foxrock, vestida con ropa cara y bastante egocéntrica, llamada Andrea. Fue quien más habló en aquella mesa, contó historias suburbanas de estructura extravagante, con un reparto, desconcertante por su tamaño y complejidad, de amigos, primos, ex novios, compañeros de clase, actores de otras generaciones que intervenían ocasionalmente, y cierto número de personajes a los que se refería de forma despectiva como «casuales». Era imposible saber quién acabaría siendo el verdadero protagonista de cada historia y de cada digresión («Esta amiga mía, exacto, Jen, fue *atacada* por ese tipo español en París, una vez, me refiero con un cuchillo y todo eso. Entonces su *primo*, eso es, el que trabajaba en The Hairy Lemon con *Feargal*...»), ni cuál de las digresiones iba a ser la pieza central de alguno de los círculos narrativos. Podía incluso imaginar a Andrea, como hacen los verdaderos contadores de historias, transformando mentalmente nuestra reunión de aquella noche alrededor de una mesa en el O'Neill's en un nuevo episodio que ofrecer a sus amigos. Parecía una de esas personas que, como un *seanchaí* en una aldea de cien habitantes, tienen el don sobrenatural de entretejer la paja del paso anodino del tiempo con oro narrativo. Esto dio a la velada en el O'Neill's un cierto brillo glamuroso, una vaga impresión de estar haciendo historia.

Andrea se alegraba de que en este nuevo mundo hubiera otro nativo del condado sur, y se sentía reconfortada cuando yo conocía, había oído hablar o afirmaba que me sonaba remotamente alguno de los personajes de sus cuentos de las mil y una noches. Por mi parte, entre los acentos y costumbres de personas procedentes de las cuatro provincias más allá de Dublín, y debido especialmente al recuerdo incesante y aterrador de mi extraño visitante y de su canción, también me sentía aliviado con la presencia de Andrea. Nuestra tierra atravesada por la autopista quedaba tan sólo a unas pocas millas de distancia, pero desde la mesa de aquel pub parecía tan remota como las fincas de Golden Vale o los puestos de fritangas de los campos de Galway.

El único chico aparte de mí era Harry. Era nervioso y pelirrojo, de Monaghan creo recordar. Se mordía las uñas ya destrozadas, bebía Coca-Cola y se ruborizaba cada vez que alguien le dirigía la palabra. Cuando se abrió paso entre nosotros, de un modo embarazoso, para ir al baño, Andrea nos susurró entre risas que «nunca» había conocido a nadie tan raro. («¿Cómo puede ser tan raro? –exclamó, golpeando la mesa muerta de risa–. ¿Se puede saber qué diablos le ocurre?») También estaban presentes, aunque por lo general se limitaron a escuchar en silencio, Therese, de Wexford, de aspecto monjil, con el pelo cortado por encima de los hombros, vestida con un cárdigan blanco y una falda con un triste estampado de flores, y Eileen, de Carlow, despierta y con el pelo rizado, que se dedicó a sostener su vaso de Ritz y a observarlo desde distintos ángulos, como si esperara leer en él el futuro.

A la hora de cerrar, Fionnuala propuso ir al Hogan's de Georges Street, donde, según decía un mensaje que acababa de recibir, un grupo de amigos había quedado en reunirse para ir juntos al Ri-Ra, una discoteca de la que yo había oído hablar muchas veces pero en la que nunca había estado. Harry, demasiado traumatizado para continuar la velada, masculló mortificado alguna excusa. También Therese anunció en un tono inexpresivo que se retiraba, e inmediatamente quedó borrada no sólo de la parte de la noche que entonces comenzaba sino también de la que ya había transcurrido. Andrea, Fionnuala, Eileen y yo partimos juntos por Dame Street.

Enfrente del Hogan's, luces, música y hielo seco emergían del George, durante mucho tiempo el único pub gay de Dublín y todavía el centro indiscutible del mundo homosexual de la ciudad, un nombre que había oído tan sólo en las bromas con que los chicos de mi clase con más experiencia de la vida se burlaban unos de otros, o en artículos ocasionales en el *Irish Times* sobre agresiones, drogas o los derechos de los homosexuales («... en un altercado en el exterior del George de South Great Georges Street, un pub muy popular entre la comunidad gay de Dublín...»). Volví la cabeza para mirar la afluencia ininterrumpida de hombres, jóvenes y mayores, que desfilaban ante los porteros con auriculares del Mossad, y me pregunté si alguna vez cruzaría aquella puerta.

El Hogan's estaba abarrotado, lleno de jóvenes de nuestra edad, chicos con camisetas de rugby que asentían y sonreían de un modo juicioso, chicas alegres, y en todas partes un olor a perfumes de diseñadores, humo de tabaco y cerveza. En el piso superior, oprimida contra la barandilla, vi a la hermana mayor de Ian, Catherine –que siempre fue amable conmigo en los días en que solía ir a su casa, y me salvaba con su conversación afable de los silencios malhumorados de su hermano menor– riendo a carcajadas en medio de un grupo de amigos de su clase de derecho.

Fionnuala fue a buscarme una pinta y me quedé conversando con Eileen, que se aburría en mi compañía y perdía el hilo en mitad de las frases mientras paseaba la mirada por el local en busca de distracción. A Fionnuala le brillaban los ojos cuando regresó con las bebidas.

–¿A que no sabes quién me acaba de mandar un mensaje para decirme que está aquí?

–No será la loca de los libros...

–No, no, no es Sarah, ¡es el chico que me besó en el Break for the Border la semana pasada! Está por aquí en algún lugar. Espérame mientras voy a buscarle.

–Claro, buena suerte –le dije, preguntándome de qué diablos iba a hablar con Eileen.

No tenía de qué preocuparme: dos minutos más tarde ella vio su oportunidad en un grupo de chicas que conocía de Carlow. Amablemente me propuso que me uniera al grupo y apenas pudo disimular el alivio cuando le respondí que prefería ir en busca de Fionnuala.

Allí me quedé entonces, perdido y borracho, en mi primera noche en una auténtica discoteca, rodeado de una masa de coetáneos risueños, que hacían nuevas amistades, flirteaban y se comunicaban, participantes plenos y felices en la vida nocturna de Dublín. Me sentía como si llevara mi uniforme del Gonzaga College, tímidamente inmóvil, con mi fiambrera y mis deberes mientras muchachos mayores, conocedores del terreno, me empujaban al pasar, riendo y peleándose amistosamente. En la distancia borrosa, entre un grupo de gente junto a la barra, vi a Fionnuala con su amigo. Era alto y corpulento y vestía una camisa ajedrezada y unos vaqueros. Podría haber sido cualquiera de los amigos de Ian, de pie, con las piernas muy separadas, asintiendo y sonriendo en silencio mientras Fionnuala le hablaba con entusiasmo, inclinándose hacia él a la vez que le ponía la mano en el brazo en un gesto enfático. Ella se volvió para buscarme y pedirme que me acercara, pero me sentí tímido y desplazado, de modo que di media vuelta, apuré la pinta y salí del pub.

El aire frío de la noche en Georges Street fue una sacudida para mi organismo. Tenía dificultades para tenerme en pie, así que me apoyé en la pared y le escribí un mensaje a Fionnuala: «Cansado voy a casa. ¡Disfruta resto noche!»

Miré al otro lado de la calle las luces del George y los pequeños grupos de hombres que desaparecían en su interior. En la entrada del Hogan's, donde me hallaba todavía, unos cuantos muchachos, que lucían tatuajes y camisetas de fútbol, bebían latas de sidra y bromeaban con un marcado acento de clase proletaria (que los del sur siempre hemos llamado acento de Dublín, como si no fuéramos también dublineses, sino extranjeros en un campo internacional, familiarizados con las costumbres, las calles y la climatología de su ciudad adoptiva, pero que todavía sonríen ante el acento y los hábitos de los nativos, y se aferran al dialecto desplazado y distinguido de su tierra natal). Uno de ellos, el que se hallaba frente a mí sobre el bordillo, me llamó la atención porque se parecía un poco a Ian. Tenía el pelo castaño claro, más oscuro que el cabello rubio de Ian, pero la misma piel suave, de niño, con un ligero tono de color de miel. Vi que se daba cuenta de que le estaba mirando y desvié la vista rápidamente; cuando volví a mirarle también él me miraba en lugar de seguir las bromas de los otros tres. Desvié la vista otra vez, y al mirarlo de nuevo él me estaba mirando. Se apartó de sus amigos, se acercó dos pasos hacia mí y se inclinó sobre la cavidad de sus manos para encender un cigarrillo. Un impulso insensato se apoderó de mí, tal vez el deseo de sentir la realidad de otro cuerpo, y caminé nervioso hacia él. El encendedor iluminó la caverna de sus manos. Al llegar al Trinity había comprado un paquete de cigarrillos en la estación de tren, pensando que tal vez me sería útil como medio para entablar nuevas relaciones. Le quité el precinto y saqué un cigarrillo.

–Perdona... –Él no me oyó, pero al levantar la cabeza, exhalando una primera y breve calada, reparó en mí–. Perdona... –repetí–, ¿me das fuego?

–¿Cómo?

–¿Tienes fuego?

–Oh...

Volvió a sacar el mechero y lo encendió. Me incliné con el cigarrillo en la boca, pero la brisa apagó la llama. Irritado, la encendió de nuevo, y esta vez formé una cavidad con mis manos sobre las suyas para protegerla. La luz roja apareció en el extremo del cigarrillo, después el humo: se había encendido. Sus manos eran suaves y cálidas como las de Ian, y las mías se demoraron una fracción de segundo antes de retirarse, un instante sutil y acogedor de ternura fugaz o imaginaria.

Él las retiró bruscamente y me apartó de un empujón:

–Eres un jodido marica, ¿verdad? Sí lo eres. ¡Jodido marica! Sabía que me estabas mirando.

Le miré aterrado, con el cigarrillo humeante en la mano. Sus ojos refulgían de rabia, y el vello rubio de su labio superior se agitaba violentamente cada vez que me lanzaba un sonido fricativo o gutural. Sus amigos habían interrumpido su conversación y se habían acercado; se hallaban a su espalda, de cara a mí. Él se volvió hacia ellos, riendo con incredulidad:

–¡Os lo juro, es un jodido marica! ¡Un desviado!

A una conmoción de movimientos y sonidos, demasiado rápida para que pudiera comprenderla, le siguió un golpe repentino en mi estómago. Me habían dado un puñetazo por primera vez en mi vida. Vi cómo mi cigarrillo cobarde rodaba sobre el asfalto hasta apagarse, con un pequeño silbido suicida, en un charco junto al bordillo. Doblé el cuerpo sosteniéndome el estómago, caí al suelo y me encogí sobre la calzada, temiendo que comenzaran las patadas. Pero entonces oí el ruido y las voces de gente a mi alrededor. Pude ver cómo las zapatillas deportivas de mi agresor, unas Adidas blancas y azules muy limpias, se ponían en movimiento y se alejaban de mí corriendo por Georges Street.

–Largo de aquí, dejadle tranquilo –oí decir a mi espalda, aunque lo cierto es que ya se habían marchado.

Alguien se arrodilló a mi lado y me pasó el brazo por los

hombros. Por un momento tuve el pensamiento insensato de que era Ian.

–¿Estás bien?

Asentí. El puñetazo no había sido muy fuerte: en realidad fue más un empujón que un puñetazo. Me faltaba un poco el aire, lo cual, unido al pánico que acababa de pasar y al alcohol que daba vueltas en mi estómago, me dio ganas de vomitar. Lo hice. Sin previo aviso, rodé hacia un lado –el lado equivocado, los pies de quien me socorría, y no la acera– y me alivié con una oleada de vómito acuoso. Los zapatos se retiraron de un salto antes de la segunda acometida. Eran zapatos grandes, negros, con la punta cuadrada y aspecto de nuevos, cubiertos con las pequeñas manchas naranjas y amarillas de mis fluidos gástricos. Tuve otra arcada, gorjeé y carraspeé unos instantes. Luego, mientras me secaba la boca con el dorso de la mano, la persona que había intervenido en mi favor me agarró por detrás, pasando los brazos por debajo de mis axilas.

–Venga, te ayudo a levantarte. Una, dos y tres.

Me alzó del suelo y quedé apoyado en una farola. Era un poco más alto que yo, con el cabello negro, pálido y vestido con una chaqueta de ante marrón. Se apartó el pelo de la cara y me miró, no con amabilidad, sino más bien con la preocupación obligada y aburrida del extraño que se comporta con civismo. Detrás de él, en la entrada del pub, se había formado un pequeño grupo de curiosos apiñados porque los camareros les impedían salir a la calle con sus pintas.

–¿Cariño, estás bien? –gritó una chica hacia nosotros.

–Se pondrá bien enseguida, no te preocupes, pronto se encontrará perfectamente –le respondió mi salvador, sin volverse.

–Malditos tarados –dijo ella, y hubo un murmullo general de aprobación.

Intenté expresar mi agradecimiento a aquella gente, pero mi garganta estaba obstruida por el vómito y no pude más que toser. El muchacho posó la mano ligeramente sobre mi espalda y dijo:

–Tranquilo, tranquilo. –Y luego, en dirección a los que miraban en la puerta del Hogan's–. Que alguien vaya a buscar un vaso de agua, por favor.

–Un millón de gracias.

–No hay de qué –dijo, de un modo un tanto frío–. Aquí tienes el agua.

–¿Está bien? –preguntó quien la había traído.

–Sí, está perfectamente. En realidad no le han pegado. Creo que ha devuelto por el alcohol.

El agua era buena y fresca, con una rodaja de limón flotando absurdamente en el vaso. Con el primer trago me aclaré la boca y dejé que el agua subiera a la nariz para liberarme del olor a vómito, luego lo escupí en la cuneta. El resto lo bebí despacio y con dificultad, devolví el vaso medio lleno y me incliné hacia delante, con las manos apoyadas en las rodillas. El muchacho comenzó a echarme el agua que quedaba en la nuca. Su frialdad me sobresaltó.

–No te muevas, esto te quitará el mareo –dijo.

Con una mueca de disgusto le permití que me rociara la nuca, y que el agua bajara por la espalda y el pelo.

–¿Cómo te llamas? –le pregunté.

–John. ¿Dónde vives?

–En Sandycove. No, en el Trinity, en Botany Bay.

–Bueno, ¿por cuál te decides?

–Trinity, Trinity, Botany Bay. Es que acabo de mudarme.

–Muy bien, te acompañaré hasta allí. ¿Puedes andar?

Le dije que podía, pero lo cierto era que aún me tambaleaba, debido al alcohol y a los nervios. Le oí maldecir para sí mismo.

–A ver, venga, agárrate a mí, eso es, muy bien. –Me pasó el brazo por los hombros, yo le cogí por la cintura–. Muy bien, adelante.

Avanzábamos lentamente y tardamos un buen rato en llegar a la entrada del Trinity, donde John me dejó reclinado sobre la barandilla.

–Escucha, muchas gracias por...

–Está bien, de veras. Me marcho –dijo John–. Hasta la vista. ¿Podrás arreglártelas?

–Oh, sí –respondí. Una frase ingeniosa afloró en mi mente, como un mensaje de texto, y la dije en voz alta–. No te preocupes. Una pluralidad de botellas me ha inducido muchas veces a este estado.

John volvió la cabeza de golpe hacia mí y me puso una mano en el hombro.

–¿Cómo? ¿Qué es lo que acabas de decir?

–Nada, nada. Tonterías de borracho.

–No, vuelve a repetirlo.

–Ya no lo recuerdo –dije, y era la pura verdad.

Él aflojó la mano.

–Bueno, pues...

–Gracias...

–No hay de qué –respondió–, adiós.

–Ha sido un placer conocerte, de veras –dije.

John me miró de un modo extraño y se detuvo un momento, como si fuera a decir algo; luego cambió de opinión. Le tendí la mano y me la estrechó, en un gesto breve y enérgico.

–Hasta luego.

El reloj del Dining Hall dio las dos.

«Cle-ments.»

Aparté la canción de mi pensamiento mientras mostraba mi llave a los guardias de seguridad y caminaba por Front Square, donde los adoquines reflejaban la luz blanca del Campanile. Front Gate crujió y se cerró tras de mí con un ruido seco, pero al seguir mi camino oí unos pasos a mi espalda, bajo el Front Arch. Me detuve y me di la vuelta, preguntándome quién podía haberse colado tan rápidamente detrás de mí, Fionnuala tal vez, que regresaba decepcionada de su cita, o preocupada por haberse enterado de mi altercado. Allí no había nadie, pero en el eco de la campana del Dining Hall me pareció distinguir la tonada lejana de una canción sobre las iglesias de Londres.

Sentí un escalofrío y crucé la plaza apresuradamente en dirección a Botany Bay y el edificio 16. Todos los encuentros y sucesos de aquel día daban vueltas en mi cabeza: mi vida sencilla había terminado definitivamente. *Naranjas y limones,* Fionnuala, su amiga Sarah con el libro, el tipo que me había ayudado a levantarme y me había acompañado hasta el Trinity. Pero estaba borracho y mareado y triste y nervioso; lo mejor que podía hacer era entrar, subir los cuatro tramos de escaleras que conducían a mi habitación e intentar dormir, abandonando a Pablo Virgomare, y también a John, Sarah, Fionnuala y todos los demás como a meras sombras perdidas entre la multitud de otras sombras en la noche del Trinity, tumbadas en la oscuridad, esperando que la llegada del día las separara distintamente unas de otras.

Dos

Pero la extrañeza y las emociones de aquel primer día no tuvieron continuidad, y a la mañana siguiente comencé de nuevo, como si nada hubiera ocurrido. Durante las primeras semanas no hubo ninguna señal de Pablo Virgomare, ni llegaron a mi ventana más frases ni canciones misteriosas, e incluso comencé a dudar de si la rareza de mi primer día en la universidad había sido una alucinación producida por una mente nerviosa y sentimentalmente herida al comienzo de una gran aventura.

Si las coincidencias y las serenatas de personajes extraños no prosperaron, sí lo hicieron, por fortuna, las nuevas relaciones. Fionnuala y yo nos hicimos buenos amigos. No le revelé mi «vida privada» –o más bien el tipo de vida privada que hubiera tenido si hubiera actuado conforme a mis deseos–, nuestra convivencia en la ciudad cerrada de granito del Trinity ya era una intimidad suficiente por el momento. Además, la ausencia de cualquier tipo de tensión sexual entre nosotros indicaba una aceptación tácita en esta cuestión. Ella había encontrado un lugar donde estudiar: la planta baja de la Lecky Library, en la sección anglo-irlandesa, frente a una hilera de ventanas que daba a Fellows' Square y la Old Library. Cuando cerraban la biblioteca, a las diez menos cuarto, a menudo íbamos a tomar unas pintas al Buttery o al centro, con compañeros de clase u otros conocidos de nuestro círculo de amistades, cada vez mayor. Conocí a chicas de Leicester fumadoras de marihuana, flirteé un poco con estudiantes Erasmus de Bammberg de metro ochenta de altura y tragué grandes cantidades de Guinness en compañía de estudiantes de latín, química y económicas. Nuestros móviles vibraban y se iluminaban constantemente con nuevos mensajes de texto, palabras que cruzaban una y otra vez el Trinity para asegurar que nuestros caminos iban a encontrarse también en un pub, en una fiesta, delante de un club a una determinada hora de la noche, «nueve en buttery, puedes café a las dos?, amigos van café en seine, fiesta en Thall».

Las clases comenzaron y me convertí en lo que nunca había sido realmente hasta entonces: un ávido lector. La costumbre que tuve durante años de hojear la Biblia y la *Encyclopaedia Britannica* mientras estaba sentado en el baño me había dado ciertas referencias, pero a veces Fionnuala se quedaba perpleja ante mi ignorancia de los clásicos y las novelas cultas. Las clases sobre la novela francesa del siglo XIX de la profesora Dunne y las tutorías de literatura inglesa con el joven doctor Jeremy Bodmoore, recién salido de Cambridge e increíblemente atractivo, sedujeron mi inexperta imaginación de estudiante de secundaria, y dejaba pasar los días, con un volumen en el regazo, en la Lecky Library.

Fionnuala seguía viendo de vez en cuando a James, el chico que había conocido en el Break for the Border, y los resultados y expectativas de sus encuentros ocupaban gran parte de nuestras conversaciones, junto con los libros, las clases y –el tema más importante de todos– las idas y venidas de nuestro círculo de amigos. Me lo presentó en una ocasión en que su grupo del club de remo apareció, por una feliz y estridente coincidencia, en el Samsara de Dawson Street, donde solíamos ir cada jueves por la noche a coger una buena curda con los compañeros de la tutoría de francés. James era todo camisa de cuadros y seguridad postadolescente, rebosaba la solidez que me faltaba a mí, la misma que me había hecho acudir a Ian, como suele decirse, como una polilla a la luz de una vela.

Patrick, mi amigo en mi vida anterior, estudiaba el curso preparatorio de medicina en el University College de Dublín. De vez en cuando me llamaba o me enviaba un mensaje, y quedamos un par de veces para comer, una extraña innovación de la vida adulta respecto a nuestros antiguos encuentros para jugar en casa o para ir al cine. Ahora que pedíamos chapatas y café, pagábamos la cuenta y dejábamos propina, nos sentíamos desorientados como si fuéramos dos aristócratas de provincias recién llegados a París, vestidos incómodamente, con sombreros de copa y prismáticos, para asistir a la ópera. Patrick había sido mi mejor amigo, en un sentido más nominal que real, durante los primeros cuatro años de la escuela secundaria. Íbamos al cine o al centro (nos demorábamos en las tiendas de discos, comprábamos llaveros, comíamos en el McDonald's y aprendíamos la situación de las calles, conocimiento que resultaba muy útil en el momento actual), nos invitábamos el uno al otro a dormir en casa, donde jugábamos con el ordenador, mirábamos vídeos e intercambiábamos nuestras confidencias de poca monta antes de ir a la cama. Al principio del quinto año nació mi amor enfermizo por Ian, y así en el último curso, en el que preparábamos el examen final de bachillerato, mientras los demás empollones se unían al fin para intentar construir una vida social algo más reconocible y un espacio de genuina intimidad, yo me convertí en algo parecido a la esposa de un jugador de rugby, y Patrick en una distracción sin el menor interés que rehuía tanto como me era posible dentro de los límites de una mínima corrección. Mi capacidad de relacionarme quedó reservada para el objetivo excluyente de Ian. La etapa del despertar sexual de Patrick, si es que realmente lo tuvo, la pasé o bien sentado en casa sufriendo por Ian, o bien, en las raras ocasiones en que salimos juntos, sentado en silencio a su lado en un pub, ante la mesa que ocupaban sus amigos. En todo caso, difícilmente podía decirse que Patrick y yo hubiéramos tenido una genuina intimidad. Nuestras comidas consistieron en un simple intercambio de comparaciones entre el University College y el Trinity y algunos cotilleos sobre el camino que habían tomado nuestros antiguos compañeros de clase. Como todas nuestras conversaciones, aquello parecía el peloteo entre dos jugadores de tenis.

Sarah, la extraña estudiante de doctorado que conocí el primer día, con sus rápidas consultas a los libros y sus eternos cigarrillos, acudía de vez en cuando a los Commons, a los que

Fionnuala y yo teníamos acceso como becarios de la Beckett, y a los que ella podía asistir también en tanto que becaria de la Foundation, pero nunca se sentó con nosotros ni nos saludó. Se sentaba siempre sola, con tres o cuatro libros apilados a un lado de la mesa, comía poco y bebía una cantidad inapropiada de Guinness, la única bebida, aparte del agua, que se servía en los Commons. Cuando terminaba la cena y los demás becarios se demoraban fumando y charlando en las escaleras, Sarah se iba sola inmediatamente. Fionnuala podía cruzarse con ella en las escaleras y los pasillos del edificio 13 de Botany Bay, pero los itinerarios de Sarah y los míos nunca coincidían.

La siguiente vez que vi, o creí ver, a Pablo Virgomare, al anochecer de un viernes brumoso, aproximadamente un mes después del comienzo del curso, el encuentro provocó un nuevo cambio en mi vida. Tenía una hora libre antes de reunirme con Fionnuala y los demás para ir al Stag's Head y al Ri-Ra, y estaba sentado en el límite del césped en Fellows Square, tomando un café y mirando a los hombres que pasaban, cuando me llamó la atención un tipo rubio que se hallaba en el otro lado del césped, delante de la Old Library. Era atractivo, con buena figura, y vestía unas botas grandes y una chaqueta de cuero marrón. Me pareció que correspondía a mi mirada insinuante, y entorné los ojos para distinguirle mejor en la oscuridad de la noche. De pronto comencé a sudar, presa del pánico. ¿Iba a intentar ligar con un hombre? ¿Y luego qué? Entonces caí en la cuenta de que el objeto de mi atención se parecía a Pablo Virgomare, un personaje que ya prácticamente había descartado como una aberración mental. Pero justo en aquel momento se puso en marcha, alejándose con premura de espaldas a mí, así que no pude verle con claridad. Me puse en pie y crucé a toda prisa el césped para ir detrás de él, pero ya se hallaba a bastante distancia y no pude distinguir bien sus rasgos. Se mantuvo al alcance de mi vista mientras cruzaba el Front Arch y la multitud de grupos de amigos que se congregaban allí el viernes por la noche. Atravesó College Green hacia la esquina de Dame Street, pero en este punto el semáforo se puso en verde y el tráfico veloz del anochecer me obligó a detenerme. Me colé peligrosamente entre los coches y los autobuses para no perderle de vista, mientras él avanzaba apresuradamente entre los jóvenes que bebían en Dame Street. Giró a la izquierda en Georges Street, cruzó la calle y, recibido con una inclinación de cabeza por los porteros que vigilaban la entrada, desapareció en la oscuridad del George. Me detuve en la acera de enfrente del local, que retumbaba con la música, preguntándome qué debía hacer y si se trataba en realidad de mi visitante misterioso. Respiré hondo y crucé la calle.

Dos porteros me detuvieron en la entrada.

–¿Has estado aquí antes? –me preguntó uno de ellos, corpulento y calvo.

–Sí... he quedado con un amigo –balbuceé.

–¿Sabes qué clase de club es éste? –dijo.

Asentí y se apartaron para dejarme paso. Con toda la piel moteada de sudor, me armé de valor y entré. En el primer momento me fue difícil ver nada, porque el lugar era oscuro y estaba tan lleno que el gentío me abrumó. Cuando mis ojos asustados se adaptaron, comencé a percibir la distribución del local y las caras de las personas que lo ocupaban. Era un lugar cavernoso, lleno de un extremo a otro de gente de pie, grupos risueños de hombres y alguna mujer, con una pista de baile sobre una plataforma elevada a un lado, y en el piso superior otro espacio bastante concurrido, siluetas apenas distinguibles en la oscuridad, el hielo seco y los flashes de colores. Todo era turbio y extraño; las luces de la pista de baile me cegaban. Más allá de la cerveza, el tabaco y la colonia, podía percibir el olor de los hombres, el mismo almizcle misterioso que perfumaba el espacio sagrado del dormitorio de Ian. Nunca había visto tantos hombres juntos, ni siquiera en la escuela. Su olor se infiltraba en mi mente, y sus figuras tan variadas, sus dedos con pelos que sostenían las pintas, el reflejo de la luz en sus cabellos engominados, sus camisetas, brazos, zapatos, mejillas, sus lenguas rosadas tras los dientes cuando reían, todo aquello me subyugó. Ligeramente excitado, me abrí paso entre los cuerpos cálidos hasta la barra. Era difícil avanzar, y me tambaleaba con la suave conmoción del deseo sexual. Tropecé con un individuo corpulento, musculoso, vestido con botas militares y una camiseta sin mangas. Le empujé por la espalda y le hice derramar parte de su cerveza. Se dio la vuelta para mirarme y yo retrocedí asustado; era macizo y de aspecto rudo, con un arpa tatuada en el brazo y una cadena colgando del bolsillo.

–Perdón, lo siento de veras... ¿te pago otra? Ha sido un accidente... –balbuceé, señalando la barra.

Me puso la mano en la espalda e intenté apartarme. Pero él me la frotó con aire ausente y dijo, en un tono suave de Dublín, el tono de una anciana vendiendo coles y judías verdes en Moore Street:

–Está bien, pequeño.

Y se dio la vuelta hacia sus amigos.

Miré a los clientes apoyados en la barandilla de la planta superior. Uno de ellos, con el pelo corto y un pendiente, me guiñó el ojo. Aquel lugar era enorme y extraño, las risas y la algarabía del público por debajo de la música eran un lenguaje bárbaro y complicado, la charla agresiva de un mercado extranjero donde los vendedores intentan timarte y hombres delgados de ojos oscuros mezclados entre el gentío pretenden robarte la cartera.

Aunque busqué en las barras, la pista de baile y los lavabos, aquella noche en el George no encontré a Pablo ni a nadie que me recordara a él. Pedí una bebida; me instalé a una mesa del piso superior; a través de los flashes y la música, buscaba entre la masa de gente algún joven que se pareciera a Ian. Un hombre con un pendiente se me acercó. Era de Kilkenny, se llamaba Paul, o Martin, o Vincent, y trabajaba en algo relacionado con las nuevas tecnologías. No recuerdo de qué hablamos, pero me dio a probar por primera vez el sabor de una lengua en mi boca, y fue la primera persona que compartió mi cama del edificio 16.

Fue una conversión instantánea. Desde aquel día, y durante todo el mes siguiente, sustituí mis salidas al Buttery y al Stag's con Fionnuala y nuestro nuevo grupo de amigos por las incursiones solitarias al George y, más adelante, a los otros bares en el eje gay de las calles Georges, Parliament y Capel. Por la noche solía sentarme con un libro a una mesa de la esquina del Front Lounge, a ver quién se me acercaba entre el mobiliario clásico de imitación y las macetas con plantas. Aguardaba entre la decoración de madera oscura del pub GUBU hasta que un oficinista borracho me susurraba unas palabras incomprensibles y excitantes al oído.

Aprendí el calendario semanal de las noches gay en las principales discotecas, un sextante interno que regulaba el movimiento de las constelaciones, un sistema arcano de rotación según las estaciones. Durante el día intentaba llamar la atención de jóvenes vestidos con traje, que me devolvían una mirada subrepticia en la cola para comprar el bocadillo del mediodía, o en las paradas de autobús de Stephen's Green al terminar la jornada de trabajo, y anticipaba en mi imaginación su transfiguración, según este calendario enigmático, en bailarines bañados en sudor sobre un escenario, al ritmo de Madonna, autores de miradas obscenas y de caricias furtivas, cuerpos hambrientos y jadeantes en mi cama. Mis noches transcurrían en un sombrío aturdimiento erótico, un torbellino de humo de discoteca, aftershave y besos con sabor a cerveza. Yo que hasta hacía poco nunca había besado a nadie me acostumbré con rapidez a la imagen de hombres con la piel de gallina recogiendo su ropa del suelo de mi habitación y saliendo de mi vida, y a sus deseos y formas de proceder habituales. Al final eran prácticamente indistinguibles uno de otro, hasta el punto que a veces dudé de si había estado dos veces con el mismo sin darme cuenta, o si en verdad era uno solo con quien me acostaba una y otra vez.

Durante aquel mes comencé a escribir primero pequeños fragmentos y después cuentos muy cortos, textos sin ningún valor literario que tecleaba en el ordenador, en mi habitación, mientras tomaba café, en el breve intervalo de una o dos horas entre los Commons y mis incursiones en el submundo. Eran por lo general historias románticas y sin corregir sobre la época de mi relación con Ian, que ahora parecía tan lejana e inverosímil como los renacuajos y los ángeles de la guarda de la escuela primaria. Aunque siempre deseé tener otro encuentro con Pablo Virgomare, por aquel entonces ya estaba convencido de que todas las apariciones y coincidencias extrañas del primer día habían sido el producto de mi mente enloquecida en los episodios finales de mi obsesión por Ian, y pensé que escribir sobre mi verdadero pasado me mantendría en un estado de saludable normalidad y tal vez me orientaría en mi despertar sexual acelerado y más bien solitario.

Hacia finales de noviembre decidí, en un momento de ocio, enviar un cuento a *A Muse,* la revista literaria del Trinity, en la que había visto anuncios que solicitaban colaboraciones. Enlacé en una especie de collage lo mejor de la colección de fragmentos repetitivos que había acumulado y caminé con dificultades bajo el aguacero que caía a las cuatro de la tarde para echarlo en el buzón del Comité de Publicación. Cuando alcancé el refugio frío del Front Arch, mis zapatillas deportivas chapoteaban y las gotas de agua me corrían por la nariz. Eché el sobre mojado en el buzón y me quedé allí observando la tarde oscura y empapada, los ríos que vertían los canalones, pensando que el George estaría poco animado aquella noche si el tiempo no mejoraba.

El contacto húmedo de un cuerpo humano en mi espalda me sobresaltó y me di la vuelta.

–Pero... Fionnuala, por el amor de Dios, me has asustado...

Con la capucha del chubasquero bien ceñida a la cabeza, parecía un *alien.*

–Lo siento. Vengo corriendo desde O'Connell Street. Y ya no soporto más esta humedad en la piel. ¿A qué te dedicas?

Inmediatamente me sentí culpable: durante semanas no la había visto más que en los Commons y en clase, y me marchaba a toda prisa antes de que pudiéramos hablar. En varias ocasiones me había enviado mensajes para informarme del plan de la noche, y después para preguntarme por qué no había ido. Yo le contestaba con una serie de mentiras sobre mi falta de estudio, la familia y la necesidad de descansar, y ella debía de preguntarse qué había ocurrido con nuestra incipiente amistad. Se quitó la capucha y sacudió su pelo rubio, húmedo. Pequeñas gotas de lluvia caían de sus cejas.

–A nada en especial –dije–, ¿y tú?

–Hay una fiesta esta noche, deberías venir. Es en Ranelagh. En casa de un tipo que conoce James.

–¿Va alguien que yo conozca?

–Bueno, voy yo. Y también otros, es un plan de la Facultad de Letras. Te sonarán las caras, ya sabes... y además, hace mil años que no te veo...

Pese a lo dura que me resultaba la idea de apartarme de los placeres vertiginosos del George, aunque tan sólo fuera por una noche, el sentido de la responsabilidad, y también del afecto, se impusieron, y quedamos en encontrarnos en las escaleras del Dining Hall después de los Commons para ir juntos a comprar las bebidas.

–Nos vemos a las siete, entonces –dijo mientras volvía a ponerse la capucha para correr hasta la 1937 Reading Room–, ¡y nada de excusas!

Pasé el resto de la tarde tumbado en la cama de mi habitación, dormitando y soñando vagamente con naranjas, limones y misteriosos hombres rubios en mi ventana. La lluvia había cesado casi por completo cuando me reuní con Fionnuala, y aunque el frío era intenso, como todavía era pronto decidimos recorrer a pie, sorteando el tráfico y los charcos, con las bolsas tintineantes en la mano, el camino de una media hora hasta el piso donde se celebraba la fiesta.

Entramos a tomar una pinta en el O'Brien's, en Ranelagh, donde nos pusimos «al día». Por supuesto, tuve que mentir para explicarle mi repentina desaparición de nuestro círculo social. Lo que le dije era muy poco convincente, pero ella asintió sin hacer ninguna objeción; incluso es posible que sospechara lo que ocurría realmente, que tenía una vida sexual secreta. En respuesta a mi pregunta, Fionnuala me dijo que todo iba bien con James. Bastante bien, me dijo; no había la pasión desenfrenada que ella hubiera deseado, pero era una buena compañía. Noté que se apoderaba de mí el sentimiento acogedor de compañerismo que había tenido con ella al principio del trimestre, hacía poco más de un mes, y lamenté el exilio varonil en el que había pasado las semanas anteriores, en aquel mundo de flashes de colores y olor a loción para el afeitado, a sudor y a Smirnoff Ice. Me alegré de estar, por una vez, con una mujer, con una amiga.

Llegamos a la casa hacia las nueve y media. El resto de edificios de ladrillo rojo estaban oscuros y en silencio, con la pizarra de los tejados brillante por la lluvia, alterados tan sólo por la luz espectral de algún televisor. El número cuatro, donde se celebraba la fiesta, estaba iluminado tras las cortinas corridas y latía suavemente con la música procedente del interior.

–¿Quién me dijiste que vivía aquí? –pregunté a Fionnuala mientras ella llamaba al timbre.

–No me acuerdo con exactitud. Creo que James conoce a uno de ellos del equipo de remo del Trinity. Me parece que su compañero de piso sale con amigos mayores que nosotros. O sea que también habrá gente seria, ya sabes.

James abrió la puerta.

–Entra –le dijo a Fionnuala–, te he visto por la ventana.

Me saludó con indiferencia, con un gesto de la cabeza, que yo correspondí alzando las cejas. El interior parecía una fiesta de un anuncio de cerveza, gente en las escaleras, apoyada a lo largo del pasillo, de pie en las puertas, hablando alto por encima de la música y bebiendo directamente de las botellas y latas. Fionnuala y James representaron a mi lado un saludo juguetón, con besos, reproches en broma y sonrisas tímidas.

Nos abrimos paso por el pasillo hasta la cocina, donde Fionnuala y yo escondimos nuestras latas de cerveza tan bien como pudimos, para protegerlas de potenciales ladrones, y abrimos una cada uno. Unos conocidos suyos le llamaron la atención y me dejó para que me arreglara por mi cuenta. La cocina, con todas las luces encendidas y con los muebles blancos y de madera de pino, era demasiado luminosa, así que me desplacé hasta la sala de estar.

Allí había también bastante gente, los sofás y las sillas estaban ocupados y un grupo bailaba en el centro de la sala, al ritmo de la música suave que las dos personas agachadas junto al equipo, rodeadas por pilas de CD, habían puesto; alguna estrella joven del tigre celta. Me apoyé en un espacio libre de la pared, detrás del sofá, con una lata de Heineken en la mano, en mi actitud bien ensayada de público de la velada, un crítico de periódico que cubre una fiesta de estudiantes, un escritor free lance que redacta crónicas sobre la vida. Pensé que la única habilidad social que había desarrollado satisfactoriamente desde mi llegada a la universidad era la de ligar en un bar gay, y que permanecer apoyado en la pared de aquel modo, marcando con suavidad el ritmo de la música con la mano sobre mi pierna mientras inspeccionaba subrepticiamente a la gente, era un comportamiento adecuado para un jueves por la noche en el Front Lounge, pero no para una fiesta de estudiantes en un piso particular. Llevado por la costumbre examiné la sala con detenimiento en busca del cabello rizado de Pablo Virgomare. Tampoco estaba allí, por supuesto. Cuando comenzaba a considerar la idea de salir de allí discretamente y volver al centro para acudir al George, mi mirada topó no con Pablo, pero sí con alguien a quien reconocí y que asociaba con él.

Era Sarah, encorvada en el rincón opuesto de la sala, junto a la librería, con una pila de libros al lado y un cigarrillo humeante entre los dedos. Me daba la espalda, pero la reconocí por su peinado descuidado y masculino y por su nuca pálida. Estaba completamente desplazada en aquella fiesta, mayor que casi todo el mundo para empezar, y concentrada en lo que estaba haciendo en la librería. Si alguien podía decirme algo sobre Pablo y su canción, si alguien estaba implicado en la trama, tenía que ser ella, estaba seguro. Me disponía a acercarme y a presentarme de nuevo, cuando de pronto me saludó con una exclamación de alegría otra chica que también reconocí.

–¡Hombre! ¡Nialler!

Era Andrea. Abrió los brazos y me dio un abrazo breve y perfumado. Por encima de su hombro podía ver a Sarah con el cigarrillo entre los labios, sosteniendo con una mano un papel con algo escrito ante sus ojos mientras pasaba la otra por los volúmenes de la librería situada a su espalda. Andrea golpeó su vaso contra mi lata a modo de brindis.

–No sabía que estabas aquí.

–Bueno... no esperaba venir.

Estiré el cuello para ver qué hacía Sarah.

–¿Qué miras? Parece que hayas visto un fantasma. De hecho, tú mismo te has convertido en un fantasma –continuó–, hace siglos que no sales con nosotros.

–Lo sé, lo sé, he tenido muchos compromisos, sabes, la boda de mi primo, ese tipo de cosas.

Andrea, que lo sabía todo sobre primos y obligaciones sociales y que estaba demasiado ocupada en convertir aquella fiesta en algo que contar al día siguiente como para interesarse en *flash-backs* irrelevantes, aceptó mi explicación sin hacer preguntas y desvió la conversación hacia el material narrativo.

–Oye, dime, ¿qué opinas de ese tipo de la semana pasada?

–¿Quién?

En el rincón, Sarah seguía pasando la mano una y otra vez por la librería, con la cara vuelta en la otra dirección. La detuvo cerca del centro y palpó varias veces los lomos de tres o cuatro libros antes de decidirse por uno y sacarlo de la estantería.

–Sí, hombre, el americano de la clase de Dunne...

–Oh, Karl.

–Eso es. Dunne contaba su rollo habitual sobre Napoleón y las colinas y toda esa paliza cuando de pronto allí está él, ¡susurrándome al oído! Y Jane me había dicho, bueno, avisando de antemano, ya sabes, que yo le gustaba al norteamericano, que sobre todo no me sentara a su lado. Pero claro, como todos los norteamericanos imbéciles que hay por aquí, el tipo viene directo hacia mí...

Sin mirar el título del libro, Sarah lo abrió y comenzó a pasar rápidamente las páginas, con la vista levantada, apartada del volumen, como si estuviera leyendo el humo del cigarrillo que ascendía en espiral hacia el techo.

–O sea, ¿en qué diablos estaba pensando? –decía Andrea–.

Ese parapléjico... El tipo con el rollo qué hiciste el fin de semana y toda esa mierda, y yo pensando estás en mi clase pero no en mi vida...

Sarah pasaba con rapidez las páginas adelante y atrás. Se detuvo en una hacia la mitad del libro. Mirando todavía hacia el techo, la recorrió una y otra vez con el dedo antes de detenerlo en un punto y bajar la vista para leer lo que había elegido.

–Sea como sea, la cosa es que, bueno, eso pasó el miércoles, y Jane y yo fuimos a la fiesta de un chico en Carrickmines el viernes, de Robbie, un tipo encantador, le conocemos desde la escuela primaria, te puedes imaginar, o sea que allí estábamos, pasándolo bien, después de tomar un par de cervezas y ya puestas en situación, y entonces aparece el tipo, exacto, y Jane y yo allí, pero ese tipo quién diablos es, una especie de *serial killer* o algo...

Estaba concentrado en observar a Sarah y las palabras de Andrea se perdían en mi oído. Ahora leía la línea que había escogido en el libro. Sus labios se movían ligeramente mientras la repasaba una y otra vez. Luego entrecerraba los ojos, con la mirada perdida, y su cara expresaba una concentración profunda, casi angustiosa. Chupaba con fuerza el cigarrillo.

–... bueno, al final resultó que conocía a un primo de Conor Connolly –seguía diciendo Andrea, que comenzaba a recelar de que mirara por encima de su hombro.

–Oh, sí, claro, Conor Connolly –repetí.

–Eso es. Luego, la fiesta siguió su curso –prosiguió Andrea, satisfecha–, unos cuantos Bacardis más, y entonces Jane abrió una botella de Tía María y empezó a darle. Y yo del plan no, gracias. Pues nada, me fui al baño y Jane se quedó allí. Me refiero completamente bebida, y cuando vuelvo ella... –se detuvo, incapaz de contener la risa– ella... –exclamó– ¡se estaba enrollando con él! Quiero decir los dos allí en el sofá, besándose. Y yo allí, oh Dios mío, semejante vaca retardada, y ella abre los ojos y me mira, y las dos empezamos a partirnos de risa, y el tipo como diciendo qué pasa...

Sarah había añadido el libro a la pila que la rodeaba y escribía algo en la hoja de papel. Cuando hubo terminado, comenzó a estudiar de nuevo la hoja detenidamente, releyendo sus notas de arriba abajo. Alargó la mano para elegir otro volumen.

–Necesito otro trago –interrumpí a Andrea, esperando aprovechar la pausa para acercarme a Sarah.

Ella contuvo una risa burlona.

–Vale. Hasta luego.

Fui a la cocina y cogí una de las latas de cerveza que había escondido en la nevera, en un cajón con lechugas y zanahorias. Cuando volví a la sala de estar, Andrea, la experta superviviente social, ya había cambiado de sitio; un nuevo grupo, una nueva historia, nuestro diálogo terminado y olvidado.

–... o sea que le dije pero tú te crees que yo estoy hecha de dinero, y al final el tipo se rindió, bueno, pero vaya canalla, te lo juro...

Crucé la estancia y me detuve detrás de Sarah, en la esquina junto a la librería. Ella pasaba la mano por los lomos de los libros, con la cara vuelta hacia el otro lado, hacia mí. Pero su mirada era inexpresiva, sin señal alguna de haberme reconocido, o de haberme visto siquiera, hasta que la saludé.

–Sarah.

Ella se sobresaltó.

–¿Sí?

Bajó la mano y me dirigió una mirada vacía. Sus ojos grandes y grises tenían un extraño brillo verde oscuro en las pupilas.

–Soy Niall Lenihan. Nos presentó Fionnuala.

Parecía sorprendida y molesta por haber sido interrumpida, aunque difícilmente podía esperar que la dejaran consultar con tranquilidad unos cuantos libros en medio de una fiesta.

–Fionnuala... Fionnuala... oh, claro.

Se detuvo, aburrida, mientras sus ojos volvían ávidamente a la pila de volúmenes.

Miré el papel escrito a mano que se hallaba en el suelo, junto a los libros amontonados. Ella siguió mi mirada, lo agarró apresuradamente, lo plegó y lo sostuvo en la mano.

–¿Qué te trae por aquí? –le pregunté.

–Oh, nada bueno, nada bueno.

–¿Y puedo preguntarte qué haces en la estantería?

–Puedes preguntarlo... ¿Qué quieres que haga? Busco un libro.

Recogió a toda prisa los volúmenes del suelo y se los puso bajo el brazo.

–¿En una fiesta?

–Sí, en una fiesta –dijo, e hizo el gesto de marcharse.

Pero yo me moví para bloquearle el camino. Había decidido hablarle de la coincidencia entre la canción de Pablo y el fragmento del libro que ella me había tendido en el O'Neill's pero, asustado por la intensidad con que me miraban sus extraños ojos, recordé de pronto con todo detalle la extrañeza, ya olvidada, de mi primer día en el Trinity, y lo espantosas que habían sido la visita de Pablo y la coincidencia posterior. La miré, incapaz de decir nada.

–Pues... –comencé.

–¿Sí? –me urgió.

–¿De dónde eres? –fue todo lo que pude elaborar.

–De dónde eres. Vienes a menudo por aquí. Es Chanel Número Cinco lo que llevas. Soy de Galway.

–Yo de Dublín, Sandycove.

–Perfecto, muy bien, debe de ser magnífico para ti. La Riviera de Dublín. Ahora, si me permites...

Me apartó de su camino y se fue, con la pila de libros en los brazos y la hoja de papel doblada entre las páginas de uno de ellos. Salió de la sala en dirección a la cocina.

Me quedé allí un momento, luego fui en su busca. Al principio no pude verla, habían apagado las luces de la cocina, donde un chico sentado en una mesa con una guitarra cantaba una canción irlandesa sensiblera. «Un poco pronto para esto», pensé irritado.

On Ranglan Road, on an autumn day,
I saw her first and knew[1].

1. «En Ranglan Road, en un día de otoño, / la vi por primera vez y supe.» *(N. del T.)*

Recorrí con la mirada la habitación en penumbra para ver si Sarah estaba allí, pero se había esfumado entre el cúmulo de rostros oscuros. Andrea asomó la cabeza en la puerta para enterarse de qué pasaba.

I gave her gifts of the mind
I gave her the secret sign that's known[1].

–Dios mío –gruñó al oír la canción–, odio este rollo folk.

Y volvió a la sala de estar.

Entonces vi a Sarah, sentada en una esquina de la mesa, con una pierna doblada, hablando con un hombre que estaba a su lado. Mientras intentaba hallar un modo de acercarme a ella a través de los grupos de personas que nos separaban sin hacer una escena, de pronto quedé atónito. El individuo con quien hablaba, sentado con una bota apoyada en el borde de la mesa, con el cabello negro, los ojos oscuros y desconfiados, la cara pálida y de rasgos marcados, más o menos de la edad de Sarah, era alguien que conocía del mismo día extraño y vertiginoso en que me encontré con Sarah y Pablo Virgomare. Era John, el tipo que me había acompañado a casa desde el pub en mi primera noche en el Trinity. Me sonrojé, con una oleada repentina de asombro y de deseo.

On a quiet street where old ghosts meet
I see her walking now[2].

Sarah le susurraba al oído frenéticamente, y él asentía con el ceño fruncido. Entonces él levantó la cabeza y nuestros ojos se encontraron. Le saludé con un gesto de la mano, pero pareció no darse cuenta.

1. «Le ofrecí regalos del pensamiento / le ofrecí el signo secreto que todos conocen.» *(N. del T.)*

2. «En una calle tranquila donde acuden los viejos fantasmas / ahora la veo caminar.» *(N. del T.)*

I had wooed, not as I should
A creature made of clay[1].

John y Sarah seguían hablando, señalando de vez en cuando algo de lo escrito en la hoja de papel. Me quedé donde estaba, junto a la nevera, saludando con una inclinación de cabeza a los conocidos que pasaban de vez en cuando, mientras observaba su conversación. Al cabo de un rato se pusieron en pie, se abrieron paso por detrás del guitarrista hacia las puertas acristaladas y desaparecieron en el jardín.

Andrea se acercó.

–Bueno, hola, forastero. Diría que he tenido unas conversaciones muy interesantes, sí señor –dijo sarcásticamente–. ¿Has visto a Jayne? Se supone que íbamos a compartir el taxi de vuelta. Apuesto a que la muy pendona está en un dormitorio enrollándose con algún desconocido. –Emitió una risa tonta–. Bueno, espérame aquí mientras la busco.

Riendo para sí de sus palabras, las bromas de siempre, el material para las historias del día siguiente, se marchó en busca de su vieja amiga. Consideré la idea de salir al jardín y seguir a John y a Sarah, pero no me atreví; temía que la persecución estuviera yendo demasiado lejos y que mi interés por aquel entramado misterioso y recurrente estuviera dominando y arruinando mi salud mental. Abrí la nevera y descubrí que la cerveza había desaparecido. Merodeé por la casa buscando algo de beber, sacudiendo las latas vacías y levantando las botellas hacia la luz. Al final hallé una botella de ginebra abandonada en la repisa junto a la nevera, y me instalé a su lado a la espera de que Sarah y John regresaran del jardín. La fiesta terminaba lentamente, pero no había rastro de Fionnuala ni de Andrea, de modo que me quedé allí como un mayordomo, saludando a quienes pasaban, mezclando la ginebra con tónica ya sin gas, hasta que se terminó y pasé a la naranjada, la Coca-Cola, y finalmente al agua del grifo. Aunque no estaba acostumbrado a beber mucho, pro-

1. «Yo la cortejé, no como debí hacerlo / criatura de barro.» *(N. del T.)*

gresaba hacia el fondo de la botella a un ritmo constante y decidido, y después de una hora de empinar el codo en solitario, cuando John y Sarah todavía no habían vuelto del frío exterior, la habitación se había convertido en algo borroso e inestable ante mis ojos. Salí de la cocina y vagué sin rumbo por la casa, demasiado borracho a aquellas alturas para hablar con nadie o para darme cuenta de lo que ocurría realmente a mi alrededor. Me pareció oír las voces de Sarah y John que farfullaban con furia tras la puerta de un dormitorio, pero no tuve el valor de llamar. Andrea había desaparecido. A Fionnuala la encontré en una habitación del piso superior, dormitando hecha un ovillo sobre un puf. Había otra chica dormida en la cama, de modo que salí y cerré la puerta. No quedaba nadie despierto en la casa, excepto algunos grupos reducidos que hablaban en los rincones.

La cabeza me daba vueltas y tenía dificultades para tenerme en pie en las escaleras. Las flores rosas del papel de la pared comenzaron a girar a mi alrededor y comprendí que estaba mareado. Alguien me susurró al oído con un aliento oloroso a vino y me puso una mano fuerte y suave en la frente. Primero le tomé por Ian y después por Pablo, pero tal vez era simplemente alguno de los invitados, a quien no conocía, o un parrandero atento que pasaba por allí. Me llevó hasta el baño y me obligó a inducirme el vómito.

–Te sentirás mucho mejor. De veras, confía en mí. Venga, cuenta, una... dos... tres...

Veinte minutos después, tras muchas erupciones ruidosas de un líquido naranja, acuoso y amargo, mi guía por aquel infierno de náuseas me condujo al piso de abajo, a la sala de estar, me dejó tumbado en un sofá y me cubrió con una manta. Había dos tipos sentados en un rincón, fumando y hablando en voz baja, que no parecieron notar mi llegada, o no les importó. Mi Florence Nightingale me trajo un vaso de agua y dos pequeños óvalos blancos de paracetamol. Fueron a parar de un trago a mi estómago vacío y tembloroso.

–Buenas noches.

Me rendí agradecido al sueño borroso del alcohol.

Cuando unas horas más tarde una luz gris y el murmullo de unas voces me despertaron, supe exactamente dónde me encontraba y de inmediato sentí hambre y sed. Abrí los ojos. En el otro extremo de la habitación había tres personas, completamente vestidas, con tazas en la mano, sentadas en el suelo alrededor de una pila de libros. La tenue luz del alba estaba reforzada por una lámpara de mesa también en el suelo, a su lado. Apenas quedaban en la sala algunas latas vacías y botellas y olía a tabaco y a café recién hecho. Agudicé la vista para distinguirles con claridad. Con gran sorpresa, vi a Fionnuala, Sarah y John. Hubo un murmullo que no pude comprender y después oí preguntar a Fionnuala, en un tono cuidadoso e importante, el mismo que empleaba en las tutorías del Trinity:

–¿Cuáles son mis sentimientos hacia James?

Los otros dos repitieron sus palabras. Entonces Fionnuala se levantó, se dirigió a la librería, cerró los ojos y eligió un libro. Pasó las páginas, todavía con los ojos cerrados, y a continuación leyó en voz alta la que había escogido:

> Islandia tampoco estaba en absoluto preparada para la Reforma. Sus dos últimos obispos católicos, Øgmundur Pállson de Skálholt y Jón Arason de Hólar, fueron hombres notables que gobernaron sus obispados con mano firme. Su formación teológica era presumiblemente superficial, pero Jón Arason era un poeta de cierta relevancia.

–¡Uau! ¿Qué opináis?

Sarah dijo:

–¿Qué opinas tú, Fionnuala?

John se acercó a la ventana mientras bebía café a pequeños sorbos.

–De hecho, es sorprendente. Veamos. «Islandia tampoco estaba en absoluto preparada para la Reforma.» Bueno, Islandia soy yo, por supuesto, y es cierto que no estoy preparada. ¿Creéis que la Reforma simboliza simplemente la relación, o significa en realidad que estar con James me va a cambiar? –Nadie respondió–. Sea como sea, es cierto que mis dos últimos novios, es decir, los obispos, supongo, eran «notables», puesto que yo les amaba y les respetaba. Y lo de la mano dura es cierto: los dos eran muy posesivos y dominantes. Y es ésta precisamente la gran diferencia con James. ¡Uau! Funciona.

–Tu turno, John –dijo Sarah.

–No, gracias –respondió desde la ventana, sin volverse–, yo paso.

–Insisto.

–¿No tengo elección?

–¡Pregunta! –exclamó Sarah–. ¿Qué opciones tiene John?

–¿Qué opciones tiene John? –repitió Fionnuala.

John lanzó a Sarah una mirada furiosa.

–¿Qué opciones tengo? –dijo entre dientes, y se dirigió a la librería.

Cerró los ojos, volvió el rostro en la dirección opuesta a la estantería, y pasó la mano por los volúmenes. Eligió un libro y una página y, tras abrir los ojos, comenzó a leer:

> –Es muy amable por su parte –dijo Theresa–, pero no puedo dejar de lado mi paseo matutino. Me han aconsejado que permanezca fuera de casa tanto como me sea posible, debo ir a alguna parte y la oficina de correos es una destinación; y válgame Dios, hasta ahora rara vez he tenido una mala mañana.

Lo leyó de forma monótona, con las vocales dobles y las consonantes de aerógrafo de la burguesía del sur de Dublín, el acento y las cadencias de los jugadores de rugby y los banqueros jóvenes, el modo en que hablaba Ian. Era bastante divertido ver cómo ese acento acogía aquella prosa remilgada. Ofrecía un contraste marcado con el tono de Belfast, resuelto y musical, de Fionnuala y con la neutralidad estudiada de Sarah, que por su sustrato perdido de acento provincial tenía un aroma de brezo y sal marina.

John volvió a sentarse, guardando la página.

–Déjame ver...

Sarah tomó el libro y leyó el pasaje con detenimiento; luego se lo pasó a Fionnuala.

–Bueno –dijo Sara al fin, rascándose la sien–. Creo que la primera cuestión es si ella ejerce la facultad de elegir o rechaza por completo toda posibilidad de elección.

–Pero no se trata sólo de ella –dijo John–, quiero decir, también está el tema de la relación entre... Theresa... y el que le propone hacer otra cosa. Ese paseo por la mañana al banco, o a correos, es a costa de los deseos de esa otra persona...

Fionnuala intervino:

–Pero está también la obligación de cumplir el consejo, ya sabéis, el médico, o quien sea, le ha dicho que salga de casa...

–Esencialmente –dijo Sarah–, creo que debemos ver en esto un elemento de pesar. El paseo de la mañana es penosamente necesario. Existe una elección, la posibilidad de hacer otra cosa, cualquier otra cosa, pero tiene que haber un destino. No puedes caminar sin más, tienes que ir a alguna parte. Hay que tomar una decisión, arbitraria tal vez, pero hay que tomarla de todos modos, y debe implicar la exclusión de cualquier otra posibilidad. Una vez elegido el camino, en este caso el paseo por la mañana hasta la oficina de correos, entonces debes actuar como si ya no hubiera elección a este respecto. El pasaje lamenta las posibilidades perdidas que comporta elegir; pero reconoce la necesidad de hacerlo.

Continuaron discutiendo, desmenuzando el pasaje en pedazos pequeños para después volverlos a unir. Sarah, rápida y aguda, veía algo casi religioso en la llamada del paseo matutino y en el rechazo de la vida fácil y ociosa que se ofrecía como alternativa; la vocación podía ser aleatoria, sostenía, podía ser dura, pero el consejo era elegir el camino difícil, cualquier camino difícil, y luego seguirlo con una devoción y un compromiso absolutos. John estaba resentido y se mostraba reticente, pero cuando se le forzaba a seguir, discurría de forma coloquial aunque penetrante. Opinaba que el paseo hasta la oficina de correos era, pensándolo bien, una opción que se renegociaba en flujo constante y que bien podía cambiar al día siguiente. Sus afirmaciones eran siempre adecuadas e incisivas, aunque sin la presentación elegante, o académica, de las de Sarah.

Durante un rato discutieron ese fragmento, y después otro sobre la actitud de Fionnuala hacia el dinero. Volví a dormirme. A medida que sus voces se transformaban en una cháchara en mi sueño, creí que eran la radio, después mis padres, Patrick y su madre, un grupo de hombres alrededor de una mesa en el Front Lounge. Me despertaron las exclamaciones de una pelea.

–Muy bien, entonces –decía Sarah–, haz una pregunta específica.

–¿Sobre otra persona?

–Sí, pregunta algo sobre el tipo que duerme en el sofá. Es amigo tuyo, ¿no? ¿Cómo se llamaba? Neil.

Cerré los ojos y fingí estar dormido mientras Fionnuala me miraba.

–Está bien, lo haré. –Hizo una pausa–. Oh sí, ya sé qué preguntar... ¿Quién le gusta a Niall?

Los otros dos lo repitieron tras ella. Oí cómo Fionnuala pasaba las páginas.

–Vale –comenzó a leer.

> Estaba preparado para darnos información a cambio. Y he aquí de qué se trataba. A Berenguer le consumía, como sabían muchos de los monjes, una pasión demente por Adelmo, la misma pasión cuya maldad había castigado la furia divina en Sodoma y Gomorra.

Di un pequeño salto de vergüenza. John gruñó divertido.

–Venga, estás despierto, admítelo –dijo Fionnuala.

Dudé un momento y luego abrí los ojos.

–Buenos días –dije.

Aparté de mí las mantas y me senté en el borde del sofá, con la ropa arrugada y ligeramente manchada de vómito. Terminé el vaso de agua que había a mi lado.

–Acércate –dijo Fionnuala–. Únete al desvarío de la resaca.

–¿De qué va este club del libro? –pregunté.

–Bajé a buscar un vaso de agua y les encontré a ellos enfrascados en lo que sólo puedo calificar de juego literario.

John estaba de nuevo ante la ventana, con las manos en los bolsillos y los hombros encogidos.

–Y luego resultó que no lo era –dijo sin darse la vuelta.

–Niall, ya conoces a Sarah –dijo Fionnuala. Sarah estaba sentada en un sillón, fumando, y no respondió a la nueva presentación–. Él es John. John, éste es mi amigo Niall, el otro...

–Becario de la Beckett –concluyó Sarah, haciendo rodar los ojos.

John se quedó donde estaba, mirando la calle de primera hora de la mañana. La lluvia había menguado hasta convertirse en una llovizna sostenida, y los pájaros del suburbio comenzaban a moverse con algunos gorjeos indecisos.

–De hecho, ya nos conocemos –dije.

Me levanté del sillón. John se dio la vuelta y me miró sin reconocerme. No dijo nada.

–Me hiciste un favor una vez, ¿te acuerdas?

–¿Un favor?

Me escudriñó unos instantes y recordó mi cara.

–Ah, ¿eres el tipo que cayó al suelo cuando se le encaró aquel matón? –rió groseramente y volvió a darse la vuelta hacia la ventana–. Sí, ya me acuerdo de ti.

–Fuiste muy amable –respondí.

–Hay café si quieres –dijo entonces, con la intención, pensé, de ser amable tras su comentario más bien hiriente.

Le pedí un café negro, sin azúcar, y él se volvió sin decir nada y se fue a la cocina. Fionnuala hojeaba los libros, mientras Sarah echaba la ceniza de su cigarrillo en un platillo situado sobre el brazo del sillón. John regresó de la cocina y me tendió una taza de café, luego tomó la suya y recuperó su posición silenciosa, mirando hacia la calle.

–Hagamos alguno más –dijo Fionnuala–. Quiero que Niall lo vea.

Sarah miró a John. Él se encogió de hombros. Sarah apagó

el cigarrillo y se inclinó hacia delante, como si fuera a repartir una mano de cartas.

–De acuerdo –dijo–. Como ha dicho tu amiga, esto no es más que un juego, pero si se hace de la forma apropiada puede ser un juego útil y estimulante.

Me miró como si aquello requiriera una respuesta. Me aclaré la garganta.

–Comprendo.

–Pero para que funcione tienes que creer. Tienes que olvidarte de que no crees y pensar y actuar desde el primer momento como si...

–Pero por supuesto no... –comenzó a decir Fionnuala, en tono tranquilizador.

–Deja que hable yo, Fiona. Ya conocemos tu punto de vista. Sea como sea, por un momento reajusta los límites de tu realidad para aceptar que es cierto.

–¿De qué se trata?

–Es una forma de adivinación conocida desde hace milenios –dijo, de un modo algo pomposo–. Los babilonios, los árabes, los hebreos, los egipcios, todos la utilizaron. Los romanos la llamaban *sortes,* es decir, suertes. Dicho de forma simple, planteas una pregunta y tomas una cita al azar como respuesta. Todo el mundo conoce la que realizó san Agustín, cuando la voz de un niño en un jardín le dijo que tomara un libro y leyera. *«Tolle, lege.»* Leyó las primeras líneas de la Biblia que encontraron sus ojos y éstas provocaron su conversión. La forma más conocida que ha llegado hasta nosotros desde la Roma clásica son las *sortes Virgilianae,* en las que se tomaban citas de Virgilio, pero este método se ha practicado en centenares de variantes distintas: *sortes Biblicae, sortes Apostolorum, sortes Sangallenses* y muchas otras. «Sincronismo» es un término jungiano que designa algo parecido; nosotros usamos las dos palabras de un modo más o menos equivalente. Para decirlo de forma simple: haces una pregunta y crees de entrada, con una certidumbre absoluta, que la respuesta correcta se halla en un pasaje elegido al azar de un libro elegido al azar. Siempre es el pasaje correcto.

–¿Y cómo se supone que funciona, exactamente? –pregunté de nuevo.

Fionnuala interrumpió con excitación:

–Tal como yo lo veo, es como la verdad de un poema, sabes, la unión entre tu propia experiencia y...

–Bueno, ésta es tu teoría, Fiona. Los hombres de la antigüedad que recurrían a Virgilio y a la Biblia creían que era imposible que estuvieran incurriendo en un error. De modo que la respuesta tenía que ser la correcta. Después de todo, los *gospels* o la *Eneida* difícilmente iban a decirte una mentira. Lo único que hace falta es que creamos de manera implícita que siempre escogemos el pasaje adecuado. Planteas una pregunta, todos nos concentramos en ella, luego cierras los ojos y eliges un libro de la estantería al azar, lo abres por una página cualquiera y comienzas a leer una frase. Y siempre es la respuesta correcta, al menos hasta donde nosotros tenemos conocimiento. ¿Comprendes?

–¿Y cuánto se tiene que leer?

–Lo percibirás según la forma del fragmento, sabrás cuándo la respuesta ha llegado a su fin. A veces lees un poco más si necesitas verlo más claro, otras aparecen frases que manifiestamente desvían la atención y puedes ignorarlas.

Asentí.

–Muy bien, comencemos entonces. John, siéntate. –Él obedeció. Sarah se volvió hacia mí–. Haz una pregunta, luego cierra los ojos, coge un libro de la estantería y elige un pasaje.

–¿Al azar?

–Eso es.

–¿Qué debo preguntar?

–Cualquier cosa. Lo que te venga a la mente.

Pensé unos momentos.

–Vale. ¿De qué va todo esto?

Me acerqué a la librería y pasé los dedos por los lomos de los volúmenes. Al principio creí que no sería capaz de elegir; no había razón alguna para tomar un libro y no otro. Pero entonces, de pronto, como el tirón de un hilo de pescar, uno de ellos se sugirió claramente a mi mano. Lo cogí e hice correr sus hojas. Mi pulgar se detuvo hacia los dos tercios de aquel volumen de páginas rígidas y amarillas. Eché una mirada subrepticia a la portada. Agatha Christie, *El caballo pálido.* Me aclaré la garganta y comencé a leer:

> –Todo este discurso sobre el control remoto me recuerda algo que dijo esa extraña mujer, Miss Grey.
>
> –¡Ah, nuestro querido Thyrza! –su tono era suave, indulgente (pero ¿había habido un ligero temblor en sus párpados?)–. ¡Semejante sinsentido, las habladurías de estas dos estimadas señoras! Y ellas lo creen, sabe, lo creen realmente. ¿Ha asistido usted (estoy seguro de que insistirán en que vaya) a una de sus ridículas sesiones de espiritismo?
>
> Tuve un momento de duda mientras decidía rápidamente cuál debía ser mi actitud en este punto.

–Es suficiente –dijo Sarah de forma abrupta.

Pero yo sentía que no había llegado al final de la «respuesta», y al fin y al cabo ésa era la regla. Lo dije y seguí leyendo:

> –Sí –dije–, yo... sí he ido a una sesión de espiritismo.
>
> –¿Y la encontró completamente absurda, o quedó impresionado?
>
> Evité su mirada y adopté lo mejor que supe la actitud de un hombre en una situación incómoda.
>
> –Yo... bueno... por supuesto no creí nada de todo aquello. Parecían muy sinceras, pero... –Miré el reloj–. No tenía la menor idea de que fuera tan tarde. Debo regresar de inmediato. Mi primo estará preocupado...

–¡Basta! –gritó Sarah.

Vino hacia mí y me arrebató el libro de las manos.

–¿Qué ocurre? –preguntó Fionnuala.

–Nada –dijo Sarah, llevándose el libro y devolviéndolo a la estantería–. Pregunta otra cosa.

Quería repetir la misma pregunta, así que cambié ligeramente las palabras.

–¿Qué hay detrás de todo esto?

Esta vez elegí el *Diccionario Enciclopédico de Semiótica.* Me pregunté qué clase de gente tenía esa obra en la librería de la sala de estar. Sarah y John intercambiaron una mirada tensa.

> (1) El INTERLOCUTOR, más o menos ficticio, no está indicado en el texto. Si lo está, se trata ya de una adición: *dirección.* Es posible ocasionalmente dirigirse a él sin mencionarlo: es la *parabasis.*

–Lo siento –dijo Sarah–. Tengo que interrumpirte otra vez.

–Espera –respondí–, creo que es interesante.

> En una conversación se comienza mencionando el nombre de cada uno: esto es la presentación. Si alguien se dirige a un superior, le hace un informe sobre algo que ha visto, o le implora clemencia...

John se acercó y me quitó el libro de las manos con firmeza. Se quedó de pie ante mí.

–Haz lo que te dice, ¿quieres? –dijo enojado–. Pregunta algo personal. Eso es lo que se supone que tienes que hacer.

–Está bien –respondí. Pensé unos momentos. Me vino a la mente un flash de Ian, fugaz y aleatorio, y pregunté–: ¿Encontraré alguna vez el amor?

Cerré los ojos y tomé otro libro. Otra vez Agatha Christie. Leí en voz alta el pasaje que había elegido:

> Mister Parker Pyne sacó un recorte de su cartera. Lo puso en la mesa delante de Smethurst.
>
> «¿ES INFELIZ? –decía–. SI LO ES, CONSULTE CON MISTER PARKER PYNE.»
>
> Smethurst logró enfocarlo tras algunas dificultades.
>
> –Bueno, maldita sea –exclamó–. ¿Quiere decir que... la gente viene y le explica cosas?

–Confían en mí, sí.

–Un montón de mujeres idiotas, supongo.

–Bastantes mujeres –admitió mister Parker Pyne–. Pero también hombres. ¿Y usted, mi joven amigo? ¿Desea que le aconseje ahora mismo?

–Cállese de una vez –dijo el capitán Smethurst–. Eso es asunto mío y de nadie más. ¿Dónde está ese maldito araq?

Mister Parker Pyne sacudió la cabeza con tristeza.

Dio al capitán Smethurst por un caso perdido.

–Dios mío –dije–, esto es muy deprimente.

Fionnuala se echó a reír.

–¡Llega a ser una vidente y le pegas un tiro! –dijo–. ¿Y qué diablos es un «araq»?

–A mí no me hace ninguna gracia... –dije, repasando el texto–. Se mire como se mire son malas noticias. «Dio al capitán Smethurst por un caso perdido.» A no ser que haya otra forma de interpretarlo –me dirigía a Sarah y a John.

Ellos miraban al suelo, tensos.

–Sin duda –dijo John en voz baja, lanzando una mirada fugaz a Sarah.

Ella miraba en otra dirección.

–¡Oh, vamos! –exclamó Fionnuala–. No te preocupes, no es más que un juego. Podríamos haber tomado este fragmento para lo de la elección o lo de mi novio, o cualquiera de las otras preguntas.

–Pero no lo hicimos –respondí.

–¡Por favor! –rió–. Tú no crees en todo esto, ¿verdad?

Hubo un silencio.

–No lo sé... –dije–. Creo que saben algo.

–¿Quiénes son «ellos», Niall? Por el amor de Dios, se puede leer cualquier cosa en... oh, maldita sea, Niall... no puedo creer que seas tan supersticioso. Seguro que ahora los libros empezarán a doblar cucharas y... y a arreglar relojes estropeados. Ya verás: en condiciones objetivas, te lo voy a demostrar.

Se puso en pie.

–¿Cuál es mi relación con el hombre que me engendró? –preguntó hacia la librería.

Me guiñó un ojo, y supuse que su truco sería tomar un pasaje que todos interpretaríamos como lleno de referencias al padre para después revelar a John y a Sarah que era adoptada.

Pasó las hojas del libro que había elegido y se detuvo en un punto. Cuando miró la página tuvo un sobresalto y no dijo nada.

–Léelo, Fionnu –dije. Ella estaba inmóvil, con el libro en la mano–. Venga, enséñame lo que has elegido.

–Vamos a casa –dijo–, estoy cansada.

–No, enséñamelo...

Cogí el libro con una mano. Ella se resistió un poco, luego lo soltó. Había elegido una página en blanco. Me miró.

–Bueno, no es más que otra coincidencia. Vamos a casa, son las ocho y media de la mañana.

–Yo no creo que sea una coincidencia. Y quiero saber –dije, mirando a Sarah y John.

Ninguno de los dos me miró. Él estaba otra vez ante la ventana, con los brazos cruzados y de espaldas a nosotros; ella devolvía los libros a las estanterías, como diciendo «la librería va a cerrar en breve».

–No. Quiero volver al Trinity.

–Espera, Fionnuala, sólo una pregunta más. –Podía sentir cómo me brillaban los ojos–. Condiciones objetivas. Un hecho real. Sarah, dime qué debo preguntar.

No me respondió, pero interpreté como un permiso tácito el hecho de que no mirara deliberadamente en otra dirección. Yo estaba de pie ante la librería, con las pilas de libros consultados esparcidas a mis pies. Fionnuala había recogido su abrigo y su bolsa de una silla y esperaba con la mano en el pomo de la puerta, indecisa, el abrigo doblado en el brazo. John estaba junto a la ventana y miraba muy serio a Sarah, sentada en el sillón ante mí con una expresión preocupada y concentrada; una nube de humo de tabaco ascendía ante su cara como una serpiente de la cesta de un encantador.

–Sólo una pregunta, Fionnuala –dije–. Vale, ¿dónde viven mis padres?

Mientras sentía cómo mi mano se posaba en los lomos de

los libros supe de antemano que de ella pendían mundos. Dos universos mutuamente excluyentes permanecían en la incertidumbre, zozobrando sobre la pequeña obertura en el continuo del espacio-tiempo que suponía mi elección. Mientras volvía al comienzo de cada hilera de libros y pasaba mis dedos tocando cada uno de los volúmenes, sabía que el pasaje que iba a elegir sería o bien ambiguo, una confirmación de las palabras de Fionnuala, un triunfo para Ian, para toda esa clase de gente, para todos aquellos temores adolescentes ante el vacío del futuro, o bien sería algo distinto, lo opuesto, inimaginable. Deseaba con intensidad que funcionara. Era la elección entre un pasado que conocía, prolongándose espantosamente hacia un futuro eterno y sin color, y la posibilidad de la plenitud, de la novedad y de cosas insospechadas. Podía sentir la irreductibilidad de lo aburrido y lo mundano apoderándose de mí, lo ridículo de cualquier pensamiento excepto que el mundo era como decía Fionnuala, y que aquellos dos tipos no eran más que treintañeros arrogantes y hostiles que se tomaban sus juegos demasiado en serio y a quienes irritaban nuestros entusiasmos y miedos de estudiantes de licenciatura. Intenté apartar esta idea de mi mente mientras me detenía en un volumen grueso, pero mi valor había empezado a flaquear. Pasé las páginas de *Ulises* y las oscilaciones de la probabilidad comenzaron a sobreponerse unas con otras hasta colapsarse en una singularidad.

> –Lo podemos tomar solo –dijo Stephen–. Hay un limón en el aparador.
>
> –Maldito seas tú con tus modas de París –dijo Buck Mulligan–: yo quiero leche de Sandycove.

Tres

El amanecer terminó de forma brusca y desagradable. Fionnuala se echó a llorar y exclamó «¡esto es odioso!», mientras John y Sarah observaban la escena, más furiosos conmigo que con Fionnuala. Yo deseaba que me invitaran a quedarme con ellos y seguir la sesión, descubrir si podía usar los *sortes* para averiguar algo sobre Pablo –que formaba parte, estaba seguro, de alguna extraña cadena de acontecimientos interrelacionados–. Pero Sarah, y sobre todo John, querían que nos marchásemos de inmediato, y Fionnuala no tenía interés alguno en los misterios; lo que ella buscaba era el compañerismo y la lealtad. Me pidió de forma desafiante y con los ojos irritados que la acompañara inmediatamente. Dirigí a John y a Sarah una mirada suplicante. Sarah devolvió los últimos libros a las estanterías y guardó sus cigarrillos en el bolso. John se fue a la cocina y comenzó a lavar las copas.

Dudé. Si insistía en quedarme, Sarah y John tendrían que decirme algo más, darme algunas respuestas, pero Fionnuala había grabado en el suelo una estrella de cinco puntas e invocaba con insistencia a los espíritus de la amistad y el compromiso, de modo que me marché, avergonzado, tras escribir mi número de teléfono en un papel que dejé sobre la mesa y decirle a Sarah que estaríamos en contacto. Ella no mostró ninguna intención de cogerlo, y nadie me ofreció su número.

Afuera los primeros signos del sol invernal se desplegaban desde el horizonte. Fionnuala y yo caminamos contra el viento helado, encogidos, con las manos en los bolsillos, por el triángulo de Ranelagh, a través del canal y por Harcourt Street y

Stephen's Green, donde hombres olorosos a aftershave y vestidos con traje iban de camino a ser los primeros en llegar a la oficina, y chicas de provincias con el pelo húmedo y recogido se apresuraban con sus zapatillas deportivas, con los zapatos para el trabajo en pequeñas bolsas a su espalda. Pasamos por Grafton Street, donde las tiendas comenzaban a levantar sus persianas metálicas y un vehículo ruidoso barría las cunetas sucias con unos cepillos giratorios, y llegamos finalmente al Trinity, al tiempo que aparcaban dos profesores diligentes, con llovizna en sus abrigos, que acudían a preparar las clases del viernes por la mañana. Le dije un adiós seco a Fionnuala ante la puerta del edificio 13. Habíamos recorrido todo el camino en silencio.

–Son asociaciones casuales, Niall –dijo a mi espalda, mientras introducía la llave en la cerradura–, los libros suscitan asociaciones en tu mente y la estimulan, como en la escritura automática o algo así... –Su voz se apagó.

Los dos miramos una bandada de pájaros que se alejaba chillando sobre la Old Library.

–Claro –dije–, que duermas bien.

Me arrastré hasta mi habitación, aturdido, helado y exhausto, y caí rendido en la cama sin quitarme la ropa.

Aquella tarde en los Commons la conversación con Fionnuala eludió el tema por acuerdo tácito, aunque yo deseaba pedirle que considerara qué hubiera ocurrido si la pregunta sobre mis padres hubiera conducido a la página en blanco, y la otra sobre su padre al fragmento de *Ulises.* Sarah acudió a los Commons una sola vez en toda la semana y se marchó antes de que tuviera tiempo de interpelarla. La vi saludar fríamente a Fionnuala en las escaleras del Dining Hall antes de desaparecer. Eso fue el martes. Aquella noche, una noche helada, fui hasta el edificio 13 y busqué su nombre en el interfono. Había una Sarah Casey y una Sarah Ní Dhuibhir; supuse que sería la segunda y llamé. Supe que había acertado porque la llamada velada del timbre sonó en la habitación situada justo encima de la de Fionnuala.

Las cortinas no estaban del todo corridas y podía ver luz en el interior. Una silueta se asomó entre ellas para ver quién era y se retiró rápidamente. Llamé varias veces pero no obtuve respuesta. Tras cinco minutos de espera en la noche fría quedó claro que ella no iba a contestar, así que avancé entre el viento helado hacia el George, con la esperanza de distraerme de aquellos misterios; pero una vez allí, mis impulsos eróticos estaban tan concentrados en John y en Pablo que me di por vencido y regresé a mi habitación.

De nuevo intenté alejar todo aquello de mi mente, pero me fue imposible, e incluso me hallé realizando *sortes* ocasionalmente, cuando dudaba ante una decisión sin importancia o me encontraba en un rato libre sin saber qué hacer. Unos días más tarde llegó una carta que me distrajo un poco. Traía la noticia inesperada de que *A Muse* había aceptado mi cuento, junto con una invitación para la fiesta de Navidad del Comité de Publicación que iba a celebrarse en el Atrium el último viernes del trimestre, a la semana siguiente.

Pasé el fin de semana en casa. Había muchas cosas sobre el Trinity que tenían que asentarse en mi cabeza, y deseaba tener cierta distancia. Las pocas semanas que había pasado allí parecían divididas en distintas eras geológicas, la noche inicial y su locura, inaugurada por Pablo, las primeras semanas ocupado en las clases y en mi amistad con Fionnuala y nuestro grupo, las semanas subsiguientes de caza de hombres en el George y en otros bares y ahora esto. Mi padres se sintieron orgullosos cuando les conté lo de mi narración, y me pidieron que consiguiera algunas copias para poder dar una a mis abuelos y mandarle otra a mi tío en Londres. Esto me inquietó un poco, dadas las referencias sexuales subyacentes en el cuento, pero pensé que era improbable que las notaran. Por su parte, mi hermana Ciara había ganado una medalla en un concurso aquella semana, así que fuimos todos juntos a un restaurante chino en Dalkey para celebrarlo. John, Sarah, Pablo y los crípticos sincronismos se desvanecieron como un sueño entre las luces tenues y el rumor de los autobuses de los suburbios. Nos sentamos a una mesa, intercambiamos unos con otros el cerdo agridulce por el pollo en salsa de soja, discutimos sobre nimiedades y nos reímos con antiguas historias familiares –la vez que Ciara hizo pis en las macetas del vecino, o cuando le pregunté a mi tía abuela Elizabeth por qué tenía tantas arrugas–. Perdido en aquel lugar entre los campos de rugby y los aparcamientos de los centros comerciales, la vida fluía de forma lenta y ponderada, en un ciclo reiterativo y comprensible como el de las estaciones. Me sentía protegido por la charla de mis padres sobre chicos que conocía, por el olor húmedo de nuestros jardines, el aire pegajoso y las voces afables de mi tierra natal. Allí estaba en armonía con la tierra y con la gente, allí era anónimo, allí podía dormir. Esperé al último tren del domingo por la noche, que me condujo hacia el norte, siguiendo la costa, de vuelta a las luces y a la confusión del centro de la ciudad.

Al mediodía del día siguiente, de vuelta en el Trinity, recibí un mensaje de Ciara diciendo que la madre de Ian había llamado a casa. Ian había olvidado en un taxi el móvil con todos los números antiguos y necesitaba mi teléfono. Alrededor de una hora más tarde, recibí un mensaje suyo en que me invitaba a su fiesta de cumpleaños, el jueves siguiente en el Kiely's de Donnybrook, escenario de varios episodios del vía crucis de mis últimos años en el Gonzaga *(Ian se marcha sin decírselo a Niall; Ian invita a una copa a un extraño e ignora a Niall; Niall limpia el vómito de Ian y le acompaña a casa; Ian demuestra una desdeñosa indiferencia hacia Niall a la hora de organizar el transporte de vuelta a casa)*. Compré una chaqueta nueva en el Dunne's de Stephen's Green y después de los Commons pasé una hora arreglándome para la fiesta, buscando dar la impresión de una cierta independencia despreocupada, el aspecto externo de alguien que ha encontrado su propia vida, alguien a quien no se puede dejar escapar. Salí hacia la parada de autobús engominado y perfumado y lleno de una esperanza inquieta, pero terminé de pie bajo las luces amarillas, en el frío intenso de Nassau Street, dejando pasar uno a uno los autobuses, inmóvil y sin pensar en nada. Permanecí allí durante tres horas, hasta que el último autobús se hubo marchado, lleno de habitantes de los suburbios borrachos, de vuelta a casa tras una juerga en el centro. Regresé a mi habitación azotado por el viento cortante de la medianoche, lancé mi chaqueta nueva sobre la silla y me metí en la cama.

A Muse salió el miércoles, y en efecto incluía «*Hacia la niebla,* por Niall Lenihan». El viernes estaba agotado tras cuatro días de estudio intenso, de preparación para mis trabajos de fin de trimestre, y por la tarde hice una larga siesta para reponerme antes de acudir a la fiesta del Comité de Publicación. En los Commons me senté junto a Fionnuala, a quien apenas había visto aquella semana. Me felicitó por la publicación de mi cuento, que según dijo reservaba para leerlo en el tren de Belfast el domingo. Parecía haber olvidado, o perdonado al menos, el incidente de los libros con Sarah y John. Eran los Commons de Navidad, lo que quería decir que el fuego estaba encendido en el enorme hogar del Dining Hall, que se servía comida navideña, había pequeños regalos y sorpresas y el coro de la capilla cantaba villancicos entre plato y plato, grandes y vigorosas armonías que llenaban la sala.

Field and fountain, moor and mountain, following yonder star[1].

Más tarde, en las escaleras del Dining Hall, Fionnuala, con el pelo humedecido por los copos de nieve, puso una mano fría en mi mejilla y me deseó una feliz Navidad.

–Nos vemos en año nuevo –añadió, dándose la vuelta mientras se alejaba por las pistas de tenis.

De pronto me asaltó la impresión angustiosa de que nunca volvería a verla y quise llamarla, pero Andrea, que pasaba por Front Square, subió corriendo las escaleras para felicitarme la Navidad con un abrazo y me hizo prometer que cogeríamos una buena curda en año nuevo. Se marchó para tomar el autobús para ir a una fiesta en Foxrock, y me dejó solo en el Trinity, en

1. «Campo y fuente, páramo y monte, siguiendo aquella estrella.» *(N. del T.)*

el día de la Inmaculada Concepción, mientras todo el mundo desaparecía por las calles heladas de Dublín, hacia Busáras, Parnell Square, Heuston, Connolly y los autobuses y trenes que les llevarían lejos de allí, a Stranorlar, Castlecomer, Carrickmines, Nenagh y otros lugares parecidos.

Llegué al Atrium, donde se celebraba la fiesta del Comité de Publicación, hacia las ocho y cuarto. Ya había mucha gente a esa hora, bebiendo vino caliente en vasos de plástico. Las dos chicas de la entrada examinaron cuidadosamente mi invitación; luego me mezclé entre los invitados. Había la clase de gente que yo esperaba, chicas corpulentas con *piercings* en la nariz, sombreros de fieltro y ropa ancha de colores y chicos intensos, arrogantes, que fumaban Marlboro y llevaban gafitas redondas y la cabeza rapada. Me abrí paso entre las distintas camarillas hasta la mesa del fondo y tomé un vaso de vino caliente. Estaba sólo medio lleno y me sentía tímido y desamparado, de modo que tomé un segundo vaso y lo vertí en el primero. Un miembro del Comité de Publicación me estaba mirando.

–Así me ahorro venir dos veces... –le aclaré jovialmente, y me alejé.

Me presenté al editor de la revista, un tipo del norte, afeminado y con la voz potente, que trabajaba en una tesina sobre literatura irlandesa. No me escuchó ni se refirió específicamente a mi cuento, sino que vociferó algunos consejos condescendientes en la línea de «sigue escribiendo», me puso la mano en el hombro y luego salió afuera con alguien a fumar un canuto, dejándome otra vez solo.

Me acerqué a la estudiante de doctorado que impartía una de nuestras tutorías, Anne, una chica inteligente y agradable con quien me hubiera gustado tener un trato más amistoso. Ella pertenecía al comité y dijo que mi cuento le había gustado. Opinaba que tenía talento, pero que era excesivamente sentimental, egocéntrico y verboso. Mientras ella desarrollaba sus consejos, haciendo referencias concretas a mi texto, particularmente a mi costumbre de describir al protagonista dando vueltas en su cuarto o sentado preguntándose qué debía hacer, mi ávido ojo gay espiaba a alguien por encima de su hombro, un hombre atractivo con el pelo negro, alto y pálido, vestido con una chaqueta negra y una camisa blanca. Le lancé la mirada lasciva de costumbre, y entonces, cuando ya iba a volver la cabeza hacia Anne, me dio un vuelco el corazón. Era John. Él me vio e inmediatamente comenzó a avanzar hacia la salida.

–Anne, lo siento –dije, poniéndole una mano en el hombro–, tengo que hablar con aquel tipo de allí... Tengo que alcanzarle antes de que se marche, lo siento...

–Ah...

–Lo siento de veras, mira... feliz Navidad –dije, como si le estuviera dando una propina a una camarera tras haberla manchado de vino.

–Vale –dijo encogiéndose de hombros.

Me abrí paso a empujones entre la gente, derramando la bebida que alguien tenía en las manos («¡estúpido!»); pude ver cómo John avanzaba en el otro extremo, cerca de la puerta.

–Perdón, perdón, lo siento, tengo que... lo siento, me permite, perdóneme.

Pero le perdí; ya se había marchado.

Salí corriendo al exterior del Atrium, al pasaje empedrado entre éste y la capilla, junto a un pequeño grupo de tumbas de figuras ilustres del Trinity. A mi lado resplandecía un cajero automático del Bank of Ireland, la imagen electrónica de una tarjeta entrando y saliendo mecánicamente del dibujo de la ranura en la pantalla. «Inserte la tarjeta, por favor.» Miré hacia Front Square, pero no había ni rastro de John. Amargamente decepcionado, volví al interior. Había una chica leyendo un libro, sentada con las piernas cruzadas, apoyada en la pared. Sabía lo que tenía que hacer.

–Perdona. –Ella no levantó la vista. Me incliné para tocar el libro–. Perdona... ¿puedo?

–¿Puedes qué?

–Mirar lo que estás leyendo.

–Ah... bueno sí, supongo... –Me tendió *Una introducción a la España moderna.*

–Estás en la página ciento veintiuno –le dije. Luego pregunté en voz alta, ante su mirada incrédula–. ¿Dónde está John?

Pasé las páginas y me detuve.

«En 1937...», comenzaba el párrafo bajo mi dedo.

Era suficiente, estaba seguro de haberle pillado. Le devolví el libro a la chica con un «gracias» y me puse a correr de nuevo por el pequeño pasaje, y luego sobre los adoquines resbaladizos, cubiertos de aguanieve, de Front Square, en dirección a la 1937 Reading Room. Allí había dos tipos sentados en las escaleras fumando un cigarrillo, pero ni rastro de John. Di la vuelta por la parte de atrás, donde una chica abría el candado de su bicicleta. Determinado a no darme por vencido, me apoyé en un pilar, le pedí un cigarrillo a uno de aquellos chicos y comencé a fumarlo –algo bastante raro en mí, pero que me recordaba a Sarah–, dispuesto a esperar.

Pasaron diez, quince, veinte fríos minutos. Delante de mí las puertas se abrían y se cerraban según salía la gente. Mantenía el ojo alerta a la parte de atrás, pero John no aparecía. Y entonces, se abrió la puerta y salió, caminando despacio, mirando furtivamente alrededor. Estaba justo delante de mí. Por un momento miró a los lados en busca de una vía de escape, luego hizo un ademán con los brazos.

–¿Cómo diablos...?

No contesté.

–Maldito acosador –exclamó John–. ¿Se puede saber qué quieres?

–¿Tú qué crees? Quiero respuestas. Quiero más.

–Ah, maldita sea –dijo para sí mismo.

Metió la mano en el bolsillo interior de su abrigo y extrajo un libro. Pasó las páginas y eligió. Levantó las cejas, luego me miró mientras volvía a guardarlo.

–Está bien, una pinta. Pero no más, y no esperes revelaciones espectaculares. Ni nada espectacular en absoluto –añadió malhumorado.

–De acuerdo, de acuerdo.

El viento era helado y los adoquines tenían una incandescencia clara y húmeda bajo el cielo estrellado y las farolas del campus. No había nadie más en Fellows Square. Mientras subíamos la rampa del edificio de Letras comencé a temblar, y me pregunté si sería por el frío o por algún otro sentimiento, provocado por la intimidad de dejar una doble fila de huellas en la nieve.

En el túnel de Nassau Street rompí el silencio.

–¿Y cómo es que estabas en la fiesta de Trinity Pubs?

–Buscaba a alguien.

–¿A mí?

No me contestó.

–Era una broma –dije.

Seguimos caminando. Finalmente, alguna reminiscencia lejana de cortesía le hizo sentirse obligado a decir algo.

–¿Y tú por qué estabas allí?

Como solía hacer Ian, trató de eludir el rubor dando a lo que era una pregunta honesta un tono de voz sarcástico y molesto.

–Había un cuento mío en *A Muse.*

–*Hacia la niebla.*

–No creí que estuvieras entre sus lectores.

–No lo he leído.

–Será mejor que nos presentemos –dije–. Niall Lenihan, originario de Sandycove, ahora en el Trinity College, Dublín 2.

Él se detuvo, luego gruñó con reticencia:

–John Bastible.

–¿De...?

–Donnybrook. Vivo en el centro. Bueno, la mitad del tiempo vivo en Ranelagh. Con mi novia –añadió significativamente.

–¿Adónde vamos?

John sacó un libro de su bolsa e hizo correr las páginas. Leyó la línea bajo su dedo, pensó unos instantes y dijo:

–Kehoe's.

A nuestro lado, los muñecos mecánicos del aparador de Brown Thomas se movían de forma espasmódica, en una repetición obsesiva y compulsiva, con sonrisas fijas de psicópata, y cantaban con chillonas voces americanas *The First Noël.* El zapatero movía su martillo arriba y abajo, la sonrisa malvada de oreja a oreja, sin tocar ninguna vez el zapato, arriba y abajo, arriba y abajo, arriba y abajo.

Born is the king of I-I-sraël[1].

Nuestros reflejos pasaron ante ellos como fantasmas, un hombre joven, alto y de espaldas anchas, de unos treinta años, bien vestido, con un abrigo largo de color gris, pálido y con el pelo negro, y su compañero un poco más bajo, con el cabello enmarañado, los ojos asustados y la ropa arrugada y barata. Creí ver cierta simetría afectiva que me excitó ligeramente.

Giramos a la izquierda en South Anne Street y llegamos al Kehoe's, un pub oscuro y anticuado con el mobiliario de madera y color crema. John se abrió paso resueltamente entre la concurrencia y yo me escurrí detrás de él. El lugar estaba ocupado por la gente que reposaba tras las compras del día de la Inmaculada, además de los grupos que se reunían de forma habitual para tomar una cerveza los viernes por la noche y comenzaban a prepararse para los excesos de la Navidad. Conseguimos una mesa apartada justo en el momento en que quedaba libre; John se apoderó de ella lanzando su abrigo sobre el banco.

Me indicó con un gesto de la cabeza que me sentara y se marchó hacia la barra sin preguntarme qué quería. En un paquete sobre la mesa quedaba un último cigarrillo aplastado, y comencé a fumarlo mientras le esperaba. Se oía de fondo un CD con música pop navideña.

Vi cómo John se apoyaba en la barra de forma distendida y juvenil, y hablaba con el hombre que estaba a su lado en ese código de frases hechas, guiños e insultos afectuosos que nunca he logrado dominar y que es el lenguaje de los verdaderos hombres.

Regresó y puso dos pintas de Guinness sobre la mesa. La

1. «Ha nacido el rey de I-I-srael.» *(N. del T.)*

espuma blanca le corría por los dedos. Se los chupó para limpiarlos y se sentó.

–¿Te gusta la Guinness?

–Sí, gracias.

Mientras esperábamos que la cerveza se asentara, hablé un poco sobre el precio de las pintas, la inminente prohibición de fumar y la gente que había allí aquella noche. John me ignoró por completo. Consultó un libro, luego lo devolvió a su bolsa. Cuando la espuma de la Guinness desapareció bebí un sorbo.

–*Sláinte*[1] –dije.

Él asintió y tomó un buen trago.

–Bueno –dije tras una pausa.

–Bueno, mm, entonces... A ver, dices que quieres respuestas. En verdad no las hay, que quede claro de entrada. No voy a darte lo que deseas. –Bebió otro sorbo de cerveza–. No hay respuestas, no hay nada «más». –Representó las comillas con los dedos de forma exagerada–. Evidentemente eres un muchacho impresionable, y sé que encuentras todo esto excitante y prometedor, pero la verdad es que no hay nada que contar, odio tener que decirlo. Los *sortes* son un truco antiguo que para nosotros funciona. Es nuestro... juego. Nuestra forma de tomar decisiones. Eso es todo. O sea que... cálmate. Deja este juego para nosotros. Inventa el tuyo propio.

–Oh, vamos –dije–. ¿Por qué intentas rehuirme? ¿Y por qué os alterasteis cuando elegí aquellos dos pasajes en la fiesta? ¿Por qué un hombre extraño conoce mi nombre? ¿Por qué los versos de esa canción aparecen dondequiera que dirijo la vista? Me refiero...

–Eh, eh, eh. –Me detuvo con la mano como si fuera un policía dirigiendo el tráfico–. La idea era que te hablaría de lo que ocurrió la mañana después de la fiesta en la casa de Ranelagh. Cualquier otra alucinación paranoica que estés sufriendo guárdatela para el médico o para quien sea. Muy bien. ¿Por qué te rehuía? Yo no te «rehuía», lo que ocurre es que no estoy intere-

1. «A tu salud», en irlandés. *(N. del T.)*

sado en ti, ni en ser tu «amigo». ¿Quieres saber la verdad? Te vi en la fiesta en Pubs y pensé: Vaya por Dios, ahora este ma... este estudiante está claro como el agua que va a venir detrás de mí. Lo que en efecto hiciste. ¿Y por qué me alteré en la fiesta? Bien, ¿tú qué crees?

La música llenó el silencio mientras pensaba la respuesta.

Westward leading, still proceeding[1].

–Los libros te han dicho que vengas a tomar una cerveza conmigo. Entonces dime simplemente la verdad. Creo, o más bien sé, que ocultas algo –dije con valor–. Lo sé. Están pasando cosas extrañas, coincidencias y cosas así, y creo que tú y Sarah sabéis algo de todo esto, o podéis decirme algo sobre ello, porque creo que todo está relacionado con los *sortes.* Fui capaz de encontrarte, ¿no? Estoy seguro de que si preguntas a los libros algo sobre mí tendremos alguna pista. De hecho, ya sé lo que podemos hacer. Toma un sincronismo en ese libro que llevas en el bolsillo. Pregunta sobre mí. Venga. Pregunta algo sobre mí. Si son alucinaciones paranoicas, adelante.

Eso le pilló desprevenido. Estaba desconcertado. Me observó con desprecio.

–Mira en qué estado te encuentras, eres un saco de nervios, tienes tics y estás temblando, con todas estas ideas dementes. Estás hecho un lío. Búscate un... amigos, una vida, no sé, un novio. Vives en un planeta del que ni siquiera quiero oír hablar. Si quieres saber la verdad sobre los pasajes que elegiste, fueron las preguntas que hiciste lo que me molestó, nada más. No podía soportar veros a ti y a esa chica enfrascados en ellas. Y no puedo soportar que flirteen conmigo cuando no estoy interesado, ya lo sabes. La persona en cuestión empieza a irritarme y a provocarme repulsión. Mira, lo que ocurre es que no soy un tipo simpático. Tú y esa chica... los dos sois demasiado... bueno, digamos que sois jóvenes. Lo siento –añadió, mirándome directamente a

1. «En dirección al oeste, todavía avanzando.» *(N. del T.)*

los ojos–, yo... lo siento. No hay ningún misterio, excepto que no soy un tipo simpático, tú probablemente lo eres, en realidad no tenemos nada que ver uno con el otro.

Se levantó para irse.

–No, espera...

–No, no voy a hacerlo –comenzó a ponerse el abrigo–. Por favor, déjalo correr.

–Vamos, por favor –le llamé desesperado mientras se apartaba de la mesa y comenzaba a abrirse paso entre la gente–. Sé que hay algo más. Estaba borracho, lo sé –una frase surgió en mi mente atemorizada–, una pluralidad de botellas me ha inducido muchas veces a reacciones raras, pero estoy seguro, lo sé...

Se había marchado. Un entramado de acontecimientos y coincidencias extrañas se había formado alrededor de mi vida insignificante, estaba seguro de que aquel tipo sabía algo, y le había dejado escapar.

Y entonces sentí una mano en el hombro.

–¿Niall?

–¿John?

–¿Qué es lo último que has dicho?

Pensé que me estaba amenazando.

–Que ya sé que había bebido mucho la noche anterior, pero de todos modos...

Me agarró el hombro con fuerza.

–No, ¿qué has dicho exactamente, de unas botellas?

–He dicho... he dicho que había bebido... una pluralidad de botellas.

–Mierda –resopló con fuerza y echó una ojeada alrededor del pub. Luego tomó el libro del bolsillo interior de su abrigo y leyó, como de costumbre, unas pocas líneas. Meneó la cabeza lentamente–. Cielos...

Echó el abrigo sobre la silla y volvió a sentarse.

–Mierda, mierda, MIERDA.

Acabó de beber la Guinness a un ritmo sostenido, paseando la mirada por el pub sin decir nada, mirándome airadamente cada vez que nuestros ojos se cruzaban. Desconcertado, esperé que se calmara. Lo que duró hasta que los dos terminamos nuestras pintas. Se levantó y volvió con dos más. Tamborileaba con sus grandes dedos blancos sobre la mesa y se los pasaba por el pelo negro. Yo sorbía la cerveza con timidez, temeroso de que volviera a enfadarse.

Al fin suspiró y dijo:

–Muy bien. Me busco problemas con esto, pero los signos son tan jodidamente... mira, tal vez sí haya algo más de lo que te he contado. Te voy a explicar las líneas generales del asunto, para que puedas sacar algo en claro de lo que te pasa, y después, te lo ruego, te largas y me dejas tranquilo. Esta vez lo digo de veras. –Se inclinó hacia delante y me miró en actitud implorante–. Sólo quiero echarte una mano para que puedas manejar tu... situación... ya sabes, pero después se acabó, ¿está claro? ¿Está claro? –repitió.

–De acuerdo.

–Muy bien –dijo–. Yo puedo... no debería... pero de todos modos... voy a contarte algunas cosas sobre Sarah y yo y cómo caí bajo este... yugo. –Hizo un gesto vago con la mano–. Empezaré por el principio, y al final te explicaré por qué primero te mentí y luego cambié de opinión. Pero esto no es más que mi historia; tal vez te ayude con tus asuntos, pero nada más, después nos despedimos definitivamente, ¿entendido?

Asentí.

–Di que lo has entendido.

–Lo he entendido.

–O sea que no te involucres... demasiado... en todo esto, ¿de acuerdo? Te aseguro que ya tengo bastantes problemas con la situación tal como está para añadirle un admirador gay siguiéndome como un maldito *paparazzi.* Voy a contarte esta historia sólo para que sepas que ha habido algunos sincronismos acerca de ti, y que por eso creo que puedo... pero no esperes que podrás hacer nada con lo que voy a decirte. Realmente, realmente no debería hacer esto. Y no vayas a ser tan cretino de ir contándolo por ahí.

–¿A quién iba a contarlo? –pregunté; luego me encogí de hombros–. Muy bien, perfectamente. Lo que sea.

–Mientras esto esté claro, estamos de acuerdo. Bueno. ¿Por dónde empiezo? Ya has descubierto que todo este asunto de los libros es más que... bueno, más que un juego.

–¿Qué es entonces?

–Bueno, claro, ésta es la pregunta del millón de dólares. Primero te contaré mi caso, cómo me vi mezclado en todo esto.

–Muy bien.

Se aclaró la garganta y comenzó:

–Bueno, yo no vengo de un ambiente muy literario ni nada parecido. Mi padre es abogado y mi madre, bueno, de joven fue una esnob provinciana, básicamente. Quiero decir que sabemos leer y escribir, pero ya sabes a qué me refiero... tampoco es que nos riéramos con los juegos de palabras de Shakespeare a la hora del desayuno.

Sabía a qué se refería. Describió una vida que ya conocía, clubs de tenis, golf en Ballyconneely con los amigos de sus padres y sus hijos y, por supuesto, lo más glamuroso de los adolescentes burgueses de Dublín, los personajes que yo conocía indirectamente a través de Ian, los equipos de rugby de las escuelas privadas y el público que los rodeaba. Hice algún comentario sobre los encuentros en Kiely's después de los partidos. Él me miró sorprendido.

–¿Juegas a rugby? –preguntó con incredulidad.

–No, pero fui al Gonzaga.

–¿No conoces a un chico, un jugador fuerte, debe de tener tu edad, Ian O'Neill?

Me sonrojé.

–Sí, le conozco. Bastante bien a decir verdad. ¿Tú de qué le conoces?

–Su hermana salía con un amigo mío...

–Catherine –dije.

–Eso es... Katy. Katy O'Neill. Apuesto a que conozco de cuando eran niños a otros chicos de tu clase. Conocía a bastantes chicos del Gonzaga, Stephen O'Connor, Patrick Devlin y los demás...

Tenía la mirada perdida, casi nostálgica, como si fuera un

viejo veterano de guerra solitario enumerando los nombres de los compañeros caídos en las trincheras, sesenta años antes.

–¿A qué instituto fuiste?

–A Blackrock. No tan intelectual, supongo. Pero mejor en el rugby. Solíamos decir que los chicos del Gonzaga eran todos gays... Oh, perdona.

–No te preocupes. La mayoría no lo eran. Una pena. ¿Y qué ocurrió entonces?

–Todo acabó por tomar un giro inesperado. Bueno, al principio seguí un camino bastante corriente. Estudié comercio en el University College y pasé dos años en Oz, donde trabé amistad con algunos chicos del Blackrock en la playa de Bondi. Hice un máster en la Smurfit School, en Carysfort, y luego ya sabes, llegaron los años del tigre celta, encontré un empleo en un banco y me mudé a un apartamento en el Financial Services Centre.

–Me hago una idea.

–Por aquel entonces fui a pasar un fin de semana en la casa de veraneo de los padres de mi novia, en Rosslare. Ella había salido a dar un paseo con los suyos. Yo estaba un poco harto de todos ellos, así que me quedé en la casa. No había tele, ni radio, ni nada que leer aparte de un solo libro, una vieja novela de Agatha Christie. De hecho, la misma que tú elegiste en la fiesta. O sea que eso fue... fue significativo... que lo eligieras, quiero decir... bueno, ya llegaré a ello. Sea como sea, no puedo sufrir todo ese rollo estilo «¿hay alguna magdalena para el té?», así que para entretenerme decidí probar a qué velocidad podía leer todo aquello, el maldito libro entero, sin saltarme una sola palabra. Ya sé que la gente como Sarah, y tú también probablemente, estáis habituados a leer deprisa. Pero como te dije antes, nunca fui un gran lector, y éste lo leí de corrido. Quiero decir, claro que había leído libros en las vacaciones, y estudiamos, ¿cómo se llamaba?, *Emma,* para el examen final del bachillerato y todo eso, pero casi nunca había comenzado por la página uno y leído un libro entero hasta el final. Y en esta ocasión, no me salté nada, pasé la vista por todas las palabras tan deprisa como me fue físicamente posible. Y cuando terminé tenía una sensación muy extraña, como si estuviera colocado. Había ido demasiado deprisa para entender el argumento, pero algún tipo de memoria del libro quedó zumbando en mi cabeza durante todo el día y toda la noche. No pude dormir, casi tenía alucinaciones. Al día siguiente, aquella sensación, aquel zumbido, habían desaparecido, así que en cuanto llegamos de vuelta a Dublín me senté y volví a hacer lo mismo. Sólo que esta vez quise probar con algo más raro, un diccionario o algo así.

–El *Diccionario de Semiótica.*

–Volumen II, exactamente. No me preguntes de dónde lo saqué. Y así siguió la cosa. Luego vino el *Ulises,* como ya habrás imaginado. Si Agatha Christie era hachís, aquello era como heroína. Me quedé tumbado en mi habitación horas y horas y leí a toda velocidad las setecientas páginas. Estuve mareado durante varios días. La cuestión es, supongo, que me volví adicto a leer, si se puede llamar leer a esa forma rara y acelerada de experimentar con los libros, demasiado rápida para entender lo que se contaba o lo que significaban las frases. Éste fue el único pasatiempo que tuve durante muchas semanas. Y entonces empecé a hacer pequeños experimentos. Recordé haber oído hablar de un libro en que podía tomarse cualquier capítulo y leerlo todo comenzando por ahí, y tenía sentido, pero era un libro diferente en cada caso.

–Sí, *Trampa 22* –interrumpí–. O *Rayuela.*

–Eso, lo que sea, bueno, yo no los conocía, pero empecé a hacer lo mismo con libros normales, y dediqué mucho tiempo.

–Pero ¿qué hay de los *sortes*? ¿Cómo llegaste a ellos?

–Todo eso vino de Sarah. Por ahora te estoy poniendo en antecedentes. Ya sabes, lo que yo buscaba, o como quieras llamarle. Mi estado mental la noche antes del crimen. En fin, de eso hace cosa de, diría, un año y medio. Sí, eso es, un poco después de conocer a Anna, mi novia. Ella es quien vive en la casa donde se hizo la fiesta. Yo tengo alquilada una de las habitaciones, una especie de estudio; me permite desconectar del piso del centro y tener un poco de intimidad cuando estoy allí con ella. O sea que ése era yo por entonces, un pobre jugador de rugby confundido y sin nada concreto a que dedicar sus energías. Entonces conocí a Sarah en una fiesta en Sandymount. Era el Miércoles de Ceniza. No me preguntes por qué lo recuerdo. Estaba borracho y estuvimos hablando y luego nos marchamos a su apartamento y... bueno, lo que fuera.

–¿Y tu novia Anna?

–Oh, es otra historia distinta. Sarah sólo fue algo pasajero, además Anna y yo estábamos separados temporalmente. Bueno, en cualquier caso, la mañana siguiente, con una resaca brutal, recogí mi ropa del suelo del dormitorio para marcharme bajo la lluvia. Jodido purgatorio. Maldecía para mí mismo mientras ella, tumbada en la cama medio dormida, me preguntaba qué tal llevaba la resaca. Con todas mis lecturas rápidas, siempre me venían frases a la cabeza, sin que yo las buscara, a veces incluso sin que pudiera reconocerlas. Esta vez fue una de Flann O'Brien[1]: «Una pluralidad de botellas me ha inducido muchas veces a este estado».

Se detuvo y se quedó mirándome. Comencé a comprender el motivo de su cambio de actitud. Pensé en qué debía decir para animarle a que siguiera hablando, a contarme más cosas. Me preguntaba especialmente si podría decirme algo sobre Pablo. Él estaba animado y comunicativo, no por un interés repentino en mi amistad, sino por la excitación y el desahogo de poder contar su historia. Temía que recobrara el dominio de sí mismo y dejara de hablar. Si le presionaba, podía hacerle volver en sí y arruinar su vena expansiva. Le animé a seguir tan sutilmente como pude.

–De forma que cuando yo te he repetido la frase, eso te ha hecho pensar que debías contarme algo más sobre todo el asunto...

–Bueno, no es sólo eso... ha sido la gota que... bueno, sí, de acuerdo.

–¿Y qué hay del hecho de que obtuviera respuestas tan inquietantemente concretas de los *sortes* el otro día en tu casa, y también esta noche cuando te estaba buscando?

1. Seudónimo del escritor irlandés Brian O'Nolan (1891-1966). *(N. del T.)*

–Quién sabe. Eso no es raro. Bueno, no es *tan* raro...

Se quedó callado, como sabía que tarde o temprano iba a ocurrir. «Mierda –pensé–. He ido demasiado lejos.» Pero entonces bebió un sorbo de pinta y retomó el hilo otra vez.

–Bueno, sea como sea, le dije esa frase a Sarah. Pero no podía recordar dónde la había leído, simplemente me pasó por la cabeza. Entonces ella se sienta en la cama llena de agitación y me pide que lo repita, y yo le dije, sabes, como: «Oh, sólo es algo que leí en un libro», pero Sarah estaba realmente excitada y me rogó que me quedara con ella.

Hablaba sin tomar aliento, con la mirada ligeramente extraviada, como si no se dirigiera a mí, sino a un interlocutor imaginario que le conociera mucho mejor que yo. Me recordaba, más que ninguna otra persona, a Andrea. Abrí la boca para hacerle una pregunta pero él siguió hablando sin detenerse.

–Primero pensé, ya está, se ha alterado porque creía que iba a tener una aventura rápida y agradable de una sola noche con un tipo con el cuerpo de jugador de rugby, un simple revolcón con el aliciente de un toque deportivo, y no esperaba encontrar una mente. Pero luego empecé a pensar que no, que tal vez aquello fuera algo distinto... me refiero, que ella no era como otras mujeres...

–Ni como ningún otro ser humano, por lo que he visto.

–... e incluso después de una sola noche, me di cuenta de que aquello era especial para ella. Así que me tomé el día libre, el primero de muchos con Sarah. Me preparó el café en la cocina y me pidió que le hablara de mi vida, y entonces le conté todo lo que acabas de oír. Debí de pasarme por lo menos una hora explicándole los detalles y hablándole de los libros que había leído y de los experimentos que había hecho con ellos y todo eso. Ella estaba muy nerviosa. No paraba de coger libros y les preguntaba cosas. Te juro que creí que estaba loca. Fue al comedor a hacer una llamada. Estaba justo al otro lado de la puerta y pude oír todo lo que decía, pero hablaba en español, idioma que por supuesto no entiendo... de todas formas me di cuenta de que le estaba resumiendo a alguien mi historia. Y le oí decir «la pluralidad de botellas» o como sea. Así que cuando colgó el teléfono le dije que tenía que irme, a aquellas alturas estaba empezando a ponerme nervioso, y ella me preguntó si podíamos comer juntos el fin de semana. De entrada desconfié, realmente era una chica muy extraña, pero ella insistió, e incluso me dijo: «Supongo que no estarás pensando que pretendo volver a acostarme contigo», o algo así, bastante ofensivo. Eso me puso algo celoso, y bueno... lo cierto es que... iba a ir encantado...

Hizo una pausa. Tomó un trago de pinta y se quedó mirando la mesa unos instantes antes de continuar:

–En fin, acepté. Nos encontramos para comer y me dijo que estaba saliendo con un tipo español que formaba parte de un grupo llamado Pour Mieux Vivre, «Para Vivir Mejor», bueno, supongo que ya lo entiendes... se trata de unificar el arte y la vida, expandir la mente... si quieres que te diga la verdad, no sé exactamente de qué va este grupo. Místicos intelectuales es la mejor definición que se me ocurre. Tienen teorías sobre el lenguaje, la lectura y la historia. Investigan lo que consideran prácticas esotéricas de lectura olvidadas o secretas, buscan viejos manuscritos, analizan plegarias en irlandés antiguo y ese tipo de cosas. Bueno, son suposiciones mías. La verdad es que no sé casi nada de ellos, incluso ahora, sólo sé lo que... lo que hacen. Lo que le dicen a Sarah por correo electrónico. Así que cuando me contó todo esto, mis alarmas se dispararon hasta dejarme sordo. Me había acostado con una mujer que pertenecía a una secta e intentaba captarme, y durante un rato estuve como diciendo no nos embalemos, pero otra vez Sarah estuvo muy segura de sí misma y fue muy persuasiva y todo eso... se limitó, bueno, simplemente lo contó todo muy claro y me dijo lo tomas o lo dejas.

–¿Tomas o dejas qué?

Miró temeroso a su alrededor y luego prosiguió sin responder a mi pregunta.

–Sarah dice que el grupo tiene un centro en Roma. Pero nosotros nunca podremos ir allí ni nada de eso. Quiero decir, estamos al final de la cadena. Sabes lo de la mafia, que cada uno sólo conoce a los que están inmediatamente por encima y por debajo de él. Pues esto funciona igual. Lo que pasa es que no hay nadie por debajo de nosotros. Bueno, supongo que yo estoy por debajo de Sarah. Nunca he conocido a Luis, su supervisor. Pero no hay nadie por debajo de mí.

–Todavía –dije.

Pero lo dije en voz baja. Además, a esas alturas él hablaba en realidad para sí mismo, de modo que tampoco me habría oído.

–A muy pocos neófitos, quiero decir, gente que no estudia el material por sí misma, se les permite entrar en el grupo. Aprendemos de ellos técnicas y cosas así, hacemos pruebas y luego les contamos nuestros progresos por correo electrónico. Apuesto a que Luis también recibe información de quien sea que esté por encima de él sobre dónde buscar las referencias en código a las artes esotéricas en las Biblias medievales y los manuscritos egipcios, pero Sarah y yo sólo hacemos los *sortes* básicos, o versiones de ellos. No sabemos nada de todo lo demás. Y sólo le conocemos a él.

Su efusiva narración se interrumpió de repente, y la mirada excitada y turbia se borró de sus ojos. Me miró como si acabara de despertarse y se diera cuenta de que era a mí, el perseguidor desconocido, a quien estaba hablando, quien había oído su increíble historia.

Permaneció un rato callado, ligeramente cohibido, como si acabara de mantener relaciones sexuales con un extraño. Bebimos sin prisa, observando el caos prenavideño que reinaba a nuestro alrededor.

–Pues ésta es la historia –dijo finalmente.

–Pero la forma especial en que Sarah y tú utilizáis los *sortes* –pregunté–. ¿Cuál es?

–Los *sortes* son el método principal para comunicarse con el mundo inmaterial, más allá de las propias experiencias sensoriales. La idea es que conectamos con el gran fondo colectivo de la humanidad, que supera la vida corriente y mortal de cada uno. Resucitamos el cementerio del pensamiento humano de todos los tiempos. Se supone que es así como funciona: cómo las preguntas encuentran sus respuestas. Todo es cuestión de energía. Arquetipos y energía. O sea, algo de tu propia energía conecta con la energía de ese otro mundo, el mundo de toda la escritura y el arte, el mundo de los muertos. No sólo de las personas muertas, también de todo lo que no ha llegado a vivir, no sé si me entiendes. Esto significa que los sincronismos abren un canal. Bueno, mira, olvídalo. Parece absurdo, y lo es. Es una completa locura. Nada más.

–Pero ¿para qué los usáis?

–Para nada en concreto. Para todo. Para muchas cosas.

–¿Por qué se los mostrasteis a Fionnuala?

–Eso fue un gran error. Ya sabíamos que lo sería. Fueron las instrucciones que Sarah recibió de Luis, uno de los juegos que nos encargó realizar... involucrar a un extraño cualquiera. Por eso fuimos a la fiesta, pensamos que un estudiante sería la persona más adecuada para probar algo nuevo y después olvidarlo. Pero aquella sesión no estaba completa. En sí misma, quiero decir. Formaba parte de algo más grande. Usábamos al propio extraño como un libro.

–Pero resulta que también yo desempeñé el papel de ese extraño. ¿Qué me dices de los pasajes que elegí?

John apuró la pinta de un trago y se puso de pie.

–Bueno, muy bien, me alegro de haber tenido esta charla contigo, Niall. Espero que estés más tranquilo respecto a tus asuntos, y puedes seguir haciendo sincronismos por tu cuenta de vez en cuando. Pero por favor... este mundo no es para ti. Sarah y yo no tenemos nada que ver contigo. Y te lo prometo, te doy mi palabra de honor, serás una persona más feliz si dejas las cosas como están.

Saqué un bolígrafo del bolsillo y escribí mi número de teléfono en un posavasos. Él lo aceptó, pero dijo:

–Podemos saludarnos si nos encontramos otra vez, aunque tal vez eso no ocurra. Pero nada más. Lo que estamos haciendo es una locura y tú estás mucho mejor lejos de todo esto. Espero que tengas suerte, ya sabes, siguiendo tu propio camino. Feliz Navidad.

Me estrechó la mano. Sentí la punzada del deseo en la piel. Luego se abrió paso con decisión entre el público risueño.

La Navidad me fastidiaba. Sabía perfectamente que John no iba a ponerse en contacto conmigo, ésa era la lógica de los acontecimientos, pero no era capaz de abandonar mi habitación y volver a Sandycove a pasar las vacaciones. Por la noche veía desde mi escritorio cómo disminuían las luces que quedaban en el campus, cómo una a una las mochilas eran cargadas sobre los hombros encogidos y los universitarios salían por Front Gate al mundo ajetreado y confuso que comenzaba al otro lado de aquellos muros, para trasladarse en autobuses y trenes hasta Terenure, Dunmore East o Carrickfergus, donde les aguardaban sus familiares y las comidas con pavo.

En mi habitación hacía cada vez más frío. Cuando me despertaba por la mañana, había escarcha en la parte interior de la ventana. Saltaba de la cama para encender la estufa de gas en el rincón, y volvía corriendo a meterme otra vez bajo las sábanas, hasta que se formaba un pequeño halo de calor. Al salir de la ducha, me vestía intentando mantenerme en aquel pequeño semicírculo caliente. De vez en cuando iba a la capilla a escuchar los ensayos del coro para los servicios de Navidad, pero aparte de eso no hacía más que merodear por el campus vacío y tomar *sortes* a todas horas en mi librería, haciendo preguntas sobre mi presente, pasado y futuro.

¿Cómo era yo a los dieciséis años?

> Ella estaba ligeramente asustada, profundamente conmovida y llena de un hondo sentimiento religioso. Ése era su mejor estado.

Y cosas parecidas. Una y otra vez tomé pasajes que interpretaba como señales de que debía quedarme en el Trinity. Lo cierto era que deseaba volver a casa, pero la atracción del mundo inaccesible de John y Sarah y el creciente miedo supersticioso a desobedecer lo que interpretaba como órdenes de los *sortes* me dejaban inactivo, a la espera y muerto de frío, y me ofrecían con frecuencia claras sugerencias prometedoras. («¿Qué debo hacer?» *Paseaba arriba y abajo de la habitación, mirando un objeto, tomando otro. Me daba la impresión de que tenía algo que decirme, pero no podía encontrar las palabras precisas para hacerlo.*)

Casi sin darme cuenta, dejé que pasara la semana hasta el lunes, el 22 de diciembre, sin marcharme a casa. El temor de que mi rechazo a volver a Sandycove ofendiera a mis padres me hizo llamar por teléfono a mi madre aquella noche. Ella estuvo distraída y distante, y por primera vez desde que saliera de casa, tres meses antes, tuve la impresión de que me había olvidado, de que aquel hogar era una realidad felizmente reconstruida en la que yo no tenía un papel relevante. Parecía ocupada y satisfecha. Me dijo que aquella noche estaban adornando el árbol, que mi tía y mis primos iban a estar en la comida de Navidad y que en Nochebuena irían todos juntos a la misa del gallo en la capilla del Gonzaga. No se mostró dolida, simplemente no manifestó placer o alivio alguno por el hecho de que la hubiera llamado, ni el menor deseo de que volviera pronto a casa. Ni siquiera me preguntó si pensaba ir a la misa del gallo en el Gonzaga. Tenía que colgar, un hombre que vendía calendarios esperaba en la puerta.

–Supongo que nos veremos más avanzada la semana. Te quiero. Adiós.

La soledad y la inactividad me llenaron de deseo sexual, y caminé entre las luces navideñas y los cristales decorados con polvo de nieve hasta el George. En lugar de dirigirme al club por la entrada principal, como solía hacer, preferí sentarme en el pequeño pub del piso inferior, un espacio tranquilo, frecuentado principalmente por hombres de edad, que los jóvenes del piso superior llamaban Parque Jurásico. Los oropeles, los Papá Noel de plástico y las luces de colores parecían tétricas imágenes sagradas. Pedí una pinta y me senté a la barra, ante la mirada anhelante de los viejos que se ocultaban en las sombras, entre los adornos navideños. Me pregunté si su comida de Navidad sería tan teatralmente trágica como me figuraba. Una lasaña precocinada calentada en el microondas, en un cuarto sin fotos en las paredes, en Phibsboro. O alguna hermana mandona que les invitaba a su apartamento nuevo en Clonee y ellos acudían tímidos y con el pelo canoso, temerosos de sus sobrinos, intentaban hacer los comentarios adecuados sobre lo que veían en la televisión, hacían cumplidos sobre la calidad de la comida, se esforzaban por no parecer demasiado ávidos con la bebida y simulaban desesperadamente estar integrados en la familia antes de regresar a toda prisa, exhaustos tras el esfuerzo realizado, a la vida fácil y secreta del Parque Jurásico.

Como de costumbre, busqué a Pablo en la penumbra. Pero mis ojos se encontraron con los de alguien que no se le parecía en absoluto, el único joven que había en la sala aparte de mí, un tipo con el pelo negro y vestido con traje de oficina que estaba sentado en el otro extremo de la barra. Me sonrió y le correspondí a medias. Tenía la piel cetrina, los pómulos grandes y la expresión seria. Pensé que era demasiado guapo para ser irlandés, debía de ser un alemán o un holandés en viaje de negocios, o tal vez de vacaciones. Pidió otra pinta mostrando su vaso vacío al barman. Mientras la esperaba tamborileaba alegremente con los dedos y la cadena de su muñeca tintineaba sobre la barra. Volvió a mirarme y me guiñó un ojo. Le respondí alzando las cejas a modo de saludo. Volví la cabeza con timidez. Luego nos sonreímos, cogió su chaqueta de cuero y su bebida y se convirtió –*mirabile dictu!*– en una presencia viva, de carne y hueso, a mi lado, como si yo hubiera conjurado a un espíritu de las profundidades.

–¿Puedo acompañarte?

Su acento, completamente distinto del inglés internacional que yo esperaba, el que utilizan los turistas holandeses y alemanes, era el de la clase trabajadora de Dublín.

–Claro. –Me aclaré la garganta–. Claro, siéntate.

Se sentó de cara a mí, con los zapatos negros de oficinista apoyados en la barra de mi taburete.

–Chris –dijo, y me tendió una mano fuerte y suave.

–Niall.

–Encantado de conocerte, Niall.

Llevaba el pelo rapado en los costados y en la nuca, engominado en la parte superior, y un poco despeinado por el calor del local. Se había aflojado la corbata, y de la piel algo más pálida de su pecho, entre los botones superiores desabrochados, emergían algunos pelos negros.

–No me lo digas –me anticipé–, acabas de huir de la fiesta de Navidad de tu oficina.

Hizo un chasquido con la lengua y me guiñó un ojo.

–No se te escapa una.

–¿De dónde eres? –le pregunté.

–De cerca de Cabra –dijo.

–Ah, Cabra –dije en tono anodino.

–Ah, Cabra –repitió, imitando mi acento del condado sur–. ¿Conoces la rima, *Abracadabra, mi abuela es de Cabra*?

La había oído alguna vez. Trabajaba en una empresa de tecnologías de la información en el parque industrial de Sandyford, en la que estaba al cargo de los telefonistas o algo parecido. Al hablarle intentaba alargar mis vocales diminutas, darles una forma más llena, relajada y ruda, y me pareció ver que sonreía para sí mismo ante mis esfuerzos. Tenía los ojos grandes, de color azul verdoso, y el olor de su loción para el afeitado, que flotaba a nuestro alrededor, me excitaba ligeramente. Era de Cabra pero vivía en el centro, en un apartamento de Capel Street.

–Es un piso viejo y pequeño, sabes, pero bien situado, ya conoces la zona. Lo jodido es tener que ir hasta Sandyford. Cojo el 116 en O'Connell Street. Pero cuando el tranvía funcione llegaré mucho más rápido, está claro.

Una de sus tres hermanas sabía que era gay y no tenía «ningún problema», aunque no lo dijo muy convencido. En cuanto a mi vida, le conté mentiras anodinas, todavía más anodinas de lo que eran en realidad: que estudiaba idiomas, cosa muy útil con todo lo de la Unión Europea y esas cosas. A Chris le hubiera encantado aprender un idioma extranjero, pero en la escuela había tenido muchos problemas con el francés.

–Entonces no me interesaba, ya sabes a qué me refiero, no

hice ningún esfuerzo. Pero si ahora me dedicara a ello... Soy un gran fan del cine francés y de la música pop de los sesenta, Serge Gainsbourg y toda esa gente, y me encantaría entender las letras. Algún día tendrás que traducirme las canciones que me gustan.

–Si soy capaz –le respondí–, lo haré encantado.

–¿Y tú de dónde eres?

–De cerca de Dún Laoghaire. De Glasthule –especifiqué (sonaba algo menos burgués que Sandycove)–, junto al antiguo Forum Cinema.

–La Riviera de Dublín, ¿eh?

–Eso mismo.

Me miró con expresión dubitativa, como si estuviera ante una pintura abstracta de la que estaba a punto de hallar la clave.

–¿Qué pasa? –le pregunté, un poco asustado. Entornó los ojos y siguió examinándome con atención–. ¿Qué pasa? –repetí–. ¿Algo va mal?

–No hables hasta que te haya besado.

Me atrajo hacia él. Le cogí las manos; eran cálidas y acogedoras. Su boca sabía a cerveza y su nuca suave a loción para el afeitado. Se levantó del taburete para besarme mejor, y me llevó la mano a sus vaqueros para que sintiera su erección. Nos besamos largamente, durante veinte minutos o más, sin decir nada. Luego se retiró y apartó mi mano. Iba a coger mi cerveza, pero él la apartó.

–Olvida la pinta –me susurró, rozándome la oreja con los labios.

Me invitó a su piso de Capel Street, pero yo quería amor en Botany Bay.

Cuando el olor de un aliento extraño me despertó a la mañana siguiente, no supe qué era. Palpé el bulto que se movía a mi lado y al sentir el contacto de la carne humana me aparté horrorizado. La visión de aquel cuerpo me hizo pensar en el Cristo pálido y amarillento sangrando en la cruz en la iglesia de Dalkey. De pronto odié mi desnudez, como Adán y Eva al descubrir el pudor. Me puse los calzoncillos y la camiseta que colgaba en el respaldo de mi silla y abrí las cortinas. Era un día luminoso y frío.

–Mmm.

El hombre tendido en la cama se dio la vuelta al sentir la luz. Le ignoré mientras trataba de recordar su nombre para pedirle que se fuera.

–¿Qué hora es? –murmuró, intentando parecer más dormido de lo que estaba en realidad.

–Las nueve.

Oí cómo se sentaba en la cama, pero no le presté atención. Me limité a quedarme junto a la ventana, en calzoncillos y con una camiseta de Tintín, mirando los árboles desnudos bajo el sol.

–Cielos, estoy hecho polvo.

Pensé con horror que tendría que volver a besarle antes de que se marchara.

–¿Quieres un café?

–Me encantaría, gracias.

Fui a la cocina y llené la cafetera de agua. Al menos esta vez no tenía resaca, lo que era una novedad. Mientras ponía el filtro en su lugar y le echaba el café, intenté recordar su nombre. ¿Conor? ¿Cormac? No, no era un nombre irlandés... recordé las escenas de la noche anterior. Repasé las frases que dijimos en busca de alguna que incluyera su nombre. Él burlándose de que supiera francés. Luego pidiéndome que le lamiera los testículos. Qué vergüenza.

–¿Niall?

Estaba desnudo en la puerta del dormitorio, sonriente y despeinado, sin inhibición, con el pene, de piel morena, pendiendo fláccido contra sus piernas.

Vaya, mal rayo le parta por recordar mi nombre. ¿Brian? ¿Michael?

–¿Sí?

–¿Te importa que me duche?

–No, ningún problema. Hay una toalla colgada en la puerta, Chris.

Concluí de pronto al emerger su nombre, como un pedazo de corcho, a la superficie de mi memoria. Estaba cansado y tenía un poco de frío, pero no quería volver a la cama porque las sábanas olían a Chris y estaban cubiertas de los pequeños pelos rizados de su pubis, así que me senté en mi escritorio, mirando las pistas de tenis desiertas y cubiertas de escarcha, y pensé en el primer visitante que había venido a aquella ventana y en cómo me había conducido hasta el punto muerto que parecía ser la historia que John me contó en el Kehoe's.

Diez minutos después, Chris llamó respetuosamente a la puerta y entró goteando, con la toalla alrededor de la cintura.

–Buena presión de agua –dijo, mientras dejaba caer la toalla antes de sentarse y empezar a ponerse los calcetines.

Era atractivo, pensé, con un orgullo reticente, asqueado, sin embargo, por la visión de Chris poniéndose su ropa de oficina a las nueve y media de la mañana del día anterior a la Nochebuena, en una habitación que olía a tabaco y a semen reseco. Le observé en silencio mientras se vestía, como una monja vigilando que un niño cumpliera debidamente el castigo que le había impuesto. Recogió su corbata del suelo y la enrolló para guardarla.

–Bueno –dije cuando se levantó para meter los pies en los zapatos, esperando provocar algún tipo de movimiento.

Tendió los brazos. Me acerqué con reticencia y dejé que me rodeara los hombros. Mantuve la vista fija en el polvo de la alfombra mientras él susurraba cariñosamente. Me acarició la nuca. Dedos fríos, olor a mi jabón de ducha.

–¿Te apetece hacer algo esta noche?

Aquel acento... ¿de dónde me dijo que era?

Abracadabra, mi abuela es de Cabra.

–¿Como qué?

–No sé, un paseo junto al mar en Dollymount o algo así. Tal vez podríamos ver una película por la tarde y luego ir a comer una hamburguesa. Hay una fiesta gay en el hotel Ormonde. Igual podemos relajarnos antes de los compromisos familiares.

–No, no –dije horrorizado–, hoy tengo mucho que estudiar. Lo siento –añadí en voz baja.

Le recordé la noche anterior, jadeando, montado sobre mi cuerpo delgado, hundiéndome las muñecas en el colchón, agarrándome por la cabeza; ahora, transformado por la luz del sol, su universo parecía delimitado por aquellos placeres infantiles, la playa y las hamburguesas.

–Tengo que estar en Cabra desde Nochebuena hasta el día de San Esteban. Será una pesadilla. Mis tíos empiezan a beber y enseguida me preguntan cuándo voy a casarme... ¿no podemos relajarnos un poco antes de eso?

–Lo sé, lo sé, me encantaría hacer algo juntos, pero hay un trabajo que tengo que terminar, y luego las navidades... mira, dame tu número de teléfono y te mandaré un mensaje.

Realmente iba a tener que besarle otra vez.

Se encogió de hombros y buscó un papel y un bolígrafo en mi escritorio.

«Chris 086 611 3029.»

El nombre estaba subrayado con un garabato lleno de esperanza.

–Bueno, hasta la vista –le dije de pie en la puerta.

Él no se movió.

–¿Así que eso es todo? ¿Tres días con la familia sin tener nada bueno que esperar? ¿Ni siquiera un poco de sodomía?

–Te escribiré. ¿Qué día te va bien?

–Podríamos salir juntos el día de San Esteban por la noche. Siempre montan algo en el George. Un espectáculo de *drag queens*, creo.

Al decir eso esbozó una sonrisa involuntaria, como si los rituales de la escena gay, completamente aceptados, mantuvieran todavía un toque de exotismo transgresor.

–Genial entonces –dije–. Te mando un mensaje el veintiséis.

Se me acercó y me rodeó con sus brazos.

–¿Seguro que lo harás?

–Te mandaré un mensaje.

–Eso espero.

Me besó. Dejé con indiferencia que su lengua húmeda se deslizara un momento en mi boca, luego me aparté y le acaricié la mejilla.

–Venga, no vamos a estar aquí todo el día –dije.

–Eso es lo que me gustaría –susurró, acariciándome la nuca.

–Lo sé, ojalá pudiera... Adiós –le respondí, mientras le llevaba hacia la puerta–. Hasta la vista.

–Feliz Navidad.

–Feliz Navidad.

Cerré la puerta. Oí sus pasos en la escalera y vi desde la ventana cómo se alejaba, con el traje de oficina arrugado. Cruzó Botany Bay bordeando las pistas de tenis y luego siguió por Library Square, sobre los adoquines manchados de sol ante el Rubrics. Desapareció detrás de la esquina, en dirección a Capel Street, sin duda para cambiarse de ropa. Tal vez para matar el tiempo se fuera a Cabra un día antes. *Abracadabra.* El sol de la mañana bañaba las estatuas de ángeles y hombres en lo alto del Bank of Ireland. Ahora yo también tenía que regresar a casa y hacer desaparecer a Chris y a su sabor como había desaparecido la noche, y también a John, Sarah, Pablo y los *sortes,* de la misma forma que las palabras y promesas inspiradas por el alcohol la noche anterior habían sido barridas, como un líquido maloliente, hacia las cloacas de Dublín.

Pese a que la costumbre entre los estudiantes y profesores que vivían en el campus era regresar con el año nuevo, cuando se retomaban los Commons, no volví a la universidad hasta la noche anterior al comienzo del trimestre. Durante todas las navidades deseé tener otro encuentro con Pablo, aunque tenía la idea vaga de que no podía aventurarse fuera del centro, de que si se acercaba a los suburbios desaparecería, o moriría, como una criatura marina de aguas profundas que se desplazara sin darse cuenta hasta aguas más superficiales y cálidas. John y Sarah ocuparon mis pensamientos como dos fantasmas sin reposo. Pasé los ratos libres haciendo *sortes,* mientras la lluvia caía interminablemente.

Como un alquimista, intenté obtener alguna visión de los libros que había en la estantería de la sala de estar, pero los sincronismos –pese a esa curiosa reverberación del deseo que siempre poseían– eran ambiguos y no fui capaz de descifrar el sermón fragmentario que me ofrecían.

Los días de vacaciones en familia, las visitas de los parientes por Navidad y los paseos por el frente marítimo saludando a los vecinos habían dado paso al trabajo y los estudios la noche en que preparé la maleta para volver a mi habitación, la anterior al comienzo del nuevo trimestre. Para postergar el momento de mi llegada al Trinity, que veía como una amenaza creciente, pasé a saludar a Patrick en su casa de Rathgar, y nos pusimos al día en medio del caos que era habitualmente la cocina de los McVeigh, una mezcla de rastros médicos (bolígrafos y post-its de compañías farmacéuticas, tapones antisépticos, el *Irish Medical Journal*) y de un cúmulo de objetos domésticos desordenados y ligeramente exóticos (bolsitas de especias tai, esculturas keniatas, una *Guía breve de los Emiratos Árabes Unidos*). Patrick estaba bien, me contó que veía a algunos de los compañeros del instituto y que estudiaba mucho. Yo le dije que había hecho nuevos amigos, y hablamos de la posibilidad de quedar todos juntos alguna vez. Él iba a llevar a una chica de su clase de medicina a la fiesta de ex alumnos del Gonzaga. Me preguntó con quién pensaba ir –era literalmente nuestra primera conversación sobre «relaciones»–. Le contesté que seguramente no iría a esa fiesta; él asintió.

Paula, la madre de Patrick, regresó de su trabajo en el hospital de Tallaght hacia las diez. Era más joven que mis padres, todavía no había cumplido los cincuenta. Llevaba el pelo teñido de rubio y los brazos llenos de pulseras tintineantes. Hablaba frenéticamente deprisa y la rodeaba un halo de cierta peligrosidad.

–Hola, cariño –dijo al entrar por la puerta.

–Por aquí, mamá.

–¡Niall! Qué alegría verte...

Dejó su bolsa en el suelo y cayó rendida en un sillón.

–¡Estoy exhausta! Lista para la tumba. Patrick, ¿te importa abrir esta botella de vino? Y trae tres copas.

–Oh, no, gracias, doctora McVeigh –dije–. Tengo que ir a coger el autobús para volver al centro.

–Llámame Paula, por favor, Paula –dijo en voz baja–. No, no, quédate a tomar una copa de vino. Hace mucho que no te veo.

–Lo siento, pero no puedo perder el último autobús. Gracias de todos modos.

–Vamos, no seas tonto, Frank te llevará, llegará a casa en cualquier momento –dijo ella.

Se oyó cómo Patrick descorchaba el vino. Sacó una copa del armario, la llenó y la dejó, junto con la botella, al lado del sillón que ocupaba su madre. Ella hizo caer los zapatos de sus pies y puso sus largas piernas, con medias negras, sobre la mesa de café, o mejor dicho sobre el montón de papeles, revistas y objetos decorativos que la cubría.

–¿Tú no vas a tomar, mi pequeño?

–No, mamá, tengo que estudiar.

–¡Cielo santo! Nosotros no estudiábamos tanto el primer año de medicina. ¿Niall?

Sentí el impulso de quedarme en su compañía, de ayudarla en su esfuerzo por alegrar aquella rutina entre ladrillos rojos, hecha de cenas familiares, maridos estresados e hijos estudiosos.

–Una copa rápida.

–Frank te acompañará.

–De ninguna manera.

–No, de verdad, no le importará hacerlo.

Paula y yo tomamos una copa de vino y Patrick bebió un vaso de agua del grifo.

–Nunca estudiamos tanto en el primer año de medicina –repitió.

–*O tempora! O mores!* –se burló Patrick.

–Oh, los beneficios de la cultura clásica. Búrlate de tu pobre madre. Por cierto, Niall, ¿a quién vas a llevar a la fiesta del Gonzaga?

Lo que nos quedaba de las copas de vino lo empleó en reprocharme que no tuviera intención de ir. Paula desaprobaba todo lo que no fuera una participación plena y entusiasta en los rituales festivos tradicionales. Cuando le estaba prometiendo que reconsideraría mi decisión, se abrió la puerta y desde la oscuridad y el frío entró Frank, que rápidamente fue enviado de vuelta para llevarme al centro en su Saab.

En el coche puso la radio (Vincent Browne daba la crónica judicial) para evitar el silencio embarazoso, y cada vez que nos parábamos en un semáforo los dos mirábamos por las ventanillas los reflejos de las farolas en los charcos. A medida que nos acercábamos al centro sentí un temor creciente y, dominado por la desesperación y el miedo, tuve el impulso repentino de pedirle que diera media vuelta y me llevara de regreso a Rathgar, donde le hablaría a Patrick de Ian, de Pablo y de los sincronismos, le confesaría mis muchos temores y deseos, me dirigiría sinceramente por una vez al amigo que tanto necesitaba sentir a mi lado, incluso en su ausencia, ocupado en sus quehaceres, inmerso en la vida pausada de los suburbios. No le dije nada al doctor McVeigh, pero me quedé de pie junto a un árbol ante la puerta del Trinity de Nassau Street, y le deseé buena suerte, a él, a su hijo y a su mujer, en verdad a todo nuestro clan, mientras se alejaba, aliviado, hacia el nuevo año, hacia la noche fría.

Libro segundo

Cuatro

Aquella noche, temiendo perder la razón, tomé algunas resoluciones para el año nuevo antes de meterme en la cama de mi habitación de Botany Bay, que otra vez me resultaba extraña. Ser normal: olvidar los sincronismos, olvidar a Sarah, a John y especialmente a Pablo, que por entonces parecía haberse desvanecido. Cultivar mis amistades: volver a ver a Fionnuala con la frecuencia que merecía, implicarme en la relación con Patrick, revelarles a los dos mi homosexualidad. Encontrar pareja: no más aventuras de una noche, buscar algo estable. Ir al George como máximo una noche a la semana. La estabilidad y el entorno, ésas eran las claves.

Tuve un sueño desagradable sobre algo blando y peligroso y me desperté temblando de frío. Podía sentir en mi organismo que todavía era de madrugada, y una mirada borrosa a las agujas luminosas del reloj despertador me confirmó que eran las cinco y media. Intenté volver a dormirme, pero terminé mirando al techo con los ojos bien abiertos, mientras mi pensamiento saltaba continuamente y sin orden a distintas épocas e imágenes de mi vida: mi abuela, una vez cuando tenía diez años en que dejé que recayera en Ciara la culpa de algo que yo había hecho, la primera vez que me quedé a dormir en casa de Ian, Pablo, Fionnuala, Paula y Frank McVeigh, Flann O'Brien, Sarah, John, Jeremy Bodmoore, el baile de ex alumnos del Gonzaga. Me di la vuelta e intenté hundirme de nuevo en el sueño, pero el frío me mantenía despierto.

Preocupado por lo cansado que iba a estar al día siguiente si no lograba dormir, salté de la cama y, de pie en el cuarto helado, hurgué en mi mochila en busca de un jersey. Saqué uno del fondo, provocando una pequeña lluvia de calcetines y calzoncillos, y me lo puse encima del pijama. Iba a volver al calor de mi edredón cuando sentí la atracción de la librería. Quedé inmóvil e indeciso, temblando de frío. Luego me acerqué a la estantería y tomé un libro, con la vista vuelta hacia la ventana. Era el volumen grueso de *Anna Karenina.* Leí en voz alta para mis guantes, bolígrafos, zapatos y el resto de objetos inmóviles y silenciosos.

> Levin se puso las botas altas y, por primera vez, un abrigo de tela en lugar del de piel, y salió para ocuparse de su granja. Pisando ahora en un pedazo de hielo, ahora en el barro, cruzó el arroyo de aguas relucientes.

Por unos instantes miré confuso aquella letra impresa diminuta, y luego el cuarto vacío. Una luz extraña, visible por una pequeña abertura de las cortinas, me llamó de pronto la atención. Volví a leer el pasaje, pero cuando mi mente comenzó a dilucidar sus posibles significados, aparté la vista de él con inquietud. *Pisando ahora en un pedazo de hielo, ahora en el barro, cruzó el arroyo de aguas relucientes.* Evitando la pequeña luz que había visto en la oscuridad, di algunos pasos en dirección a la cama. Me detuve otra vez, parpadeando junto a mi lámpara de lectura, escuchando el tictac del reloj despertador, que me invitaba de nuevo al calor del edredón, las sábanas y el cojín. Pero Sarah y John y su secreto club místico persistían en mi pensamiento, y el sincronismo me conducía hacia aquella luz incongruente en una habitación de un bloque vecino en Botany Bay.

Me acerqué a la ventana, la abrí y, apoyando los codos en el alféizar, asomé la cabeza a la noche silenciosa. Las estatuas de la Sabiduría, la Justicia y la Libertad permanecían inmóviles en lo alto del Bank of Ireland. Mi respiración producía una pequeña nube de vapor.

Todas las habitaciones estaban a oscuras y con las cortinas corridas, excepto una, de donde procedía la luz que había visto tras leer el fragmento. Era una de las habitaciones del piso superior del edificio 13. Estaba iluminada y con las cortinas descorridas. Conté las ventanas desde la esquina y calculé el número de esa puerta, llegando a la conclusión –inevitable, por supuesto– de que se trataba de la habitación inmediatamente superior a la de Fionnuala, la de Sarah. Me incliné hacia fuera para intentar espiar lo que hacía en el interior. Podía ver una parte del sofá, que parecía cubierto de libros y papeles, y una silla con un vestido o una chaqueta azul colgada en el respaldo. Me incliné todavía más, sobre las puntas de los pies, apoyando los codos en el granito, y alcancé a ver algún movimiento en el rincón del cuarto. Seguí mirando unos instantes, pero no vi nada más. Entonces entré, me preparé un tazón de café y regresé a la ventana, dispuesto a continuar la vigilancia.

Había bebido casi la mitad, rodeando la taza con los dedos para evitar que se me entumecieran, cuando Sarah entró finalmente en el pequeño cuadrado que yo podía ver. A aquella distancia era difícil distinguir ningún detalle, pero parecía estar vestida, y hablaba y gesticulaba mientras iba de un lado para otro. Salió de mi campo de visión y regresó con un libro. Se sentó en el alféizar de la ventana, de espaldas a mí, con la cabeza vuelta hacia el techo. Tras unos instantes, volvió a pasear por la habitación, hablando y gesticulando de nuevo. Desapareció y regresó con otro libro. Repitió ese ritual tres veces más, mientras yo la observaba fascinado. Volvió a salir de mi campo de visión y por un rato no regresó. Se apagó la luz de su habitación, pero no vi señal alguna de que hubiera salido al pasillo. Entonces distinguí su silueta agachándose en la oscuridad. Una luz tenue y vacilante, que supuse procedente de unas velas, iluminó parcialmente el cuarto, o al menos dio una mayor definición a sus sombras. Volvió a sentarse en la ventana, con una pila de libros al lado, que consultó uno a uno. Finalmente se levantó, apagó las velas, abrió la ventana, se inclinó hacia el exterior y encendió un cigarrillo. Temeroso de que viera a su izquierda la luz encendida en mi cuarto y me descubriera espiándola, me retiré al interior, fuera del alcance de su vista.

Cerré la ventana y me senté en la cama. El corazón me latía con tanta fuerza que podía ver el pulso en las venas de mis brazos. Acudí a la librería.

–¿Qué estaba haciendo Sarah?

–Darren ha ido a buscar algo de comer.

–Ya ha vuelto.

–¿Ah sí?

–Sí.

–¿Por qué no ha dicho nada? Estoy muerto de hambre.

–Espera un poco. Ha cogido el libro.

Miré por la ventana y la vi caminar apresuradamente por Botany Bay, con una pila de libros bajo el brazo. Miró un momento hacia atrás, hacia su habitación, y luego se dirigió a la esquina. Allí se quedó esperando, pateando el suelo para quitarse el frío y mirando alrededor con ansiedad. Al cabo de unos minutos, avanzando a grandes pasos desde New Square, apareció la figura alta y hermosa de John. No se saludaron, ni se miraron siquiera. Simplemente Sarah se puso en marcha a su lado y desaparecieron con rapidez de mi vista por Parliament Square. Durante largo rato contemplé el lugar donde se habían encontrado, hasta que una llovizna cada vez más intensa me hizo volver al interior. Ellos no deseaban mi compañía; John me había ordenado que me mantuviera alejado. Pero esa breve visión de su mundo misterioso había vuelto a avivar el fuego de mi curiosidad, me había devuelto el deseo de consultar oráculos, como ellos, mientras el resto de Dublín dormía.

Ya entrada la mañana recibí un mensaje de Fionnuala y quedamos para desayunar en la Facultad de Letras. Caía una lluvia insistente, y el cielo apenas parecía haberse iluminado desde la noche. En el College había mucha gente; tuve que abrirme paso entre un grupo de fumadores matutinos para entrar en la facultad. Fionnuala y yo nos encontramos en el tablero de anuncios de francés. Me dio un beso, frío de lluvia, en la mejilla y dijo que se alegraba de verme.

–¿Qué tal te ha ido por el norte? –le pregunté.

–Oh, sorteando las bombas, pegando carteles, lo de siempre. Bueno, no tanto. ¿Tus navidades han ido bien?

–Sí, muy bien. Con tranquilidad, que es lo que quería. ¿Y las tuyas?

–Una maravilla. Vi a mis parientes y todo eso, nos encontramos con los compañeros del instituto... Pero está bien haber vuelto al sur, convivir con las nuevas amistades por un tiempo.

Pasamos el día, como solía ocurrir con Fionnuala, en un agradable frenesí administrativo y social. Fuimos a buscar nuestro horario para el trimestre, compramos libretas nuevas y estuvimos conversando en el Coffee Dock con nuestro círculo de amistades, Andrea, Harry y los amigos de James. En el ambiente del College podía notarse cierta histeria. Todos nuestros compañeros regresaban aturdidos después de un mes en sus casas, en el ambiente de su infancia, y respiraban un nuevo aire de libertad al retomar su papel de personas adultas. Cara Murray, del departamento de música, y sus compañeros de piso iban a dar una fiesta para inaugurar el trimestre; un grupo alborotado y bastante grande quedamos en encontrarnos antes en el Mulligan's.

Sarah no acudió a los Commons aquella tarde. Después de la cena, Fionnuala y yo charlamos con algunos amigos en las escaleras, bajo la lluvia del anochecer. Quedamos en encontrarnos a las ocho y media y nos retiramos cada cual a su habitación. Me senté en la cama y miré por la ventana. Podía ver la silueta de Fionnuala, detrás de las cortinas, yendo de un lado para otro, preparándose para la fiesta. Esa noche iba a ser la primera vez que veía a James después de Navidad, y quería presentarse relajada y bien vestida, según me dijo ella misma. La ventana de Sarah estaba oscura y vacía, con las cortinas descorridas y la luz apagada. Casi automáticamente me dirigí a la librería y tomé un volumen:

... j'ai quitté madame à six heures, joyeuse et contente. Ce mot produisit sur le prince un effet incroyable...

Hurgué por todas partes hasta encontrar el paquete de diez Silk Cut Purple que compré en mi primera noche en el Trinity, antes de conocer a Pablo y a Sarah, y antes también de mi encuentro con John. Apagué la luz y me tumbé a fumar en la cama, mientras mi equipo de música llenaba aquel pequeño espacio oscuro con una melodía de flauta, *The Lonesome Boatman,* la misma que solía escuchar en mi etapa religiosa, el primer año del Gonzaga, cuando me figuraba a mí mismo pescando en un pequeño bote en el mar de Galilea. Eso me recordó las mañanas frescas y olorosas a hojas secas de aquel tiempo, cuando solía esperar ante la escuela, con los demás muchachos que llegaban pronto en autobús, hablando de los deberes y temblando bajo el sol otoñal, hasta la hora en que abrían las puertas, aquel tiempo perdido en el que Ian era simplemente uno más de mis compañeros de clase, con uniformes grises, con quienes lanzábamos corazones de manzana a las gaviotas que se posaban en el césped y jugábamos a la rayuela con monedas, contra el muro de granito de la capilla, el tiempo anterior al cataclismo que había sido mi amor por él, anterior a mi traición a Patrick y a todo lo que estaba ocurriendo ahora, fuera lo que fuere.

Programé el reproductor de CD para que repitiera *The Lonesome Boatman,* y dejé que sonara una y otra vez, tumbado boca arriba, inmóvil, con un cenicero al lado, mirando la decoración de ramas entrelazadas en el techo iluminado por la luz del exterior. A las nueve mi teléfono vibró, anunciando la llegada de un mensaje.

Remitente: Fionnuala
¿Dónde estás? Estamos a punto de marcharnos.

Mis ojos se apartaron de la mesita de noche y recorrieron las paredes en penumbra hasta detenerse en la librería. Paré la música, apagué el cigarrillo, me puse en pie ante las estanterías y formulé en voz alta la pregunta que ya no podía postergar más.

–¿Dónde están Sarah y John?

En Roma, el trabajo que tenía en el banco no iba a durar mucho.

Con el libro todavía en la mano, cogí la chaqueta, las llaves y el móvil, bajé corriendo las escaleras y salí a la calle.

The Bank, un pub en Dame Street relativamente nuevo, ocupaba lo que había sido el Ulster Bank, un edificio victoriano con los techos altos y una decoración robusta de mármol y cobre, en el que el fragor de la gente resonaba como en una piscina. Aquella noche lo ocupaban principalmente oficinistas, el mismo público que podía encontrarse en los bares de Dawson Street y sus alrededores, la ciudad santa para ellos, adonde acudían los viernes por la noche, llamados por el muecín de la cerveza, a tomar una copa en el Davy Byrne's, el Café en Seine, el Samsara, el Ron Black's o el Bailey. El pub estaba lleno de hombres con trajes arrugados, con el último botón de la camisa desabrochado, reclinados en sus asientos, con pintas en la mano y móviles sobre la mesa, hablando alto e interesados exclusivamente en sus compañeros («¡O'Reilly, maldito cabrón!, ¿cómo estás?») y en mujeres que llevaban zapatos incómodos y se burlaban de ellos. Recorrí el local con la mirada pero no vi a Sarah y a John. Sin darme cuenta de que aquel propósito era, naturalmente, insensato, resolví no abandonar el pub hasta haberme asegurado de que ellos no estaban allí.

Me abrí paso entre un grupo de dos hombres y una mujer de unos treinta años, para echar una ojeada al fondo del pub. Me pareció que la mujer me decía algo, que se burlaba de mí con una frase lasciva. Me volví sonrojado, pero ella hablaba tranquilamente con sus dos acompañantes y bebía gin-tonic. Cuando me volví otra vez, me dio un vuelco el corazón. Vi cómo Sarah subía las escaleras de la parte de atrás hacia el bar de la planta superior, que dominaba el resto del pub desde detrás de una barandilla metálica. La seguí, abriéndome paso a empujones entre la gente, pero en el tramo superior de las escaleras la perdí de vista. Observé los grupos que ocupaban las mesas. En una de ellas había cuatro hombres y una mujer con aspecto triste, probablemente una novia ignorada. Otra la ocupaba un grupo ruidoso, mitad hombres mitad mujeres, de una firma de abogados. Cuando unos clientes cargados con pintas llenas terminaron de pasar junto a mí, pude ver a Sarah, en el otro extremo del piso superior, caminando hacia la barra con un libro en la mano. John estaba sentado a una mesa, vestido con una camisa azul y una corbata roja, y con la chaqueta de su traje gris colgada en el respaldo de la silla. Le veía de perfil, inclinado sobre un libro.

Mientras Sarah hacía cola en la barra, me retiré hacia la pared, fuera del alcance de su vista, y observé a John desde atrás, fascinado por la forma en que los movimientos de su cuerpo seguían las vicisitudes de los *sortes,* cómo volvía la cabeza para elegir un pasaje, se inclinaba hacia delante para leerlo y luego se incorporaba ligeramente para analizar lo que había hallado. Había algo sensual en la forma despreocupada en que se movían los músculos de la parte superior de su cuerpo, como los de un gato, debajo de la camisa. Un cuerpo hecho para el amor, pensé avergonzado de repente por mis escarceos insensatos y sin afecto con borrachos, bajo las sábanas prestadas de mi cama del edificio 16. Sarah volvió de la barra y se sentó frente a John. Se saludaron rutinariamente, con una inclinación de cabeza. Él se agachó para abrir una maleta que guardaba debajo de la silla, extrajo de ella cuatro o cinco libros y los puso sobre la mesa.

Pensé que si levantaban la cabeza de los libros seguramente me verían, así que me desplacé con discreción siguiendo la pared del fondo y me senté en un taburete en la esquina de la barra, fuera del alcance de su vista. Pedí una pinta mientras les observaba ávidamente. Vi cómo John hacía una pregunta y a continuación leía la respuesta. La discutieron durante largo rato y Sarah tomó algunas notas en una libreta de hojas amarillas. No parecía que nadie a su alrededor se extrañara de su comportamiento; supongo que daban la impresión de estar hablando de negocios. Yo, en cambio, mientras les observaba a escondidas, bebiendo solo en un pub donde todo el mundo iba en grupo, recibía de vez en cuando una mirada suspicaz. Absorto, contemplaba cómo elegían *sortes,* cómo tomaban respuestas de los libros que tenían delante, tan hábiles, tan serios y seguros de sí mismos.

Pasé varias horas escondido tras aquel pilar del piso superior, bebiendo pintas y observando a Sarah y John, como un naturalista ocupado en el estudio de un animal peligroso o un vigilante de incógnito en un supermercado al acecho de posibles ladrones. Estuve a punto de ser descubierto cada vez que John se acercaba a la barra a pedir una nueva ronda, lo que ocurrió por lo menos en cuatro o cinco ocasiones. Me mantenía erguido en el taburete, me preparaba para soportar el enfado de John y repasaba mentalmente las palabras –la petición de ser admitido en su círculo– que había ido tramando poco a poco a lo largo de la noche. Pero en cada ocasión, mientras John buscaba las monedas en sus bolsillos y esperaba que le sirvieran las pintas, sus ojos marrones recorrían la barra sin reparar en mí, perdidos en la niebla de palabras y esquemas que había dejado en la mesa con Sarah.

Mientras les veía actuar en común, recordé lo que John me había contado de su primera noche juntos y de la mañana siguiente. Intenté imaginar a Sarah en aquel tiempo, su dormitorio, su mesa con montones de libros sobre los oráculos romanos y la poesía cortesana irlandesa, un vestido sobre una silla, la hendidura del colchón en el lugar que había ocupado John, él recogiendo su ropa de la alfombra y hablando para sí mismo, ella encogida bajo las sábanas, su mente vagando solitaria por un mundo fantasmagórico de palabras, el laberinto literario que su guía español había construido a su alrededor, deseando la compañía de aquel joven dublinés mientras el amanecer invernal llenaba la habitación de una luz pálida.

Se encendieron las luces y el personal del pub comenzó a circular por el local para pedir a los clientes que terminaran sus consumiciones y se marcharan. Me levanté, cogí mi chaqueta del taburete y, mientras Sarah y John estaban distraídos recogiendo sus libros y poniéndose los abrigos, me escabullí por las escaleras hacia el piso inferior. Rondé por la planta baja mientras me abrochaba la chaqueta y me ponía la bufanda, repasando mentalmente las palabras que iba a decirles cuando me vieran. Como todavía no bajaban, dejé atrás el olor a lejía y cerveza derramada y a los porteros del pub («Venga, señores, POR FAVOR») y salí al exterior, al tiempo que una racha de aire frío barría Dame Street. Allí me quedé a esperarles, acurrucado en mi chaqueta y con la barbilla hundida en la bufanda. Catherine O'Neill pasó con un grupo alborotado de estudiantes de derecho. Hablaba con alguien por el móvil.

–¡Estamos yendo al Ri-Ra! ¡Venga, hombre! Ja, ja, ja...

Pensé que su voz, que muchas veces había sido la única cosa amable en la cárcel terrible en que llegó a convertirse la casa de Ian, ahora no me servía de nada.

Catherine y sus amigos se alejaron, unas voces ebrias y alegres en la noche helada. Vi a la afluencia de oficinistas que habían salido a tomar unas copas aquel viernes por la noche abandonar el pub y sumarse al caos alcoholizado de Dame Street, hablando de taxis, discotecas y bares nocturnos al pasar a mi lado. Un grupo de tres hombres caminaba en dirección a George Street. Gays. Dios mío, uno de ellos era el tipo con quien me había acostado antes de Navidad y a quien no llamé el día de San Esteban. *Abracadabra mi abuela es de Cabra.* ¿Cómo se llamaba? Chris. Me oculté en el portal y les vi pasar. Le acompañaban dos hombres delgados, más bajos, con voces agudas y el acento de la clase trabajadora. Por un instante quise correr tras él y rogarle que me acompañara otra vez a mi cama. Pero me quedé donde estaba. Les vi detenerse a lo lejos, en la cola de un cajero automático, junto al Dublin Castle. Muerto de frío, comencé a caminar arriba y abajo pateando el suelo, y me distraje mirando a dos adolescentes con minifalda que se peleaban ante la alarma de la gente que había en el exterior del Central Bank.

Y entonces, al fin, salieron del pub, John con su largo abrigo gris y su bufanda negra y Sarah con un gorro de lana azul marino que le cubría la cabeza hasta las orejas. Caminaban hablando animadamente, pero se detuvieron cuando salí de la sombra, con la nariz roja, tiritando de frío, y me planté delante de ellos, desafiante.

–¿Qué tal? –dije, intentando parecer entre alegre y desenfadado, con la voz temblorosa, como un profesor turbado al encontrarse a un alumno en el autobús durante el fin de semana.

–¿Qué estás haciendo aquí? –preguntó Sarah.

–Ex libris –usé la frase que había preparado en las últimas horas, mientras les observaba.

Hubo una pausa. Finalmente John preguntó a Sarah:

–¿Y bien?

–No tenemos elección –dijo Sarah–. Le llevamos con nosotros.

–¿Adónde? –preguntó John. Abrió su maleta y sacó un libro. Sus ojos marrones recorrieron el pasaje elegido, reflexionó unos instantes y dijo–: A mi casa. Tomemos un taxi.

Así que fui aceptado. No fue necesario el resto de mi discurso, que además había olvidado por completo.

–Es en el Centro de Servicios Financieros, ¿no? –dije, en un intento de entablar una conversación.

John no me contestó. Hacía señas a los taxis, rivalizando de forma algo agresiva con otros grupos, mientras Sarah y yo esperábamos fumando y golpeando los pies contra el suelo para quitarnos el frío, sin mirarnos el uno al otro. Cuando finalmente un taxi se detuvo ante nosotros, John, para quien la galantería era un acto reflejo, abrió la puerta y me dejó entrar el primero. Sarah se sentó en el asiento de delante.

–Al Centro de Servicios Financieros –dijo John al taxista, y nos pusimos en marcha.

Durante el trayecto, Sarah mantuvo una conversación informal con el conductor, en la que interpretaba de un modo bastante convincente el papel de una pasajera corriente, interesada no en los oráculos antiguos, sino en el cinturón de Kinnegad, la cantidad de gente que va a esquiar en vacaciones hoy en día y los efectos de la nueva línea de tranvía de la Luas sobre la circulación en los alrededores de Stephen's Green. Yo apoyaba la cabeza en un lado del coche, sin atreverme a hablar, y John miraba por la ventanilla, con la mano en el agarrador del techo y la vista fija en el asfalto que corría bajo el taxi. Cada vez que girábamos una esquina nuestras piernas se tocaban un instante, pero John no parecía darse cuenta, y no habló ni siquiera cuando le tendió el dinero al taxista, mientras Sarah y yo salíamos del coche.

El complejo de apartamentos del Centro de Servicios Financieros, una mole de granito y cristal, estaba salpicado de puntos de luz. De los muelles de Liffey, al otro lado de la calle, llegaba el olor de los barcos y el mar.

John sacó su llave magnética para abrir la puerta.

–El cielo se ha despejado –le dijo a Sarah, mirando hacia lo alto.

–Venga.

Sarah le tiró de la manga del abrigo y él volvió a bajar la vista. Pasó su tarjeta magnética por la ranura y la puerta emitió un pitido electrónico y se abrió. Entramos tras él en un vestíbulo adornado con plantas, tomamos el ascensor para subir seis pisos en un silencio incómodo y le seguimos por un largo pasillo con moqueta blanca hasta su apartamento.

Sarah encendió la luz, que era de intensidad regulable, y fue directa a la sala de estar, en la que había un sofá, varios sillones y una mesa, cubiertos de libros y papeles. Una pequeña cocina en un rincón parecía sin usar, y a pesar de la fragancia masculina de loción para el afeitado y gel de ducha que flotaba en el aire, las estanterías que cubrían por completo las paredes y los libros y papeles amontonados por todas partes daban a aquella habitación el aspecto de un archivo pendiente de ser catalogado. Sarah se arrodilló y se puso a buscar en un armario de bebidas situado debajo de una de las librerías. John tiró su abrigo sobre el sofá y se quitó la corbata. Ella se levantó con una botella medio llena de Southern Comfort en la mano. Yo entré tras ellos y me quedé de pie, en una actitud algo formal, junto a la ventana. John se puso a mi lado, con las manos enlazadas a su espalda, mirando por la ventana las luces sobre el Liffey. Sarah, en la mesa de la cocina, sirvió tres vasos de Southern Comfort.

Estornudó.

–La calefacción está programada y se pondrá en marcha enseguida –dijo John.

–Bien –dijo Sarah. Luego se dirigió a mí–; mira, John y yo tenemos que hablar a solas. Espera aquí. Saldremos cuando llegue el momento.

–¿El momento de qué?

No me contestó. Me tendió un vaso y se fue al dormitorio llevando el suyo. John la siguió con la botella y cerró la puerta. Bebí a pequeños sorbos, dando vueltas por aquella extraña habitación, mezcla entre el piso en la ciudad de un joven soltero con un alto nivel adquisitivo (ejemplares de la revista *GQ*, un gran televisor, camisas y corbatas sobre las sillas, pesas en un rincón) y el cuarto en la universidad de un viejo académico excéntrico, cubierto de montones de papeles y libros, de todos los tamaños y clases, antiguos y modernos. Puse una pila de libros en el suelo –vi entre ellos algunas novelas contemporáneas, un viejo diccionario con la cubierta de cuero y una guía de San Francisco de 1971– y me senté en el sofá. Desde el dormitorio, a mi espalda, me llegaba el murmullo de sus voces y el tintineo del hielo en los vasos.

Me esforcé por oír lo que decían, pero hablaban deliberadamente en voz muy baja. Por un momento pensé que tal vez se habían encerrado para hacer el amor, pero el murmullo se mantuvo ininterrumpido hasta que, al cabo de una media hora, se abrió la puerta y apareció John con los dos vasos vacíos. Cogió también el mío y los llevó a la cocina. En el dormitorio se oyó el chasquido de una cerilla y sentí el olor de un cigarrillo.

Me acerqué a la cocina, donde John lavaba los vasos, y me apoyé tímidamente en el lavavajillas, como un adolescente en su primera noche en una discoteca. Observé complacido cómo frotaba y sacudía los vasos, el movimiento íntimo de sus manos, hasta que me sentí obligado a decir algo para disimular mi excitación.

–¿Quieres que te ayude?

Se volvió y se secó las manos con un trapo.

–No, ya he terminado.

–No debería estar aquí, ¿verdad?

–No, no deberías –respondió, mientras devolvía los vasos al armario–, pero ahora ya estás. Vamos.

Le seguí hasta el dormitorio. Sarah había apagado la luz y encendía unas velas, una docena o tal vez más, que temblaban de un modo tétrico, dispuestas sobre las estanterías, la mesita de noche y a intervalos regulares siguiendo el perímetro de la habitación. Aquella estancia estaba cuidadosamente ordenada, en contraste con el caos de la sala de estar. En una esquina había la cama, con un edredón y una almohada azul marino, y un escritorio con una sola carpeta abierta y un ordenador portátil. Sobre una pequeña estantería, a mi lado, había una botella medio vacía de Absolut Vodka y un ejemplar bastante deteriorado de *La rama dorada*. Lo cogí para ojearlo. Todas las páginas estaban llenas de notas escritas a lápiz y con bolígrafos de varios colores, con letras distintas y en varios idiomas y alfabetos (hebreo, italiano, irlandés, español, francés, latín, árabe, griego y otros que no supe reconocer), tan copiosas que apenas quedaba un centímetro cuadrado en blanco en los márgenes o en los espacios entre los capítulos. Algunas páginas tenían pedazos de papel pegados para que cupieran más comentarios. Miré la guarda. «L. Anina Hillén, París 1968» estaba tachado y debajo se leía «Sarah Ní Dhuibhir, Augsburgo 1995», y a continuación: «A Sarah, mi pajarita, así volarás aún más alto... tu Luis».

–Deja eso –dijo John.

Le obedecí.

Sarah encendió la última vela, apagó la cerilla de una sacudida y se levantó. En el centro de la habitación había dejado el espacio para unos cuantos libros, cuidadosamente apilados.

–¿Cuánto hace que vives aquí? –le pregunté a John.

–Hace algunos años. Ahí enfrente está mi oficina.

Hizo un gesto con la cabeza en dirección al edificio vecino, visible a través de la ventana. Eran las primeras palabras que me dirigía voluntariamente, aparte de las órdenes y los comentarios sarcásticos, desde nuestra ya lejana conversación en el Kehoe's, el día de la Inmaculada Concepción.

Sarah encendió el portátil y entró en su cuenta de correo electrónico mientras John y yo esperábamos junto a la puerta. Miré en otra dirección para no parecer entrometido.

–Ha contestado, John –dijo Sarah–, dice que bajo ninguna circunstancia.

A la luz débil de las velas parecía un ser pálido y etéreo.

John sacudió la cabeza.

–Demasiado tarde.

–Sí –dijo Sarah–, demasiado tarde.

–Entonces, ¿qué estoy haciendo aquí? –pregunté.

Se miraron el uno al otro.

–Haremos algunos *sortes* y veremos qué pasa –dijo Sarah–. Obviamente, tenemos que mostrarte algo, dado que los libros seguirán guiándote hacia nosotros. No es lo que ellos quieren –inclinó la cabeza hacia el ordenador–, tampoco lo que nosotros buscábamos, ciertamente, y dudo mucho que sea lo que tú deseas en realidad, Niall, pero debemos prestar atención a los sincronismos. –Lanzó un suspiro que parecía de exasperación y dijo–: Bueno, supongo que podemos comenzar. Niall, siéntate en el suelo.

Cerró el portátil de golpe y tendió la mano.

–Los móviles.

Le dimos nuestros teléfonos, que ella desconectó y lanzó sobre la cama. Se sentó con las piernas cruzadas, de espalda a la ventana. Yo me senté frente a ella. John se acercó y se sentó a mi lado.

–Muy bien –dijo Sarah–, esta vez va a ser distinto de lo que hicimos en la fiesta. Es una variación sencilla, la que más utilizamos dentro del sistema de Pour Mieux Vivre.

–De acuerdo.

–Lo que pretendemos hacer es crear una intersección, una fisura por la que un mundo, digámoslo así, puede colarse dentro del otro. No me refiero a «mundos» en el sentido vulgar que adquiere esta palabra en las novelas fantásticas, sino en el de *ámbitos de la experiencia.* Un mundo que todos conocemos inserido en otro que también conocemos, aunque de un modo distinto. Todo lo visible y lo invisible...

–*Visibilium omnium et invisibilium* –intervine lleno de excitación.

–Los beneficios de la cultura clásica –dijo Sarah a John–. Por poca que se tenga, se hace notar continuamente. –Y prosiguió–. Lo que queremos hacer es crear una conexión entre el mundo que percibimos con nuestros sentidos y el mundo del arte, el de los muertos, el que no podemos ver. Mientras esperabas en la otra habitación, John y yo hemos preparado una sesión adecuada para esta noche. Es una circunstancia difícil y, permíteme que te lo diga, bastante exasperante (me refiero a la de que haya un extraño). En cualquier caso, como acabo de decir, hemos preparado una sesión apropiada, a partir de nuestras prácticas habituales. De acuerdo con una larga serie de patrones regulares que seguimos desde hace algún tiempo, hemos elegido estos pasajes para comenzar.

Me tendió un libro. Ella y John tomaron uno cada uno. El mío era *Peter Pan*. Tenía una página marcada con un post-it amarillo. Casi sonreí ante la absurdidad de hablar con palabras tan graves sobre un libro para niños.

–Niall, debes leer en voz alta el pasaje que he marcado en rojo. A continuación John leerá el suyo y después yo el mío. Luego intercambiaremos los libros, pasándolos hacia la izquierda, de forma que tú leerás el pasaje de John, yo leeré el tuyo y John el mío. Los intercambiaremos de nuevo. Repetiremos esta operación nueve veces, de forma que al final cada uno de nosotros habrá leído cada pasaje en tres ocasiones. Después de esto, en lugar de leer por turnos, comenzaremos a leer simultáneamente. Seguiremos pasando los libros hacia la izquierda al terminar, pero leeremos los tres en voz alta al mismo tiempo. Lo importante es la forma en que uno escucha. Debes escuchar cada palabra con la máxima atención. Debes concentrarte en el significado verbal de todo lo que oigas, absolutamente todo, incluso cuando leas y escuches varios textos a la vez. Piensa sólo en las palabras y hazlo con toda tu energía. ¿Entendido? ¿Alguna pregunta?

–Espero no arruinarlo todo –dije–. No estoy seguro de lo que quieres decir con eso de la concentración.

–Bien, yo también lo espero –dijo ella, y luego añadió, en un tono un poco menos arisco–: Vamos allá.

Me miraron expectantes, con expresión severa. Pensé en la primera vez que leí una plegaria en misa en la iglesia de Dalkey, a los diez años. Con las manos temblorosas, abrí el libro por la página marcada, me aclaré la garganta y comencé a leer. Mi delgada voz burguesa, hueca y débil, llenó aquella habitación, a la media luz de las velas, con las consonantes de Sandycove y del Gonzaga, y también con mi frágil esperanza, insegura en aquel lugar oscuro y desconocido.

> De hecho, un millón de flechas indicaban a los niños la posición de la isla, todas ellas dirigidas por su amigo el sol, que quería que estuvieran seguros del camino antes de dejarlos, al llegar la noche.
>
> Wendy, John y Michael se sostenían en el aire sobre las puntas de los pies para alcanzar a verla por vez primera. Curiosamente, todos reconocieron la isla de inmediato, y antes de que el miedo se apoderara de ellos la celebraron, no como algo anhelado durante mucho tiempo y hallado finalmente, sino como a un amigo cercano al que reencontraban al volver a casa por las vacaciones.
>
> –John, allí está la laguna.

Callé de golpe. Sin ninguna pausa, John tomó el relevo. El modo inmediato y fluido en que lo hizo, independientemente de la diferencia de tono, altura o ritmo, creó una transición sin resquicios entre nuestras voces y nuestras personas, como si mi voz se hubiera convertido en la suya, y las palabras de mi fragmento en la prosa que, a través de las vocales hondas de John, comenzaba a tomar forma a nuestro alrededor.

> Rastignac, al quedarse solo, dio unos pasos hacia lo alto del cementerio y vio París, tendido a lo largo de las orillas sinuosas del Sena, donde las luces empezaban a brillar. Sus ojos se fijaron, casi con avidez, entre la columna de la place Vendôme y la cúpula de los Invalides, allí donde vivía la alta sociedad en la que había que-

rido entrar. Lanzó sobre aquella colmena vibrante una mirada que parecía estar saboreando ya su miel, y dijo estas solemnes palabras: «¡Ahora es algo entre tú y yo!».

Entonces comenzó Sarah:

«¡Pero, ay! –pensó Alicia, incorporándose de un salto–. ¡Si no me doy prisa tendré que volver al otro lado del espejo antes de haber visto cómo es el resto de la casa! ¡Comencemos por echar un vistazo al jardín!» En un santiamén ya estaba fuera de la habitación, y corría escaleras abajo, aunque en realidad aquello no era correr exactamente, sino una nueva invención de Alicia para bajar las escaleras de forma rápida y fácil, como decía ella misma. Simplemente ponía las puntas de los dedos sobre la barandilla y flotaba con suavidad hasta la base de la escalera sin que sus pies tocaran un solo escalón.

Su voz y sus palabras se fusionaron con el eco de las voces de John y mía. Pasamos los libros hacia la izquierda, volvimos a leer, los pasamos de nuevo. Luego comenzamos a leer simultáneamente, una, dos, tres veces. Las palabras empezaron a mezclarse.

Un millón de flechas solo incorporándose unos pasos a lo largo de las orillas sinuosas del Sena al otro lado del espejo estuvieran seguros del camino antes de dejarlos la noche las luces empezaban a brillar Wendy, John y Michael se sostenían en el aire de forma rápida y fácil todos la reconocieron la habitación la isla entre la columna de la place Vendôme y la cúpula de los Invalides no como algo anhelado durante mucho tiempo...

–Seguid leyendo –susurró Sarah.

Así lo hicimos, repitiendo cada pasaje e intercambiando después los libros.

–«... sus pies tocaran un solo escalón» –terminé, y le pasé *Alicia* a Sarah.

Las palabras seguían fusionándose.

John la laguna un millón de pasos al volver a casa el espejo isla de flechas la noche las luces abajo de la place pensó Wendy, John y Michael Alicia seguros del camino al otro lado del Sena en la isla de forma rápida y fácil querido brillar en la habitación los Invalides cementerio algo de inmediato la columna solemne John la laguna.

En mi mente, en la habitación, no había nada más que palabras, independientes de toda sintaxis, etimología u origen fonético de cualquier clase, palabras que no pertenecían a lenguaje alguno, ni procedían de un libro, una pluma, ni ningún otro origen humano. Me debatía en un mar de elocuciones, desligadas unas de otras, pero iluminadas por un sentido autónomo e inescrutable, que se entrelazaban a mi alrededor formando una red, una sola palabra palpitante, un juego de la cuna con el hilo de las palabras.

Cerré los ojos y caí hacia delante, sin saber si todavía estábamos leyendo. John me tiró del hombro para que me incorporara. Sus ojos brillaban, también los de Sarah. Me sentí borracho. Seguimos leyendo.

Al volver a casa la solemne habitación espejo isla brillar sinuosas empezaban la noche John la laguna.

Un sonido tenue me sobresaltó. El murmullo mántrico de nuestras voces continuaba, pero ahora parecía ordenado, regido por una ley interna del ritmo y la armonía. Las tres hebras de nuestras voces y palabras se enlazaban en una sola trenza, formando un todo de pulsación regular. Suavemente, de un modo gradual, apareció, por encima de aquella mezcla palpitante de sonidos, como si fuera una interferencia o un armónico que ella misma generaba, un aullido casi imperceptible, un ínfimo gemido agudo. Miré a John.

–¡Sigue leyendo! –me susurró furiosamente, y me dio un fuerte codazo en las costillas.

El aullido se hizo más audible y más definido. Seguimos

salmodiando los textos, y entonces se convirtió en un canto, una melodía de soprano casi inaudible, por encima del ritmo marcado de nuestra lectura. Su intensidad aumentó, como la de una voz que sobresale de un coro, se separó de nuestras palabras, acompañada por el contrapunto de una línea de bajo que llenaba el dormitorio como un eco, y luego por la armonía forzada de los tenores y las contraltos, en un coro imposible.

–¡Sigue leyendo! –gritó John–. ¡Toma, sigue leyendo!

Me arrebató el libro de las manos y me dio el suyo. Se me nubló la vista. El dormitorio era una confusa combinación de luces y objetos acuosos y no podía enfocar las palabras. Creo que me desmayé, pero fui reanimado por John, que me miraba con ojos inhumanos, brillantes y frenéticos, de color esmeralda. Sarah estaba mucho más tranquila. Miraba al frente seria e inmóvil, como un asistente al funeral de un dignatario, mientras sostenía el libro de himnos ante sí y oscilaba ligeramente adelante y atrás al ritmo de la música a la par que sus labios pronunciaban el texto de forma automática. Ahora la música se derramaba en el torbellino visual del dormitorio de John. Él me urgía a seguir leyendo entre las cadencias ensordecedoras de los contraltos. Sarah, una más del coro, leía sin pausa:

> Rastignac, al quedarse solo...

John volvió la vista al libro que había tomado de mis manos.

> De hecho, un millón de flechas...

Necesitaba mantener el control y seguir leyendo. Miré la página, agudicé la vista para intentar enfocar, y de algún modo, entre todos aquellos sonidos e imágenes, pude empezar a leer:

> Pero, ay...

No podía oír mi propia voz, o si lo hacía parecía provenir de alguno de mis dos compañeros. Perdí por completo la noción del tiempo. A veces leía uno de los libros, luego de pronto estaba leyendo otro. Unas veces parecía que nuestras voces eran una sola, otras seguíamos líneas distintas dentro del cántico en latín del coro.

... incerta et occulta sapientiae tuae manifestasti...

Las voces parecían estar preparando lentamente el terreno para el vuelo, para la subida vertiginosa de la soprano, aportando elementos de base sobre los cuales podía volar hasta notas tan altas como las estrellas y luego volver a descender sobre el sustento seguro de nuestra lectura.

–Sigue leyendo... –Pude oír cómo John me rogaba desde lejos, tras el velo del cántico.

Pero era demasiado. Dejé caer el libro al suelo y me libré a la música. Era el sonido del pasado, de manuscritos iluminados, iglesias frías, encargos papales, grandes metrópolis con su trajín de comunicaciones electrónicas, aldeas de montaña francesas azotadas por los vientos, chicos que jugaban al fútbol en las puestas de sol de los arrabales polvorientos, supermercados, las velas ululantes de los barcos coloniales, las cenizas de Pompeya, Palmira y Dublín, un cambio en el tiempo, un cambio en las luces de un semáforo, la tristeza de las olas, Ian, Ciara, Patrick, yo mismo, todas las cosas... era demasiado, súbitamente la habitación quedó a oscuras y en silencio.

Cinco

El sol de la mañana me despertó y miré parpadeando a mi alrededor. Me hallaba en la misma habitación, estirado sobre el edredón azul oscuro de la cama de John, vestido y con las botas puestas. Los recuerdos de la noche anterior tardaron unos instantes en llegar. Permanecí un rato tumbado, sudaba a la luz del sol, temía que si me movía todo podía desaparecer definitivamente, como ocurre a menudo con los sueños al llegar la mañana. Me senté con cautela. Encontré mi móvil, apagado, en la mesita de noche, un resto fósil de los acontecimientos lejanos de la velada. Lo encendí, y vi que eran las diez y media y que tenía dos nuevos mensajes de voz. Los tres libros seguían en el suelo, *Papá Goriot, A través del espejo* y *Peter Pan,* y había cabos de vela fríos por todas partes. Aparte de eso, tan sólo el canto de los pájaros en el exterior y el rumor del tráfico en los muelles.

Me levanté y miré por la ventana. Era un día claro y ventoso, magnífico para secar la ropa, como hubiera dicho mi abuela. Me di la vuelta y recorrí el dormitorio con la vista, intentando localizar en el aire algún eco de lo que había ocurrido, pero en ese momento la habitación no mostraba más que la realidad pálida e inocente. Empujé los libros ligeramente con la punta del pie, como si fueran las cenizas de una hoguera, y fui a buscar a John y a Sarah. En el piso reinaba un silencio absoluto. Entré con cautela en la extraña sala de estar de John, repleta de libros, pero no había nadie. Salí al pequeño balcón para ver si estaban allí, pero no encontré nada más que unos calzoncillos French Connection colgados en el tendedero.

Mi ropa olía a humo del The Bank y se me pegaba a la piel

con el sudor. Me desnudé y fui al baño para ducharme. Usé un jabón caro y una toalla que encontré colgada detrás de la puerta. Mis prendas me causaban repulsión, así que fui al armario de John para tomar algo de ropa limpia prestada. Cogí de un cajón unos calzoncillos y unos calcetines deportivos –me divirtió ver que guardaba su ropa interior bien plegada y ordenada– y en otro encontré una camiseta verde claro que me gustó. La olí. Olía a John, lo mismo que el jabón y la toalla. Elegí también unos vaqueros –demasiado largos y anchos, por supuesto– y una chaqueta de chándal con capucha, muy masculina. Debía de ser su ropa del fin de semana, algo adolescente para un hombre de su edad. Me sentía extraño, como si fuera travestido, y en el espejo parecía una especie de parodia de John.

Busqué algo que comer en los armarios de la cocina. Preparé una cafetera y esperé que estuviera lista, pensando que tal vez ahora éramos amigos, y ellos entrarían por la puerta en cualquier momento cargados con cruasanes y con el *Irish Times* de la mañana, como los miembros de un grupo de rock, felices tras haber grabado algunas pistas en el estudio la noche anterior. Me serví un café y me dirigí a la sala de estar. Afuera tocaban las campanas.

Naranjas y limones, oí, y en parte para eludir esas palabras hice una pregunta en voz alta:

–¿Dónde están Sarah y John? –dije, y tomé un libro de la estantería.

> Estaba apurado. Además, le manifesté mi opinión de que, en estos momentos, no sería muy prudente alejar demasiado a Tom, Jack o Richard. Ahora, señor Pip, voy a decirle una cosa. En las circunstancias actuales, no hay nada como una gran ciudad una vez ya se está en ella. No se precipiten ustedes. Quédense tranquilos, en espera de que mejoren las cosas, antes de aventurar la salida, incluso en busca de los aires extranjeros.

Devolví el libro a su sitio y, tras plegar mi ropa y dejarla sobre la cama, salí a la calle, al sol frío que daba en los muelles. Me sentía inseguro y decidí abandonar aquella parte de la ciudad extraña para mí, con sus modernos centros de negocios y sus edificios nuevos en el frente marítimo, y encaminarme a algún lugar conocido. En un primer momento pensé en ir al Trinity, pero luego, incapaz de elegir entre la universidad y Sandycove, opté por tomar el autobús hasta Ranelagh, con la vaga intención de llamar a Patrick una vez allí.

Caminé durante un rato por la calle principal, entre los hombres de negocios y los profesionales liberales de las grandes casas estilo Eduardo VII, quienes se mezclaban en las calles, en los cafés, en los salones recreativos, con los habitantes del laberinto de bloques humildes de detrás del Triangle, o de los pisos de protección oficial junto al Dodder. Estaba medio dormido y nervioso y la gente y el tráfico me enervaban. Llegué hasta Ranelagh, pasando junto a las tiendas, con pisos superiores de ladrillo rojo y ante los flashes del salón recreativo Jason's, un lugar en cuya oscuridad sin reloj había permanecido muchas veces como una sombra detrás de Ian, los miércoles al salir del instituto, mientras él jugaba al Virtua Fighter 3, un lugar que había sido para mí un templo del amor y de los celos, un monumento a mi gran pasión, un Taj Mahal de pitidos y musiquitas electrónicas.

Caminando por Ranelagh, fragmentos perdidos de las conversaciones que oía a mi alrededor se me imponían como sincronismos que esperaban ser interpretados, como mensajes con órdenes ocultas.

«Marie, ¿algún día barrerás el cuarto trasero como una buena chica?»

«Vale, genial, a la una y media en el Fitzers, magnífico, hasta luego, nos vemos allí entonces, genial, estupendo, vale, hasta luego.»

«No, Amanda... la razón de que Amanda me llamara es porque Gareth no estuvo con ella anoche. Él no la llamó y...»

Me adentré en Donnybrook por Marlboro Road. Los castaños desnudos (recordé a Ian lanzando castañas calle abajo, un otoño) gozaban del sol frío. Desde allí, guiado por las indicaciones inescrutables de los ciudadanos que pasaban a mi lado, me dirigí al Herbert Park y a Raglan Road, silenciosa y con muchos árboles. Viniendo hacia mí desde el extremo norte de aquella calle de vegetación frondosa, vi una figura que reconocí de inmediato. Era mi visitante de las naranjas y limones, Pablo Virgomare. Por fin. Sus rizos se agitaban en la brisa fría y entrecerraba los ojos al recibir el sol de cara. Estaba a cierta distancia y se alejaba por Raglan Road. Apresuré el paso con la intención de darle alcance.

Caminaba demasiado deprisa para poder atraparle. No miraba al cruzar las calles, simplemente se lanzaba a la calzada, sin que el tráfico le obstruyera. Se dirigía de vuelta al centro y yo le seguí, esquivando los coches bajo una lluvia de bocinazos, por Northumberland Road y cruzando el canal hacia Lower Mount Street. Le perdí por primera vez en Merrion Square, al confundirle con otro transeúnte que merodeaba entre los árboles del parque, pero luego volví a verle y le seguí en dirección norte, de regreso casi por el mismo camino que me había llevado hasta aquel barrio, cruzando el río y hacia el norte de la ciudad, el territorio más desconocido para un nativo del sur como yo. Al poco rato le perdí definitivamente entre la multitud, pero seguí caminando de todas formas, con la esperanza de encontrarlo en alguna de las tiendas o lavanderías del barrio. De hecho, rondé durante horas por las calles a ambos lados de Dorset Street y por los alrededores de Drumcondra, Phibsboro, Seán McDermott Street y Mountjoy Square, entre el babel de inmigrantes, los viejos zapatos sin cordones y las chaquetas raídas de los rumanos, delante de la oficina central de correos en O'Connell Street, los vestidos de colores de las mujeres africanas que compraban frutas y verduras a las descendientes de Molly Malone en Moore Street y las discusiones rápidas y serias de los chinos en Parnell Square, pasado el pub donde se servía Guinness nigeriana. Estuve tanto rato vagando sin dirección que cuando volví a cruzar el río, exhausto y hambriento, a mi lado pasaba a toda prisa la gente que salía del trabajo. Tropezaba con las maletas de los hombres. Las mujeres que caminaban de dos en dos se separaban un momento y volvían a encontrarse detrás de mí sin interrumpir su conversación.

En Grafton Street me detuve ante la entrada del centro comercial de Stephens Green, enfrente del Gaiety Theatre. Los transeúntes presurosos me azotaban por todos lados, con la mirada baja o perdida, en su avance ineluctable hacia sus destinaciones programadas, su único objetivo. Oí un sonido metálico que me recordó algo. «Las campanas –pensé–, es Pablo y sus campanas.»

–¡Niall!

Levanté la vista y en lugar de Pablo Virgomare vi a Paula McVeigh, plantada ante mí sosteniendo una bolsa de Marks & Spencer en la mano.

–Oh, hola, doctora McVeigh...

Dejó la bolsa en el suelo.

–Paula, por el amor de Dios, no me hagas sentir más vieja. Vengo de hacer una gestión en el Colegio de Cirujanos y tengo el coche aparcado en Drury Street, pero no puedo soportar el tráfico de la hora punta. Sencillamente no puedo soportarlo. ¿Cómo estás?

–Estoy muy bien. Ahora vivo aquí cerca. He salido a comprar algo para la cena –inventé.

–Oye, mira, vamos a tomar una copa de vino, un aperitivo, así evitaré la hora punta y tú puedes relajarte un poco. Pareces un poco alterado –dijo, inclinándose ligeramente para mirarme más de cerca.

Su pelo rubio estaba algo desordenado; podían verse algunos mechones grises. Arrugas finas y fatigadas cruzaban sus mejillas y su cuello y rodeaban sus grandes ojos grises, subrayados por dos líneas negras delgadas de rímel. Era la cara ansiosa y complaciente de una mujer que hasta hacía poco todavía era joven.

–Oh, bueno, es que entre una cosa y otra no duermo mucho, te lo puedes imaginar...

–Más bien sí. Pero vamos de todos modos, tomemos una copa de vino.

Me resistí, agobiado por un sentimiento indefinido de ansiedad y de urgencia –¿dónde estaba Pablo? ¿Y John? ¿Y Sarah? ¿Qué iba a ocurrir ahora?–, pero ella no quiso escucharme, y al cabo de un momento yo la cogía del brazo y caminábamos por Stephen's Green hacia el Dunne and Crescenzi's de South Frederick Street. La elección de aquel establecimiento (lo mismo que su forma de vestir y las referencias que usaba en la conversación) demostraban un deseo, logrado por otra parte, de mantenerse al día, de no convertirse en un ser anacrónico –muchas mujeres de su edad, las madres del resto de mis compañeros de clase (en el caso dudoso de que tuvieran el valor y la confianza de ir a tomar una copa a solas con un amigo de su hijo) hubieran elegido el Bewley's, que era el establecimiento comodín para encontrarse en el centro desde el tiempo en que nos llevaban a nosotros, los niños de los años ochenta, a ver a Papá Noel en Switzer's por Navidad–. Paula se mantenía alerta a los cambios que se producían a su alrededor, nuevos cafés, nuevas formas de comunicación, nuevas tendencias: los recibía con impaciencia y curiosidad.

Me ofrecí a llevarle las bolsas de la compra. Sabía que apreciaría ese gesto, era el tipo de mujer que echa en falta esta clase de atenciones por parte de los hombres. Por el camino habló de lo cansada que estaba y de la carencia de fondos de los hospitales, dijo que trabajaba tanto como podía en los centros públicos, que la medicina privada estaba arruinando la vida de los irlandeses y que Charlie McCreevy no hacía más que complacer ocultamente a sus amigos empresarios y a los paletos, en lugar de organizar las cosas de forma civilizada.

–Quiero decir, ¿has estado en alguna otra capital europea? ¿Has estado? Mira todo esto. –Hizo un arco con la mano y sus anillos brillaron con la última luz del día en Stephen's Green North–. El tráfico colapsado, colas en las paradas de autobús, gamberros en las paradas de taxis. ¿Dónde están los tranvías, el metro, los cafés con terraza y los bloques de apartamentos en el centro? ¿Dónde están los parques públicos, los carriles bici, los mercados al aire libre, los gays engalanados como pavos reales, las panaderías judías, los comercios de los chinos con los ancianos jugando a las damas en una pequeña mesa junto a la puerta, las lesbianas regentando un centro donde se distribuyan gratuitamente tampones y sopa de cilantro, los árabes jugando a los dados o a lo que sea? ¿Dónde está la gente hermosa? Quiero decir, Niall, míralos bien, ¿dónde están? ¿Dónde?

Mientras hacíamos cola para ocupar una mesa en el Dunne and Crescenzi's, me dijo que solía ir a aquel lugar porque era el único donde tenía la impresión de que Dublín había cambiado realmente o, mejor aún, de que estaba en otra ciudad.

–Ya sé que debo de parecer una vieja cascarrabias pero, sabes, aunque es cierto que he vivido toda mi vida en esta ciudad, que fui del Our Lady's Bower de Athlone a la facultad de medicina del University College y a la vieja casa de Rathmines, también he viajado, y me doy cuenta de que en esta ciudad todo son chapuzas, todo el mundo está contento con servicios de segunda, con calles deprimentes y vidas de segunda. De acuerdo que hemos tenido desempleo y todo eso. ¡Pero luego vino el boom! ¡Un milagro económico! Y ahora este país es más rico que nunca y en el Cork General Hospital sólo se ponen epidurales tres días por semana.

Un atractivo camarero italiano nos acompañó hasta la mesa.

–Buenas tardes –dijo ante la sonrisa seductora de Paula–. ¿Qué van a beber?

Paula me preguntó si prefería vino blanco o tinto. Le dije tinto y pidió una botella.

–Y ya que estamos podemos comer algo –dijo–, sólo un aperitivo.

Miré la carta y le propuse pedir *bruschetta.* Lo pronuncié *brusheta,* como había oído decirlo en los restaurantes. Ella sacudió la cabeza.

–*Brusqueta,* querido, *brusqueta.* «Che» en italiano se pronuncia *que* –dijo en voz baja.

Paula –como de hecho comencé a llamarla al fin– se encargaba de llenar las copas. Daba la impresión de que después de cada frase apuraba la suya y la volvía a llenar. Hablaba sin pausa de los diferentes hospitales donde había trabajado, de lo mucho que le habían disgustado los profesores y los padres del Gonzaga, aunque estaba encantada con mis padres y conmigo, y con la maestra que nos daba francés, Anne Evan, la única que tenía algo de imaginación y nos hizo salir del país, aunque sólo fuera mentalmente, unas pocas horas a la semana. Había tenido reparos, no le importaba decírmelo, con la idea de llevar a Patrick a una escuela católica.

–Entonces significaba algo, sabes, quiero decir que no rezáramos el rosario y esas cosas en casa. En verdad todavía ahora significa algo –dijo, inclinándose sobre la mesa para enfatizar sus palabras–; incluso ahora, cuando no van a misa más que los ancianos y los despistados.

Intenté desviar la conversación de la política y la situación social, en parte porque la rapidez con que hablaba me desconcertaba y no sabía cómo intervenir, pero principalmente por el sentimiento infantil de que debía comportarme del modo más educado y complaciente posible.

–Este lugar es muy agradable –dije.

–¿No habías estado nunca?

–No, es muy bonito.

–Pero ves, Niall, ése es el problema, ése es precisamente el problema de este país. Te concede el margen necesario para que permanezcas engañado. Siempre tiene algunas cosas buenas, o se espera que lleguen pronto, y los irlandeses se contentan con eso. Pero no se pueden mirar las cosas por separado, hay que tener en cuenta la situación global. Esas excepciones... bueno, pero Dunne and Crescenzi's es francamente agradable, la enfermera encargada de esta planta es muy amable, la clínica Blackrock tiene la TAC más avanzada, la Luas será la mejor red de tranvías que el dinero pueda comprar. La situación global, Niall, si miras la situación global ves que todo es decrépito, escaso, caro y venido a menos. El país es más rico que nunca –repitió– y mira cómo vivimos. Tengo la esperanza, Niall, de que tú y Patrick tengáis una visión más amplia. Lo espero realmente. Nunca he vivido fuera de Irlanda, pero he viajado mucho, en eso he tenido suerte, y espero que os marchéis, que salgáis de esta vieja roca azotada por el viento, que viváis en París, en Londres, en Berlín o donde sea. Yo estuve nueve meses en Londres cuando era estudiante, pero nada más.

Le dije que tal vez iría a París aquel verano. Eso le encantó. Volvió a hablar de la gente hermosa, o más bien de su ausencia, en Irlanda, y a contarme sus recuerdos de esos nueve meses en los que compartió un piso en Hackney con otra estudiante de medicina irlandesa, Colette Ryan, que trabajaba en Tallaght y todavía era su amiga, y con quien se encontraba varias veces al año para tomar lo que llamó una megacomida. Me habló de hombres, de bailes, del ambiente de entonces. Dijo que quería a Frank, su marido, pero ¡cielos, era tan irlandés! Demasiado irlandés, como suele decirse...

Cuando terminamos el vino, Paula hizo algunos comentarios sobre lo infrecuente que había sido mi trato con Patrick. Eso me hizo sentir culpable. Pagó y, una vez en la calle, me estrechó el hombro con una mano a modo de despedida, mientras con la otra hacía señas a un taxi.

Mi habitación me pareció vieja y olvidada, una colección de reliquias, como la casa de mi abuela. Había piezas de ropa que llevaban varios días tiradas en el suelo, y al ver un volumen de Stendhal abierto boca abajo sobre la cama me di cuenta de que había olvidado, o perdido por el motivo que fuera, mi tutoría con el profesor Dunne. Encendí el móvil, ignorado hasta entonces, y escuché los mensajes de voz. Había dos de Fionnuala, prácticamente inaudibles por el ruido de fondo del pub en el primero y de la fiesta en el segundo, en los que me preguntaba dónde estaba y me repetía las direcciones por si me había perdido. También había un mensaje de texto de Patrick. «Estaré en centro esta noche, nos vemos?» Me dejé caer en la cama e intenté dormir, pero mi mente estaba demasiado inquieta. Alargué la mano para conectar la radio y escuché las noticias, que hablaban de la situación de la agricultura.

Llamaron a la puerta y me asomé a la ventana, deseando que fuera Pablo. Era Fionnuala.

–¡Hola, forastero! –gritó–. ¿Dónde diablos has estado?

–Ahora iba a llamarte –dije–. ¿Quieres subir?

–Baja tú y tomamos una pinta.

Dudé unos instantes, mientras mis ojos se demoraban en la librería.

–Claro –respondí–, un segundo.

Me puse la chaqueta y bajé a reunirme con ella.

–¿Se puede saber dónde estabas anoche? –preguntó.

–No me vas a creer. Me quedé dormido, profundamente.

–Querrás decir dormido como un muerto. Llamé a tu puerta antes de ir a la fiesta, y también al volver.

–Lo siento, Fionnu. Te invito a la pinta. Tú eliges el pub.

–¿Qué tal si nos pasamos por el Buttery? –sugirió–. Habrá gente de nuestra clase.

–Genial. ¿Estuvo bien anoche?

–Bueno, te perdiste un buen follón.

–Típico.

Mientras caminábamos junto a las pistas de tenis en dirección a Front Square, Fionnuala me contó lo ocurrido. Eran cotilleos sobre personas que conocíamos, que tenían que ver con dormitorios cerrados, intrigas y grandes risas. Comencé a lamentar no haber ido a la fiesta en lugar de dedicarme a mis asuntos malsanos en el Centro de Servicios Financieros.

Los que jugaban en una de las pistas perdieron una pelota por encima de la valla. Se la lancé de vuelta. El tipo me dedicó un gesto de agradecimiento. Mientras doblábamos la esquina del Dining Hall le mandé un mensaje a Patrick, movido por una mezcla de sentimientos de culpa y lealtad. Respondió de inmediato, como hacía siempre. Estaba en el centro, merodeando por las librerías, e iría encantado a reunirse con nosotros en el Buttery.

Dos eras distintas de mi vida entraron en contacto cuando Fionnuala y Patrick se conocieron, unos minutos más tarde, en el Buttery. Patrick se acercó desde el otro extremo del pub. En el instituto había sido un empollón abnegado, con la cabeza de cabello rubio rojizo siempre agachada, mirando los pedazos de pan mojados y las colillas en el suelo del patio, tirando nerviosamente de la cremallera de su anorak. Pero ahora caminaba hacia nosotros con resolución, sonrió y alzó la mano mientras se acercaba y luego nos saludó con entusiasmo.

–Fionnuala, Patrick; Patrick, Fionnuala. Patrick es un amigo del instituto. Fionnuala es la otra becaria de la Beckett.

–Oh, vaya, genial. Te felicito.

–¿También estás en el Trinity? –le preguntó Fionnuala.

Por supuesto yo le había contado lo que hacía Patrick mientras esperábamos a que llegara, pero ella usó los rápidos reflejos que poseía para hacer que las relaciones se volvieran fáciles y cómodas.

–Medicina en el University College.

–Ah, bien. Seguro que ganarás más dinero que nosotros –bromeó.

Patrick sonrió educadamente y bajó la mirada.

–Bueno, mi padre y mi madre son médicos...

En el Buttery había bastante gente. Como siempre, el local estaba oscuro, bajo una bóveda de poca altura. Buscábamos una mesa donde poder sentarnos los tres, cuando entre el barullo de gente distinguimos a Andrea, que nos hacía señas desde el otro extremo del pub. Estaba de pie sobre la mesa y con la mano alzada nos pedía que nos acercáramos, ignorando al guardia de seguridad que le ordenaba que bajara de allí.

–¡Niall! ¡Niall! ¡Fionnuala! ¡Por aquí! Vale, vale, *relaxez-vous* –le decía enojada al guardia, bajando de la mesa, una vez estuvo segura de que íbamos a su encuentro.

La velada acabó siendo muy entretenida. Andrea, algo bebida, se sintió atraída de inmediato por Patrick, permanentemente sonrojado y con la vista en el fondo de su vaso, y dejaba caer la mano sobre su pierna cada vez que daba su opinión o contaba algo. Las amigas de Andrea eran divertidas. Entre sus bromas y las incursiones para buscar más pintas hablé un poco con Fionnuala sobre las clases que había perdido y las notas de los trabajos de Navidad (los dos habíamos sacado sobresaliente; Andrea oyó nuestra conversación y dijo riendo entre dos tragos: «¿Sabéis qué ha sacado Harry? ¡Un veinte! Es la nota más baja posible. Literalmente la más baja. Dicen que las notas van de veinte a ochenta, o sea que si sacó un veinte, ¡en verdad es como un cero! Casi me meo de risa cuando me lo contó Jayne. Yo no me molesté en hacer el trabajo –añadió con aire indiferente, mirando a Patrick con el rabillo del ojo–; paso de matarme tanto»). Patrick y yo tuvimos la oportunidad de informarnos un poco sobre nuestra vida actual, e incluso mantuvimos una conversación animada sobre lo distinto que parecía el mundo una vez fuera del instituto. Por algún motivo que ignoro no mencioné el encuentro con su madre; me parecía que tenía algo de ilícito. Sin embargo, sentí que salir con aquel grupo alocado de jóvenes estudiantes era una forma de satisfacer el deseo de Paula de una vida más brillante, más esplendorosa y cosmopolita. Todo aquello, las pintas, la charla animada de Andrea y sus amigas, la posibilidad de una cercanía real con Fionnuala en el futuro y la presencia de Patrick, que representaba un vínculo entre el pasado y el presente, me dio una sensación embriagadora de juventud y de normalidad y barrió todo pensamiento sobre los *sortes* y sus tétricos sacerdotes.

Al levantarme y abrirme paso para ir al baño apoyándome en los demás, llegué a pensar que mi relación con John y Sarah, y la extraña noche que había pasado en el piso del Centro de Servicios Financieros, podían convertirse finalmente en tema de conversación en una velada como aquélla, en una historia increíble con que amenizar la reunión.

Me incliné sobre el urinario, contento y a la vez sintiéndome culpable por haber descuidado la relación con Patrick. Era un buen amigo, una persona importante para mí, pensé; además ahora podía formar parte de mi nueva vida, reunirse en el Buttery conmigo y con mis amigos de la universidad para tomar unas cervezas, y entonces tendríamos conocidos comunes de quien hablar, una base completamente nueva para nuestra amistad. Pensé en los vasos de vino que tomaríamos con Paula en su casa antes de que los dos nos marcháramos hacia el centro. Comencé a imaginar la conversación en la que revelaría a Patrick mi homosexualidad.

Cuando me dirigía a lavarme las manos, me llamó la atención una frase escrita con rotulador azul sobre el amarillo pálido de la pared, un grafito reciente que destacaba por su seguridad y elegancia entre los «Fuera los británicos, empresarios cabrones» y «Ciarán Kelly = gay» que lo rodeaban. Decía:

> «Me debes cinco peniques», dicen las campanas de Saint Martins.

El lavabo comenzó a dar vueltas. Cerré los ojos, pensando que tal vez era una alucinación provocada por la bebida, pero cuando volví a abrirlos, la frase seguía allí. Aparté la vista de la pared, me lavé las manos y me refresqué la cara con agua fría. De nada sirvió, aquellas palabras seguían escritas con letra segura sobre los otros grafitos medio borrados. Y entonces, cuando me hube secado las manos y cesó el ruido del secador, la oí llegar desde la puerta del fondo del baño, la misma voz, débil pero bien definida, cantando maliciosamente el verso:

> «Me debes cinco peniques», dicen las campanas de Saint Martins.

Intenté resistir. Volví a lavarme la cara con agua fría. Pero ahora podía oírla claramente, cantando en el aire de la noche, cruzando la ciudad hasta alcanzarme, más potente que los secadores, que el lamento del agua en los urinarios, que el tumulto de las risas, las conversaciones y los sonidos de los móviles en el pub, más potente que las voces de Patrick, Andrea y Fionnuala, que me pedían que volviera con ellos. Los colores de las cosas, los azulejos sucios del baño, los fluorescentes vibrantes del techo, la oscuridad al otro lado de la ventana, se me presentaron con una claridad adictiva. Miré el pub desde la puerta del baño. Podía ver nuestra mesa. Andrea gesticulaba desmesuradamente para defender su punto de vista y Fionnuala y Patrick se reían. Salí del baño y me quedé dudando en el pasillo.

Ante mí estaba la puerta que conducía de vuelta al bar, por la que podía ver a mis compañeros hablando y riendo alrededor de la mesa, y mi pinta medio vacía que aguardaba mi regreso. A mi izquierda había una salida de emergencia, por la que había llegado la voz de Pablo cantando el segundo verso de *Naranjas y limones.*

Salida de emergencia. Se activará la alarma.

Unos segundos después corría por Botany Bay con un timbre sonando a mi espalda.

En mi habitación, con la cara encendida de excitación y un gran badajo golpeando dentro de mi cabeza, casi rugí hacia la librería «¿Dónde están Sarah y John?» y tiré al suelo una pila de libros al abalanzarme para elegir uno, la *Guía breve de España.*

Están concentrados particularmente alrededor de la plaza de Santa Ana.

Pensé unos instantes. La plaza de Santa Ana, eso tenía que significar la casa de Ranelagh. Dejé el móvil sobre la cama, sonando en la noche vacía, y partí por Front Square hacia la ciudad y, a través del canal, hacia Ranelagh.

En la ventana de la habitación de John había una luz cerosa y vacilante, sin duda la de las velas encendidas para la sesión de aquella noche. Llamé al timbre y, para mi sorpresa, abrió la puerta una mujer alta y atractiva, de unos treinta años. Tenía el pelo negro, recogido, y vestía una camiseta con la inscripción «New Zealand», un pantalón de chándal y zuecos de ante, la vestimenta de estar por casa propia de las personas que llevan ropa elegante y de moda cuando salen a la calle.

–¿Sí? –preguntó desconfiadamente por la puerta entreabierta.

–Soy un amigo de John.

–John no está. Lo siento. Adiós.

Iba a cerrar la puerta, pero se lo impedí con el pie.

–Espera, de veras... John me está esperando.

Dudó un momento.

–¿Nos conocemos?

–Tal vez nos vimos en la fiesta que hicisteis aquí en noviembre.

Entrecerró los ojos. Tenía la piel pecosa alrededor de la nariz.

–¿De veras? –dijo–. Creo que no reconozco tu cara. Bueno... entra un momento.

Cerró la puerta tras de mí y me condujo a la cocina, el lugar donde vi a John y a Sarah juntos por primera vez. Sobre la mesa había una taza humeante, con el hilo y la etiqueta de una bolsita de té colgando a un lado, un plato con media tostada, un cuchillo sucio de mantequilla y el *Irish Times* abierto por la página de las cartas al director.

–Siéntate –dijo, pero preferí quedarme de pie junto a la mesa.

Ella se sentó frente a mí e intentó sorber el té, pero estaba demasiado caliente todavía. Sopló en la taza y me miró con sus ojos azules.

–¿Estás metido en todo esto... en esta especie de club literario de John? –preguntó de forma pausada, como un tutor de escuela. Asentí–. Espero que sepas lo que haces. ¿Cómo te llamas?

–Niall.

–Yo soy Anna.

–Sí, lo suponía.

–Vaya, de modo que John habla de mí.

–Mira, voy a subir a reunirme con ellos.

–No, no puedes. Ahora no, tienes que esperar a que hayan terminado. Ni siquiera a mí me dejan entrar.

La miré un momento. El vapor del té ascendía ante su cara. Entonces me di la vuelta y corrí escaleras arriba, subiendo los escalones de dos en dos.

–¡No! –gritó a mi espalda, pero ignoré su advertencia.

Me detuve ante la puerta de John. Se oía hablar rápido y en voz alta. Iba a llamar, pero oí que Anna subía corriendo las escaleras tras de mí. Giré la manilla apresuradamente y entré. La habitación estaba sumida en la media penumbra de las velas, como una pequeña capilla. John y Sarah estaban sentados en el suelo, rodeados de pilas de libros y papeles. Durante un solo, horrible instante, les vi en pleno vuelo, los ojos velados fijos en el techo, farfullando con voces ajenas una ristra demente de sílabas incomprensibles. Luego se sobresaltaron y me miraron con terror.

–¡Fuera! –gruñó John.

Se levantó de un salto y me devolvió al descansillo de un empujón. Dio un portazo y pude oír cómo volvía a sentarse. Pero las voces no recomenzaron. Anna estaba en lo alto de la escalera, apoyada en la barandilla.

–Te lo advertí –dijo suavemente. Se llevó una mano a la frente y sacudió la cabeza–. Venga, ahora márchate.

En ese momento se abrió la puerta del dormitorio y apareció John.

–Puedes entrar, Niall. Está bien, Anna –dijo en respuesta a su mirada perpleja.

–Está bien –rió amargamente–; claro, John, está muy bien. –Dio la vuelta y se dirigió al otro dormitorio–. Me voy a casa de Isabelle.

Nos quedamos allí, John en la puerta y yo en el descansillo, escuchando cómo ella preparaba la maleta en su dormitorio, iba al baño en busca de su neceser, bajaba las escaleras y recogía su abrigo, las llaves y el teléfono móvil. John no se movió ni dijo una palabra hasta que la puerta de la calle se cerró y oímos los pasos sobre la acera. Entró en la habitación; yo le seguí.

Las velas habían sido apagadas y reemplazadas por una pequeña lámpara de escritorio, y los libros y papeles estaban ahora recogidos. Sarah, de pie junto a la ventana, miraba afuera y fumaba sosteniéndose el codo con la mano. No reaccionó ante mi llegada. John cerró la puerta y se quedó detrás de mí. Me quité el abrigo y lo lancé sobre la cama.

–¿Qué era...?

–Necesito un trago, John –interrumpió Sarah.

Apagó la lámpara.

John salió y regresó con una botella de Southern Comfort y tres vasos. La habitación estaba a oscuras, sin más luz que la leve claridad que entraba de la calle, el rojo furioso de la punta del cigarrillo de Sarah y, detrás de John, la luz de color azul verdoso del equipo de música encendido y en silencio, como el panel de control de una nave espacial abandonada. John se acercó al escritorio junto a la ventana y sirvió un vaso para cada uno. Yo me senté en la cama. Entonces John dijo:

–Nunca vuelvas a hacer algo así. Jamás debes interrumpir de esta forma.

Agité mi vaso de Southern Comfort. Sarah había vaciado el suyo en dos tragos. Abrió la ventana y arrojó el cigarrillo a la calle.

–Muy bien, volvamos a ello –dijo–. John, las velas.

Dispusimos la habitación como antes de mi llegada. Sarah eligió los libros y los pasajes que íbamos a usar: curiosamente, tres guías turísticas. Nos sentamos en círculo, como la otra noche, y empezamos a leer y a pasarnos los libros sucesivamente. También esta vez me tocó comenzar:

> La geografía y la historia se han combinado para conferir a París una estructura remarcablemente coherente y clara. La ciudad ocupa una cuenca rodeada de colinas. Tiene una forma prácticamente circular, cercada por una vía de circunvalación, el *boulevard périphérique*, que sigue el trazado de las fortificaciones del siglo XIX. El río Sena, la *raison d'être* de la capital y su espina dorsal, fluye de este a oeste, dividiendo la ciudad en dos. Anclada en el centro del círculo, en medio del curso del río, se halla la isla de la que nació el resto de la ciudad, la Île de la Cité, que alberga las instituciones religiosas y seculares más antiguas de la capital: la catedral de Notre Dame y el Palais de Justice. La ribera derecha o norte *(rive droite)* del Sena se caracteriza por los imponentes edificios gubernamentales, las amplias vistas y los elegantes bulevares. La vía más larga y espectacular es la llamada Voie Triom-

phale, que conduce desde el Louvre hasta la Grande Arche de la Défense, en la parte nordeste de la ciudad... al norte y al este de la Voie Triomphale se extienden los barrios comerciales y financieros, donde se halla la Bolsa, los pasajes restaurados del siglo XIX y el centro comercial Les Halles.

John tomó el relevo, como la vez anterior:

Cómo llegar y salir: un servicio regular de caiques conduce a Telendos desde Myrties (400 dr cada trayecto), con salidas cada media hora, desde las 8.00 hasta las 24.00. Si el viajero permanece allí después de la medianoche, es probable que el propietario de alguno de los restaurantes esté dispuesto a llevarle de vuelta a Myrties.

Emborios: al norte de Massouri, las poblaciones son cada vez más escasas y una larga carretera asfaltada conduce hacia el norte hasta el núcleo poblado más septentrional de la isla, la tranquila aldea de Emborios. En su recorrido, la carretera rodea la bahía de Arginonda, que recuerda un fiordo y alberga una floreciente industria de cría de pescado. Las piscifactorías son visibles en el extremo sur de la bahía. La aldea de Arginonda está bastante apartada, pero su playa de guijarros atrae a algunos bañistas. La mayoría de los visitantes siguen la carretera hasta su punto final, atravesando un paisaje árido y escarpado, que parece más apto para las cabras que para los seres humanos.

Sarah comenzó, sin ninguna pausa pero sin pisar a John; pensé que eran como dos buenos pinchadiscos.

A pesar de las mejoras que ha experimentado en los últimos veinte años, Camden Town conserva un aire de barrio marginal, al que contribuyen las muchas líneas de ferrocarril que lo atraviesan, el canal y el mercado, actualmente su rasgo más conocido. Nacido como un pequeño mercado de artesanía en la plaza adoquinada junto a la esclusa, el Camden Market ha crecido más allá de toda mesura. Actualmente, más de cien mil vendedores se congregan en él cada fin de semana, y algunos puestos permanecen abiertos durante la semana, junto con las tiendas similares, los cafés y las tabernas que lo rodean. La sobreabundancia de cuero barato, de zapatos Dr. Martens y de joyería de escasa calidad que ofrece el mercado se ve compensada por otra parte por la gran variedad de productos que en él pueden hallarse: desde grabaciones pirata hasta muebles, además de una gran cantidad de moda de calle que puede o no llegar a las tiendas convencionales. Para evitar las aglomeraciones, que pueden ser muy importantes en las tardes de los domingos de verano, es preferible acudir temprano –antes de las 10.00– o tarde –a partir de las 16.00 aproximadamente, cuando muchos vendedores comienzan a recoger sus puestos para marcharse.

Tomé la palabra de nuevo, intentando imitar sus fluidas transiciones:

La geografía y la historia se han combinado...

Hicimos una segunda ronda, *para los seres humanos a pesar de las mejoras,* y luego una tercera, *para marcharse la geografía y la historia.* Entonces pasamos los libros hacia la izquierda, de forma que yo leía el texto de Camden Town, John el de París y Sarah el de la isla griega. Esta sesión no tenía en absoluto la intensidad de la primera; los fragmentos eran mucho más largos y, aunque los ojos de John y Sarah brillaban ligeramente, no parecía que se produjera ningún resultado: las palabras se presentaban tal cual, con un sentido inequívoco y, fuera de su contexto, incluso un tanto absurdas. Tampoco cuando comenzamos a leer simultáneamente se percibía nada más que nuestras tres voces por separado, sin combinarse, compitiendo entre ellas de un modo casi embarazoso. Comencé a sospechar que los acontecimientos sobrenaturales de mi primera sesión no habían sido más que alucinaciones, una demencia pasajera de la que ahora despertaba, y John y Sarah, leyendo de un modo tan deliberado y con tanta concentración, me recordaron a dos adolescentes insensatos en una noche en vela, esperando que un vaso sobre una *ouija* de fabricación casera comenzara a deletrear el nombre de algún antepasado o de una estrella de rock difunta.

Entonces, al cabo de un rato, no sé exactamente cuánto, pero en todo caso después de un larga, casi tediosa, lectura simultánea de aquellos tres fragmentos de guías turísticas, los textos y los sonidos comenzaron a adquirir cierto ritmo, un pulso lento y regular que implicaba una apertura en el significado y en el contexto de las palabras.

> ... la historia y cómo salir contribuyen una estructura coherente y clara. Desde medianoche líneas de ferrocarril atraviesan una cuenca rodeada de poblaciones en la espina dorsal el río fluye rodea la bahía...

Sentí una gran excitación y comencé a flotar sobre las palabras, pero los otros dos, sin sorprenderse por lo que ocurría, seguían leyendo de forma competente, sin perder una sola sílaba, y pasando rápidamente los libros al fin de cada fragmento, así que me esforcé en cumplir mi parte correctamente para no arruinarlo todo.

> ... salir de Arginonda similares en el centro donde se halla una gran cantidad secular...

Entonces hubo un salto y un zumbido y el conjunto adquirió vida, se convirtió en un conjuro iniciático extrañamente familiar, formado por palabras mágicas:

> Nacido como toda la geografía y la historia. Cada media hora desde la medianoche, la ciudad ocupa, y conserva un aire de barrio marginal, es probable que esté dispuesto combinado para conferir un servicio regular, pero que alberga la capital, la *raison d'être* de la ciudad, en el extremo sur de la bahía, que se extienden desde las fortificaciones del siglo XIX de Telendos, Emborios y Camden Town, plaza adoquinada del canal, cafés e instituciones seculares, muy importantes al oeste y hacia el norte (400 dr cada trayecto) en la playa de guijarros. Muchas líneas de ferrocarril siguen la ribera derecha *(rive droite)* de la bahía que recuerda un fiordo, cómo llegar y salir desde el centro del círculo y el sur, atra-

vesando las poblaciones asfaltadas de Myrties, el Louvre y Notre Dame, por Arginonda, Les Halles y la esclusa. El río Sena divide el barrio en dos, espina dorsal que lo atraviesa de este a oeste, anclado al rodeo de la bahía y compensado por un bulevar restaurado, que fluye hasta su punto final, atravesando un paisaje árido hasta el núcleo poblado más septentrional de la isla, que se extiende para evitar las aglomeraciones desde las amplias vistas hasta caiques elegantes. Es una cuenca rodeada de colinas, a la que contribuyen en medio del río, dispuestos a llevarle de vuelta, a recoger para marcharse.

De pronto Sarah arrojó el libro al centro y dijo:

–Silencio, escuchad.

John y yo cerramos los libros, obedientes, en mi caso un tanto decepcionado. En el silencio repentino, la habitación latía con los ecos de aquello en que se había convertido nuestra lectura.

–¿Es música lo que esperamos oír? –pregunté. Nadie me contestó–. ¿Qué clase de música esperamos oír? –proseguí–. ¿Qué era la última vez?

–Una famosa armonización para el Salmo 51, que suele cantarse el Miércoles de Ceniza. Originariamente era una pieza secreta. Se interpretaba exclusivamente en la Capilla Pontificia y se imponía un castigo a quien la copiara. Supuestamente Mozart la transcribió de memoria siendo aún un adolescente. Al menos eso dicen... –Sarah levantó las cejas mirando a John y se calló.

Aunque seguíamos sentados, hablando como si todo fuera normal –Sarah incluso encendió un cigarrillo–, era palpable que nuestro entorno había experimentado un cambio profundo, como si ya no fuera la misma habitación, sino su reproducción en un cuadro o en una fotografía retocada.

–Esa música... la estoy oyendo –dije.

Podía oír las voces, distantes, cautelosas, como la música de un camioneta de helados en una calle distante.

Auditui meo dabis gaudium et laetitiam...

Incliné la cabeza (hacia qué, por supuesto, no puedo decirlo) y ahí estaban de nuevo, un poco más audibles esta vez.

–Sí, definitivamente...

–¡Ssh! –ordenó Sarah.

John se puso en pie y abrió la ventana. Con la súbita bocanada de aire frío entró también el canto del coro, aún lejano y reticente, pero demasiado concreto para pasar desapercibido, integrado en el viento. Entonces John, de espaldas a mí, se irguió y se inclinó hacia fuera. Sarah se volvió para mirarle.

–¿John?

Noté que jadeaba y me incorporé. Él señaló al exterior. Me acerqué a la ventana; apoyé los codos en el alféizar, junto a los suyos. También Sarah vino y se hizo un sitio al otro lado de John.

–¿Qué hay? ¿Qué ocurre, John?

–Mirad –susurró–. Mirad.

Apuntó de nuevo hacia el exterior. Yo no veía nada, tan sólo los tejados implacables de las casas bajo el cielo oscuro. Entonces distinguí un movimiento, un arco de luz que cruzaba lentamente la noche. Agudicé la vista. Era una grulla volando en la distancia, en algún lugar sobre el North Strand, una grulla con una luz sobre la cabeza, que oscilaba adelante y atrás trazando un semicírculo grácil y elegante. De pronto apareció otra a su izquierda, moviéndose en la dirección opuesta, exactamente al mismo ritmo. Describían dos curvas suaves de luz ante nuestros ojos. Entonces vimos una tercera, detrás de las otras dos, sobre uno de los edificios de la ciudad. Ahora se movían en círculos completos y la velocidad de giro aumentó. Sus estelas luminosas flotaban sobre la ciudad en la profunda oscuridad de la noche, tres líneas que se entrecruzaban sobre las siluetas de los bloques de apartamentos y las chimeneas, y que nosotros contemplábamos desde la ventana de aquella habitación de la casa de Anna. En los muelles, una bandada de grullas alzó el vuelo con lentitud, siguiendo a la perfección el ritmo de las tres primeras. La música se desvaneció, pero las grullas prosiguieron su ballet mudo, cubriendo el cielo de la ciudad de luces que danzaban para nosotros, hasta que al fin el cuello nos dolía demasiado para seguir mirando, y otra vez me quedé dormido en la cama de John.

Me desperté hacia las tres de la madrugada. Oí unos susurros a mi alrededor y abrí ligeramente los ojos. La habitación parecía sumida en una luz azul. Creí oír tres voces, en especial una que me resultó extraña, la de una mujer mayor, pensé, débil y confusa, y algo distorsionada por lo que parecían interferencias. No pude comprender lo que decía. Volví a dormirme y me desperté con el sonido de la puerta al cerrarse y de dos pares de pasos alejándose apresuradamente por la calle. Salté de la cama y, mientras amanecía, regresé a mi habitación.

Al día siguiente no fui a clase. Merodeé por la ciudad siguiendo las indicaciones de los sincronismos, un fondo inagotable de instrucciones e ideas con el que saciarme. Vi a John y a Sarah caminando deprisa por el perímetro de New Square, en dirección a la biblioteca Berkeley. Corrí tras ellos, pero les perdí. Los libros no lograron indicarme su paradero. En lugar de eso, me guiaron en una ruta en zigzag por la ciudad. Hacia las cinco fui a parar a una iglesia, donde presencié el funeral de un desconocido y ardí de deseo por un joven asistente que tomaba por la cintura a su novia.

Regresé a mi habitación hacia las seis. Alguien había echado una nota por debajo de la puerta.

> Niall, he pasado para ver si estabas bien. ¿Qué te pasó anoche? Me parece que tu móvil no funciona. Nos vemos (espero). Estaré en casa todo el día, llámame cuando leas esto. Patrick. P. D. Estoy preocupado.

Consulté mi móvil. Por supuesto, había una larga lista de llamadas perdidas, «Perdida 1: Patrick, Perdida 2: Patrick, Perdida 3: Fionnuala, Perdida 4: Fionnuala, Perdida 5: Patrick, Perdida 6: Fionnuala...» mensajes de texto: «¿Estás bien?», «¿Dónde estás?», y mensajes de voz que no escuché. Escribí un mensaje que envié conjuntamente a Patrick y Fionnuala.

> Siento lo de anoche. Demasiado bebido para volver al pub. Me encontré mal, volví a casa ¡me quedé dormido! Espero no haberos preocupado. Increíble que aguante tan mal el alcohol. Nos vemos pronto. N.

Apagué el móvil y me di la vuelta en la cama con la intención de dormir. Los focos de las pistas de tenis estaban encendidos, proyectando en mi habitación un resplandor fantasmagórico de color rosado y dando a las sombras una longitud inverosímil. Poc, poc, poc. Pausa. Poc, poc. Corrí las cortinas y volví a darme la vuelta. No tenía sueño. Me senté en la cama. La nota de Patrick, escrita en un pedazo de papel arrancado de un folio, me hacía sentir incómodo, así que la arrugué, la tiré a la papelera y salí de la habitación en dirección a la cocina del fondo del pasillo. Una de las chicas había dejado una nota escrita en rotulador en la que nos pedía que cumpliéramos los turnos para vaciar el cubo de basura. Abrí la nevera. Alguien del pasillo tenía minipizzas congeladas, que me hubieran encantado. Todo lo que me quedaba era un pedazo de queso cheddar. Usurpé dos rebanadas de pan blanco del armario, fundí el queso sobre ellas y preparé un té. Afuera, en Pearse Street, la gente caminaba apresuradamente hacia la estación de tren. Los semáforos y los faros de los coches, que pitaban en su lucha por abrirse paso, iluminaban el anochecer. El granito del muro exterior estaba ennegrecido, su piel se había curtido lentamente durante los años pasados observando con paciencia el regreso de los cansados trabajadores a sus casas de los suburbios, donde les esperaban sus hijos. Aquello era una fuga hacia la paz, una huida indecorosa de las palabras y la confusión del centro, una carrera desesperada para poder tomar unas pintas leteas en Blackrock o en Foxrock, para comer loto en Rathgar, Sandymount o Dalkey.

Me llevé el té a la habitación. Puse una silla junto a la ventana y me senté mirando al exterior. Abajo, en Botany Bay, había un movimiento oscuro de gente que iba a casa, a cenar o a buscar a alguien a su habitación. Los jugadores de tenis habían terminado, dos hombres de mediana edad que se dieron la mano y se marcharon juntos, cargados con las toallas y las raquetas. Hacia el noroeste, las estatuas de la cubierta del Bank of Ireland tenían un sutil halo azul, debido al sol que se ponía detrás de ellas, escondido entre las nubes. En la habitación de Sarah la luz estaba apagada. En la de Fionnuala, en cambio, estaba encendida: de hecho podía verla, inclinada sobre un libro en su escritorio, en la mancha de luz de su lámpara de lectura. Me pregunté cuál debía de ser aquel libro, el mismo que yo estaría leyendo en aquel momento, de principio a fin, en el orden lógico, si las cosas hubieran ido de un modo distinto. Pregunté en voz alta:

–¿Qué debo hacer ahora?

Tomé un libro de la estantería.

> El calor era sofocante.

Completamente inútil. Fastidiado, lancé el libro al suelo. Volví a la librería e insistí:

–¿Qué debo hacer ahora? Quiero una verdadera respuesta.

> Ante la mera visión de un texto en ruso, puede que un inglés exclame: «Qué aspecto tan curioso tienen los caracteres rusos, parecen los nuestros del revés...».

Iba a arrojar aquella absurdidad lejos de mí, en un gesto de rabia, cuando comprendí que contenía un valioso consejo. Me había precipitado en desechar el primer fragmento, en considerar que carecía de significado y de toda relación con mi pregunta. Seguí leyendo:

> Sin embargo, algunos de ellos, con una determinación típicamente británica, han hallado en el estudio del ruso un pasatiempo fascinante. Es probable que este entusiasmo se deba a que es la lengua de un país que en el momento actual está estimulando

las mentes de hombres y mujeres de todos los estilos de vida, en Inglaterra y también, probablemente, en el resto del mundo.

En el momento actual está estimulando las mentes de hombres y mujeres... ¿Eso se refería a Sarah y John? ¿A los sincronismos que estaban buscando, tal vez en ese mismo instante? Volví a buscar la frase que había elegido inicialmente. *El calor era sofocante.* El texto que la rodeaba no parecía de gran importancia. El calor... tenía que ir a algún lugar donde hiciera calor, comer algo caliente (ésa era una buena idea; me di cuenta de que en más de veinticuatro horas sólo había comido el pan con queso)... sofocante... Volví a mirar la introducción de *Aprenda ruso en casa,* pensando vagamente que tenía que devolvérselo a Ciarán Judge, que me lo había prestado hacía tanto tiempo. Caracteres que parecían como los nuestros. Algo puesto en desorden. Sofocar. ¿Suffolk Street? Claro, británico, Inglaterra... Suffolk. ¡Exacto, Suffolk Street! ¡Estilos de vida, Pour Mieux Vivre, dirígete a Suffolk Street!

Corrí escaleras abajo, saltando los escalones de tres en tres, crucé Front Square y salí por Front Gate. Grafton Street estaba húmeda, cubierta de charcos. Giré por Suffolk Street, donde todavía pendían las luces navideñas, ahora muertas y abandonadas, goteando como cuerpos en un matadero. En la parada de autobús había una larga cola. Pensé que tal vez vería a Pablo en ella, pero no había más que extraños de aspecto corriente, como suelen ser quienes esperan en las paradas de autobús de Dublín, gente corriente y malhumorada. Saqué cuarenta euros del cajero junto al O'Neill's, e ignoré de forma deliberada la reducida suma que aparecía en la nota de advertencia. Una expresión muy acorde con la situación actual: nota de advertencia. Caminé de vuelta hacia Grafton Street y me asomé al interior cubierto de madera del Thing Mote's. El olor a cerveza y las risas de quienes se divertían después del trabajo resultaban atractivos; pensé en quedarme en aquel pub, pero Pablo tampoco estaba allí. En la acera de enfrente, asusté a una pareja que cenaba en el Pacino's al mirar por la ventana. Finalmente me apoyé en el muro de piedra húmedo del McCullough Pigott's, dispuesto a esperar. Poco después John y Sarah salieron del O'Neill's. John llevaba la maleta que solían usar para los libros. Se volvieron sorprendidos cuando grité sus nombres y eché a correr hacia ellos. Se miraron el uno al otro indecisos. Fueron salvados de la elección entre la indignidad de huir corriendo y el inconveniente de tener que cargar conmigo por un taxi que apareció por St. Andrew's Street. John lo detuvo y montaron en él apresuradamente; Sarah recogió el faldón de su abrigo de un tirón antes de cerrar la puerta. El taxi arrancó. Vi otro taxi en la acera de enfrente, del que descendía un ejecutivo extranjero. Entré de un salto y, mientras el conductor ponía en marcha el taxímetro electrónico, señalé el vehículo de John y Sarah, que giraba en ese momento por Dame Street.

–¡Siga a ese taxi! –le dije lleno de excitación al conductor, un hombre joven con un tatuaje en el antebrazo.

Detuvo el vehículo bruscamente, se inclinó hacia atrás y abrió mi puerta.

–Fuera de aquí, mocoso –gruñó, y se marchó, dejándome en la acera.

Corrí tras el taxi de John y Sarah. Grité y agité los brazos, pero ninguna de las dos siluetas del asiento trasero reaccionó; enseguida desaparecieron de mi vista.

Crucé Temple Bar de camino hacia los muelles. En el Capel Street Bridge me quedé observando el gentío de la hora punta, que cruzaba a toda prisa el puente en ambos sentidos, con la esperanza de ver a Pablo. Un niño de la calle, probablemente de no más de diez años, envuelto en unas mantas a mi lado, miraba con ojos sombríos y curtidos. Le eché una moneda de dos euros.

Comenzaron a caer gotas sobre el agua. La lluvia fue ganando intensidad y obligó a los que cruzaban a apretar el paso. Los que no llevaban paraguas ni capucha corrían sobre el piso negro y resbaladizo, cubriéndose la cabeza con periódicos y bolsas. También el niño de la calle fue a refugiarse bajo un toldo de Ormond Quay. Yo me quedé donde estaba, contemplando el repiqueteo incesante sobre el agua sucia bajo el puente y el estallido de las gotas en el suelo, ante mí. Cuando el agua comenzó a resbalarme por la nariz y el cuello y a calarme los zapatos miré a mi alrededor, a través de la lluvia torrencial, en busca de un lugar donde refugiarme. Corrí chapoteando sobre el puente. Al mirar a la derecha antes de cruzar, noté que me rodaba la cabeza, como si fuera a desmayarme, y vi el nombre de una calle de París iluminado por el sol de la tarde, rue de la Croix y algo más, y dos hombres con el pelo corto, camisetas blancas y pantalones vaqueros que pasaban a mi lado cogidos de la mano, se sonreían el uno al otro y se paraban a mirar el aparador de la tienda de la esquina. Cuando comencé a cruzar la calle, oí el frenazo de un Mercedes con un 75 en la matrícula, que se detuvo a un centímetro de mí. «Mierda –pensé–, los coches circulan por la derecha.» Me quedé parado en medio de la calle, miré a uno y otro lado y en ambos vi la perspectiva de un gran bulevar parisino, resplandeciente bajo el sol. El conductor bajó la ventanilla y empezó a gritarme. En la acera, la gente se paraba a mirar. Vi cómo Pablo entraba en una de las tiendas de la calle y corrí tras él, cruzando otro carril y provocando un nuevo estallido de bocinazos, sólo que ahora estaba de nuevo en Ormond Quay, bajo la lluvia torrencial de Dublín, y tuve que volver de un salto a la acera para evitar ser arrollado por un coche. Tenía la piel helada por la lluvia, pero no me importaba. Crucé el puente y la calle del otro lado, esquivé los faros de los coches en un estado de confusión húmeda. Tomé Parliament Street y me hallé buscando refugio en el interior cálido y gay del Front Lounge.

A esa hora de la noche solía haber bastante gente. Unos dos tercios eran hombres, gays sobre todo, reunidos en grupos numerosos, con algunos contactos entre sí. Bebían pintas, se presentaban unos a otros y mantenían el ojo alerta. Me senté en un taburete de la barra, al fondo del local, y pedí una Guinness. Las monedas tintinearon inseguras entre mis dedos temblorosos. Tenía la esperanza de que la cerveza amarga y espumosa calmaría el pánico que crecía dentro de mí, que corría por mis venas y me oprimía el corazón. Las manos me temblaban y me manché los pantalones de espuma. Temía que mi entorno volviera a zozobrar y se convirtiera otra vez en una calle soleada de París.

Una mano cálida me tocó la nuca. ¿Pablo? Abrí los ojos. Me hallaba todavía entre las pequeñas palmeras y las columnas blancas del Front Lounge. Lentamente me di la vuelta sobre el taburete.

Abracadabra...

Un hombre guapo, con una camisa azul sin corbata y una pinta casi vacía en la mano izquierda, me miraba con una amplia sonrisa, ligeramente burlona.

–Bueno, mira a quién tenemos aquí.

–¡Chris!

–Vaya, al menos recuerdas mi nombre.

Me incliné hacia él con gratitud y le toqué la cara, la piel fina de su mejilla, sólo para asegurarme de que era real. Él me apartó la mano, pero la sostuvo un momento dentro de la suya y me la estrechó.

–Perdona por no haberte llamado –dije–. En verdad, yo...

–Vamos, déjalo. –Me interrumpió con una risa apenada–. Te crees que eres el primero. Conozco a los hombres, especialmente los jóvenes como tú. Sois todos unos veletas sin remedio.

–No, pero... yo quería –dije, y lo cierto era que nada me hubiera gustado tanto como haberle llamado.

Me sonrió de un modo amistoso y comprensivo y me dio una palmada en el hombro.

–¿Te van bien las cosas?

–No me quejo. ¿Y a ti?

–Muy bien, muy bien –dijo Chris, y se inclinó para darme un beso en la mejilla–. Sólo quería saludarte.

–Gracias.

–Buena suerte.

Dio media vuelta y me dejó, caminando alegremente hacia el grupo que lo acompañaba, con el que le esperaba una noche de diversión y sexo. Mi corazón latía como un caballo desbocado.

–Espera... –dije débilmente.

Luego, reuniendo fuerzas, me levanté y llamé a aquella figura que se alejaba, tan limpia y cuidadosa en su traje sin corbata de después del trabajo, tan serena y atractiva, tan acorde con el mundo.

–¡Chris!

Se dio la vuelta y le hice el gesto de que se acercara. Levantó una ceja sorprendido y volvió hacia mí. Me deleité con la contemplación de los más ínfimos detalles de su apariencia física: su pelo corto y bien cuidado, ligeramente en desorden por el calor del pub, sus dedos gruesos, con las uñas cortadas y limpias, que sostenían el vaso por la parte inferior, ocultando los restos espumosos.

–Deja que te invite a una copa por lo menos –dije, señalando su vaso con una inclinación de cabeza.

Su cara se iluminó con una amplia sonrisa.

–De acuerdo.

Pedí dos pintas. Aguardó de pie junto a mi taburete a que se asentara el primer chorro. No dijo nada, pero me sonrió, y sus ojos brillaron con una alegría reservada, como la noche en que nos conocimos. Distinguí en ellos la punzada del deseo. Cuando las pintas estuvieron llenas y las hube pagado, levanté la mía en un brindis silencioso. Él me correspondió. Luego dijo:

–Estoy con un grupo de amigos. Debería volver con ellos.

–Claro –dije, sintiendo cómo se hundían mis esperanzas–, claro, perdona.

–Si quieres unirte a nosotros, serás bienvenido.

Me negué, pero él rió y dijo:

–Venga, estamos aquí mismo.

Le acompañé hasta una mesa ruidosa, en la esquina del fondo del pub, junto a las ventanas que daban a South Essex Street. Me presentó a sus amigos. Por las sonrisas breves y desconfiadas que me dedicaron al estrecharme la mano, supe que algunos de ellos estaban al corriente de lo ocurrido, de que yo era el tipo que había prometido llamar y no lo había hecho. El grupo era una mezcla de cinco personas de distintas edades y procedencias sociales, un producto del batiburrillo insensato de la escena gay de Dublín. Séamus, un productor free lance, era un hombre de algo menos de cincuenta años, con bigote gris y una chaqueta blanca de lino, que hablaba con el acento de la radio estatal; a su lado, Brendan, gordo, con dos anillas doradas en las orejas, una calva brillante como un servicio de plata para el té y sinuosos tatuajes celtas en los dos antebrazos, era «trabajador social»; Darina, una heterosexual de algo más de treinta años, era compañera de trabajo de Chris, su jefa, pensé, y parecía dar muestras de hostilidad ante mi presencia; Ciarán era el más agudo del grupo, un veinteañero afeminado de Clondalkin, con el acento de la clase obrera, que trabajaba de camarero en el Café Bar Deli; en el extremo de la mesa, Dave, un tipo risueño más o menos de mi edad, con el pelo negro suelto y de orientación sexual ambigua, parecía un joven reportero del *Star* o el asistente de un organizador de eventos, y pasó la velada enfrascado en una conversación con Andrew y Melanie, una pareja heterosexual, algo mayores que yo, que cantaban en un coro y hablaban con acento protestante. Los tres últimos, que eran amigos de Séamus, se marcharon pronto. Chris y yo compartíamos un pequeño banco, nuestras piernas en un contacto cálido. En nuestra parte de la mesa, escuchábamos a Ciarán, que hablaba sobre los taxistas. Comenzó su historia en un tono más bien banal, que a medida que avanzaba se fue volviendo más grotesco. Hizo una pausa y después llegó el salto final, salpicado de alusiones e incursiones en el terreno de lo absurdo.

–Vaya reunión de locos, ¿eh?

Todo aquello giraba a mi alrededor, llenaba mi mente y exorcizó mis fantasmas y extrañas experiencias, que volvieron a parecerme, una vez más, lejanas y ridículas. Chris contó a los demás que yo estudiaba idiomas, y repitió lo negado que era él para las lenguas extranjeras. Incluso para el irlandés, dijo. De niño solía cantar en las reuniones familiares y ocasiones parecidas una canción irlandesa, *Báidín Fheilimí*, que todo el mundo aprendía en la escuela, pero la cantaba fonéticamente. Sabía que hablaba de un pequeño barco, pero nada más, las sílabas carecían de significado para él. Acababa de descubrir, unos días antes, que se trataba de un bote que viajaba de un lado para otro entre tres islas de Donegal. Siempre había creído que era una de esas canciones sin sentido, sin saber que hablaba de lugares que realmente existían. Por mi parte me sentía algo incómodo, y para no dar la impresión de querer pasar por experto, renuncié a aclararle a Chris lo que ignoraba sobre la canción, que el pequeño bote valeroso no viajaba entre tres islas, sino entre dos, que en el último verso topaba con unas rocas y se hundía junto con su barquero, Felim.

La velada transcurrió animadamente, y parecía que sólo había pasado un momento cuando se encendieron las luces y nos pidieron que nos marcháramos. En nuestra mesa, como en muchas otras, se habló de ir al George a disfrutar de lo que Chris llamó una juerga loca. Cuatro de nosotros partimos juntos hacia allí, sacamos más dinero del cajero automático de Dame Street y luego nos lanzamos a bailar, animados por el Smirnoff Ice y el Red Bull con vodka. Aquella noche en el George había toda clase de gente; albergaba una mezcla de acentos, clases sociales e incluso razas, unidas en un frenesí de ritmo, camaradería y ardiente deseo sexual. A las cuatro de la madrugada, en Dame Lane, con el eco sordo de la música todavía latiendo en mis oídos, Chris me preguntó si podía venir a mi habitación. Pensé en mi cuarto, en los libros y las sombras al acecho, y le propuse que fuéramos a su casa.

El piso de Chris estaba en un complejo de Capel Street de nueva construcción, y tenía la apariencia habitual de los apartamentos nuevos de Dublín, con las paredes amarillas y una pequeña cocina de madera de pino. Era el piso de un joven gay, no como suelen imaginarse, con pequeños objetos decorativos caros y horteras, muebles japoneses, libros de fotos de Mapplethorpe sobre la mesita de la sala de estar, elegantes piezas de anticuario y revistas de interiorismo, sino como son en realidad (había pasado la noche en muchos de ellos), bastante vacíos, con una vaga atmósfera de casa prestada, no habitada del todo, y en lugar de ese gusto estético perfecto con un toque excéntrico, una avergonzada dejadez masculina. La mesita de cristal para tomar el café estaba cubierta de revistas y libros de fotos *(Gay Community News, Hot Press, Empire, Irlanda: tierra de contrastes, The French New Wave)*. En una esquina había un amplio surtido de zapatos, mocasines, Hush Puppies, zapatos de cuero con la punta cuadrada, Caterpillars, Dr. Martens, unas botas sin cordones y unas zapatillas deportivas nuevas de color blanco. Mientras Chris ponía agua a hervir en la cocina, examiné las estanterías. Entre los DVD había los títulos habituales para un hombre de clase trabajadora, *El señor de los anillos* y *The Commitments,* un toque gay, *En la cama con Madonna,* y un punto afeminado, *Eternamente amigas.* Más sorprendente era una colección de cine y música franceses *(Jules y Jim, La música de Georges Delerue, Lo mejor de Serge Gainsbourg, Jeanne Moreau canta)*. Sobre el sofá había un póster de Jean Seberg en *Al final de la escapada.*

–¿Té?

–Sí, gracias.

Trajo dos tazones, los dejó sobre la mesita delante del sofá y se sentó a mi lado, con los pies sobre un escabel. Dejó caer sus zapatos, tomó el mando a distancia y puso en funcionamiento un CD. Una canción pop francesa, de finales de los sesenta o principios de los setenta, llenó la habitación.

–¿Qué es? –le pregunté.

–Su nombre es France Gall. O era, no lo sé. Me encantan estas viejas canciones francesas.

–Ya lo veo, ¿y cómo es eso?

–En Cabra sabemos leer y escribir, ¿sabes?

–No lo decía en ese sentido... yo no sé nada de estas cosas...

–¿Y estudias francés en el Trinity College? ¿Entiendes al menos lo que dice? Hace años que me muero por saberlo.

Escuché un momento.

–Hum... «Estoy en todas partes al mismo tiempo, rota en pedazos de voz.» Algo así.

–*Quelque-chose comme ça, monsieur Sandycove* –dijo, riendo.

Luego me pasó el brazo por los hombros y me besó.

Después de hacer el amor, borrachos y sudorosos bajo las sábanas azul marino de su cama olorosa a Old Spice, le dije que le había llamado en Navidad, pero que no obtuve respuesta. Me contestó entre carcajadas.

–¡Grandísimo embustero! ¿Estás loco? ¿Te crees que no sé cómo usar mi móvil? «Ninguna llamada perdida.» Hace años que me muevo en este ambiente. En cuanto te vi en el George me dije: «Éste te diría cualquier cosa con tal de probar el sabor de tu piel». No obtuviste respuesta. Maldito embustero.

Me sonrojé y aparté la mirada. Él volvió a reír.

–Bueno, claro, tímido como todos los embusteros.

–¿Trabajas mañana? –le pregunté.

–¿Tú qué crees?

–Oh, claro, es sábado...

–Para ti debe de ser lo mismo, me imagino, con tu vida de estudiante...

–Más o menos. ¿Has tenido muchos novios? –le pregunté.

–No. En verdad no. Mi récord son tres semanas. Patético, ¿no te parece?

–No.

Me desperté, con resaca, algo después de las once. Desayunamos en un café de Dame Street y dimos un paseo por el muelle de Liffey, donde Chris lanzó a las gaviotas los restos de su bollo. Me habló de la familia, de sus hermanas y maridos, de sus padres. Yo también hablé un poco de la mía. Era inteligente, aunque no muy culto, más allá de su conocimiento, muy particular, del cine francés de los años sesenta, del que hablaba pronunciando de forma tímida y confusa los títulos de las películas y los nombres de los actores, y tenía la habilidad de captar las circunstancias que se escondían detrás de cada uno de mis crípticos comentarios, de interpretar lo que yo decía no desde su punto de vista, sino teniendo en cuenta mi bagaje completamente distinto. Pasamos juntos gran parte de lo que quedaba del día, una tarde agradable, fácil, *sexy*. Cuando el día comenzó a declinar y la gente emergió de las cavernas y madrigueras donde trabajaba, Chris, como quien había sido rechazado la primera vez, decidió despedirse antes de que nos viéramos abocados a la cena, las cervezas, la cama y otra noche juntos.

–Creo que debo marcharme, Niall.

Me asustó la perspectiva de ser privado de su presencia. Estábamos en el Capel Street Bridge; él debía dirigirse al norte y yo al sur. Miré espantado la ciudad a mi espalda, bajo la última luz del día.

–De acuerdo.

Nos abrazamos, y le di un beso furtivo en el cuello, que le hizo sonreír.

–¿Quieres que te dé mi número de móvil? –le pregunté.

–Ya tienes tú el mío.

–¿Quieres... quieres que nos veamos mañana? ¿O pasado mañana?

Dudó un momento.

–Vale, pasado mañana.

–Aquí mismo –dije–. Quedamos aquí pasado mañana. ¿A las seis?

–A las seis.

–¿Podrás llegar a tiempo desde el trabajo?

–Sí, no te preocupes. En este puente a la seis. *Slán*[1] entonces.

Nos dijimos adiós e hice ver que me marchaba. En realidad, me detuve después de algunos pasos, de pie junto al río, para ver cómo se alejaba por Capel Street y desaparecía lentamente entre los transeúntes.

1. «Hasta la vista.» *(N. del T.)*

Seis

Volví caminando a mi habitación e intenté comenzar la lectura de una novela. Me resultó literalmente imposible: era incapaz de conectar cada frase y cada párrafo con el texto que tenían antes y después; cada línea se coagulaba, se contraía en sí misma apartándose del resto, como una gota de vinagre en una botella de aceite, se transformaba en una esfera de significado a la espera de ser interpretada. El libro se convirtió en una serie de sincronismos sin preguntas, de *sortes* que realizaba sin pretenderlo, y cada párrafo comenzaba ex nihilo, completamente aislado. Así que empecé a hacer preguntas.

«¿Dónde está Chris ahora?», pensé en silencio.

> Al otro lado de la calle, en la acera.

Quedé confundido. Repetí la pregunta:

> «¡Puede que no volvamos a vernos! ¡Adiós!»
>
> Ese adiós, repetido dos veces...

Un fragmento aleccionador, como el del manual de ruso, sobre la conveniencia de prestar atención la primera vez. Pensé inevitablemente en Ian, el gran imán soterrado al que mi mente siempre acababa por volver. Consulté un libro tras otro acerca de él. Pregunté qué tal le iba, cuáles habían sido sus sentimientos hacia mí, cuáles eran ahora e iban a ser en el futuro. Más tarde, cuando me metí en la cama para intentar dormir, la habitación en penumbra comenzó a dar vueltas, a girar como no lo había hecho en mis peores noches de borrachera. Agitándome en la cama, miraba la luz de las pistas de tenis que entraba por la ventana. Pero no parecía la luz de los focos, sino que tenía un tono más azulado, como la de las farolas de la calle. Tampoco la habitación parecía la misma, más blanca y vaporosa, con pósteres en las paredes y una especie de bandera, un gallardete que pendía del lugar donde debía estar la librería. «Gonzaga High.» Oí un golpe en la ventana. Hubo una pausa y después un segundo golpe. Lentamente fue tomando cuerpo la idea de que me hallaba en el dormitorio de un adolescente de los que salían en la televisión americana de los años sesenta, en una casa blanca de madera, en los suburbios, en una calle poblada de árboles, olmos, pensé, que crecían altos y frondosos, proyectando pálidas sombras bajo la luz de la luna y de las farolas, y afuera, junto a un descapotable aparcado bajo los árboles, me esperaba Chris, o Ian, o Pablo Virgomare, vestido con una chaqueta de cuero, y desde la valla blanca de madera lanzaba piedrecillas a mi ventana, la señal para que me escapara y me marchara con él en el coche. Sentí una excitación adolescente, e incluso me preocupé por si mamá y papá oirían las piedrecillas que golpeaban en la ventana. Me liberé del edredón y encendí la lámpara, pero la habitación volvió de pronto a ser la de antes, edificio 16, Trinity College, Dublín, enero de 2004.

Una honda melancolía se apoderó de mí, un vacío horrible, insoportable, que me oprimía los pulmones y el estómago. Me levanté de la cama y asomé la cabeza por la ventana para que el aire frío me despejara la mente, y para ver la luz tranquilizadora en las otras habitaciones, que no sufrían transformación alguna, y las sólidas sombras de los estudiantes del campus, que andaban de un lado para otro ocupados en sus quehaceres habituales. Respiré hondo y mantuve los ojos abiertos ante la imagen concreta de la realidad exterior, pero en cuanto retiré la cabeza de la ventana, aquel sentimiento volvió a crecer dentro de mí. Tomé un libro de la librería, y bastó el contacto con el lomo para sentir cierto alivio.

¡Dios mío, cómo aprecio este estudio,
que descubre los propios mecanismos ocultos!,
cuya suma es tal,
no existe suma igual,
que como la arena crece sin límite.
Voy a la cama, de la cama me levanto,
pero mi pensamiento en él sigue ocupado.

Puse una pila de libros en la mesita de noche, por si me despertaba con la necesidad de un sincronismo, del mismo modo que en las noches de borrachera depositaba en ella un vaso de agua y dos comprimidos de paracetamol. Apagué la luz e intenté dormir, pero por mi mente transcurría un rápido montaje de todo lo que me estaba ocurriendo, como en una cámara hiperactiva de la MTV, que de pronto enfocaba a Chris alejándose de mí en el Capel Street Bridge, a Pablo cantando a través de la noche hasta que su voz alcanzaba el baño del Buttery, las caras pálidas y serias de Sarah y John extrayendo interminables hilos de significado de diminutos fragmentos de prosa, como si fuera la seda de un gusano, el vuelo de las grullas, el cántico en latín; finalmente, por supuesto, como si tuviera una parte en todo aquello, pensé en Ian. Me hubiera gustado acostarme con él, aunque sólo fuera una vez. Hubiera sido un contacto tan concreto y sin palabras, tan real, carnal y, en cierto modo, brutal. Recordé el instituto, el silencio de sus pasillos encerados cuando pedía permiso para ir al baño. Ian limpiándose las uñas con el compás. Las gaviotas que comían los pedazos de pan que habíamos dejado en el patio, y que observábamos por la ventana en la clase de irlandés. Lecciones de gramática. «Is é dífhostaíocht an fadhb is mó in Éirinn inniu. Is í, an fhadhb. Dans la France métropolitaine. L'hexagone. Savez-vous prendre le métro? Les spécialités d'Annecy. Ag Críost an Síol.» Valles glaciales. H_2SO_4. Chicos que lanzaban corazones de manzana contra la pizarra. Jesús, triste y piadoso, colgando del crucifijo de la clase por un solo brazo. Aguanta ahí, chico. Confesión. Un simulacro de incendio. «Follow it up, follow it up, that's the way to win the cup.» Patrick hablando con mi madre y llamándola por su nombre, como le gustaba a ella: «Tu jardín tiene un aspecto magnífico, Eileen».

Me di la vuelta en la cama. No podía dormir y temía que aquel sentimiento melancólico volviera a apoderarse de mí. Me pareció oír un sonido, un lejano cántico en latín.

Ecce enim in inquitatibus conceptus sum
et in peccatis concepit me mater mea...

Escondí la cabeza bajo el edredón, pero el cántico seguía ahí, una presencia casi imperceptible en el aire de la habitación, como el vibrato invisible de un mosquito. No podía liberarme de él. «Chris, Chris, piensa en Chris», me decía, pero aquel sonido seguía llegando hasta mí, cruzaba el aire y la habitación hasta alcanzarme debajo de las sábanas.

... ecce enim veritatem dilexisti
incerta et occulta sapientiae tuae manifestasti mihi...

Me incorporé. No podía dormir. No estaba cansado. Encendí la lámpara de lectura y tomé el primer libro de la pila.

Ahora las noches de invierno se alargan.

Me froté los ojos, más por el hábito que por fatiga. Fui a la cocina y me preparé un vaso de leche caliente con miel para quitarme el insomnio, pero con tan poca convicción que abandoné la empresa a medias. En lugar de eso, me senté en la cama e hice preguntas ociosas a los libros que había tomado de la estantería. Pregunté cuál era mi nombre y di con esta frase: «En las cavernas del Nilo». Sin duda tenían sentido del humor. ¿Quiénes eran «ellos»?

–¿Cuál es la mejor forma de proceder con los *sortes*? –dije.

La pregunta me pareció directa y atrevida.

Casi nunca estaba sola, principalmente porque las convenciones de las películas románticas y de baile favorecen el trabajo en equipo más que las actuaciones en solitario.

Pasé sin más rodeos a la pregunta en que evidentemente acabaría por desembocar, aquella que, aunque yo no lo supiera entonces, iba a ser durante mucho tiempo el centro de mi existencia:

–¿Dónde están Sarah y John?

Habrían llegado a tiempo a la guardería si no fuera porque las estrellas les estaban observando. Una vez más las estrellas abrieron la ventana.

Dejé el libro y miré afuera, a Botany Bay, justo a tiempo de ver cómo se cerraba la puerta del edificio 13. Esperé, y uno o dos minutos después la luz se encendió en la habitación de Sarah y les vi a ella y a John entrar y quitarse los abrigos. Debían de haber terminado su tarea secreta del día, lo que fuera que se disponían a hacer cuando huyeron en el taxi. Pensé que tal vez habían vuelto para hacer el amor. Por un momento se formó esa imagen en mi mente y sentí una punzada de celos aguda e inesperada, la excitación imposible de imaginar el cuerpo de John contra el mío. Aparté de mi mente este pensamiento, que recordaba la vida insana –medio real, medio ilusoria– que había llevado en la época de Ian. Pregunté a los libros qué debía hacer.

¿Qué hice entonces? Me dirigí al centro de negocios.

De modo que fui hasta el edificio 13, bajo una lluvia intensa, y llamé al timbre de Sarah. Me esperaban: sin decir nada abrieron la ventana y me lanzaron la llave. El viento la desvió hasta los arbustos, donde tuve que buscarla entre el barro.

Arriba la puerta estaba abierta. La golpeé tímidamente con los nudillos y entré. La habitación estaba mucho más ordenada que la de John. Tenía tres librerías, una cama individual hecha con esmero y un escritorio con papeles y carpetas dispuestos en orden. La escena que vi al entrar daba una imagen de tranquilidad hogareña casi grotesca. La estufa estaba encendida y John estaba tumbado boca abajo en la cama, ojeando el ejemplar de *La rama dorada* tan copiosamente anotado que vi en su habitación, como si fuera un cómic de Astérix o de Tintín. Sarah servía unos vasos de Southern Comfort con hielo.

–Siéntate –dijo.

Me senté en el extremo de la cama, junto a John. Sin atreverme a hablar ni a mirar a ninguno de los dos, cogí un libro sobre Pompeya de la estantería que tenía al lado.

–John ha discutido con su novia –dijo Sarah hacia la ventana.

Por supuesto la frase se dirigía a John, ya que ellos nunca compartían esa clase de conversación íntima conmigo, pero me sentí obligado a decir algo y pregunté:

–¿Anna?

–Sí, Niall, Anna –intervino John, en tono sarcástico, sin levantar la vista.

Miré un mosaico que representaba a dos hombres haciendo el amor. Sarah nos pasó las bebidas. John tomó la suya sin levantar la mirada. Ella se quedó junto a la ventana, bebiendo a pequeños sorbos y contemplando la oscuridad.

–Estoy segura de que lo arregláreis –dijo–. Después de todo, ella es tan encantadora. Muy completa. ¿La conoces, Niall? Tiene un magnífico... comportamiento...

–Ya basta, Sarah –gruñó John, mirando al suelo, con la cabeza apoyada en las manos.

Dejé el libro sobre Pompeya y tomé otro. Era la primera vez que veía un indicio de conflicto personal entre ellos dos. Sarah estaba celosa. Qué idea tan extraña. ¿O tal vez todo era un juego? Me pregunté qué habrían hecho aquel día, qué era lo que les había impelido a mantenerme alejado y había provocado después aquella discusión. Tomé un sincronismo en silencio.

La raíz de los celos es la falta de amor.

Entretanto, Sarah continuó.

–Sí, creo que «comportamiento» es la palabra exacta. Sabría caminar con un libro sobre la cabeza.

Contuve la respiración, esperando que John se pusiera a gritar. Él no dijo nada, pero al cabo de unos instantes fue directo a la librería y con un gesto violento tiró al suelo todos los libros de una estantería. Luego se sentó a mi lado. Sarah no reaccionó. Seguía fumando impasible y miraba por la ventana. Cuando terminó el cigarrillo, lo apagó en una taza, se sentó a la mesa de cara a nosotros y comenzó a buscar entre sus notas. Ésa fue la primera y la última muestra de celos, o de interés por John, que pude ver en Sarah en todo el tiempo que pasé con ellos.

–¿Estáis preparados? –preguntó–. ¿John?

John caminó malhumorado hasta la pila de libros que había arrojado al suelo y tomó de ella un sincronismo.

–Ya sabes la pregunta –le dijo a Sarah.

Su voz era débil y forzada, la única señal de lo mucho que se había alterado hacía un momento:

> ¿Yo, que llevé el anillo que dejó su madre,
> yo, por cuyo amor ella gozaba de ser culpada,
> yo, en cuyos ojos los suyos robaban la pasión,
> yo, que la hacía sonrojarse al ser nombrado,
> debo perder el anillo, las flores, el carmín, la pasión y andar desnudo,
> aguardando entre suspiros, hasta que renazca el amor fenecido?

–Muy bien –interrumpió Sarah–. La pregunta que usaremos como clave para la sesión de esta noche será «¿renacerá el amor fenecido?». Niall, tiene que haber unas velas debajo de la cama donde estás sentado.

Metí la mano bajo la cama y, efectivamente, hallé una pequeña caja de cartón llena de velas. Sarah apuró su vaso de Southern Comfort y volvió a servirnos a los tres.

–Bien... ahora, buscad en la librería.

Cada uno eligió un pasaje y lo marcó con un bolígrafo rojo

que nos dio Sarah. El mío era de *Antonio y Cleopatra,* la misma obra que me había dicho mi nombre un rato antes. Sarah encendió las velas y las dispuso a nuestro alrededor del mismo modo que en la habitación de John. Él y yo nos sentamos en el suelo con los libros a punto. Sarah apagó la luz y se sentó con nosotros.

–John, tú empiezas.

Comenzó a leer con voz trémula, marcada aún por la emoción, y en tono inexpresivo:

–¿Dónde me vas a poner? –preguntó entonces–. Debo instalarme en algún lugar, querido muchacho.

–¿Para dormir? –pregunté.

–Eso es, para dormir a pierna suelta –respondió–, puesto que he sido zarandeado y remojado por el mar durante meses y meses.

–Mi compañero y amigo –dije, levantándome del sofá– está ausente; puedes usar su habitación.

–No volverá mañana, ¿verdad?

–No –dije, contestando de forma casi automática, a pesar de todos mis esfuerzos–, mañana no.

Sarah prosiguió con el poema que había elegido:

Si no hay esperanza, dame un beso y separémonos.
Nada he hecho; nada más obtendrás de mí,
y me alegro, sí, me alegro de todo corazón,
de poderme liberar tan netamente;
despidámonos para siempre, olvida tus juramentos,
y cuando volvamos a encontrarnos alguna vez,
que no se note en tu rostro ni en el mío
que conservamos algo del antiguo amor.

Después leí mi fragmento:

Ninguna tumba de la tierra encerrará
una pareja tan famosa. Acontecimientos tan grandes como éstos

> hieren a los mismos que los causan, y la piedad que
> inspira su historia iguala a la gloria del que
> los ha reducido a ser lamentados. Nuestro ejército
> acompañará estos funerales con pompa solemne;
> y luego, a Roma. Ven, Dolabella, cuida de que
> el orden más escrupuloso presida a esta gran solemnidad.

Intercambiamos los libros. Yo leí «¿Dónde me vas a poner?», John la primera parte del soneto y Sarah el fragmento de Shakespeare. Luego los intercambiamos de nuevo. Cuando cada uno de nosotros hubo leído tres veces cada texto, comenzamos a leer simultáneamente, pasándonos los libros el uno al otro cuando los tres habíamos terminado. Las palabras «a pesar de todos mis esfuerzos mañana no» sonaban solas al final de cada turno. Seguimos así durante un rato, pero como había ocurrido la última vez, las tres voces seguían conscientes de sí mismas, y no eran otra cosa que una mujer y un hombre jóvenes, y otro hombre más joven aún, leyendo con acento irlandés tres textos distintos a la luz de las velas.

–Vale, más deprisa –dijo Sarah.

Intercambiamos los libros. A mí me tocaba otra vez «¿Dónde me vas a poner?», y seguí encallándome en todas las eses. Ellos recitaban a toda velocidad los versos renacentistas. Cambiamos de nuevo. Las palabras empezaron a mezclarse.

> Dónde me vas a poner, desgracia, en Roma. Ven, orden, debo en algún lugar. Si no hay esperanza acompañará estos funerales, Dolabella. ¿Para dormir?, pregunté, y respondió me alegro de todo corazón, para dormir a pierna suelta con esta gran solemnidad. Despidámonos para siempre, olvida zarandeado tus juramentos puesto que he sido remojado, durante meses y meses, que no se note. Mi compañero y amigo del antiguo amor, no conservamos ninguna tumba ausente de la tierra. Puedes usar su habitación. Guardará, levantándome del sofá, un beso una pareja tan famosa. Acontecimientos tan grandes hieren a los mismos que los causan. No volverá mañana, ¿verdad? Netamente dije, contestando de forma casi automática, me alegro, nada más obtendrás de mí. Su

> historia es que volvamos a encontrarnos y separémonos alguna vez, a pesar de todos mis esfuerzos; mañana no.

Luego leímos todavía más deprisa, las palabras comenzaron a interferirse de un modo cada vez más rico y finalmente llegó el salto, ahora ya esperado, que me provocó una sacudida en la columna vertebral y convirtió las tres voces en una sola cosa viva. Pude oír y sentir cómo de pronto cobraba vida, cómo sus alas batían en el aire y su corazón latía en el suelo e impulsaba mi sangre vivificada. La habitación daba vueltas. Me eché hacia atrás para no caer hacia delante como la última vez, tomé el libro que me pusieron en las manos y seguí lanzando aquellas palabras hipnóticas al aire vibrante.

> Me alegro orden lamentados Roma pompa en algún lugar y un beso el remojado tierra hieren solemnidad en el antiguo amor su historia mañana no.

Las palabras desaparecían ahora ante la presencia de la unidad que su combinación había creado. Las velas parpadeaban y nosotros seguíamos leyendo aturdidos pero con determinación, pronunciando las palabras e intercambiando los libros, resistiendo la tentación de librarnos a aquel zumbido que estábamos creando, de rendirnos ante él y dejar de darle sustento.

No recordaba que ninguno de nosotros se hubiera detenido, pero llegado cierto punto me di cuenta de que hacía un rato que no leíamos. Los libros reposaban en el suelo y John y Sarah tenían la mirada perdida. La habitación estaba oscura y en silencio. Las velas estaban apagadas y ni siquiera humeaban. Lentamente fuimos tomando conciencia unos de otros, como los amantes de una noche al despertar en la misma cama. Sarah se inclinó para encender la lámpara del escritorio. Miré el reloj despertador junto a la cama. Las cuatro y veinte. Había perdido el mundo de vista durante dos horas.

John se sentó en la cama. Como la última vez, la habitación parecía distinta. Por supuesto, su aspecto externo era exactamente el mismo: el escritorio de Sarah junto a la ventana, cubierto de papeles escritos con su letra inclinada y anacrónica; pilas de libros junto a la pequeña lámpara; la cama bien hecha, con un cobertor de *patchwork;* una bata colgando detrás de la puerta; unos zapatos debajo de la cama; un tocador con un frasco de crema hidratante y maquillaje (tan incongruente en la habitación de Sarah, pensé); adornando las paredes, una página de canto gregoriano de colores rojo y negro enmarcada y un póster en alemán que anunciaba un congreso de 1999 sobre las glosas en irlandés antiguo; dos cajas de cartón llenas de papeles junto al armario. Pero se había formado un silencio nuevo. John, en la cama, toqueteaba las sábanas. Sarah miraba por la ventana.

Lentamente bajó el vaso y lo puso sobre la mesa.

–Mirad...

John y yo no nos movimos.

–Venid, mirad... –repitió.

Fui hasta la ventana, seguido por John, y miré afuera. El cielo empezaba a teñirse de color azul oscuro en el horizonte, pero todavía era de noche. Las redes en las pistas de tenis oscilaban ligeramente. Las cortinas estaban corridas en todas las ventanas del viejo edificio de granito de Botany Bay, a excepción de las ventanas de las escaleras, que brillaban con una luz aséptica y fantasmagórica. Un guardia de seguridad caminaba arriba y abajo ante el Graduate Memorial Building, haciendo tintinear sus llaves.

–¿Qué hay? –susurré.

Ahora los tres hablábamos en voz baja.

–¡Mirad! –Sarah abrió la ventana y los tres asomamos la cabeza al exterior. La noche era oscura y fría–. Mirad –repitió, señalando por encima del tejado del Dining Hall y la capilla, hacia las cubiertas de los edificios de College Green–, se están moviendo para nosotros.

Las estatuas de ángeles y hombres del tejado del Bank of Ireland, blancas siluetas de piedra recortadas sobre la oscuridad de Dublín, habían abandonado sus elegantes posiciones rígidas y se estaban moviendo. Despacio, como las figuras de un reloj suizo, giraban sus cabezas mecánicamente hacia un lado y hacia el otro y levantaban los brazos con gestos espasmódicos, blandían espadas y escudos. Se movían por separado, sin relación alguna entre ellas, de un modo triste y maquinal, como los muñecos navideños en el escaparate del Switzer's. Sus cuerpos eran rígidos, pero bellos, esbeltos y nobles, y se movían con una formalidad casi embarazosa. Ninguno de nosotros dijo nada. Nos quedamos inmóviles, tres cabezas asomadas a una madrugada de enero, ajenos al dolor en el cuello y la espalda, poseídos por la danza silenciosa y sin vida de aquellos dioses tímidos.

El horizonte tenía un color azul metálico cuando las estatuas se detuvieron. De nuevo reposaban en su lugar, contemplando inmóviles la ciudad. El cambio había sido imperceptible, simplemente volvían a estar en la postura que les correspondía, habían regresado a su sueño lejano y a la forma paciente de sostener sus enseres y las espadas. Comenzaba a oírse un ligero rumor del tráfico en Dame Street. En las últimas sombras de la noche, las gaviotas que volaban ante la ventana tenían un brillo azul eléctrico, como pedazos de hielo. Volvimos al interior y cerramos la ventana. Sarah encendió la estufa y nos sentamos a su alrededor para calentarnos las manos entumecidas y la cabeza helada. Mirábamos fijamente al frente, con los rostros bañados en la luz pálida, como supervivientes de un naufragio ajenos a los periodistas y las ambulancias.

Debí de quedarme dormido, porque cuando recuperé el sentido estaba solo, sentado en una silla, y la luz del alba llenaba la habitación. Sarah estaba en la cocina, a mi espalda, preparando café. La puerta del baño se abrió y apareció John, con una toalla alrededor de la cintura, la piel brillante en sus piernas fuertes y mojadas, los hombros y la espalda cubiertos de pequeñas gotas de agua y la cara limpia, reluciente, recién afeitada.

Me ignoró por completo mientras iba de un lado a otro de la habitación y se transformaba de un adepto a un sistema de lectura mística en un joven banquero irlandés. En el armario de Sarah había una camisa y un traje colgados cuidadosamente, y en distintos rincones de aquel pequeño piso tenía también ropa interior, corbatas, calcetines y zapatos. Mis ojos ávidos le siguieron en silencio mientras se vestía. Luego fue a la cocina y mantuvo una conversación en voz baja con Sarah. Ninguno de los dos me dirigió la palabra ni me ofreció café, lo que me dio a entender que deseaban que me fuera. Tras murmurar un adiós, bajé las escaleras y crucé Botany Bay hasta mi habitación.

Al llegar, tomé una larga ducha. La escena había sido realmente extraña: John y Sarah sumidos en la rutina del amanecer de un día laborable, después de haber pasado toda la noche observando unas estatuas en movimiento; ahora John cumpliría con su trabajo en el departamento de un banco y Sarah continuaría sus investigaciones en la Ussher Library. De acuerdo con ese espíritu, decidí hacer un esfuerzo por asistir a las clases de la mañana y mantenerme en el mundo real por lo menos durante una parte del día. Debajo de un montón de ropa y de papeles olvidados hallé un bolígrafo y una libreta. Tuve que consultar uno de mis blocs para saber dónde era el seminario de traducción de las nueve de la mañana. Me lavé los dientes y me dirigí al edificio de Letras para tomar un café. Dejé el móvil, el objeto que me recordaba mis culpas, sobre el escritorio.

Estar entre tanta gente en el Coffee Dock me puso muy nervioso. No sabía exactamente cómo iba a relacionarme con mis compañeros y temía acabar sumido en un estado de irrealidad o de melancolía. Me senté solo a una de las mesas pequeñas y bebí el café a pequeños sorbos, mientras dibujaba garabatos distraídamente en mi libreta. Tomé un ejemplar del *Irish Times* que alguien había abandonado e intenté leerlo, pero mis ojos ávidos veían los titulares como sincronismos, como unidades independientes con infinitas interpretaciones.

El proyecto para Southern Cross, un caos según el grupo; división sobre el proyecto de Europa; cuando el amor no es suficiente; mendigos en Dublín.

Volví la cabeza para huir de aquella tentación y me pareció ver algo que pasaba, como una estrella fugaz, tal vez Pablo bajando las escaleras desde la biblioteca Lecky. De pronto experimenté un vertiginoso cambio de escenario. Veía las mesas en penumbra de un café, en una calle estrecha de una ciudad europea, con edificios del siglo XIX, de ladrillo de color amarillo grisáceo, a ambos lados y balcones con balaustradas de hierro ornamentadas. Hombres de negocios pasaban a mi lado, por la acera. El camarero, un joven con pantalones negros y camisa blanca, puso una bebida rosada y la nota sobre mi mesa. Vestido con el jersey y el abrigo propios del invierno en Irlanda, el calor del sol me atormentaba.

«Votre kir, monsieur. Ça fait quatre euros cinquante.»

Abrí la boca y volví a cerrarla, confundido, mientras intentaba ver a Pablo entre la gente que pasaba por la calle.

–*Monsieur?* –repitió el camarero.

Me volví hacia él para pedirle que me repitiera el precio del *kir* (¿qué otra cosa podía hacer? Al menos contaban en euros), pero por fortuna me hallaba de nuevo en el edificio de Letras, y no era el camarero quien estaba a mi lado, sino Andrea, que acababa de llegar y se sentaba a mi mesa.

–¡Vaya, hola, forastero!

–¿Cómo te va?

–¿Dónde diablos te habías metido? –me preguntó, sonriendo–. Te juro que nadie sabe qué hacer cuando tú no estás, es un auténtico desastre. Parece una clase de retrasados mentales, te lo juro. Nadie sabe una mierda. Bueno, excepto Fionnuala. Pero últimamente está pasando una mala temporada, problemas sentimentales, diría yo.

No mencionó mi repentina desaparición la otra noche en el Buttery, a pesar de que, sin duda, debía de sentir curiosidad, cosa que le agradecí. Le pregunté si el doctor Roland había notado mis ausencias de los últimos días. Ella pensaba que no.

–Bueno, en fin, y ¿dónde has estado? ¿De juerga por ahí? –preguntó con una sonrisa cómplice.

–Necesitaba un cambio de aires. Ya sabes a qué me refiero.

–Demasiado bien lo sé... –dijo ella.

Terminé el café y subimos por la escalera B, mezclados entre el flujo de estudiantes que acudían a clase, hasta el aula 4091, donde teníamos el seminario con el doctor Roland. Vi a Fionnuala a través de la ventana de la puerta, cumpliendo el ritual cotidiano de sacar de su bolsa la libreta, el bolígrafo y el libro y dejarlos sobre la mesa, y comprendí que no podía enfrentarla. Di la vuelta y me abrí paso entre la gente, ignorando la llamada de Andrea a mi espalda.

Tuve una sorpresa cuando Fionnuala me dio alcance en la rampa del exterior. Me tomó por el hombro, y por un instante creí que iba a encontrarme de vuelta en el café soleado de París. Afuera el día era gris y frío. Fionnuala temblaba bajo su abrigo largo.

Nos miramos el uno al otro en silencio. Tan sólo hacía algunos días de nuestro último encuentro, pero en ese intervalo habían llegado a mi móvil innumerables mensajes de voz y de texto, todos sin respuesta. No había estado en mi habitación más que de paso y apenas había dormido. Ella me miraba fijamente a los ojos, y su cara expresaba un desconcierto y una interrogación sinceros. De pronto comprendí que la idea que mi torpe imaginación se había formado de Fionnuala, como una chica independiente y servicial, era falsa. Se preguntaba qué me estaba ocurriendo, sabía que no era nada que tuviera que ver con ella.

–¿No deberías estar en clase? –dije, pensando absurdamente que un ataque era la mejor defensa.

–Niall, por favor, no seas tonto. ¿Se puede saber qué te ocurre? Cuéntamelo, por favor. Te vi dar media vuelta antes de entrar en la clase de Roland.

No sabía qué decir. Ella siguió:

–Sé que es algo que tiene que ver con Sarah y ese otro tipo. Yo vivo debajo. Oí tu voz y te vi salir. O sea que no me mientas, ¿de acuerdo?

–¿Por qué iba a mentirte? –dije, sintiéndome de pronto molesto–. Son mis amigos. ¿Quieres saber qué hacemos? Pues... bueno, hacemos lo que viste la mañana de la fiesta, eso que no te gustó –añadí.

–¿Y?

–Y nada.

–Tomáis drogas, ¿verdad? Te has metido en algo serio.

–Oh, vamos, Fionnuala, por favor...

Hice el gesto de marcharme, pero ella me retuvo, agarrándome otra vez por el hombro.

–Evitas a todo el mundo. Das excusas patéticas. No contestas los mensajes de nadie. Tu cara... tiene este... tiene un color rosado que no es natural. Desapareciste del pub sin decir nada hace dos días. Niall, por favor. Te has enganchado a las drogas o... a una secta. ¿Lo entiendes? Esa chica está loca. Todo el mundo sabe que es una desequilibrada, que tiene graves problemas mentales. Tienes que escapar de todo esto. ¿No ves lo que te estás haciendo?

No dije nada. Ella me miraba con expresión suplicante.

–Éramos amigos, Niall. Estábamos construyendo una verdadera amistad.

–No lo creas –dije–. ¿Por qué no me dejas tranquilo de una vez? –Me vino a la mente una frase que había leído en un artículo del periódico («A pesar de todo, Angie está determinada a cambiar su vida») y me basé en ella–. Al menos ahora, por fin, estoy intentando cambiar mi vida. Quieres hundirme –dije absurdamente, sin saber de dónde venían esas palabras, tal vez de otro fragmento que mi mente había sacado de contexto, pero que de todos modos encajaba en aquella farsa–. Desde que te conocí no has dejado de cuestionar la forma en que vivo. Mi mundo va más allá de la beca de la Beckett Foundation. Ellos... Sarah y John... son verdaderos pensadores, viven la vida a fondo. No quiero limitarme a tener una licenciatura en lenguas extranjeras, encontrar pareja, sentar la cabeza y pasar el resto de mi vida enseñando el *passé composé.* Tú... bueno, sólo quiero que me dejes tranquilo. Yo no me meto en tu vida, no te metas tú en la mía, ¿de acuerdo? Tú y yo no encajamos. De hecho ni siquiera somos buenos amigos, maldita sea...

Me miraba con expresión incrédula. Le temblaron los labios y sus ojos se llenaron de lágrimas. Sin decir nada más, dio la vuelta, bajó por la rampa y se marchó en dirección a su habitación, el faldón de su abrigo agitado por el viento. La miré alejarse, con el pelo recogido, la carpeta del seminario de traducción bajo el brazo y una pequeña bolsa colgando sobre su pecho, en la que llevaba las novelas que debía leer y los trabajos a medio redactar. Cuando la perdí de vista, en la esquina de la 1937 Reading Room, dije con voz débil, en un susurro ronco:

–Espera... lo siento...

Lentamente subí la rampa, pasé por el túnel de Nassau Street y vagué sin rumbo por las librerías de Dawson Street. Estuve yendo y viniendo durante dos horas entre Eason's, Waterstone's, Hodges Figgis y Murder Ink, intentando una vez más leer como todo el mundo, como probablemente lo estaría haciendo Fionnuala en aquel momento, aunque sólo fuera una página o dos. Pero mis esfuerzos no produjeron más que una serie de frases sin relación entre sí, y acabé perdido en una orgía de sincronismos, saltando entre las distintas estanterías y las distintas plantas, consultando libros de cocina, novelas de vampiros, novelas irlandesas modernas, antologías gay, cada una una colección de fragmentos independientes, un cofre con miles de pequeñas joyas en su interior, grabadas con misteriosos significados de los que yo dependía para seguir adelante, para que mi mundo no dejara de girar.

Intoxicado por los *sortes*, vagué por St. Stephen's Green y South King Street, pasé ante el teatro Gaiety, donde me detuve un largo rato a contemplar las fotografías de la producción en cartel, y seguí después por la parte sur de la ciudad, al dictado de los libros, las señales y cualquier otro fragmento de lenguaje que llegara hasta mí. En ninguna parte di con el rastro de Pablo, más allá de algunas pistas en las páginas que consultaba en las librerías. En dos ocasiones, al doblar una esquina, me encontré en París, bajo el sol cegador de la rue St. Jaques, una estrecha vía romana, o en el ambiente medieval y sombrío de la rue du Temple; doblaba la siguiente esquina y me hallaba de nuevo en

Crown Alley o Bachelor's Walk, entre niños mendigos con la cara triste, viajeros irlandeses o europeos, dependientes españoles que contemplaban aburridos la calle sucia a través de los cristales de un Spar o un Centra, con el pensamiento en Premià o en Durango.

Cuando regresé al edificio 16, atravesando con dificultad un mundo colmado de sincronismos, como si estuviera anegado de miel o de cola, esperaba que Pablo estuviera en mi habitación, sentado en la cama, ojeando distraídamente mi correo, pero al entrar no hallé más que los muebles y el material académico, que reposaban intactos y parecían mirarme con reprobación. Me tumbé en la cama y cerré los ojos. Cuando volví a abrirlos, era de noche. Encendí la lámpara junto a la cama y me incorporé. Vi en el móvil que eran las cinco y media. Ordené un poco el cuarto, como una concesión, o mejor dicho una invitación, a la normalidad. Guardé en el armario la ropa tirada por el suelo y recogí mis papeles inútiles.

Cuando mis ojos ávidos comenzaron a extraer sincronismos de ellos y tuve la sensación vertiginosa de que otra vez iba a encontrarme en París, pensé que tenía que poner fin a todo aquello. Tal vez Fionnuala tenía razón: había ido demasiado lejos. Me senté en la cama para intentar analizar detenidamente y de forma lógica mi situación, pero la realidad flotaba ante mis ojos en un mar de fragmentos inconexos. De pronto, como una aparición concreta en medio de las manchas coralinas e incandescentes que me rodeaban, recordé mi cita con Chris, a las seis en el Capel Street Bridge. Parecía un recuerdo de una vida anterior. ¿Debía ir? Hice un último esfuerzo, casi heroico, por decidir la cuestión de la forma corriente, sin la ayuda de los libros. Al fin desistí.

–¿Debo encontrarme con Chris?

> Y si esta consideración no le mueve a estarse quedo, muévale saber de cierto que entre todos los que allí están, aunque parecen reyes, príncipes y emperadores, no hay ningún caballero andante.

Lo guardé en mi memoria para una futura interpretación, e hice la pregunta rival:

–¿Dónde están Sarah y John?

Entró en Hyde Park, un lugar que conocía desde hacía muchos años (recordaba que debajo de aquel árbol partido el duque de Hamilton había muerto atravesado por la espada de lord Mohun).

Estaban en The Duke. Insistí en la cuestión.

–¿Debo reunirme con Sarah y John?

... ***paresseux, euse*** *adj. et n. 1. Qui montre habituellement de la paresse; qui évite l'effort.*

Me puse la chaqueta, bajé corriendo las escaleras y partí bajo una lluvia ligera, pisando los charcos del pavimento adoquinado, hacia el tráfico intenso de College Green.

A mi derecha, la aguja de O'Connell Street, punteada de luces blancas, me atraía hacia el norte, así que decidí acudir a la cita. Me espantaba la forma en que le había hablado a Fionnuala y la rapidez con que mi vida anterior se había convertido en un recuerdo lejano. Pensar en Chris, en el calor de su cuerpo, en su voz, me hizo recuperar el sentido de la realidad. Giré a la derecha, hacia el puente, alejándome de The Duke, donde Sarah y John estarían reunidos en aquel momento en torno a una pila de libros, cumpliendo los ritos de su alquimia literaria; pero todavía no había dejado atrás la valla del Trinity cuando me detuvo la vibración del móvil en el bolsillo. Era un mensaje nuevo. Lo enviaba un tal *Tadhg na Scuab,* un nombre que no constaba en la memoria. El mensaje estaba vacío. Levanté la mirada de la pequeña pantalla verde y la dirigí a la curva del Bank of Ireland, donde vi a Pablo, apoyado junto a la entrada con un pie en la pared de granito, como si fuera otra de las estatuas en movimiento, fumando un cigarrillo con una sonrisa en los labios. Terminó el cigarrillo, lo aplastó con el pie, se llevó la mano al bolsillo y echó unas cuantas monedas en el vaso del McDonald's de una chica joven que mendigaba ante la puerta del banco. Quise alejarme de él y de las estatuas de piedra, avanzar en dirección norte, hacia el río y la alta aguja, hacia Chris. Di dos pasos valerosos, pero entonces Pablo juntó las manos alrededor de su boca y, ante el asombro de la gente que lo rodeaba, gritó hacia mí, por encima del fragor del tráfico:

«¿Cuándo me pagarás?», dicen las campanas de Old Bailey.

Y así, imparable como la corriente fría del río Liffey, bajé de la acera, crucé el tráfico que nos separaba y dejé que me condujera hacia el sur, en dirección a The Duke. Al pasar por Suffolk Street, oí a lo lejos cómo la campana del Dining Hall daba las seis.

The Duke estaba bastante vacío. Había aquí y allá pequeños grupos que se reunían en él antes de salir a cenar, y una mesa grande de mujeres de varias edades, que parecían empleadas de Dunne's o de Marks & Spencer comentando entre risas las incidencias del día en la sección de dormitorios o en la de moda para hombre. Localicé a John y a Sarah de inmediato, sentados en taburetes junto a una de las mesas altas del fondo del pub. La escena era exactamente como la había imaginado: cinco o seis libros sobre la mesa, además de una libreta y dos pintas llenas. Me quedé cerca de la puerta y les observé durante un rato. Los dos tenían la cabeza inclinada sobre el texto que tenían delante. Sarah mantenía el libro abierto con una mano y con la otra sostenía un cigarrillo y se tocaba la parte trasera de su pelo desordenado, de forma que el humo ascendía desde detrás de su cabeza como si fuera una aparición del Espíritu Santo. John meneaba frenéticamente una pierna mientras pensaba en el significado de las palabras que acababa de leer, y de vez en cuando se pasaba una mano nerviosa por el pelo.

Pedí una pinta en la barra y me acerqué a su mesa. No supe

cómo saludarles, así que me quedé de pie detrás de ellos, como un fantasma. Prosiguieron su animada discusión sobre el fragmento que tenían entre manos durante cosa de un minuto, hasta que John notó mi presencia y se dio la vuelta.

–Nos preguntábamos cuándo ibas a venir –dijo en tono neutro.

–Yo también –respondí.

Por un instante pensé en Chris, que me estaría esperando bajo la lluvia en el Capel Street Bridge, y que tal vez en aquel momento, cuando se encendían una a una las estrellas, comprendía que no iba a aparecer. Pero ya había dejado atrás todo sentimiento de pesar. La visión oscura y mágica de John y Sarah, y del cúmulo de *sortes* pendientes de ser resueltos que tenían delante, borraron a Chris de mi pensamiento.

–¿Qué es lo que ocurre? –pregunté, sentándome en el taburete libre que había entre ellos dos.

–No nos lo preguntes a nosotros –dijo Sarah.

Tomé un libro de la mesa.

Aquella noche dejé atrás los dos nuevos caminos que ofrecía mi vida pasada, uno alejándose por la rampa de la Facultad de Letras, el otro esperando bajo la lluvia incipiente en el Capel Street Bridge. La sesión se prolongó hasta bien entrada la madrugada. Me quedé un rato dormido y cuando desperté, John y Sarah se habían marchado. El día siguiente lo pasé solo, merodeando por la ciudad. Consulté libros en las librerías, intenté por mi cuenta nuevos trucos y vi instrucciones escritas en la superficie de Dublín, invisibles hasta entonces. En las idas y venidas de los ciudadanos vi un ballet con una coreografía milimétrica, tan claro y deslumbrante que resultaba extraño que nunca antes lo hubiera descubierto, y todavía más que los mismos bailarines parecieran ignorar el mandala que describían. Era como si un fino velo que lo cubría todo, absolutamente todo, hubiera sido retirado. Dublín presentaba una nueva definición, clara y fascinante, en cada color, en cada pedacito desportillado en los antepechos de granito de las ventanas, en cada ondulación del agua sucia del río. Todas las palabras aparentemente vacías que me rodeaban, en las vallas publicitarias, en los periódicos que veía en los quioscos, en los fragmentos de conversaciones que llegaban a mi oído, eran por fin comprensibles, como si me hallara en posesión de una piedra Rosetta universal, capaz de descifrar todos los signos. Incluso las frases más banales y estereotipadas tenían una carga de significado terrible y apremiante, como si fueran una parte fundamental de un único, vastísimo poema.

Al principio pasábamos aquellas largas noches en blanco en la habitación de Sarah. Luego nos trasladamos al apartamento de John, en los muelles de la parte norte. Anna ya no permitía que hiciéramos sesiones de sincronismos en el piso de Ranelagh. Vivíamos entre cajas de velas y estanterías llenas de libros. Aquellas noches eran un ensueño borroso de estrellas fugaces, torbellinos de luz y coros papales, cuyo canto invisible dejaba telarañas de sonido en los rincones de la habitación hasta mucho después de que hubiéramos dejado de leer. Una vez, una mujer vestida de blanco caminó alrededor del cuarto apagando las velas y se sentó en la cama de John. La observamos deslumbrados hasta el amanecer, cuando se fundió en el color blanquecino de las sábanas, como en un anuncio de detergente.

Perdí el contacto con todo el mundo; dejé que el móvil sonara entre las sombras de mi habitación y que la batería se fuera agotando lentamente. El sonrojo aberrante que Fionnuala había notado en mi cara se hizo más pronunciado. Sarah y John, por lo que yo podía ver, no dormían nunca. Por mi parte, muchas tardes me quedaba adormilado, en una siesta neutra y sin sueños, debido a una lealtad nostálgica al mundo que había comenzado a olvidar. Por ese mismo motivo asistí incluso a una clase en el Trinity, donde me mantuve como un oyente callado y nervioso en un rincón, ignorado concienzudamente por Fionnuala –que contribuyó a la discusión de la clase de un modo más entusiasta y competente de lo habitual– y observado con una fascinación morbosa por Andrea. Patrick, y más tarde (lo que era más preocupante) también mis padres, en vista de que no lograban contactar conmigo por teléfono, comenzaron a enviarme correos electrónicos en los que manifestaban su preocupación, así que un domingo, al cabo de unos diez días de haberme sumergido en mi nueva vida, decidí que debía ir a verles si quería evitar que la policía viniera a echar abajo la puerta de mi habitación. No sé cómo logré salir del profundo estado de irrealidad en que vivía, pero el hecho es que tuve la lucidez suficiente para tomar el tren hasta Sandycove y compartir con mis padres la comida del domingo. Estuvieron contentos de verme, y durante la mayor parte del tiempo que pasé con ellos las costumbres y los recuerdos que poblaban la casa mantuvieron alejados a los espíritus de mi nuevo mundo. Mi madre dijo incluso que se alegraba de verme con tan buen color. Pero ni siquiera el aire marino y familiar de Sandycove pudo evitar que en varias ocasiones la conversación que compartíamos alrededor de la mesa dejara de ser una sólida concatenación de frases, de preguntas y respuestas en un orden temporal, y degenerara en una mezcla caleidoscópica de significados distintos, algo así como una lluvia fina de palabras que no pertenecían a ninguno de nosotros, sino que llegaban desde la ciudad sobrevolando la bahía, mezcladas con los titulares del periódico del domingo, que reposaba sobre una silla, la lista de la compra pegada en la puerta de la nevera y el sobre abierto en el que se leía «Querido cliente». Entonces me quedaba callado, azorado por las palabras que flotaban en el aire, hasta que de nuevo lograba abrirme camino hacia un estado de conciencia normal y veía las miradas incómodas que intercambiaban los miembros de mi familia.

Mi padre se sobrepuso y me preguntó a qué dedicaba mi tiempo. Le dije que pasaba el día leyendo y que por la noche estudiaba o acudía a alguna fiesta, lo que, en cierto modo, era verdad.

–¡Fiestas! –dijo triunfalmente, guiñándome un ojo.

–Eso es mentira –interrumpió Ciara, levantando la vista del cordero asado.

No dije nada. Mi madre le advirtió que dejara de buscar problemas; Ciara volvió a bajar la vista y siguió cortando la carne. Justo antes de marcharme, cuando me ponía el abrigo en el recibidor, mientras mis padres preparaban en la cocina un paquete de comida y un sobre con dinero, mi hermana se plantó delante de mí, desafiante, con su larga coleta, sus uñas brillantes y su cuerpo rechoncho de dieciséis años.

–¿Qué te ocurre? –me preguntó en voz baja.

–¿A qué te refieres?

–Cuéntamelo, Niall. Ya sé que no... «conectamos» –representó las comillas con los dedos–, pero sé que algo va mal. Ellos prefieren no verlo.

–Estás loca –dije–. ¿Cómo va el instituto?

–El instituto, Niall –como suele ocurrir entre hermanos, era extraño y un poco violento que me llamara por el nombre– va perfectamente. El que no va bien eres tú.

En aquel momento mis padres entraron en el recibidor. Me pusieron el sobre en el bolsillo y me dieron una bolsa de plástico llena de salchichas Superquinn, mandarinas y medio pastel. Mi madre susurró «cuídate, cariño» y mi padre exclamó jovialmente «buena suerte, Niall». Ciara se mantuvo detrás de ellos sin decir nada.

De camino a la estación de cercanías recibí un mensaje suyo: «Ten cuidado».

Le escribí un mensaje a Patrick diciéndole que me hubiera gustado ir a verle a su casa, pero que me había entretenido demasiado en Sandycove y tenía que volver directamente a la universidad.

Ya no regresé. Los suburbios, el pasado y cualquier persona fuera del círculo mágico de Pour Mieux Vivre habían quedado atrás definitivamente. Un par de mensajes de texto a la semana, cuando despertaba de mi trance lo suficiente como para recordarlo, bastaban para que Patrick y mis padres se abstuvieran de indagar seriamente en mi vida. Sin embargo, los períodos de melancolía se volvieron más frecuentes y más demoledores. Mientras duraban no era capaz de hablar; un sentimiento de vacío y de derrota se apoderaba de mí con tal fuerza que no podía dejar de temblar y de gemir hasta que lentamente me acercaba a mis estanterías o, si me hallaba en la calle, a alguna librería o biblioteca pública y tomaba un volumen al azar. Sabía que varias horas alejado de los *sortes* provocaban de forma invariable uno de esos ataques. Compraba todas las ediciones de bolsillo que podía para llevar siempre algún libro encima. Aprendí a identificar las señales premonitorias, una ligera sensación de distracción, como si hubiera perdido algo, que aumentaba lentamente hasta convertirse en una agitación intensa pero indefinida, una pausa repentina en la que cesaban todos los sentimientos y a continuación el terrible abatimiento del cuerpo y de la mente. Al fin, manteniéndome alerta a estos indicios y sirviéndome de mi creciente habilidad para descifrar el significado oculto de los billetes de autobús, los anuncios y las bolsas de patatas que hallaba en el suelo, logré eliminar aquellos accesos de melancolía casi por completo.

Consumir preferentemente antes de: ver reverso. *Go minic anseo, go tapaidh ansiúd.* Válido hasta el final de la línea.

Siete

Perdí la cuenta de todo. Seguía sacando dinero de los cajeros automáticos, con la vaga esperanza de que el crédito que concedía el banco y el ingreso automático de mi beca de la Beckett Foundation bastaran para que el flujo no se interrumpiera, pero no tenía la menor idea de si en mi cuenta había cuatrocientos euros, cuatro o –¿por qué no?– cuatro mil. También los días de la semana se perdieron en la sucesión indistinta de noches en el apartamento de John o en la habitación de Sarah, seguidas por mis paseos en solitario por la ciudad durante las horas de luz. Un par de veces a la semana –no más, pero sin falta en todo caso– las cosas se calmaban y gozaba de dos horas de tranquilidad, un silencio extraño en el ojo de la tormenta, un intervalo de fría claridad. Era en esas horas de calma, vacías de todo sentimiento, cuando solía llamar o mandar un mensaje a mis padres para alejar las sospechas. Al realizar aquellas visitas al antiguo Dublín, el anterior a los *sortes*, experimentaba el sentimiento de un emigrante que vuelve fugazmente a su pueblo natal tras una larga estancia en la gran metrópolis, una mezcla de afecto nostálgico, aburrimiento opresivo y urgencia por volver a marcharse.

El buzón de mi móvil estaba lleno, supuse que de mensajes de conocidos que se preguntaban por qué había perdido el contacto con ellos. En mis delirantes paseos durante el día, nunca salía de lo que consideraba los límites de la ciudad. El límite sur era para mí Donnybrook, donde el fino conducto de Morehampton Road desembocaba en el ruidoso Estigia de la autopista de Stillorgan, la zona de las cocheras de los autobuses, los pubs que frecuentaban Ian y sus amigos, la iglesia donde asistí por primera vez a un funeral, el del abuelo de Patrick, y la parada de autobús donde esperaba miserablemente el 46A al regresar de casa de Ian, o donde bajaba, lleno de un anhelo erótico, cuando iba a verle. Mi mente febril consideraba aquel lugar la puerta de la ciudad-estado, la Porta Domnae Brocis, en la que convergían todos los caminos procedentes de las lejanas provincias rústicas. Llegaba hasta allí, guiado por los libros o por otros augurios, me detenía en el límite, incapaz de seguir adelante, e invariablemente daba la vuelta para regresar al mundo de los fantasmas, a la ajetreada ciudad de los muertos en la que vivía.

Así era mi vida cotidiana: durante el día paseaba en solitario por un mundo que se había vuelto extraño y fascinante. Las largas noches las pasaba siempre en compañía de Sarah y John. A última hora del día nos encontrábamos, gracias a sincronismos infalibles, en un pub, un monumento o una esquina concreta que los libros nos indicaban a cada uno por separado. Sólo acudía a mi habitación del Trinity a buscar libros y ropa. Nunca iba a clase ni veía a Fionnuala. A John lo echaron de su puesto en el banco, un acontecimiento que entre nosotros pasó prácticamente inadvertido. Al comienzo de mi relación con ellos, el fin de cada sesión lo marcaba el momento en que John se lavaba, se afeitaba, se ponía el traje y la corbata y partía, aturdido, sin haber dormido, a cumplir con su trabajo en el banco. Pero a medida que pasaban las semanas, las sesiones se hicieron más extremas y más largas, y raramente terminaban antes de que el sol iluminara por completo la habitación. John tomó la costumbre de dejar su traje en el armario de Sarah, y se quedaba con ella cuando yo me marchaba. Llegado a cierto punto comenzaron a pasar el día juntos, ocupados en actividades que yo desconocía por completo, y John dejó de acudir al trabajo.

La primera consecuencia visible de aquella situación fue que una mañana un agente inmobiliario vino a llamar a la puerta del piso de John. Nos encontró con los ojos verdosos y medio alucinados, entre pilas de libros, papeles, velas apagadas y botellas vacías de Southern Comfort. La mensualidad había sido devuelta por el banco y el propietario había descubierto que John no tenía empleo. El agente venía a pedirle que se marchara. Sarah y yo volvimos a las habitaciones del Trinity. John se mudó a su antigua habitación del piso de Ranelagh. Según decía, Anna y él seguían «juntos», y era cierto que siempre había aprovechado las tardes y los domingos que los libros nos dejaban libres de vez en cuando para reunirse con ella. Nunca supe a ciencia cierta cómo funcionaba aquella relación, cuáles eran los motivos que les empujaban a uno y a otro a mantenerla. Pensé que tal vez Anna, aunque sabía que su relación estaba acabada, sufría al ver la profunda adicción de John a nuestro culto; ella era su único vínculo con el mundo real, y probablemente la nostalgia y el afecto le impedían abandonarlo por completo a su suerte. En cuanto a John, es posible que acudiera a ella por el mismo motivo, porque era la última conexión que le quedaba con una vida a la que había renunciado de forma prácticamente irreversible, la última baza desesperada en una resistencia secreta, condenada al fracaso. En cualquier caso, cuando echaron a John del piso del Centro de Servicios Financieros, Anna le ofreció volver al estudio que había ocupado en su casa, la misma donde el noviembre anterior se celebró la fiesta en la que entré en contacto por primera vez con los *sortes*. Le dijo que podía quedarse allí hasta que estuviera «completamente recuperado», lo que daba a entender que tenía la esperanza de que permaneciendo con ella en su casa, alejado de Sarah y de mí, John podía volver en sí.

Al cabo de poco más de una semana, en vista de las idas y venidas erráticas de John, sus desapariciones durante días y noches enteras y sus constantes consultas a los libros cuando estaba en casa, Anna decidió dejarlo correr. Encontró un apartamento en Northumberland Road que, según dijo, John podía pagar durante algunos meses con la indemnización que había cobrado del banco y le pidió que se marchara de inmediato. Parece ser que a aquellas alturas ya tenía un nuevo novio. Incluso en medio del delirio colectivo en que me hallaba sumergido, alcancé a pensar que la generosidad y la paciencia que había mostrado respecto a su antiguo amante eran extraordinarias. Presumiblemente, las experiencias literarias que John compartía con Sarah proyectaban una sombra sobre su relación desde hacía mucho tiempo, pero estaba claro que nunca antes la influencia de Pour Mieux Vivre había dominado sus vidas hasta aquel extremo. Parecía que las cosas empezaron a cambiar por la época en que yo entré en escena, y de hecho pude ver cómo la vida de Anna llegó a hacerse intolerable. Raramente veía a John más de dos horas a la semana, y cuando se encontraban solía estar borracho o aturdido por el mundo literario de sincronismos que le rodeaba. Ella debió de darse cuenta de que nunca dormía, debió de advertir el tono verdoso que adquirían sus ojos, tuvo que presenciar horrorizada cómo echaba a perder su puesto de trabajo y, lo más grave de todo, vio cómo él perdía todo interés por ella y, como un enfermo de Alzheimer, no era capaz de reconocer el mundo en el que habían vivido juntos hasta entonces.

Sarah y yo, en uno de esos momentos de lucidez que se producen en las situaciones de extrema necesidad, acudimos a Ranelagh para ayudar a John en el traslado. Anna esperaba en el recibidor, con los ojos irritados y un vaso de agua en la mano. Llevaba el pelo negro recogido y vestía un jersey blanco y unos pantalones negros. Estaba preciosa. Nos ofreció una bebida a Sarah y a mí y nos dejó solos en la cocina, tomando en silencio dos copas de vino tinto fresco. Tuve que ir a la sala de estar en busca de un libro y allí la encontré, sentada, mirando por la ventana. Me observó con curiosidad mientras elegía un ejemplar bastante viejo de *Alicia en el país de las maravillas*. Con las manos temblorosas busqué en sus páginas un sincronismo, y cuando ávidamente comencé a leerlo ella me preguntó qué decía. Sorprendido y avergonzado, se lo leí en voz alta:

> Con tanto flotar en el aire estaba empezando a marearse y se alegró de hallarse de nuevo caminando de modo natural.

Ella se volvió hacia la ventana y no dijo nada más, así que me marché. Cargamos las cosas de John en el maletero del coche que Anna había tomado prestado de Alan, su nuevo novio.

Nos llevó hasta Northumberland Road, un trayecto de unos cinco minutos, y subimos las maletas al nuevo piso.

Y eso fue todo. Nadie volvió a pensar en Anna. El apartamento estaba en la planta superior de una casa georgiana algo deteriorada, en cuya fachada unas marcas de bala y una placa nos informaron de que había tenido un papel importante en la revuelta de 1916. El piso constaba de dos habitaciones; una era el dormitorio y la otra una sala de estar con un sofá, una mesa, varias sillas y una cocina en un rincón. Era pequeño, pero tenía los techos altos y estucados, ventanas grandes y un balcón en la salida de incendios. Se convirtió en la sede de nuestras sesiones. En pocos días lo llenamos de libros, primero dispuestos en la pequeña estantería del dormitorio y luego apilados en el suelo. La mesa y el parquet de la sala de estar quedaron cubiertos de restos de cera solidificada. John volvía a tener dinero, la indemnización del banco y los beneficios de algunas inversiones, de modo que nuestros hábitos y adicciones fueron satisfechos generosamente: apilamos nuevos libros sobre la mesa y las sillas de la sala de estar y llenamos la nevera y los armarios de cerveza, vino y Southern Comfort.

Sarah y yo comenzamos a dejar algunos objetos personales en el piso, ropa, cepillos de dientes, papeles, y al cabo de poco tiempo prácticamente vivíamos allí. Más que un apartamento lleno de libros, parecía un lugar construido íntegramente a base de ellos, erigido apilando innumerables volúmenes. Éstos cubrían todas las superficies disponibles y gran parte del suelo. Muchos de los libros, tanto los de segunda mano como los nuevos, estaban desmembrados, no por el uso, sino partidos por nosotros, de forma deliberada. Algunos de ellos los volvíamos a unir en nuevos volúmenes, una invención que practicábamos con frecuencia, pegando páginas, guardas y mitades de páginas distintas, procedentes de toda clase de volúmenes, guías telefónicas, panfletos, libros de cocina, clásicos rusos, novelas populares irlandesas, libros de autoayuda, diccionarios, dietarios, manuales de circulación, *Los árboles de Escocia*, *Bunreacht na hÉireann*.

Ignoro qué representaba todo aquello para Sarah. Como me había dicho John, Pour Mieux Vivre funcionaba según un sistema jerárquico de células independientes, como el de la mafia. Yo había entrado en él a través de John y él a través de Sarah. Los dos, tras un período de indecisión, habíamos resuelto entregarnos a la vida del grupo, habíamos renunciado a nuestras familias y nuestros medios de subsistencia para integrarnos en él. Pero durante mucho tiempo las circunstancias en que se produjo la iniciación de Sarah me fueron desconocidas, y si bien entre John y yo había nacido algo parecido a un trato familiar (en la medida en que algo así era posible en el mundo de penumbra en que vivíamos), a Sarah apenas la conocía mejor que el día que Fionnuala me la presentó en el O'Neill's de Suffolk Street. Para mí, el misterio de Pour Mieux Vivre era indisociable del misterio que representaba Sarah. Ella y John sabían muchas cosas sobre el grupo que me ocultaban; razoné que del mismo modo Sarah debía compartir con el siguiente eslabón de la cadena conocimientos que le estaban vedados a John. Las dinámicas eróticas ocultas de nuestro triángulo eran éstas: John seguía siendo el objeto de mi fijación sexual, y se mostraba celoso respecto a Sarah como si fuera su amante ilegítimo. A pesar de la escena en que Sarah se mostró celosa de Anna, era John quien buscaba un acercamiento, mientras ella ocultaba sus cartas e imponía cierta distancia.

Me propuse averiguar todo lo que pudiera acerca de ella. Sabía que fuera lo que fuere Pour Mieux Vivre, sólo podía descubrirlo por su mediación. Comencé por fisgar entre sus cosas. En el piso eran pocos los momentos en que podía actuar sin que me vieran, pero en los que se presentaban –por ejemplo si Sarah iba al baño y John estaba ocupado en la cocina– aproveché para hurgar en la caja llena de carpetas y papeles que Sarah guardaba en el dormitorio. Un día me descubrió mientras hojeaba un viejo diario suyo, escrito con su letra inclinada de viuda victoriana en una curiosa mezcla de inglés e irlandés. Ella estaba en la ducha y John había salido a comprar café. Me enfrasqué de tal forma en la lectura –el diario databa del año que pasó en Alemania, donde conoció a Luis– que no me di cuenta de que había cesado el ruido del agua. Envuelta en la toalla, Sarah entró en el dormitorio y me encontró arrodillado junto a la cama, con su caja privada delante de mí y su diario abierto en mis manos. No dijo nada, simplemente me miró mientras yo me sonrojaba y balbuceaba alguna excusa. Devolví el diario al interior de la caja, me levanté y me fui a la sala de estar pasando junto a ella. Nunca hablamos de aquel incidente, pero cuando regresé al piso al anochecer, la caja había desaparecido de debajo de la cama y había un cofre cerrado con llave en un rincón.

Entonces comencé a atosigar a John con preguntas acerca de Sarah, en los momentos –también raros– en que nos hallábamos los dos solos. Él demostró una vez más ser un narrador reticente, pero yo le interrogaba infatigablemente, repitiendo a veces la misma pregunta durante días, hasta que se daba por vencido. John tenía algunos accesos de resentimiento y de ira hacia Sarah, que a veces provocaban un sentimiento de empatía hacia mí: se veía reflejado en mi situación de ignorancia y curiosidad, y entonces se vengaba de ella, a la vez que se resarcía de sus frustraciones, revelándome algunas informaciones secretas. Sobre la vida de Sarah anterior o ajena a Pour Mieux Vivre, prácticamente no pude descubrir nada, pero con las informaciones que John me proporcionaba y los raros comentarios que ella hizo de pasada, me formé una idea básica de cómo se inició en los *sortes*.

En la época de Northumberland Road, yo tenía diecinueve años y Sarah veintiocho o veintinueve. Supuestamente estaba terminando su doctorado pero, como ocurría con el trabajo de John y con mi licenciatura en francés e inglés, no había lugar para esa actividad en nuestro mundo literario de frases inconexas y fenómenos irreales. En una ocasión me dijo que sus padres habían muerto siendo ella una niña, y que había sido educada por sus abuelos en Galway. John me contó que su abuela era profesora y su abuelo una especie de asesor lingüístico del gobierno, que consagraba los últimos años de su vida a elaborar un diccionario de sinónimos de la lengua irlandesa. No puedo saber si todo aquello era cierto: parecía demasiado literario, demasiado Pour Miex Vivre incluso. Además, a Sarah le gustaba mentir, sobre todo si la mentira no tenía un propósito aparente, como advertirnos que necesitábamos una bombilla nueva para la lámpara de la cocina, cuando en realidad funcionaba perfectamente, o anunciarnos que según había leído en el periódico la circunferencia de la Tierra era de tan sólo cinco mil kilómetros. No sé qué satisfacción le reportaban esas invenciones. Nosotros siempre la creíamos, y cuando acudíamos con la bombilla nueva o con el atlas, ella ya estaba pensando en otra cosa, y no reaccionaba con satisfacción ni placer, sino con indiferencia, resignación y aburrimiento, aliviados solamente por nuevas mentiras. Intenté convertir la posición que John y yo compartíamos, como destinatarios de las fabulaciones de Sarah, en una unión conspiratoria en contra de ella, pero no tuve éxito. Determinado, a pesar de la indiferencia de ella, a mantener su relación como el vínculo predominante en la casa, John se negaba a corresponder a mis miradas de complicidad y, en contra de lo que la experiencia demostraba, de cara a mí daba por hecho que todo lo que ella decía era cierto.

En uno de sus momentos de indiscreción resentida, John me contó que Sarah había conocido a Luis en Alemania, en un congreso sobre manuscritos irlandeses. Él la había iniciado en los *sortes* en el dormitorio de ella en Augsburgo. En la correspondencia que siguió a su encuentro, cuando él regresó a España, Luis hizo algunas insinuaciones sobre prácticas que iban más allá de los meros sincronismos y sobre la existencia de Pour Mieux Vivre. En algún momento empezó a darle instrucciones sobre la forma adecuada de leer y de concentrarse, supuse que una versión ampliada de las indicaciones que ella me dio a mí la primera vez, en la casa de Ranelagh.

En el caso de Sarah estas técnicas tardaron bastante en dar resultado: esta parte de la historia me la contó John de un solo tirón y muy excitado, un anochecer en que llegamos al punto de encuentro indicado por los libros antes que ella. En aquel momento de candor repentino describió las primeras experiencias de Sarah con los sincronismos. Algo debió de pasar entre ellos aquel día, puesto que nunca llegaban por separado, y pensé que las revelaciones de John eran una forma de venganza. Según me dijo, Sarah pasó varias semanas sola en su habitación del *Studentenwohnheim*, en Augsburgo, leyendo en voz alta a la luz de las velas, tomando uno tras otro los libros de su estantería e intentando lograr la máxima concentración. Cada noche perseveraba en su esfuerzo hasta el amanecer, exhausta y con los ojos doloridos. Luis respondía a sus explicaciones desesperanzadas diciéndole que no se concentraba de la forma adecuada, que ensayara una y otra vez la técnica de pensar en las palabras como unidades de significado independientes de su contexto, como iones flotando libremente, que escuchara cada frase como un compás o un verso de un cántico religioso. Harta de su colección de libros alemanes de color amarillo, los tiró a la basura y se gastó todo el dinero que le quedaba para terminar el mes en la compra de volúmenes nuevos. Recordé que la edición de una novela de vampiros, de ínfima calidad, que usábamos con frecuencia en las sesiones de Northumberland Road, tenía escrito en la guarda «Sarah Ní Dhuibhir, Augsburgo 1995». Dispuso aquellos libros en su estantería, gastó sus últimos marcos en comprar más velas y comenzó a leer otra vez con buen ánimo, noche tras noche, repitiendo pequeños pasajes en voz alta una y otra vez, concentrada en las palabras, intentando dejarse llevar por ellas. Una noche, a las cuatro de la madrugada, tras cinco intensas horas de lectura, cayó rendida, vencida por el desencanto y el dolor en los ojos; sus gafas cayeron al suelo y se echó con los ojos cerrados. Entonces oyó un batir de alas y sintió un soplo de aire en la cara. Abrió los ojos y se puso las gafas, pero no vio nada especial, sólo la luz tenue de las velas, los libros abandonados y los primeros indicios del amanecer de Bohemia en la ventana; comprendió, sin embargo, que finalmente había logrado abrir una pequeña brecha en el entramado de la realidad, que había hallado el camino correcto. Volvió a quedarse dormida entre las velas y los libros, y cuando despertó, sin haber soñado nada, el mundo era distinto. La narración de John estaba en este punto cuando Sarah apareció. Nunca conseguí que la continuara.

En el piso de Northumberland Road vivíamos como una familia de noctámbulos, Sarah y John una pareja taciturna, yo una presencia tolerada a nivel práctico y fundamental, pero ignorada la mayor parte del tiempo. No había ninguna muestra de afecto entre ellos y yo, nuestra relación se limitaba a las sesiones de lectura, las visiones y las tareas prácticas imprescindibles para que éstas siguieran adelante: la colada, el mantenimiento de una provisión suficiente de alcohol y de cigarrillos para Sarah (de los que yo me guardaba alguno para fumarlo cuando tenía que esperar a que llegaran, en las escaleras de entrada a la casa), la compra de determinados libros que su interlocutor por correo electrónico estimaba necesarios o atender la puerta a mi llegada (Sarah y John se negaban a darme una copia de las llaves, así que tenía que llamar al interfono para que me las lanzaran por la ventana). Pese a todo, ellos eran el centro de mi mundo, los únicos seres con quienes me relacionaba, a excepción de los mensajes de texto que mandaba dos veces por semana a Sandycove con un resumen de mis «novedades». El piso de Northumberland Road ejercía sobre mí una atracción que nunca había sentido por mi propia casa ni por ningún otro lugar, más fuerte incluso que la que me había impulsado tantas veces a tomar el autobús 46A y recorrer Eglinton Road y Milltown Road hasta la casa de Ian. Y aunque Sarah y John no ocultaban su fastidio ante mi presencia y hubieran podido reunirse en cualquier otro lugar, lo cierto era que nos encontrábamos sin falta cada anochecer, en el piso o en otro punto que los libros indicaban, generalmente algún pub. Si llegaba antes que ellos, pedía una pinta, me sentaba en la barra con mi pequeña bolsa de libros y pasaba el tiempo fumando, haciendo *sortes* o escuchando, de ese modo nuevo que ahora me era propio, las conversaciones de la gente en el pub, el ruido de la calle, los transeúntes, el tráfico o los comentarios prácticos que intercambiaban los camareros delante de mí. «Espera, Michelle, te moveré esos barriles de cerveza.» Desde allí, avanzábamos lentamente por la ciudad, bebiendo aquí y allá, hasta llegar a nuestra morada, donde pasábamos las siguientes doce o catorce horas sin separarnos un instante, perdidos en una nube mágica.

Ninguno de ellos me dirigía la palabra de buena gana, como dos ejecutivos experimentados obligados a compartir el despacho con un empleado temporal. Hablaban entre sí con entusiasmo y excitación, en el lenguaje telegráfico y alusivo que su larga experiencia compartida había creado; yo les comprendía, pero no podía intervenir. El dormitorio, vacío de libros, se consideraba su espacio exclusivo; yo tenía que quedarme en el caos de papeles y volúmenes de la sala de estar. La cama de matrimonio, austera, con las sábanas blancas, el escritorio donde Sarah abría su ordenador portátil y se conectaba por vía telefónica con Pour Mieux Vivre, los montoncitos de ropa bien plegada en los rincones, los sujetadores de Sarah, las camisas de John y sus trajes de oficina, todo aquello era el contenido exótico y atrayente de una estancia prohibida, entrevista tan sólo fugazmente en momentos de descuido.

La parte menos variable de nuestra rutina era el intervalo desde que nos encontrábamos en el piso hasta que la sesión realmente tomaba vuelo. Por supuesto, era Sarah quien se encargaba de planificar todos los detalles. Incluso en medio de los montones de libros, y a pesar de las visiones y de la bebida, John hacía un poco de gimnasia cada noche, en un rincón. Sarah, con las gafas puestas y el ceño fruncido, seleccionaba los volúmenes pertinentes entre las pilas distribuidas por el piso. A mí, siempre relegado al papel de monaguillo, me correspondía la tarea de disponer y encender las velas.

A pesar de que yo aceptaba el papel de intruso que me correspondía en nuestra extraña familia, llegado a cierto punto Sarah y John comenzaron a rodear sus asuntos privados de un secretismo más hermético, casi obsesivo; o tal vez lo que ocurría en realidad era que su actitud misteriosa comenzó a avivar mi curiosidad. Cuando llegábamos al piso, antes de comenzar la sesión del día, les notaba más nerviosos y distraídos que de costumbre, y a menudo se encerraban en el dormitorio para discutir en voz baja. Al cabo de un tiempo era manifiesto que las cuestiones más importantes se me ocultaban de forma sistemática, así que decidí poner en marcha mis propias investigaciones, un cometido que mantuve en secreto con grandes dificultades. Desde mi conversación con John en el Kehoe's el día de la Inmaculada Concepción, sabía que Sarah y él conocían misterios, significados ocultos y planes de actuación que a mí, un mero observador dentro de Pour Mieux Vivre, me estaban vedados. Decidí que había llegado la hora de intentar descubrirlos.

Durante el día, las horas en que estábamos separados, comencé a consultar a los libros sobre el paradero y las actividades de Sarah y John. Mientras que al anochecer bastaban uno o dos fragmentos para localizarles, por el día fui incapaz de dar con ellos. Los sincronismos me llevaban invariablemente a conclusiones absurdas, e incluso llegué a sospechar que mis compañeros tenían medios de frustrar mis pesquisas. «¿Dónde está Sarah?», preguntaba una y otra vez, y una y otra vez recibía una respuesta estúpida: *En el agua.* «¿Dónde está John?»: *Debajo.* Si persistía en la búsqueda, a veces lograba dar con un camino que parecía el correcto, los libros me conducían hasta una librería o un monumento donde los nuevos *sortes* que realizaba me hacían notar el rastro reciente de su presencia, del mismo modo que un perro identifica a sus semejantes por el olor de su orina en las esquinas, y tenía la clara impresión de que acababan de marcharse, de que se habían escabullido por un callejón un minuto antes, alertados por el chivatazo de un sincronismo.

En esos días, pasaba por momentos de angustia en los que me parecía que la noche no iba a llegar nunca; el sol resplandecía con tal intensidad, incluso allí, en el cielo nórdico de Irlanda, que estaba seguro de que seguiría brillando para siempre. Rondaba por las calles, esperando que los colores del cielo se endulzaran por el lado de St. James' Gate, río abajo, la señal de que los libros comenzarían a ceder y me guiarían hasta mis compañeros. Por las mañanas, cuando finalmente me armaba de valor y dejaba el piso, tan pronto como cerraba la puerta detrás de mí y comenzaba a caminar por el pasillo, oía cómo se abría la puerta del dormitorio y John y Sarah salían a la sala de estar, hablaban en voz baja animadamente, abrían y cerraban los armarios haciendo preparativos y Sarah tecleaba en su ordenador portátil, que guardaba debajo de la cama.

Tomaban tantas precauciones cuando estaba con ellos, y los *sortes* rechazaban con tanta obstinación darme indicaciones que me permitiera encontrarles antes del anochecer, que resolví cambiar la orientación de mis investigaciones; comencé a ir todos los días a la biblioteca Lecky, donde pasaba una o dos horas haciendo preguntas sobre Pour Mieux Vivre. «¿En qué consiste Pour Mieux Vivre realmente?», pregunté una vez, y fui a parar a una página en blanco. A pesar de que los *sortes* no me permitían encontrar directamente a Sarah y a John *in flagrante delicto* y no me daban tampoco ninguna pista ni ninguna información real sobre la sociedad a la que pertenecían, las respuestas que obtenía eran siempre significativas; algo empezaba a funcionar, algo estaba a la escucha. Durante los siguientes días y semanas, fui orientando astutamente las preguntas hacia cuestiones más concretas, y obtuve interesantes resultados. Por ejemplo:

P.: «¿Qué buscan John y Sarah?».

R.: *El final.*

P.: «¿Qué han hecho hoy John y Sarah en mi ausencia?».

R.: *Se quedaron conversando un rato en el salón, antes de trasladarse a la biblioteca, invitados por el caballero.*

Esa figura, «el caballero», comenzó a aparecer con frecuencia en mis *sortes Leckianae*, bajo distintas apariencias y nombres, oculto en el trasfondo de los pasajes que elegía: un hombre al que aludían los pensamientos y las conversaciones en los momentos menos pensados, que parecía tener una influencia sobre acontecimientos en los que no estaba presente y planeaba como un fantasma sobre los lugares, las habitaciones y las situaciones mucho después de haberse marchado. Pero no logré descubrir nada más acerca de él.

La única oportunidad que tuve de ir más allá en mis pesquisas se presentó inesperadamente y sin ayuda de los libros, en el Trinity, un día en que al salir de la biblioteca Lecky fui a mi habitación, convertida ahora en un tétrico mausoleo, para buscar un par de zapatillas deportivas. Cuando salía del campus, con las zapatillas en mi bolsa de libros, el sol comenzaba a declinar. Decidí ir a tomar una pinta al Café en Seine, donde consultaría los libros para reunirme con Sarah y John. A esa hora del día solía ir a la parte norte de la ciudad, para dejarme rodear por los acentos y los vestidos foráneos de los inmigrantes, o bien, como en aquella ocasión, a Dawson Street, donde observaba a los John e Ian que salían a tomar unas pintas con sus secretarias y compañeros de trabajo. Pero cuando subía la rampa en dirección a Nassau Street, vi a Sarah en el interior del Arts Block. Empujé la puerta de entrada y la seguí. Cruzó el vestíbulo, pasó por el Coffe Dock y se metió en una de las salas de ordenadores del sótano. Esperé un poco antes de asomar cuidadosamente la cabeza por la puerta. Estaba sentada ante un ordenador de la primera fila, encarada a la pared del fondo. Entró en su cuenta personal, introdujo un disquete y comenzó a trabajar. Cuando me pareció que estaba enfrascada en lo que escribía, entré con sigilo y me senté ante un ordenador de la fila inmediatamente posterior, desde donde podía observarla. Estiré el cuello para intentar ver lo que estaba escribiendo. Era un correo electrónico bastante largo, pero Sarah había configurado el texto con el tamaño de letra mínimo. Tecleaba su misiva con las gafas puestas, y las letras de la pantalla se reflejaban en sus cristales, diminutas, como la de aquellos vendedores ambulantes de los países cálidos que escriben los nombres de los turistas en granos de arroz. En la sala había dos personas más, una en la fila de delante y otra detrás de mí; temía inclinarme demasiado y que se dieran cuenta de que estaba espiando a Sarah. A pesar de ello logré distinguir la dirección del destinatario del último mensaje, «lahillen@eurosur.org». Me dio un vuelco el corazón cuando vi el nombre que figuraba al lado: «L. Anina Hillén 'Luis'». Para no levantar sospechas de los otros dos usuarios, abrí un procesador de texto y comencé a escribir cualquier cosa.

ni hallen a Nil

En la pantalla de Sarah se abrió una ventana de impresión. Se levantó y se dirigió a la impresora situada en la parte delantera de la sala, a dos filas de distancia de donde yo estaba sentado. Bajé la cabeza tanto como pude y seguí escribiendo.

níl na héin, lá

La impresora expulsó una hoja de papel. Sarah la recogió y la miró contrariada.

–Esa impresora está estropeada –dijo uno de los dos tipos que trabajaban en la sala–, envíalo a la otra.

–Gracias... –murmuró Sarah.

Sentí una gran excitación al ver que lanzaba la hoja mal impresa a la papelera. Mantuve la cabeza agachada mientras volvía a su ordenador y repetía la orden de impresión. Acto seguido cerró su cuenta personal y se marchó. Corrí hasta la papelera junto a la impresora y cogí el papel que Sarah había desechado. Estaba emborronado, faltaban letras e incluso palabras enteras, pero gran parte del texto estaba intacto. Lo doblé, me lo guardé en el bolsillo y salí, dispuesto a proseguir con las deambulaciones de aquella jornada.

Pasaron algunos días antes de que pudiera leerlo. Durante el día, me era muy difícil concentrarme en la lectura de un texto mayor que un sincronismo, y en Northumberland Road temía ser descubierto. Lo guardé plegado dentro de mi neceser, como si fuera el plano para cavar un túnel por debajo del castillo de Colditz. Un anochecer, al final de aquella semana, retardé mi encuentro con Sarah y John y me dirigí a la biblioteca Lecky. Sentado en el piso superior, al fondo de la sección de español, desplegué el papel, que olía a pasta de dientes y a espuma de afeitar, y lo leí palabra por palabra, con la ayuda de un diccionario y de la gramática castellana de Butt and Benjamin. Descubrí horrorizado, al desplegar la hoja húmeda y jabonosa, que un líquido derramado dentro del neceser había borrado la mayor parte del texto –por el olor, pensé que sería el aftershave que había cogido del baño de Ian mucho tiempo atrás, para poder conjurar su recuerdo en su ausencia, como el genio de una botella–. Lo que todavía podía leerse era poco más de una frase. Traducir incluso ese pequeño fragmento en español fue una ardua tarea para mí, que requirió no sólo consultas al diccionario, sino también una laboriosa búsqueda en la gramática de las conjugaciones, los tiempos verbales y otras dudas de ese tipo. Mis esfuerzos por volcar aquel texto al inglés dieron como resultado la siguiente prosa, hueca y decepcionante:

> De: L. Anina Hillén lahillen@eurosur.org
> Para: Sarah Ní Dhuibhir nidhuibhs@tcd.ie
> ¡Al comienzo, Sarah, todo son palabras! Es después de la siesta, he estado tumbado un largo rato y en lugar de las palabras de nuestro «terreno», todo lo que me viene a la mente es el dialecto rudo de mi tierra, las palabras de mi patria sureña. Tengo la intención de cruzar transversalmente el continente e ir a visitar tu isla lluviosa dentro de dos semanas

Ante aquella información fragmentaria pero estimulante, y debido en parte a la habilidad que había desarrollado por entonces para convertir los pedazos sueltos en vastas historias, sentí una gran excitación. Llegué a pensar incluso que lo que Sarah y John estaban planeando, bajo las instrucciones de Luis, podía ser una especie de crimen ritual, una serie de asesinatos que siguieran un orden indicado por los *sortes*, como el deletreo de algún mensaje o alguna regla de simetría. Sin embargo, en el mundo de penumbra y de imágenes vacilantes que habitaba en aquellos días, no me pareció que esa nueva idea tuviera la menor relevancia en el terreno humano; la vi más bien como una interesante incursión en un nuevo género de actividades, y nuestros hábitos cotidianos siguieron como hasta entonces: las noches en Northumberland Road, los días cumpliendo mis recorridos épicos por la ciudad.

Una tarde de abril, me encontraba paseando, como hacía

con frecuencia, por los alrededores de O'Connell Street, una zona relativamente confortable para mí, porque atraía también a otros personajes marginales, más humanos tal vez, como refugiados políticos sin permiso de trabajo, desempleados procedentes de los suburbios y jóvenes con las manos sucias, que en una novela de los años treinta o en una mala película habrían hecho el papel de vendedores de periódicos. Vagaba por esas calles, guiado por los libros, soñando despierto en una sucesión pausada de imágenes que enturbiaban la realidad circundante. Como de costumbre, me seducía la mezcla del tono melódico de los vendedores de fruta dublineses y las voces tímidas y dislocadas de los nigerianos y rumanos de Moore Street. Me dejé llevar hasta allí, donde compré una manzana y un Kit Kat y me demoré felizmente entre los puestos del mercado. Entonces, a pesar de la espesa niebla que me separaba del mundo exterior, alguien me llamó la atención. No era una percepción visual, ni procedía de ningún otro de los sentidos, era más bien un reconocimiento fundamental, una distorsión en el sónar. Al principio pensé que sería Pablo, mi viejo guía, a quien ahora veía solamente, a lo lejos, en mis visiones de París, que se repetían de vez en cuando, pero al darme la vuelta para mirar a aquella persona, que alargaba sonriente una mano con algunos euros y con la otra recibía del vendedor una bolsa de plástico azul llena de fruta, vi a Paula McVeigh.

Instintivamente quise esconderme, pero me quedé paralizado, a dos pasos de ella. Paula dejó la bolsa de fruta en el suelo, junto a las otras, de Marks & Spencer, Habitat y Hodges Figgis, volvió a cogerlas tras haber redistribuido el peso, se dio la vuelta para marcharse y me vio.

–¡Niall!

Hacía tanto tiempo que no oía a nadie decir mi nombre de aquel modo –los mensajes de texto que intercambiaba con mis padres eran tan prácticos y concisos como un télex– que quedé mudo, profundamente conmovido. Mis ojos se llenaron de lágrimas y aparté la vista hacia los chicles aplastados del suelo, no tanto para ocultar las lágrimas como el vergonzoso brillo verde de mis ojos.

–¡Niall! –repitió, y doblando ligeramente las rodillas, volvió a dejar las bolsas en el suelo.

En lugar de abrir los brazos para que la abrazara, como hacían mis tías, ella se acercó, me agarró por los hombros y me besó enérgicamente en las dos mejillas.

–Niall, me alegro de verte –dijo, con un afecto sincero, y con su mano huesuda y llena de anillos me levantó la mejilla para verme la cara–. Tienes mal aspecto... –Se apartó y me miró con atención–. Parece que no comes mucho –dijo.

–Tú tienes buen aspecto –dije indeciso, rompiendo al fin mi silencio.

–No, no tengo buen aspecto –dijo con una risa amarga–, tengo un aspecto horrible.

Era cierto. Incluso yo, que llevaba mucho tiempo sin tratar a nadie que tuviera una apariencia física saludable, me daba cuenta. Tenía arrugas en la cara, estaba envejecida y agotada y, cosa rara en ella, había descuidado el tinte rubio de su pelo hasta el extremo que sólo le cubría las puntas abiertas y fatigadas.

–Mi vida es un infierno últimamente –dijo–. Un infierno. Es injusto. Patrick dice que has desaparecido del mapa.

Para mí era extraño y difícil mantener una conversación normal como aquélla. Creía haberme vuelto invisible para el resto del mundo; suponía que, del mismo modo que los demás individuos se habían disuelto en el entramado de colores, básicamente abstracto, que me rodeaba, yo me habría disgregado para ellos en fragmentos de otras cosas, en pedazos de sonido y de cielo. Nuestra integridad física, la permanencia de los dos cuerpos, uno enfrente del otro en Moore Street, me abrumó. Por un momento añoré la vida de antes. Mis lágrimas caían al suelo, sin que Paula se diera cuenta.

–Me dijo que intentaba ponerse en contacto contigo, pero que debías de haber perdido el móvil o algo.

Sacudí la cabeza para que las cosas se mantuvieran estables delante de mí y reuní todas mis fuerzas.

–Sí –dije–, lo perdí. Aunque tampoco he puesto mucho de mi parte para mantener el contacto. Me siento fatal por ello. Coger el ritmo de la universidad ha sido... muy duro para mí, sabes, no me sentía con fuerzas para...

–Lo sé, Niall, lo sé –dijo–. A Patrick también le está costando. Tal vez incluso más que a ti. ¿Tienes tiempo de tomar una copa con una vieja carroza?

Le dije que sí. Le pregunté si conocía algún bar cercano, pero ella quería volver al Dunne and Crescenzi's, en Frederick Street, enfrente del Trinity. Dijo que aquél sería «nuestro lugar», y allí nos dirigimos. Al comienzo habló de los proyectos sociales y los acontecimientos políticos que se avecinaban, la nueva línea de tranvía de la Luas desde Sandyford y Tallaght hasta el centro, el referéndum racista de Michael McDowell y algo sobre el tabaco. Cuando estuvimos sentados en el Dunne and Crescenzi's, con una botella abierta delante de nosotros, pasó a hablar de su situación personal.

Frank la había dejado, dijo, no había otra forma de decirlo. No tenía mucho que contar, no había ocurrido nada raro. Lo había visto mil veces en otros hombres, dijo, simplemente llegan a una edad en la que ya no quieren estar casados. Cretinos. Me dijo que no me ofendiera, pero que los hombres no aprenden nada con el paso de los años. ¿A cuántas mujeres conocía que le dieran la espalda a veinticinco años de convivencia y de esfuerzos compartidos a cambio de un pequeño piso de diseño, con luces de intensidad graduable, y cenas con champán con un jovencito? ¿A cuántas mujeres conocía que se hubieran marchado de pronto, dejando solo a un hombre? No dije nada.

–Ninguna –aventuró acertadamente–. Sólo los hombres se marchan. Las mujeres se quedan. ¿Y sabes por qué? Porque las mujeres aprenden. ¿Y sabes por qué aprenden? Porque escuchan. Los hombres no escuchan. Hablan, hablan, hablan durante cincuenta años, y de pronto un día piensan que se están haciendo viejos y se marchan a buscar una más joven. Grandísimos cretinos.

Lo que la consolaba era pensar que no era nada personal, lo había visto mil veces, repitió. Aclaró que Frank había encontrado una mujer más joven, lo que le convertía en un estúpido.

Se había mudado a un apartamento en Blackrock. Paula suponía que con la otra mujer, la más joven, pero no lo sabía a ciencia cierta, o no quería saberlo. Por el momento Patrick rechazaba ver a su padre, o sea que tampoco él podía saberlo. Paula esperaba que Patrick y yo fuéramos distintos.

–Por Dios, espero que no seáis como vuestros padres. Como su generación, quiero decir. Espero que sepáis escuchar. Patrick me preocupa –continuó–, me refiero a que un chico y su padre... es crucial para su autoestima y su madurez, ¿sabes? Quiero decir, lo más grave no es cómo me ha tratado a mí, sino a su propio hijo...

Su matrimonio no marchaba muy bien desde hacía un tiempo, reflexionó retrospectivamente. Era cierto que habían dejado de salir a cenar, al cine y esas cosas, pero ella nunca pensó que tuvieran ningún problema grave. Por supuesto, Frank estaba *siempre* en el trabajo, mientras ella trabajaba sólo tres días por semana. Él salía de casa a las seis de la mañana y no regresaba hasta las diez de la noche. Tal vez podía haber sospechado algo los fines de semana, por la forma en que pasaba tanto tiempo jugando al golf, o al menos eso decía. Por su parte, ella salía siempre a comer con sus amigas o al teatro, dando por sentado, ahora se daba cuenta, que él no estaría disponible.

–Pero el hecho es, Niall, que siempre fuimos correctos el uno con el otro. Quiero decir, cuando estábamos juntos, podíamos tener largas conversaciones, sobre cualquier cosa, sabes, nos reíamos... realmente disfrutábamos de la compañía del otro... Esto es lo más triste. Es como si no fuéramos dos individuos, sino un incidente previsto en las estadísticas, hombre de cincuenta deja a su mujer por una chica de veinticinco. Es asquerosamente banal...

Se quedó mirando al vacío. Yo, sin saber qué hacer, le di unas palmadas en la mano. Ella me la tomó y me miró con ojos desesperados, con el maquillaje corrido.

–Por favor, ponte en contacto con Patrick. ¿Lo harás? ¿Lo harás por mí? Es mi único hijo... y un chico y su padre, es tan... ¿Querrás hacerlo por mí? Eres un buen chico, Niall, de verdad lo eres. Gracias por hacer compañía a esta pobre vieja. No puedes imaginarte el consuelo que es para mí poder hablar de todo esto con una persona joven...

Asentí, aunque me resultaba muy difícil conservar el sentido de la realidad. Pensaba que en cualquier momento el Dunne and Crescenzi's podía transformarse en una calle de París o ser bombardeado con señales y símbolos por todas partes o de pronto Paula podía alejarse de mí, como vista a través de un telescopio invertido.

–Sabes, él se ha marchado, ha decidido irse y ya está. Lo acepto. Si me trata correctamente una vez separados, lo acepto. Pero necesito una explicación, lo entiendes, Niall, todo el mundo la necesita. Hay algunas cosas que quiero saber. Algunas preguntas que no puedo dejar sin respuesta.

Lentamente, una idea se formó en mi cabeza, una visión de la distancia entre el mundo de Paula y el mío, y de cómo salvarla. Ella estaba perdida, y yo sabía cómo ayudarla, sabía qué le podía ofrecer.

–Paula –dije lleno de excitación–, Paula, ¿cuál es la pregunta que quieres hacer?

Respiró hondo.

–Niall, hemos estado casados durante veinticuatro años. El próximo junio hubiera sido nuestro veinticinco aniversario de boda. Necesito saber por qué se ha marchado. Por qué nuestro matrimonio le hacía desdichado. Por qué necesitaba volver a ser joven.

–Pu... pu... puedes saberlo –farfullé–, de veras.

–¿Sí? ¿Tú crees? –preguntó–. Todo el mundo me dice que estas preguntas no tienen respuesta. Es lo que opinan todas mis amigas. Me lo dijo mi hermana esta mañana. Me lo dice Patrick, que sólo tiene diecinueve años.

–Sí –insistí–, de veras, hay una forma de saberlo.

Paula miraba por la ventana hacia Frederick Street; la llovizna del atardecer comenzaba a salpicar los cristales del Dunne and Crescenzi's. Tomó un sorbo de vino y suspiró.

–Supongo que si espero un poco, si dejo pasar un tiempo

hasta que se pase... el trauma... entonces tal vez conservemos una cierta amistad y podamos hablar de todo lo ocurrido. Dios mío, recuerdo como si fuera ahora cuando me invitó a uno de los conciertos del mediodía en el maldito Concert Hall...

–No, no –dije, inclinándome hacia ella y tomándola por el brazo–, no le necesitas a él para hallar las respuestas, sólo...

–Oh claro, Patrick dice lo mismo, dándome la lata con que vaya al psicólogo y todo eso. Debo hallar las respuestas dentro de mí misma, dice. Pero vosotros sois muy jóvenes, no sabéis... también necesito respuestas que vengan de fuera... los sentimientos no lo son todo, os daréis cuenta cuando tengáis mi edad, veréis que también están los hechos, que los hechos existen, y que tarde o temprano uno acaba chocando contra el muro de la realidad...

Alargué la mano hasta su bolsa de Hodges Figgis y saqué de ella un libro. De pronto sentí un gran entusiasmo. Finalmente había alcanzado el siguiente nivel dentro de Pour Mieux Vivre, una prueba fundamental: mi primera conversión. Paula iba a ser iniciada en ese nuevo mundo por mí, como yo lo había sido por John, John por Sarah, ella por Luis y él a su vez por alguna otra persona, en una cadena que retrocedía en el tiempo, recorriendo distintos idiomas y continentes, y comprendía las vidas de muchos hombres.

–Muy bien, Paula –dije, sintiéndome de nuevo como en el amanecer en Ranelagh en que hice mis primeros *sortes*, reviviendo la emoción de sentir que la puerta de acceso a un nuevo mundo estaba a punto de abrirse–, ¿qué es lo que quieres saber? Quiero decir ¿cómo formularías la pregunta?

Ella me miraba a mí y al libro que tenía en la mano, confundida.

–Niall... no sé qué pretendes...

–Confía en mí, de veras –dije–, el resultado no te va a decepcionar, te lo aseguro. Sólo tienes que decirme lo que quieres saber.

–Yo no... –comenzó, pero luego dijo en tono fatigado, como para calmarme–, bueno, quisiera saber qué fue exactamente lo que le llevó a tomar esa decisión... pero la pregunta no es tan sencilla, sabes... estamos hablando de veinticuatro años de matrimonio... tú eres tan joven...

Estaba perpleja y un poco asustada, pero yo sentía la excitación de revivir el comienzo con ella. ¿Iba a vivir con nosotros en Northumberland Road? ¿Por qué no?

–¿Por qué Frank abandonó a Paula? –pregunté en voz alta.

Me miró con incredulidad mientras pasaba las hojas del libro que acababa de comprar. Le leí el fragmento elegido:

> ¡Qué hora tan excelsa pasé en Gordon Square! Me causó un gran placer, como el brandy de Saxon, la irrealidad y todas las sensaciones que afectaban a mi mente, pero por supuesto si me hubiera quedado hubiera tenido que poner otra vez los pies en tierra. ¿Acaso fue todo diversión? Espero que no.

Era perfecto. Pude oír cómo la música y el cántico en latín llegaban desde lejos y comenzaban a girar a nuestro alrededor. Dejé el libro sobre la mesa y miré a Paula con una amplia sonrisa. Pero ella no sonreía.

–¿Se puede saber en qué te has metido? –susurró con voz ronca–. ¿En qué, por el amor de Dios?

Se le quebró la voz. Se levantó, se puso el abrigo y recogió las bolsas. Sus lágrimas caían al suelo. Me puse en pie para cerrarle el paso.

–¡Escucha! Sólo tienes que escuchar y verás lo que quiero decir –dije, y comencé a leer de nuevo,

> ¡Qué hora tan excelsa pasé en Gordon Square!...

Dio la vuelta por el otro lado de la mesa, para no tener que empujarme, para no tener ni siquiera que tocarme, y se marchó. Me quedé de pie, impotente, ante nuestra mesa, con la botella medio vacía y los dos vasos, mientras ella salía apresuradamente a la calle. Los otros clientes me miraban con curiosidad. Paula se detuvo un momento junto a la ventana para secarse los ojos, y luego se marchó hacia Nassau Street. Había dejado un billete de cincuenta euros sobre la mesa para pagar la cuenta. Antes de marcharme, puse su libro en la bolsa, con los demás. El cántico en latín daba vueltas a mi alrededor, sobreponiéndose a cualquier otro sonido:

Docebo iniquos vias tuas: et impii ad et convertentur.

Enseñaré a los rebeldes tus caminos: y los pecadores volverán a ti.

Al anochecer no intenté encontrar a John y a Sarah. En lugar de eso, vagué por la ciudad a mi antojo. Primero caminé en dirección a casa de los McVeigh, pero me detuve en Donnybrook, donde los coches que salían del centro a la hora punta comenzaban a encender los faros. Me quedé un rato junto a la autopista y los vi alejarse, en una envidiable procesión hacia el sur. Caminé de vuelta al centro, recorriendo lentamente los muelles, y me dirigí al Front Lounge con la esperanza de ver a Chris; en efecto le vi, sentado a la misma mesa que habíamos compartido unos meses antes, incluso con algunas de las mismas personas, cuyos nombres e identidades se habían perdido en la niebla espesa que me separaba de la vida de entonces. Me senté en la barra a beber y a hacer algunos *sortes*. Desde allí le veía hablar, levantando de pronto la cabeza con una carcajada o un gesto de exasperación teatral, y flirtear con el chico joven y rubio que se sentaba enfrente de él. Le observé mientras acudía a la barra para pedir otra ronda, se chupaba los dedos para limpiar la espuma derramada de la Guinness y se excusaba y saludaba a sus conocidos al pasar entre la concurrencia gay del local. Le observé, manteniéndome cuidadosamente fuera del alcance de su mirada alegre, hasta que él y su grupo salieron del pub para ir a bailar. Yo también salí entonces, y tomé mi propio camino en la oscuridad de la noche.

En Dame Street, enfrente del Dublin Castle, vi a alguien que conocía de vista, una mujer de una aldea de habla irlandesa de Kerry que tocaba el acordeón en la salida de la estación de tren de Tara Street, una lesbiana con el pelo corto y rubio que vestía como un hombre. Me gustaba oírla hablar su lengua de las montañas, cuando pasaba alguien que se dirigía a ella en irlandés, el sonido de la hierba, del brezo y del mar entre la suciedad humeante bajo el Butt Bridge. La seguí por las calles del centro hasta el O'Donoghue's de Baggot Street, donde se sentó con otros músicos y tocaron juntos sus tonadas tradicionales, ante la mirada de los primeros turistas de la temporada, parejas de italianos de unos treinta años, con alegres chaquetas brillantes y bolsas Invicta. Los *bodhráin*[1] retumbaban en mi cabeza; me dejé llevar por el recorrido cíclico de las gaitas y los violines, por las vueltas interminables de los *reels*, piezas tradicionales que, por más lejos que se aventuraran, siempre acababan volviendo al tema principal. Me senté, hipnotizado por la música, por aquellos sonidos que procedían de la costa y los valles del oeste, y comenzaron a flotar ante mí las gratas imágenes de la escuela de irlandés a la que asistí con Patrick. Al recordar entonces parcialmente la persona que podría haber sido, pude apreciar en su verdadera medida la distancia que separaba la vida de antes de la de ahora, el modo inexorable en que aquella tregua iba a terminar de un momento a otro, el miedo silencioso y mortal, como el que debieron de sentir los Romanov en Ekaterimburgo o como el de una institutriz solterona de la época victoriana en las últimas horas de su día libre.

Efectivamente, mi día libre terminó pronto. En el punto álgido de la sesión, cuando el acordeonista apretaba los ojos cerrados y dejaba que sus dedos volaran sobre las teclas, vi a John y a Sarah, sentados a una mesa cercana a la puerta. Sarah tenía las piernas cruzadas y fumaba mirando a los músicos con expresión aburrida. John estaba inclinado hacia atrás, apoyado sobre los codos, y me miraba de forma lúgubre por encima de su pinta. Cuando la pieza llegó a su fin y los músicos hicieron una pausa para pedir más bebidas y charlar un poco, John me

1. Tambores tradicionales irlandeses. *(N. del T.)*

indicó que me acercara con un gesto de la cabeza, un gesto que no mostraba el menor resquicio de solicitud o de duda, una orden distraída e inapelable. Sarah salió a la calle. Cogí mi bolsa de libros y fui hasta su mesa. Aguardé en silencio, dócilmente, a que John apurara su pinta y me condujeran de vuelta a Northumberland Road.

Ocho

Después de aquel día, nunca volví a faltar a mi encuentro con John y Sarah. Los preparativos que hacían en privado se volvieron cada vez más intensos y agitados, debido, supuse, a la inminente visita de Luis. Un nuevo ritual se agregó a nuestro proceder diario. Cuando llegábamos a Northumberland Road, se encerraban en el dormitorio y tecleaban en el ordenador durante una o dos horas. Todo el tiempo les oía hablar en voz baja, pero el tecleo no se detenía; debieron de producir una extraordinaria cantidad de prosa. Yo me sentaba en el sofá de la sala de estar (el único espacio no cubierto de libros) o, cuando hacía buen tiempo, en el pequeño balcón de la salida de incendios, y bebía vino blanco mientras consultaba una pequeña pila de libros. Hacía preguntas prácticas y despreocupadas, casi como las que planteaba al principio de mi vinculación con Pour Mieux Vivre.

–¿Qué es lo que debo aprender?

> Las interacciones pueden dar lugar a una exquisita variedad en las formas de las galaxias.

Y, por supuesto, preguntas curiosas sobre lo que ocurría al otro lado de la puerta:

> San Francisco, en los comienzos de su religión, habiendo reunido a sus compañeros para hablar sobre Cristo, en un momento de exaltación espiritual le pidió a uno de ellos, en nombre de Dios, que abriera la boca y hablara según la inspiración del Espíritu Santo.

Unos tonos electrónicos indicaban el momento en que daban por terminada su redacción privada y se conectaban a Internet. Entonces comenzaba a preparar la sala de estar para la sesión de la noche. Sarah me daba instrucciones precisas antes de encerrarse en el dormitorio con John, puesto que las sesiones se habían vuelto cada vez más complicadas y misteriosas, completamente distintas, a esas alturas, de la lectura en voz alta a la luz de las velas que practicábamos al principio. A medida que pasaron los meses, Sarah introdujo nuevos detalles, hizo reajustes y cambió los objetos que utilizábamos, hasta el punto de que, sin que yo me diera cuenta, nuestras actividades nocturnas ya no tenían mucho que ver con los libros, y eran ceremonias que más bien involucraban, si no estrellas de cinco puntas y miembros de reptiles, sí al menos ritos extraños y fragmentos de lenguas y supersticiones arcanas. A cualquiera que hubiera visto nuestro piso, le habría parecido más el escondite de un grupo de adeptos a las ciencias ocultas que el lugar de reunión de un club de lectores excesivamente entusiastas. Los resultados se hicieron a un tiempo más espectaculares y más extraños; mis divagaciones diurnas, en concordancia, más delirantes y turbias. La realidad concreta tan sólo nos afectaba cuando topábamos con ella físicamente, como la vez que echaron a Sarah del Isolde's Tower por encender un cigarrillo, después de que entrara en vigor, sin que nosotros lo supiéramos, la prohibición de fumar en los establecimientos públicos.

En algún momento, mis dos horas de lucidez semanales desaparecieron, con el resultado de que dejé de mandar mensajes a casa. Me di cuenta de esta circunstancia un día gris y lluvioso cuando, caminando sobre los adoquines resbaladizos del Trinity, vi a Ciara y a Patrick delante de la puerta del edificio 16. Patrick estaba llamando al botón superior del interfono, el de mi habitación, y Ciara, detrás de él, miraba intrigada hacia mi ventana. Sacó su móvil del bolsillo, marcó una llamada y se lo llevó a la oreja; luego sacudió la cabeza mirando a Patrick y colgó. Yo estaba en una esquina de las pistas de tenis, debajo de los cerezos empapados. Las gotas frías de lluvia me corrían por el cuello.

Les vi llamar insistentemente antes de marcharse juntos por la acera del Graduate Memorial Building.

Imaginé su despedida en Nassau Street, Patrick desatando su bicicleta de una farola y poniéndose el casco, Ciara diciéndole adiós con la mano y caminando hacia la estación de tren de Westland Row para volver a Sandycove. Era extrañamente conmovedor verles juntos, una pareja inesperada, formada por mi causa. Aunque de manera muy superficial, se conocían desde hacía muchos años, desde que Patrick y yo empezamos a visitarnos el uno al otro los fines de semana, a los doce años, cuando Ciara era una niña de diez que miraba los dibujos animados en la habitación de al lado.

Al ver la pareja efímera de Ciara y Patrick, me pareció que toda una vida humana me estaba dejando de lado. El tiempo seguía girando en torno a un eje inamovible, pero yo me había apeado, y lo veía girar desde cierta distancia, lejano, irreal y, por encima de todo, silencioso, como cuando Ciara, Patrick y yo éramos niños y solíamos contemplar la gran noria en el centro del parque de atracciones Funderland de Ballsbridge. Su mundo temporal pasaba a mi lado como una música de feria lejana, cargada de nostalgia pero, en comparación con la vida que tenía ahora, repulsiva y banal.

En cualquier caso, sabía que tenía que evitar su intromisión, así que reuní todas mis fuerzas y llamé a Sandycove desde el túnel de Nassau Street. Mi madre, que, como siempre, fue quien cogió el teléfono, estaba preocupada. Le dije que estaba bien, que había perdido el móvil hacía algún tiempo (dudoso de cuántos días habían pasado sin decirles nada, preferí no concretar), y que muchas noches me quedaba hasta tarde en las fiestas que mis amigos organizaban en sus pisos. Mi madre dudaba, e hizo una pausa para considerar si debía creer lo que le decía.

–Niall, nos llamó Paula McVeigh. Nos dijo que te había visto en el centro y que le pareció que algo iba mal.

Me quedé callado. Por supuesto, la existencia de un testigo dificultaba mucho las cosas. La única salida que se me ocurrió fue intentar desacreditarlo, y me agarré al primer argumento que me pasó por la cabeza:

–Sinceramente, mamá, a mí me pareció que era ella quien no estaba bien –dije.

–¿Qué quieres decir?

El gallo cantó tres veces a mi espalda, mientras respondía:

–No sabía lo que decía. Estaba completamente bebida a las cuatro de la tarde.

–¿De veras?

–Siempre tuvo tendencia a empinar el codo –dije.

–Sí, ya lo sé –dijo mi madre–. Es cierto que hablaba de forma confusa cuando llamó. Y he oído que Frank la ha dejado por una mujer más joven.

–Cuando la vi en Moore Street, hablaba sola y tenía la nariz roja –proseguí, con cuidado de no exagerar–. Al principio no la reconocí, la tomé por una de esas mujeres que viven en la calle. Es muy triste.

–Es terrible... –murmuró mi madre–. ¿Y no te reconoció?

–No, me acerqué y le pregunté si se encontraba bien, pero ella no supo quién era. Se lo repetí una y otra vez, que era Niall Lenihan, el amigo de Patrick del Gonzaga. Paré un taxi para que la llevara a casa. Ni siquiera podía recordar su dirección. Es sorprendente que recuerde haberme visto.

–Bueno, cuando llamó estaba alterada. Hablaba de forma incoherente, ahora que lo pienso. Ciara fue a tu habitación de la universidad para ver si estabas bien.

–Vaya, lo siento, no estaba en ese momento.

–Bueno, a lo mejor puedes venir a comer algún domingo, ¿no, mi cielo?

–Sí, tal vez pueda, me encantaría, pero se acercan los exámenes, y antes de ir tengo que ponerme al día del trabajo.

–Lo sé, lo sé, no quiero presionarte. Pero nos encantaría que vinieras.

Me despedí rápidamente, porque el día comenzaba a declinar y la llamada de Sarah, John y los libros se hacía cada vez más apremiante, causándome una tensión insoportable en las entrañas. Las voces ajetreadas de la gente que pasaba a mi lado, de camino entre el Trinity y Nassau Street, se separaban de su contexto y formaban fragmentos lejanos, pero definidos, del cántico de siempre, que resonaba en el interior del túnel:

Auditui meo dabis gaudium et laetitiam
et exsultabunt ossa humiliata.
Averte faciem tuam a peccatis meis
et omnes iniquitates meas dele.

Devuélveme el son del gozo y la alegría
exulten los huesos que machacaste tú.
Retira tu faz de mis pecados,
borra todas mis culpas.

Es difícil explicar de forma precisa la mezcla de alivio y repulsión que sentí al reencontrarme con John y Sarah, y volver al piso que hubiéramos llamado nuestro hogar, si esa palabra hubiera existido en nuestro lenguaje. En el mundo que habitábamos no había padres, hermanos ni amigos, ni chicos y chicas vestidos con el uniforme del instituto, ni reglas, compases y gomas de borrar, ni mujeres abandonadas por sus maridos; estábamos los tres solos, con los libros, las velas, el Southern Comfort, los salmos de la Vulgata que procedían del éter y las visiones sobrenaturales, cada vez más extrañas. Pero mi esperanza se mantenía viva por la perspectiva de un cambio inminente, la llegada de Luis, de la que tenía conocimiento por el pequeño fragmento de su correspondencia con Sarah que había podido interceptar y traducir de forma precaria. Estaba extremadamente excitado con la idea de su visita. Sarah, John y yo vivíamos en un aislamiento total, y nuestra ruptura con el mundo que nos rodeaba no estaba compensada en modo alguno, al menos en mi caso, con una vinculación con la sociedad secreta internacional de Pour Mieux Vivre. Si sabía que nuestra pequeña familia era una pieza integrada en una gran organización, era tan sólo por la breve descripción de Pour Mieux Vivre que me hizo John antes de que me uniera a ellos, y por los correos electrónicos que Sarah recibía en su ordenador portátil, en el dormitorio de Northumberland Road; pero no tenía ninguna evidencia directa de ello, no tenía ningún contacto ni recibía ninguna información del resto de miembros de la organización. Con el paso del tiempo, nuestras actividades se volvieron, si no repetitivas exactamente, sí al menos faltas de una perspectiva más amplia. De hecho, la idea, que me asaltaba de vez en cuando, de que el contacto con el núcleo principal de Pour Mieux Vivre, o con algún otro grupo como el nuestro, podía no producirse nunca me causaba un pavor horrible en lo más hondo de mi corazón. Por más asombroso y bello que fuera el mundo nuevo, a partir de cierto punto, la perspectiva de que íbamos a ser sus únicos habitantes me causaba una sensación de soledad eterna que me helaba la sangre.

La visita de Luis, entonces, era a la vez una fuente de alivio y de excitación. No hablábamos nunca explícitamente de ello, pero me parecía evidente que Sarah y John estaban haciendo preparativos. Ignoro si ellos estaban al corriente de lo que yo había descubierto por mi cuenta, pero determinadas gestiones, como la reserva de una habitación de hotel, las hicieron sin preocuparse de ocultarlas. Entonces, una mañana, unas dos semanas después de que me hiciera con la copia defectuosa del correo electrónico, cuando me preparaba para abandonar el piso y emprender mi recorrido solitario por la ciudad, Sarah y John salieron del dormitorio. Sarah quería decirme algo antes de que me marchara.

–Niall, tienes que estar fuera algunos días.

Estaba de espaldas a ella, aclarando una taza para tomarme el café de la mañana. No me volví, y aunque conocía perfectamente el motivo, me hice el inocente.

–¿Por qué?

–Lo sabes muy bien.

Con un repentino espíritu de rebeldía, decidí que no iba a ponérselo fácil.

–¿De veras?

–Sí.

–No, no lo sé.

Me serví el café y me di la vuelta, con la taza en la mano. Ella estaba de pie en la puerta, con las manos en la cintura, y me miraba desafiante. John, a su lado, descalzo y con la ropa arrugada, paseaba la vista distraídamente por la habitación, como un turista fatigado por el sol contemplando los mosaicos del techo de una iglesia.

–¡Niall! –exclamó Sarah, contrariada–. Hazlo y punto, ¿de acuerdo?

–Lo haré si me dices por qué.

John, con la vista en el techo, murmuró algo que no entendí. Sarah resopló con fastidio.

–Muy bien, como quieras. Como ya habrás averiguado, sin duda, puesto que no dejas de espiarnos, Luis, de la... organización, va a venir a Dublín y pasará aquí algunos días. Por eso no queremos verte por aquí.

–Quiero conocerle.

–No puedes.

–¿Por qué no puedo?

–Porque no.

–Bueno, díselo y ya está... –gruñó John con los ojos cerrados.

–Díselo tú, entonces.

Sarah volvió al dormitorio y se oyó cómo encendía un cigarrillo. John, como siempre en aquellos días, parecía medio dormido. Llevaba una camiseta azul claro y unos vaqueros con el cinturón desabrochado. Apoyaba un pie en la puerta de entrada, a su espalda, y el codo en una estantería; la cabeza reposaba indolentemente sobre el otro brazo, contra la pared. Hablaba con los ojos cerrados. Tener que dirigirse a mí, especialmente para tratar de cuestiones tan prosaicas, le provocaba una gran fatiga. El tiempo que habíamos compartido era como una caverna oscura, que la hoguera de nuestros ritos transformaba en una estancia trémula y deprimente, poblada de enormes sombras y de caras extrañas que mudaban de forma. Ahora, en aquel ambiente desangelado, John hablaba como si el lenguaje natural, comunicativo, no extraído de los libros con el filtro de los sincronismos, fuera un idioma extranjero que recordaba parcialmente al de la escuela, como si fuera un abogado pasando el preceptivo examen de irlandés.

–Mira, Niall... Luis no sabe que tú, bueno... que tú sabes algo. Le preguntamos si teníamos que iniciarte en todo esto, después de lo que ocurrió aquella noche en el Kehoe's, antes de Navidad, me refiero. Y dijo que no. Se enfadó mucho con nosotros. Bueno, con Sarah. Ya no le había gustado que yo me metiera en todo esto. Así que nos dijo que nos libráramos de ti.

–Pero luego... –dije.

–Pero luego –prosiguió con un suspiro–, como sabes, fuimos a parar a este piso. Nunca se lo dijimos, y no debe saberlo.

Dejó caer los brazos a los lados y abrió los ojos.

Su tono era sumiso e impersonal, pero había en él una tristeza que no había visto hasta entonces.

–Así que tengo que mantenerme alejado de él.

–Exacto.

–¿Y tú?

Volvió al dormitorio sin responder.

Esa reacción se debió a que la respuesta no era la que él deseaba. Sarah temía que les siguiera el rastro con la ayuda de los *sortes*, y supuestamente le confió a John la tarea de mantenerme alejado. Aquella mañana, mientras Sarah preparaba una pequeña maleta para pasar unos días en una habitación de hotel con Luis, era evidente que volvía a existir entre John y yo el vínculo no deseado de una exclusión compartida, porque tampoco a John le estaba permitido reunirse con el gurú. Estaba furioso, no sólo por la frustración de no poder plantear sus propias preguntas y saciar su solitaria, ardiente curiosidad, el deseo de un hijo adoptado de conocer a su padre biológico, sino también porque aquella situación demostraba que, a los ojos de Sarah, la diferencia entre él y yo, dentro de nuestra mezquina jerarquía, era menor de lo que hubiera deseado. Pese a todo, obedeció, como siempre, y salimos juntos a una mañana soleada, equipados con dos bolsas de libros, mientras Sarah se arreglaba con un inusitado toque de pintalabios y de lápiz de ojos y se marchaba sola hacia el aeropuerto.

Yo estaba excitado por el hecho de tener compañía –procedente de nuestra familia, quiero decir– en mis deambulaciones diarias. Siempre había envidiado la unión entre John y Sarah; ahora la suavidad de sus manos y la firmeza de sus pasos despertaban en mí un fuerte deseo sexual. John caminaba malhumorado y en silencio, y respondía a mis ávidas preguntas mirando alrededor sin decir nada, como si fuera un ejecutivo de visita en una ciudad extranjera, observando con una vaga curiosidad la arquitectura y la distribución urbanística, y yo, a su lado, un guía turístico joven y entusiasta, describiendo atropelladamente cuanto veía. La única comunicación que mantuvimos fue la interpretación de los libros. Ésta nos condujo a St. Stephen's Green, donde nos sentamos en el césped, junto al estanque. Era un día soleado, pero la hierba aún estaba húmeda y fría, así que estábamos solos en el parterre. John tiraba bayas a los patos; también yo me quedé callado, y miraba las nubes, dejándome envolver por el rumor de los transeúntes.

–¿Y el tipo cómo es? –pregunté al fin.

–¿Quién?

No contesté.

–¿Luis?

Le dirigí una mirada acusatoria.

–Bueno... –Arrancó un poco de hierba–. ¿Cómo voy a saberlo? Yo tampoco puedo verle.

Otra vez me quedé callado. John miraba fijamente la hierba y se movía con gestos nerviosos. Arrancó un buen puñado y sacudió la tierra de las raíces, más tranquilo. Luego, tal vez habiendo decidido ceder a la fraternidad del momento, aunque viniera impuesta de fuera, prosiguió:

–Se lo debo todo a él. Ahora la vida es para mí algo que él me ha enseñado. Como si hubiera vuelto a nacer. Literalmente –añadió.

–Para mí es lo mismo, supongo.

Ignoró mis palabras y prosiguió, como si se dirigiera a los patos y no a mí:

–Quiero decir, las únicas cosas importantes que sé son las que él me ha enseñado. A través de Sarah, básicamente, pero todo viene de él. Todo depende de él, cómo han ido las cosas hasta ahora, adónde nos llevarán en el futuro, todo.

–¿Qué quieres decir?

Pregunta estúpida. John meneó la cabeza y volvió a sumirse en el silencio.

Pasamos el día merodeando por la ciudad. No hablamos, pero nos deslizamos juntos por los libros y los fragmentos sueltos de lenguaje de un modo eficiente y perfectamente sincronizado, siguiendo las olas como dos surfistas con el pelo rubio por el sol y la piel curtida y morena que llevaran toda la vida compartiendo la misma playa. En este aspecto, nuestra relación, aunque falta de amor, era perfecta, lo que me causaba una gran emoción. En el parque, que cruzaban tantas personas del mundo real de camino a una cafetería o a una cita, tuve una visión de cómo podría haber sido John si no hubiera conocido a Sarah, un hombre joven vestido con traje, sereno y ambicioso. Vi en él a un potencial ciudadano del tigre celta –un joven banquero diligente que vivía y trabajaba en el Centro de Servicios Financieros, tomaba pintas en Dawson Street y jugaba a rugby los fines de semana, y estaba comprometido con una joven ejecutiva, alegre y resuelta, de County Longford– transformado hasta un extremo irreconocible, con el pelo enmarañado y la mirada feroz, consultando febrilmente los libros que llevaba en una bolsa. Tal vez John tuvo el mismo pensamiento, porque al llegar la hora punta, cuando las calles comenzaban a llenarse de oficinistas que recordaban cómo podría haber sido él mismo, sugirió que fuéramos a tomar una copa. Usaba la frase «ir a tomar una copa» en un sentido estrictamente literal, prescindiendo del que suele adoptar en el lenguaje corriente, del modo clínico o etimológico en que se interpreta un diagnóstico médico o una raíz en griego clásico. Esto me dio a entender que lo que pretendía no era comenzar nuestra sesión habitual de cada noche, los preparativos para una serie de apariciones espectaculares, sino ir a tomar algo, como suele hacerse, sentarse a una mesa a conversar y a beber cerveza, como yo hubiera hecho con Fionnuala, o él con algún Rory, Conor, Brendan o Tim. Quería salir de noche.

Por supuesto, era imposible para nosotros hacer algo juntos como lo habrían hecho dos hombres corrientes; en verdad, su deseo no tenía nada que ver conmigo. Desde que se había adentrado en el universo alternativo de Pour Mieux Vivre, John había perdido –más que yo, e incluso que Sarah– toda posibilidad de conexión con el mundo real. No vivía ninguna experiencia sin la mediación o el dictado de Sarah, Luis o los libros. En cualquier caso, fuera lo que fuere el fuerte vínculo que nos unía, John y yo no éramos amigos, pero él no conocía a nadie más, así que en aquel intento repentino de acercarse a las sombras lejanas de su antigua humanidad, fue a mí a quien tuvo que invitar a «tomar una copa».

Me condujo, casi a empujones, por Parliament Street, no al pub que solíamos frecuentar, Isolde's Tower, sino al más concurrido de Porter House. Allí, entre los focos potentes, la madera pulida y un público de dublineses corrientes, los habituales del fin de semana, tomamos dos pintas de cerveza dorada artesanal y John habló atropelladamente sobre su antiguo trabajo, sus amigos de la escuela y su vida en la universidad. Yo bebía mi cerveza y asentía, mientras él hablaba cada vez más alto, más rápido y de un modo más extraño. Miraba nervioso a quienes nos rodeaban, como si quisiera imitarles, y recordar así cómo se mantenía una conversación.

Llegado a cierto punto, no pudo soportar más el esfuerzo físico y mental de aquella farsa y se quedó callado, tragando malhumorado su cerveza. Decidí aprovechar la circunstancia de nuestra unión forzosa, y su deseo de actuar por una noche como un hombre normal, para intentar sacarle más información.

–¿Qué crees que estarán haciendo Sarah y Luis?

Me miró un momento, luego echó la cabeza hacia atrás con una carcajada fuerte y amarga.

–¿Es eso un sincronismo, Niall? «¿Qué están haciendo Sarah y Luis?»

Señaló la librería que formaba parte de la decoración, incorporada en una remodelación desgravable en los años noventa.

–¿Qué están haciendo? ¿Qué están diciendo?

Ahora John gritaba, y la gente comenzaba a mirarnos.

–Salgamos de aquí –dije.

Alargué el brazo para tomar un libro, pero él me lo agarró con fuerza.

–No.

Lo liberé de un tirón e intenté tomar un libro de la estantería, pero estaban pegados unos con otros. Cruzamos la calle hasta el Front Lounge, donde no quedaba ningún asiento libre, ni apenas espacio para entrar. Nos quedamos de pie entre la gente, con las pintas en la mano y las bolsas de libros en el suelo.

–¿Qué va a ser de nosotros, John? –le pregunté de pronto.

John parecía más tranquilo, y por un momento pensé que iba a responderme, que aceptaría la intimidad que le brindaba y tendríamos una conversación sobre nuestro futuro. Pero en lugar de eso me dio una palmada en el hombro, tan fuerte que derramé parte de la cerveza sobre mi mano y mi chaqueta y me di de espaldas con el grupo que tenía detrás.

–¿Qué te pareció el Meath la temporada pasada, Niall? –preguntó en voz muy alta, mirándome fijamente con una amplia sonrisa–. Un gran equipo, ¿no? Pero a ti no te van mucho los deportes irlandeses, está claro, ¿verdad? Lo tuyo es el rugby. Eso es lo que te gusta, el rugby, ¿no es cierto? Meter la mano entre las piernas en la melé.

Estábamos llamando la atención, pero la gente creyó que se trataba de una broma entre dos amigos gays, y sonreía con indulgencia; algunos incluso parecían envidiarme por tener un trato tan cercano con un hombre atractivo como John.

–Por favor –murmuré.

Él desvió la mirada, sonriendo para sí. Fui a la barra a buscar otras dos cervezas, como él me pidió. Cuando volví con ellas,

John soltó una carcajada grosera, sin motivo aparente. Mientras las bebíamos, intercambiamos breves frases de lo que pretendía ser una conversación corriente entre dos hombres. Aunque ya había renunciado a lograrlo, John persistía en aquella parodia agresiva, y no me permitía que abandonara el juego, que consultara los libros ni que dijera nada que estuviera fuera de la «conversación». A medida que avanzaba la noche, fue desarrollando su juego de un modo más hábil y más violento, y acompañaba las frases estereotipadas que componía con una risa ácida de autocomplacencia. En algún momento llegó a parecerme que tenía algún tipo de acceso a mi memoria, puesto que empleó frases que yo solía decir cuando hablaba con Patrick y, especialmente, con Ian.

–A veces... a veces... –dijo, por ejemplo, haciendo una pausa para buscar la *phrase juste*, inclinándose hacia mí sobre la mesa con un énfasis burlón– siento que lo estoy encerrando todo dentro de mí, sabes, que lo estoy comprimiendo todo en mi interior, y siento que voy a estallar si no lo dejo salir.

O también:

–Sabes, Niall, creo que nunca he tomado ninguna decisión, siento que me dejo llevar de un lado a otro por las circunstancias. ¿Encontraré algún día mi alma gemela?

Ésta le hizo reír muchísimo, hasta ponerse colorado, más aún de lo habitual; pensé incluso que iba a vomitar.

–¿Niall?

No dije nada, y miré desesperadamente a mi alrededor en busca de Chris, pero la cara de John me apartó del universo alternativo de nuestro entorno, y sus ojos marrones, con una tenue luz verde, volvieron a instaurarse como la única realidad.

–Sabes, Niall, a veces me siento tan solo –dijo, y rió a carcajadas.

–Vámonos –dije.

Cuando hubo terminado de reír se levantó para irse y le seguí.

Vagamos por la ciudad en las horas más frías de la noche. Al principio intentamos movernos, por una vez, siguiendo algo que no fueran los sincronismos, pero fue imposible. Éramos como navegantes del siglo XVII, y los *sortes* eran nuestras estrellas; sin ellas estábamos perdidos, indecisos, incapaces de realizar ningún movimiento coherente ni ninguna acción. Cuando su juego de conversar como las personas corrientes quedó amargamente agotado, John abandonó su intento de recorrer la ciudad de forma independiente y nos entregamos de nuevo a los libros. Caminábamos en la noche fría, sin decir nada, girando en las esquinas según nos indicaban los pasajes que elegíamos, detenidos debajo de una farola, pasando las páginas con los dedos entumecidos.

John estaba malhumorado y resentido. Pensé que la parodia que había realizado de una conversación corriente procedía de la furia intensa que le provocaba la perspectiva de no poder salir jamás del mundo cerrado de Pour Mieux Vivre. Por primera vez se daba cuenta de esa imposibilidad, de la naturaleza permanente de su prisión y su exilio. Guiados por la odiada bolsa de libros, avanzamos vagamente hacia el este, yendo de pub en pub, The Oak, The Mercantile, el Brogan's, The Bank, el Café en Seine, el Ron Black's, y luego de vuelta hacia el oeste, de nuevo por Dame Street hasta el Lord Edward, junto a las agujas silenciosas de la Chirst Church, y siguiendo los muelles hacia los pubs gays de Capel Street. El Yello, un nuevo bar gay, fue el único lugar donde nos detuvimos más de unos pocos minutos. John insistió en que tomáramos allí una pinta. Nos quedamos junto a la barra, en una escena que recordaba mi vieja y breve experiencia en aquellos ambientes, observados por hombres mayores borrachos y por jóvenes delgados con el pelo decolorado.

Había hombres apoyados en fila contra la pared, observando el desfile consciente de los clientes que pasaban arriba y abajo por delante de ellos. John me miró todo el tiempo con lo que me pareció una sonrisa burlona, examinando cuidadosamente mis reacciones. Los dos estábamos muy borrachos a aquellas alturas, y el mareo se veía acentuado por la pausa en la realización de los *sortes*. John se burló de mí haciéndose ver ante los hombres, y era excesivamente amable con ellos cuando se abrían paso, muy lentamente, a su lado. Un joven atractivo, muy bien vestido, con el pelo castaño cuidadosamente peinado y engominado, le miraba nervioso. John le invitó a una copa. Le dije que quería marcharme.

–Pero los chicos... –masculló–, estos chicos encantadores...

Mientras John estaba en el baño, salí afuera y me quedé en la acera, entre un grupo de fumadores, observando un edificio del otro lado de la calle que me resultaba extrañamente familiar; al fin recordé que era el Capel Court, donde vivía Chris. Hubiera podido llamar al interfono, pero las luces de su piso estaban apagadas –evidentemente estaría en el Front Lounge o en el George–. En cualquier caso, John no tardó en salir a buscarme, lanzando frases sarcásticas de despedida a los hombres que había confundido de forma deliberada. Caminamos por los muelles, mareados y con paso inseguro, de vuelta a Dame Street. En la parada de taxi había una larga cola, así que seguimos a pie hasta Northumberland Road, bajo un cielo como nosotros: oscuro, pesado y lleno de estrellas. John habló en voz baja durante todo el camino sobre Sarah, Luis y su habitación de hotel.

Cuando abrimos la puerta y entramos en el refugio familiar y lleno de libros, John exclamó: «¡De vuelta a la cárcel!». Estábamos demasiado borrachos para encender ninguna vela. Accioné el interruptor de la luz, pero la bombilla hizo un estallido y se apagó, obligándonos a andar por el piso tropezando con los libros y los vasos vacíos. La sala de estar estaba demasiado llena para moverse a oscuras, así que nos desplazamos al dormitorio, un lugar normalmente prohibido para mí. Me senté en un rincón de la cama, en la que nadie había dormido hasta entonces. No había más luz que el resplandor amarillento de las farolas de la calle. John se tumbó y cantó en un tono agresivo fragmentos de canciones que hablaban de cárceles; su mente, a pesar de él, trabajaba aún según los principios de los sincronismos:

A hungry feeling came over me stealing
And the mice were squealing in my prison cell

And the old triangle went jingle jangle
All along the banks of the Royal Canal[1].

Me levanté de la cama y me senté en la silla del escritorio, donde Sarah escribía los correos electrónicos para Luis. A mi espalda, John cantaba, con la cabeza hundida en la almohada:

As we gather in the chapel here in old Kilmainham Gaol
I think about the past few weeks, oh will they say we've failed?
From our schooldays they have told us we must yearn for liberty
Yet all I want in this dark place is to have you here with me[2].

Tomé un libro del suelo y me acerqué al resplandor de la ventana. Era una edición especial de *David Copperfield*, de segunda mano. Elegí una línea al azar y la leí con dificultad en la luz amarillenta.

... una disolución de la asociación.

Volví a sentarme en la silla.

–Vamos a descansar –murmuró John desde la cama–. Estoy cansado.

Sabía que no era cierto, por aquel entonces nunca nos sentíamos cansados. No contesté. Él dijo:

–Vamos a dormir.

–De acuerdo –dije–, que duermas bien.

Se produjo un silencio, durante el cual me pareció que John intentaba dormir, como lo habría hecho en su vida anterior. Me senté en el rincón más oscuro y le observé, estirado en la cama,

1. «El hambre comenzaba a atormentarme / y oía los chillidos de las ratas en mi celda / y el viejo triángulo tintineaba / a orillas del Royal Canal.» *(N. del T.)*

2. «Al reunirnos en la capilla, aquí en la vieja cárcel de Kilmainham, / pienso en las últimas semanas, oh, ¿dirán que hemos fracasado? / Desde la escuela nos enseñaron a amar la libertad /pero mi único deseo en este lugar oscuro es tenerte a mi lado.» *(N. del T.)*

completamente vestido aparte de los zapatos, que había tirado al suelo, los ojos cerrados, intentando respirar del modo regular y profundo propio del sueño. Su forma de dar vueltas en la cama, su deseo de imitar la actividad más común para un ser humano, me hizo pensar en Peter Pan, y sentí una profunda lástima por nosotros dos.

Al cabo de un rato abrió los ojos, me miró y dijo:

–Niall, estírate tú también.

Mi corazón empezó a latir con fuerza. Miré la silueta de su cuerpo, tendido ante mí, en el aire enrarecido del piso, su contorno sólido, que oscilaba con suavidad al respirar, y su cabello en desorden sobre la almohada. Me quedé donde estaba. Él se incorporó un poco. Dio unas palmadas suaves sobre las sábanas, a su lado.

–Vamos, Niall –su voz sonaba extraña y confusa–, túmbate conmigo.

Incómodo, en silencio, subí a la cama a cuatro patas y me metí en el espacio entre él y la pared. Miraba la superficie blanca que tenía delante, sintiendo el calor de su respiración en la nuca.

–Date la vuelta –susurró.

Giré sobre mí mismo hasta hallarme de cara a él. Sus ojos brillaban en la oscuridad, fijos en los míos. Me puso una mano en la mejilla y me la acarició lentamente. Luego la retiró, y la deslizó con suavidad hasta mi nuca. No reaccioné. Entonces, de pronto, atrajo mi cara hacia la suya, rodó encima de mí y me besó. Me besó largamente, oprimiendo mi cabeza contra la almohada. Mi corazón alterado bombeaba con fuerza la sangre por mis venas, lo olvidé todo salvo el leve olor a whisky de su aliento, la presión cálida de sus manos y su lengua sumergida en mi boca. Levantó la cabeza para mirarme, con las manos todavía en mis mejillas y un aire ligeramente burlón. Entonces comprendí con toda claridad lo que era obvio desde el principio, el ligero toque de satisfacción en su mirada, y me di cuenta de que aquello no era más que una revancha egoísta. Se acercó para besarme otra vez, pero vencí el deseo que nacía en cada centímetro de mi cuerpo de rendirme a él, de entregarme de lleno al placer que tantas veces había imaginado, y me volví hacia la pared. Intentó que me diera la vuelta otra vez, pero le rechacé, sintiendo el tacto suave, excitante, de su barba incipiente, y le dije que no. Me miró, pestañeó y lo intentó de nuevo. Esta vez le rechacé con más fuerza y sacudí la cabeza. Se sentó, mirándome fijamente. Salí de la cama, pasando con incomodidad por encima de su cuerpo.

–Esto no –dije–, en todo caso cuéntame qué es lo que está pasando.

No dijo nada. Continué:

–Tengo que saber más. Dime qué significa todo esto. Dime de qué se trata. Cómo empezó. Adónde va a llevarnos. Qué significa.

Permaneció callado, y siguió mirándome mientras me ponía la chaqueta y cogía un paquete de cigarrillos de Sarah de la mesilla de noche. Luego se abrazó a la almohada, de cara a la pared. Salí y cerré la puerta. Caminé por el laberinto solitario de la ciudad, bajo la lluvia nocturna, hasta el Trinity, donde hacía meses que no había pasado una sola noche.

Cerré la puerta con llave y puse el escritorio contra ella. A oscuras, vestido, me tumbé en la cama, sobre el edredón, mirando la ventana entre las cortinas abiertas.

Cuando el alba llegó, lentamente, por el mar, casi deseé, por primera vez, volver a ser capaz de dormir.

El día siguiente al anochecer, regresé, como una paloma mensajera, a Northumberland Road. Había realizado algunos *sortes* para localizar a Sarah o a John, pero las respuestas que obtuve («El presidente nos aguardaba en la entrada de la elegante sala de recepciones, rodeado por todos los ciudadanos de Port-au-Prince») me indicaron que les encontraría a los dos en «casa».

Haber pasado una noche entera apartado de ellos me llenó de ansiedad, y cuando John bajó a abrirme la puerta de la calle, le saludé con cierto alivio. Él no respondió, ni dijo nada sobre lo ocurrido la noche anterior.

–Ven –dijo con voz hostil, y me indicó con un gesto de la mano que subiera las escaleras.

Él subió detrás de mí, como un prisionero de rango superior escoltándome hasta mi celda. En el piso había una calma nueva. Le pregunté si Sarah había vuelto. Hizo un gesto con la cabeza hacia el dormitorio, donde se oía teclear en el ordenador. Esta vez, John no entró en el cuarto para reunirse con Sarah, y mientras esperábamos que saliera, sentados uno enfrente del otro en la sala de estar, a pesar de que no dijimos nada, noté que casi se alegraba de verme, que mi presencia aligeraba el peso de una nueva ansiedad. Cuando Sarah salió finalmente del dormitorio, dispuse los libros y las velas como de costumbre. John y Sarah no hablaron, ni se miraron siquiera. Realizamos los preparativos de forma eficiente y en silencio. Luego Sarah, con el tono impersonal de quien emite un comunicado público por un altavoz, describió las nuevas técnicas y estrategias que íbamos a usar. No recuerdo gran cosa de aquella sesión, excepto que fue más conmovedora y extraña que ninguna de las anteriores. Sé que quedamos mudos e inmóviles, y estuvimos petrificados, como tres esculturas con los ojos esmeralda, durante horas. Cuando a la mañana siguiente mi cuerpo abandonó su rigidez y recuperé la conciencia, al entrar el sol por la ventana, Sarah y John ya se habían marchado.

Aquel día mi paseo solitario transcurrió en un estado de irrealidad más profundo que el que había experimentado hasta entonces. Al anochecer, cuando me instalé con mis libros a una mesa de un café de Molesworth Street, enfrente de la Passport Office, para emprender la búsqueda de Sarah y John, lo hice con una avidez casi sonámbula. Sin embargo, el primer pasaje que elegí no me sugirió nada:

> Ahora podían oír el carruaje detrás de ellos, transportando al débil Cam y al siempre vigilante Levasseur, contrariado por tener que estar separado de su héroe aunque sólo fuera una hora. Fanny sabía que ella y el General sólo podían compartir un último momento sin que nadie les observara ni escuchara.

El texto parecía referirse no sólo a Sarah y a John, sino también al hecho de que yo les buscara; iba bien encaminado, pero por el momento no tenía mucha información sobre dónde encontrarles. Caminé sin mucha convicción hasta la Carriage Office del Dublin Castle, pero allí no había ni rastro de ellos, y los nuevos *sortes* que realicé, sentado en un banco delante de la Chester Beatty Library, resultaron todavía más crípticos:

> Pero incluso teniendo un objetivo tan claramente definido se las arreglaron para discutir. Sus hijos querían que el nombre de su padre quedara limpio de todo escándalo, y él, por su parte, quería hacer honor al pacto que había realizado con su difunta esposa, y América quería que su tío abuelo francés quedara neutralizado.

Lo leí una y otra vez, le añadí las frases que había inmediatamente antes y después, pero no logré deducir ninguna información sobre el paradero de John y Sarah. Estaba fallando un sistema que hasta entonces había resultado tan simple y eficaz como recibir un correo electrónico. Con un temor creciente, tomé otro pasaje:

> De hecho, una de las formas que se emplean en *Las tres noches de Eva* para definir a los personajes, especialmente los masculinos, consiste en preguntarse qué desea cada uno de ellos. La respuesta es a menudo desconcertante: pueden estar sedientos, como insinúa Sturges, de algo que no existe. Desear lo que no existe, ni puede nunca llegar a existir, puede tener consecuencias terribles, pero puede ser también la fuente de muchas situaciones divertidas.

Como los anteriores, este pasaje, aunque contenía aparentemente referencias a las dinámicas de nuestro grupo, no me brindó más que un miedo indefinido. Elegí un cuarto fragmento, un quinto y un sexto, pero ninguno me ofreció las interpretaciones sencillas de siempre, que conducían de forma inequívoca a un pub, una esquina, un edificio o un monumento. Alguna vez me había ocurrido algo parecido con el primero o el segundo fragmento, pero nunca hasta este extremo. Antes de aquel día, por lo menos durante las noches, sólo tenía que leer un pasaje como máximo cuatro veces para que aflorara su significado, tan claro como una nota con la dirección exacta o un cartel en una esquina señalando el paradero de Sarah y John. Pero esta vez los libros no ofrecían ninguna orientación precisa, sólo vagos augurios tenebrosos.

Tras más de una hora de realizar consultas inútiles, presa de un pánico creciente, me dirigí por mi propia iniciativa a Northumberland Road y llamé al interfono. Nadie me contestó. La vecina de abajo llegó cargada con las bolsas de la compra; la ayudé a subirlas por las escaleras de la entrada y así accedí al interior del edificio. La mujer me observó con una fascinación inquieta («Uno de los del culto del piso de arriba», podía imaginarla diciendo a otra vecina). Subí las escaleras hasta nuestro apartamento. La puerta estaba abierta y adentro no había nadie; las cortinas blancas ondeaban en la brisa. Abrí la puerta del dormitorio: también vacío, y el ordenador y el cofre con los papeles de Sarah habían desaparecido. Un nuevo sincronismo que tomé, dominado por el pánico, en un libro del suelo de la sala de estar me condujo al pub Davy Byrne's de Duke Street, donde bebí dos pintas mientras inspeccionaba con ansiedad al público de jóvenes ejecutivos en busca de mis compañeros. Utilicé uno de los libros que formaban parte de la decoración para tomar un nuevo rumbo. Aguardé inútilmente durante una hora al pie de la estatua de Daniel O'Connell, pasé por el Spike y por el Jervis Street Centre, pero en ninguno de aquellos lugares hallé el menor rastro de John y Sarah. Desesperado, corrí al Trinity, y llamé una y otra vez al interfono de la habitación de Sarah, pero éste resonaba tras el cuadrado oscuro de su ventana con una empecinada futilidad.

El pánico latía dentro de mi cabeza. Corrí bajo el crepúsculo a la Berkeley, la biblioteca más cercana. Subí a toda prisa las escaleras y me lancé al interior, mostrando mi carné con la mano levantada al pasar ante el guardia de seguridad. Subí tropezando las escaleras interiores y tomé un libro de una estantería, con manos temblorosas. Fui a parar a una página en blanco. Devolví el libro a su sitio y elegí otro.

> La mejora del señor Clarke consiste en unir una anilla de cinc, mediante unos ribetes del mismo material, a la parte superior externa del cilindro hueco de cinc utilizado en el dispositivo del señor Mullins, y en ajustar a dicho cilindro una bolsa, asegurada mediante una cuerda.

Miré la página horrorizado. Aquellas palabras no tenían ningún sentido. Había perdido mi habilidad instintiva, perfeccionada durante tanto tiempo, para hilar los filamentos de oro del significado a partir de la lana ruda de los pasajes al azar. Seguí leyendo, mientras las gotas de sudor frío caían sobre la página, y sentí que el terror y la desesperanza me vencían. Era inútil, algún demonio de la dislexia había hechizado aquellos libros, las palabras que tenía delante se resistían a encajar de forma coherente, se mantenían alejadas de mí, arraigadas en su contexto específico. Cerré los ojos y respiré hondo; pensé: «Estoy creando un nuevo espacio en mi vida, estoy abriendo una brecha en mi mundo y voy a permitir la entrada de estas palabras, voy a concentrarme en su significado, aislado de todo lo que no sea este mismo instante». Me abalancé sobre otra estantería y tomé un nuevo libro:

> Sería fácil compartir la teoría de que el juego que David propone no es más que una forma expeditiva de librarse de una mujer a la que considera una miserable ladrona y ahora además una gran molestia. Pero dado que acabamos de conocer a un psicólogo, no deberíamos descartar precipitadamente la posibilidad de que David tenga algún motivo inconsciente para sugerir este juego en particular. Podríamos considerar, por ejemplo, si lo que hace en realidad no es invocar el recuerdo ancestral de uno de los juegos que se aprenden en la infancia, y que el niño tiene a menudo una necesidad existencial de jugar.

Completamente inútil. El texto se encerraba de manera irremediable en sí mismo, se mantenía arraigado en la página, lo que hacía imposible interpretarlo como un sincronismo. Dejé caer el libro al suelo y tomé otro, pero era lo mismo:

> Títulos y orden de todos los LIBROS DEL ANTIGUO TESTAMENTO
>
> Génesis p. 1
> Éxodo p. 41

Ahora la melancolía corría por mis venas como una enfermedad de la sangre, como el efecto fulminante del veneno de una serpiente, como monstruosas células puntiagudas obstruyendo el latir acelerado de mi corazón. Tomé un libro tras otro, pero lo que me ofrecían no era más que un fragmento de una narración, una lista de objetos, un verso de un poema que me era ajeno. Perdí el equilibrio y me apoyé en una de las estanterías. Me sentía muy débil. Los estudiantes de derecho, a mi alrededor, me miraban extrañados.

–¿Te encuentras bien? –me preguntó un chico con un pendiente y acento del norte.

Asentí y, reuniendo todas mis fuerzas, logré salir al exterior, cruzar New Square y Botany Bay y subir las escaleras del edificio 16 hasta mi habitación, con la esperanza de que mis propios libros tal vez no habrían sido desencantados como los demás. Entré, agotado e impotente. Hice un gesto hacia la librería pero, sabiendo que era inútil, me incliné hacia atrás y me apoyé en la pared. Caí sobre mis rodillas, mareado, a punto de desmayarme. «¿Será esto la muerte?», pensé; pero entonces me vino a la mente una última idea desesperada. Me incliné hacia el costado, sosteniéndome con un brazo sobre el alféizar, y con el otro abrí la ventana. Cargando todo mi peso en los brazos, asomé la cabeza al exterior. Con las últimas fuerzas que me quedaban, lancé este verso al aire indiferente:

> «Cuando me haga rico», dicen las campanas de Shoreditch.

Caí al suelo, entre los calzoncillos del revés, los calcetines y las carpetas de mi habitación abandonada, y esperé que llegara el fin.

Entonces oí unos pasos. Alguien entró en la habitación y cerró la puerta. Sin moverme del suelo, vi dos botas marrones aparecer en el umbral y acercarse lentamente.

–¿Pablo...?

Era él. Se acercó y se agachó a mi lado. Me puso una mano en la frente.

–Niall... –murmuró.

Miró la montaña de ropa y de sábanas, cogió algunas camisetas y las lanzó sobre la cama.

Volvió a agacharse junto a mí. Tenía un libro en la mano.

–Mira, tengo esto para ti.

Intenté apoyarme sobre los codos, pero estaba demasiado débil. Tomé el libro y miré el pasaje que me indicaba, pero no pude enfocar las palabras. Caí otra vez de espalda y le devolví el libro.

–De acuerdo –dijo, y me leyó el fragmento con voz suave.

Estaba arrodillado muy cerca de mí, tanto que sus labios rozaban mi oreja como un beso, y mi tímpano vibraba con suavidad ante los cálidos impulsos de su aliento. Era una canción irlandesa, que recordaba vagamente del instituto o de la escuela de irlandés. Dijo tan sólo la primera estrofa, en un susurro pausado, pero las palabras adquirieron fácilmente un significado que pude sentir con claridad. Entraron en mi oído con el aliento tranquilo de Pablo y llenaron mi cuerpo, la habitación, la luz suave. La melancolía desapareció, disuelta en el sonido de esa primera estrofa que una vez más contenía, como todas las palabras desde hacía mucho tiempo, una orientación geográfica firme.

Cuando me incorporé, Pablo se había marchado. La puerta oscilaba con la brisa y las llaves estaban sobre mi escritorio. Mi ropa y mis cosas habían sido ordenadas y el colchón volvía a estar en su lugar. Me senté en la cama. La tela de mi universo había sido rota en pedazos y luego vuelta a coser. Sabía que era un remiendo provisional y que no iba a durar mucho tiempo, pero por el momento estaba a salvo y podía volver a actuar con libertad.

El mundo había quedado inmóvil. Los árboles ya no danzaban con la brisa nocturna, y no se oía el ruido del tráfico en Dame Street. Miré por la ventana hacia el silencio de la noche en el Trinity y sentí una paz singular en todo el cuerpo, una oleada de amor por el mundo, un sutil sentido de las palabras. Flotando en este estado, salí de mi habitación y bajé las escaleras, sin tocar apenas, me parecía, la barandilla ni los escalones, deslizándome por los cuatro tramos hasta el frío exterior. Divagué por las calles, con una ligera sonrisa en los labios, como guiado por la luna, aislado de la gente. El viento suave me condujo a la estación de autobuses de Nassau Street, luego, silencioso y veloz, me llevó por Kildare Street, pasada la Alliance Française y Dáil Éireann, y al fin me arrastró, objeto ligero e insustancial, de vuelta por Merrion Square. Entre los árboles oscuros y los matorrales solitarios del parque vi a Pablo, con una chaqueta verde y una corbata rosa, la piel blanca como el mármol, sentado en lo alto de una roca. Me guiñó un ojo y me hizo señas de que continuara, y la brisa me tomó de nuevo, me llevó por las calles como una estrella errante, hasta Mount Street, donde el viento cesó y me dejó, sonriente todavía, a orillas del canal.

No se oía más que el vago rumor del agua y de unos patos sobre la hierba. La corriente avanzaba lenta e indiferente, reflejando la luz de la luna y los neones de la ciudad, una masa compacta y brillante. Me senté en un banco a mirarla. Oí mi nombre a la derecha, distante, como a través de un muro, y me volví. John, vestido con vaqueros y un abrigo largo, caminaba en silencio hacia mí. Su cara, pálida a la luz de la luna, dibujaba una sonrisa indefinida. Me desplacé a un lado y se sentó junto a mí en el banco.

–Alguien cogió... –susurré.

Él sonrió de un modo extraño.

El agua estaba quieta. Los patos, asustados, alzaron el vuelo en bandada y se alejaron por encima de los edificios, hacia las estrellas. No había tráfico en Haddington Road, enfrente de nosotros, o al menos no lo oíamos. Esperamos sentados, en la noche calma, a la luz de la luna. Entonces se oyó un ruido lejano sobre el agua. John miró en esa dirección, y yo seguí su mirada. Era un ruido regular, plas, plas, sobre la superficie del canal. Pero no veíamos nada. Comenzó a sonar más fuerte, un sonido lento como un latido, plas, plas, plas. Descendimos algunos pasos por la pendiente, hacia el borde del agua y, mirando entre las ramas colgantes, esperamos a que el ruido se acercara. Era Sarah, caminando con resolución hacia nosotros por encima del canal, con pasos que flotaban inestables sobre la superficie y provocaban un leve chapoteo. Se detuvo delante de nosotros, oscilando ligeramente con las pequeñas olas de la corriente. El flujo de agua oscura rodeaba sus pies. Alzó la mano a modo de saludo, luego nos hizo señas de que nos acercáramos. No nos movimos. Avanzó unos pasos más hacia la orilla, sonrió y repitió el gesto de que fuéramos con ella. Algo indeciso, John se abrió paso entre las hierbas y los juncos hasta el límite del agua. Allí se detuvo y se volvió para mirarme. Unas gaviotas volaban sobre las casas del lado de Donnybrook. Volvió a mirar a Sarah, que insistía con gestos enérgicos en que se acercara, balanceándose con las pequeñas olas de la corriente que fluía despacio bajo sus Converse. De nuevo John se volvió para mirarme, luego alargó un pie vacilante hacia la superficie del agua.

–¡Oh! –lanzó un pequeño grito cuando su pie se hundió torpemente en el agua; lo retiró, empapado.

Miró a Sarah. Ella sonrió y le hizo señas de que volviera a intentarlo. John hundió la punta de su zapatilla deportiva en el canal y meneó la cabeza sin atreverse a abandonar la orilla. Sarah avanzó con lentitud hacia él, provocando un leve chapoteo con sus pasos. Se detuvo ante la orilla y le tendió la mano. Despacio, John alargó el brazo para tomarla. Apoyó un pie en el agua y de nuevo se hundió bajo la superficie, pero Sarah tiró de él, obligándole a meter también el otro pie en el canal y manteniéndole a flote, oscilando sobre la corriente que fluía bajo sus pies, todavía agarrado a su mano. Con un gesto del otro brazo, John me pidió que también acudiera yo. Bajé la pendiente, me incliné y agarré su mano cálida, blanca a la luz de la luna, observando cómo sus suelas de caucho flotaban grácilmente sobre la superficie del agua turbia. Levanté la vista y le miré, indeciso. Él asintió para darme valor. Puse un pie sobre el agua e intenté apoyarme en él, pero se hundió y lo retiré de inmediato. El agua fría comenzó a calarme el calcetín. También Sarah me tomó de la mano. Respiré hondo y de nuevo avancé un paso. Ella tiró de mí con fuerza, caí al canal y me hundí hasta las rodillas, pero luego ella me sostuvo y comencé a flotar junto a mis dos compañeros. Notar la corriente bajo los pies daba un cierto mareo, una sensación de inestabilidad e inconsciencia. Caminamos juntos hacia el centro del canal y luego avanzamos en dirección a la esclusa, nuestros seis pies chapoteando ligeramente sobre el agua, que corría mucho más rápida y agitada de lo que había parecido en un principio, e incluso levantaba espuma al rodear nuestros zapatos. Una rata huyó corriendo entre los matorrales de la orilla. Luego nos detuvimos, cogidos de las manos en círculo, mirando el cielo y el agua.

Permanecimos allí, en silencio, sobre el agua del Grand Canal. Me pregunté qué era lo que esperábamos, qué iba a ocurrir a continuación. Me vino a la mente el sincronismo de la noche anterior: «una disolución de la asociación». Entonces comprendí que lo que esperaba, flotando en aquella agua sucia, era una visión, un estallido atronador en el cielo que me daría un nuevo nombre y me llevaría de vuelta al mundo de antes. Pero pasaba el tiempo y no llegaba; seguía en un trance ininterrumpido, como un sueño, junto a John y Sarah, oscilando lentamente sobre el canal. Por un momento pensé que la visión no llegaría; temí haber ido demasiado lejos y que ya no hubiera vuelta atrás. La luz de la luna parecía constante, fuera del tiempo. Oí un repique lejano de campanas. Levanté la cabeza para escuchar, pero John y Sarah no reaccionaron. Esperaba oír la música de siempre, llegando hasta mí por encima de las casas, una estrofa de *Naranjas y limones* o el *Miserere Mei.* Pero las campanas no tocaban nada de eso. Agudicé el oído; era un sonido caótico y metálico, el sonido, pensé de pronto, de unas joyas, el tintineo de unas pulseras. Entonces me pareció que por encima de los tejados llegaban, desde Rathgar, los sonidos de Paula McVeigh arreglándose para una velada, una velada del pasado, el crujido del hielo del gin-tonic, a su lado, en la mesita del vestidor, su marido hablando con la canguro de Patrick en el piso inferior. Lentamente, el tintineo de las joyas de Paula comenzó a transformarse en un canto, no el cántico en latín que esperaba y temía, *«cor mundum crea in me, Deus: et spiritum rectum innova in visceribus meis»*, sino la voz débil y aguda de un chico joven dublinés de clase trabajadora, estridente e inexpresiva en las notas agudas, cantando fonéticamente, sin comprenderla, la letra de una canción irlandesa que había aprendido en la escuela:

Báidín Fheilimí, d'imigh go Gabhla
Báidín Fheilimí's Feilimí ann.

El pequeño bote de Felim iba a Gola,
el pequeño bote de Felim con Felim a bordo.

Con una violenta sacudida, esa canción me despertó de mi largo sueño entre literatos. Tan pronto como recuperé el sentido, las campanas cesaron y la canción que estaba imaginando desapareció. Ahora quedaban solamente los ruidos reales de la ciudad, los coches que cruzaban el puente, el viento en los árboles, una ambulancia lejana.

Me hundí en la fuerte corriente de agua sucia y helada, y nadando con torpeza primero y después vadeando llegué hasta la orilla. Me arrastré fuera del agua, empapado y tembloroso, con la ropa pegada al cuerpo y cubierta de lodo y de hojas. Sarah y John seguían en el mismo lugar, como estatuas asustadas, sin poder o sin querer moverse, cogidos lánguidamente de la mano y mirándome con grandes ojos vacíos. Las olas que había levantado al alejarme pasaron bajo sus pies. Finalmente me levanté y miré por última vez a mis compañeros, hipnotizados sobre el agua. Empapado y muerto de frío, caminé hasta el Trinity, dejando un rastro de huellas húmedas. Los vigilantes de Front Gate me miraron extrañados cuando llamé a la puerta, pero me dejaron entrar. Crucé Botany Bay hasta la entrada del edificio 16, temblando de frío. Pero al levantar la vista hacia mi ventana, vi que la luz estaba encendida. Alcancé a ver tres hombres vestidos con traje, caminando arriba y abajo de mi cuarto, moviendo mis cosas en busca de algo. Uno de ellos se acercó a la ventana y me vio; enseguida llamó a los otros dos. Empecé a alejarme, chapoteando con mis zapatos mojados, y vi cómo cruzaban la habitación en dirección a la puerta. Oí sus pasos en la escalera, así que di media vuelta y huí corriendo.

Crucé Front Square y salí del Trinity. Corrí por las calles, guiado por una nueva brújula interior, pasé resoplando entre los juerguistas de Dame Street, en Temple Bar, los grupos de gays risueños en la acera, delante del George, y los camellos y los que comían patatas fritas en Aungier Street y me dirigí finalmente hacia Richmond Street, sin mirar abajo, al canal, donde estarían las siluetas de Sarah y John. Habían sido instaladas nuevas vías para los tranvías, y las seguí, como si hubieran reemplazado a los sincronismos y a Pour Mieux Vivre en la labor de guiar mis actos, hasta que, muerto de miedo y de cansancio, llegué a mi destino, el único lugar al que podía acudir. Unos instantes después de haber llamado al timbre, oí cómo los habitantes de la casa de ladrillo rojo se despertaban, y vi con una emoción creciente cómo una, dos, tres luces se encendían en el interior, en la mesita de noche, la escalera, el recibidor. Alguien abrió la puerta con precaución, sin quitar la cadena, vestida con un camisón y una bata.

–¿Sí?

–Soy Niall –dije.

–¡Niall! Pero... –Paula retiró la cadena y me dejó entrar–. ¿Te encuentras bien?

No dije nada.

–Entra, entra. ¡Patrick! ¡Patrick! ¿Puedes bajar, por favor? –gritó hacia el piso de arriba.

–Estás empapado –dijo. Luego añadió–: ¿Quieres que llame a tus padres?

Patrick apareció en la puerta con su pijama naranja y amarillo, algo infantil.

–No, mamá, déjalo. Niall... ¿Qué te ha pasado?

–Es sólo que... no puedo dormir –dije.

–Patrick, acompáñale a la ducha y déjale ropa seca.

Le seguí escaleras arriba hasta el baño de los McVeigh, un caos de cepillos, revistas y frascos medio vacíos de baño de espuma y de jabones de hotel. Temblando, me quité la ropa mojada, con rastros de lodo y de vegetación del canal. Tenía ramitas en el pelo y todo mi cuerpo apestaba a agua sucia. Un gusano muerto desapareció por el desagüe. Respiré aliviado cuando el vapor de la ducha envolvió mi cuerpo y el flujo de agua caliente limpió mi pelo y reanimó mi piel entumecida. Patrick me dio un pijama limpio y abrigado, oloroso al perfume del armario, y bajamos a la cocina. Paula me hizo sentarme en una silla y me puso la mano en la frente.

–Puede que tengas que ir al hospital. ¿Puedes decirme qué te ha ocurrido? ¿Has tomado algo?

Meneé la cabeza.

–No sabía lo que hacía... me he caído al canal. Es sólo... no puedo dormir... eso es todo... no puedo dormir.

Paula me tomó la temperatura. Luego buscó bajo una pila de revistas hasta que encontró un aparato para medir la presión. La banda me oprimió el brazo y soltó el aire; ella dijo que estaba bien. Comprobó mis reflejos, golpeándome las rodillas con un pequeño martillo, golpecito y patada, golpecito y patada, como el badajo de una campana. Me auscultó los pulmones y el corazón y me hizo jurar que no había tomado nada.

–Lo juro.

–Llamaré a tus padres por la mañana –dijo–. Necesitas descansar, creo que eso es todo. Y hablar tal vez. Pero no ahora, por supuesto.

Me preparó la cama en la habitación de invitados y me trajo un vaso de agua.

–Llámame si necesitas cualquier cosa –me dijo antes de volver a la cama.

Patrick me dio las buenas noches y apagó la luz de su cuarto.

Me dormí.

Libro tercero

Nueve

Pensé que esta historia acabaría aquí, con la alucinación de la canción irlandesa de un niño llevándome de vuelta a «casa». No fue así: mi vinculación con Pour Mieux Vivre estaba lejos de haber terminado, sus muchas canciones no habían llegado todavía a su fin. Pero por el momento, al despertar de mi primera noche de sueño verdadero en casi medio año, desperté también del extraño ensueño que durante tanto tiempo había sido mi única realidad, como un Rip van Winkle[1] aturdido y cansado. Cuando abrí los ojos aquella mañana, lejos de sentirme desorientado, me pareció natural encontrarme en casa de Patrick, ante el juego de sombras que los árboles del gran jardín de los McVeigh proyectaban sobre la alfombra. La habitación daba la misma impresión que todas las habitaciones de invitados, silenciosa y extraña, ajena al resto de la casa, como una capilla. En un rincón había un montón de zapatos viejos, unas botas altas de Paula de los años setenta, las zapatillas deportivas que Patrick llevaba en el instituto. El escritorio que había junto a la cama estaba cubierto con pilas de carpetas y papeles, los viejos trabajos y los libros de texto de Patrick.

Patrick McVeigh
Bachillerato 2A
Latín

1. Protagonista de un cuento de Washington Irving que, tras abandonar su aldea y correr varias aventuras, se echa a reposar bajo un árbol. Se despierta al cabo de veinte años, para descubrir, de regreso a la aldea, que el lugar ha cambiado por completo y que su mujer y sus amigos han muerto. *(N. del T.)*

En los primeros minutos que pasé despierto, tumbado en la cama, todo aquello me pareció reconfortante y familiar. Mi primer impulso, que respondía al hábito adquirido durante mi larga y solitaria pasión por Ian, fue buscar en mi interior las últimas cicatrices y temores del amor no correspondido, como un soldado en el hospital de campaña se palpa, al recuperar la conciencia, para saber dónde ha sido herido por la metralla. De inmediato descubrí que ya no estaba enamorado de Ian, un pensamiento que me causó un profundo alivio. Sintiéndome furiosamente alegre y liberado, comencé a reconstruir mi realidad. Al poco tuve la certeza de que ya no tenía diecisiete años, y comencé a avanzar con lentitud en el tiempo. Recordé haber abandonado el instituto, haber sido rechazado por Ian en la puerta de su casa, la llegada a Botany Bay, el encuentro con Fionnuala, el momento en que casi me pegaron, delante del Hogan's, y cómo un extraño me salvó y me acompañó de vuelta al Trinity. Recordé el breve período de intensa actividad social y académica, las fiestas en pisos de estudiantes, las veladas en los pubs de Dame y Dawson Street. Recordé el George y a Chris. Intenté hallar en qué había quedado nuestra relación, si aún seguíamos viéndonos, y fue entonces cuando todo el mundo de Pour Mieux Vivre, Sarah, John y los meses vividos en estado de trance, se abalanzaron sobre mí. Por un momento pensé que había sido un sueño, pero cuando descubrí que no, que había ocurrido realmente, la idea fue más de lo que podía soportar; no podía afrontarla.

Oí a Patrick en el piso de abajo. Cogí la toalla y la ropa que me habían dejado sobre una silla, tomé una larga ducha y bajé a su encuentro. Desayuné un bol de cereales, sentado con él a la mesa, mientras Paula se movía de un lado a otro de la cocina, detrás de nosotros, evitándome a mí como yo evitaba los recuerdos de mi pasado reciente. Luego nos dejó solos. Patrick me preguntó si había dormido bien y si quería comer algo más. Yo le pregunté qué tal le iba, y me habló de sus estudios de medicina en el University College, de sus compañeros de clase, de sus exámenes. Ni siquiera sabía en qué mes estábamos. Sin atreverme a preguntarlo, miré con disimulo la fecha del *Irish Times* que había sobre la mesa. Era el mes de mayo. Al fin Patrick venció la timidez y me preguntó si me sentía «mejor». Le dije que sí. Hubo un silencio. Comprendí lo que estaba pensando: que mi caída al canal había sido un intento de suicidio.

–Supongo que estabas deprimido –comenzó–, y con demasiado trabajo. Mamá dice que te encontró en el centro y te vio muy agobiado por el trabajo.

–Sí –dije–, supongo que es eso.

–Estábamos... estaba preocupado al no recibir noticias tuyas.

–Lo siento. Sí, creo que estaba deprimido. Y bebía demasiado.

Lo que dije era tan cierto como cualquier otra cosa; de hecho me sentía incapaz de pensar en lo ocurrido más que en pequeños fragmentos inconexos. Los últimos meses eran un rincón oscuro de una habitación al que no me atrevía a mirar –un poco como la ausencia del padre de Patrick, que se había convertido en un espectro que rondaba por la casa, ignorado–. Le dije a Patrick que sabía por su madre que su padre se había marchado. Él asintió lentamente, luego se detuvo, como si fuera a decir algo, y al fin lo pensó mejor y siguió asintiendo en silencio. Volvimos a hablar de mí.

Desde Navidad no había asistido prácticamente a ninguna clase. Eso significaba, como Patrick puntualizó, que aunque fuera capaz de preparar la materia en las pocas semanas que quedaban, la normativa sobre la asistencia a clase no me permitía presentarme a los exámenes finales.

–Me he encontrado a Fionnuala varias veces –me informó Patrick.

En cierto modo resultaba agradable que dijera su nombre de forma tan familiar, como queriendo reafirmar que nuestro mundo compartido había avanzado, que contaba con nuevos personajes a quienes podíamos nombrar de pasada, del mismo modo que nombrábamos a los compañeros del Gonzaga. Era como decirme que había sobrevivido. Eso fue lo que sentí cuando me dijo esas palabras: mirándome con sus ojos melancólicos, sentí que acababa de salvarme del naufragio por los pelos, que la corriente me había dejado por azar en una isla, profundamente aturdido, sin saber en qué barco viajaba ni adónde me dirigía cuando estalló la tormenta.

–Me dijo que los departamentos de francés e inglés intentaban localizarte como locos.

–Claro, ya me lo imagino.

–Fionnuala pensaba que yo sabría dónde estabas. Pensé que lo sabrían tus padres. Ellos creían que seguías en la universidad. No les dije que no estabas allí.

–Gracias.

Por mi cabeza pasó la imagen, espantosamente rápida y luminosa, de un joven demacrado con las mejillas coloradas y ardientes, el pelo enmarañado y los ojos de reptil contando mentiras con perfecta frialdad desde un teléfono público, al final de Grafton Street, con una bolsa repleta de libros a sus pies. Me sentí mareado.

–Perdona... –comencé a decir.

Me apoyé en la mesa para ponerme en pie, abrí la ventana, me incliné sobre el patio de los McVeigh y devolví el desayuno, blanco y pastoso, sobre las flores de Paula. Me apoyé con un codo contra la pared y escupí los restos en el fregadero. Cuando me incorporé, Patrick estaba en la puerta con un vaso de agua y unos pañuelos de papel.

–¿Estás bien?

–Sí... es que me impresiona mucho... Sabes, haberme comportado tan mal.

–Todos estábamos preocupados.

Volvimos a cerrar la ventana y seguimos discutiendo mi «situación». No podía hacer los exámenes, así que tenía que repetir el curso. Pero si repetía, perdía mi beca de la Beckett Foundation.

–¿De veras?

–Sí. Supongo que ya la he perdido.

Sus ojos de color avellana me miraron con incomprensión. La beca representaba al Niall que conocía, los premios académicos, las medallas, los libros. El tipo enjuto y desequilibrado que había logrado perderla era alguien desconocido para él.

Paula había vuelto a la cocina y estaba preparando el té. Se secó las manos con un trapo y se sentó junto a Patrick, enfrente de mí. Se sentó en el borde de la silla, algo de lado, sin implicarse en la conversación. Era una mañana calurosa; aquel calor era tan extraño en Irlanda, que antes de aquel día hubiera pensado que se debía a las alucinaciones de Pour Mieux Vivre, en lugar de al consumo de combustibles fósiles. Paula llevaba un vestido negro de tela fina, sin mangas, y vi que se había depilado las axilas recientemente. El sudor brillaba en sus sienes, bajo los mechones apelmazados de cabellos grises. Mantenía la mirada baja mientras Patrick me interrogaba sobre la regulación de la beca. Cuando una vez más llegamos a la conclusión de que la había perdido, dijo, con aire fatigado:

–¿Un café?

Cuando volvimos a sentarnos con las tazas en la mano, esperamos que Paula comenzara a hablar. Después de todo, ella era la adulta, aunque lo pareciera menos tras haber sido abandonada por su marido. Golpeaba la taza con sus anillos, regularmente. Clinc. Clinc. Clinc. Clinc. Todavía llevaba la alianza. Resopló fatigada.

–Bueno, Niall, lo cierto es que estabas enfermo, ¿no?

–No lo sé... supongo que sí. No sé lo que era exactamente. –De nuevo las sombras de mi pasado reciente se agitaron en mi interior, como un dragón dormido dentro de su cueva, y esperé a que se hubieran calmado antes de seguir hablando, por miedo a que se hicieran visibles. Me aclaré la garganta–. Realmente no lo sé. Simplemente perdí el control.

–Creo que has tenido una crisis nerviosa –dijo Paula–, en cuyo caso, yo podría, como doctora tuya, hablar con la administración del Trinity e intentar arreglar las cosas.

Me escrutó con su firme mirada gris. Los suyos eran ojos decepcionados, fatigados, sagaces, de vuelta de todo. Mis recuerdos de nuestro último encuentro eran fragmentarios, pero su mirada no mostraba ningún afecto hacia mí, más bien una cierta aversión. Se quitó una pestaña que se le había metido en el rabillo del ojo, estirando la cara y mostrando el contorno amarillento de su globo ocular.

–Pero tengo algunas condiciones. –Las contó con tres de sus dedos llenos de anillos–. Una, tengo que hablar con tus padres sobre ti. Dos, tienes que ver a un psicólogo. Te pondré en contacto con una joven de Stillorgan que es una profesional muy buena. Tercero, si sientes que vas a recaer, tienes que hablar con alguien de inmediato. Y asistes a las malditas clases el curso que viene. ¿Estamos de acuerdo?

–Sí. Gracias. Muchas gracias.

–No me lo agradezcas aún.

Llamó a un taxi para que me llevara a casa y me dio treinta euros para pagarlo. Le dije que podía ir al centro en tranvía y allí tomar el tren hasta casa, pero ella rechazó mi sugerencia con un gesto impaciente de la mano. Cuando me despedía tímidamente en el recibidor, vi el abrigo de un hombre de mediana edad colgado en el perchero, y un par de chanclos de hombre en un rincón. Volvería a buscarlos en invierno, pensé, o tal vez se compraría unos nuevos y dejaría que aquéllos cogieran polvo donde estaban, como una reliquia. Eran el rastro de una vida completamente distinta, a la vez reciente y remota. Paula vio lo que estaba mirando y sonrió con una expresión irónica que tenía que ver más con lo que había ocurrido entre ella y yo que con Frank. Su adiós fue rápido y frío.

Sin embargo, arregló las cosas, como había prometido. Fue a hablar con los responsables del Trinity, les explicó el estado médico en que me hallaba, tal como ella lo veía, y pidió que se me permitiera repetir el curso y conservar la beca, a lo cual accedieron. Tuve dos reuniones muy incómodas. Una con la profesora Dunne, en su despacho del departamento de francés, que olía a fotocopias y a agua de rosas. Ella miraba por la ventana el sol de las cinco de la tarde y meneaba la cabeza con tristeza, como si lo que estábamos discutiendo no tuviera nada que ver conmigo ni con ella, sino que fuera una tragedia lejana, más allá de la influencia de cualquier individuo, como el coste de la exploración del espacio o el destino de África. Adornaba su conversación, por lo demás perfectamente académica, con algunas reliquias pulidas de argot, algo anticuadas e inapropiadas, como piezas de *pop art* entre las acuarelas de un museo de arte local de bajo presupuesto.

«El rollo aquí es asistir a clase y a los seminarios. Ése es el rollo.» O: «Al ver tu ficha me quedé hecha polvo. Hecha polvo de verdad».

La otra entrevista, en el departamento de inglés, fue de hecho con el atractivo Jeremy Bodmoore, que hablaba en nombre del responsable de la Beckett Foundation, Richard Ivory. El doctor Bodmoore quiso establecer conmigo un trato de confianza entre dos hombres jóvenes, e intentó por todos los medios, con una marcada curiosidad, casi pornográfica, que le contara todos los detalles de lo ocurrido. La sola idea de relatar mis experiencias me causaba una violenta perturbación mental, así que me limité a flirtear con él de un modo absolutamente inapropiado, inclinándome para jugar con los lápices que había en su lado del escritorio, dando unas palmadas en su mano manchada de tinta para agradecerle su ayuda y parodiando su acento inglés de clase alta («Ciertamente, esto sería bastante deshonesto por su parte, me atrevería a decir»). Cuando me hacía una pregunta directa o personal («Si no te importa que lo pregunte, ¿sales con alguien?»), en lugar de responder, soltaba una risa idiota y me sonrojaba como una colegiala tímida. El resultado de todo ello fue que cuando abandoné su despacho, el doctor Bodmoore seguía teniendo dudas respecto a mis aptitudes académicas, pero estaba convencido de que lo que mi médico le había intentado insinuar era que fuera de ese ámbito no estaba en mis cabales.

Mis padres, como es natural, quisieron mantener una reunión solemne en la cocina, una vez que hubieron mandado a Ciara a casa de su amiga Anne-Marie. Me preguntaron qué había ido mal, qué había estado haciendo, a quién había visto, cuáles habían sido mis sentimientos. Por supuesto, estaban profundamente preocupados por todo lo ocurrido, pero sospeché que su interés tenía algo de celosía por el hecho de que hubiera acudido a Paula McVeigh, y no a ellos, cuando me hallé en dificultades. Por mi parte subrayé, o incluso exageré, la naturaleza casual de mis encuentros con Paula, la serie de extrañas coincidencias que me condujo a pedirle ayuda. Les dije también hasta qué punto los mensajes de texto que les mandaba (las mentiras que les dije en ellos eran lo que más les había herido) fueron mi único alivio, mi único punto de contacto con la realidad. Eso era verdad en cierto sentido –no en el que yo daba a entender, por supuesto–, pero me faltaban las fuerzas y el estómago para contarles mis alucinantes recuerdos, y de hecho les di esa explicación como podía haberles dado cualquier otra.

Volví a instalarme en casa, en mi cuarto con vistas al jardín y pósteres infantiles en las paredes. Llegué con lo único que tenía, mi ropa sucia del canal en una bolsa de Marks & Spencer y una muda que Patrick me prestó. Durante cerca de una semana me vestí con los calcetines de mi padre y con la ropa de adolescente que no había querido llevarme al Trinity, pero antes del fin de semana reuní finalmente el coraje necesario y le pedí a Patrick que me acompañara a traer mis cosas de mi habitación en el campus.

La imagen acusatoria y el olor de la habitación de Botany Bay me turbaron. Mientras recogíamos mis cajas y mis papeles, luché con todas mis fuerzas por mantener los recuerdos y las dudas enterrados en lo más hondo de mi conciencia, del mismo modo que encerrábamos mi ropa, mis sábanas y mi neceser en distintas bolsas y cajas para llevarlos de vuelta a Sandycove en tren.

Las siguientes semanas en casa de mis padres fueron plácidas, en cierto sentido incluso idílicas. Tenía una rutina –lo que necesitan las personas deprimidas, según me dijo Paula– coordinada con la de mis padres y mi hermana, café y radio por la mañana, un paseo hasta el *delicatessen* Caviston's, donde hacía cola entre personas mayores y amas de casa y compraba empanadas de carne y ensalada de tomates secos para el almuerzo, paseos por el frente marítimo por la tarde, la cena que preparaba mi madre y por la noche el té compartido con mis padres y Ciara delante del televisor. Mantuve el régimen secreto de no leer absolutamente nada, a pesar de los libros que me regalaron mis parientes cuando supieron que había sufrido lo que mi madre llamaba «un trastorno». Patrick estaba estudiando para sus exámenes, pero nos veíamos una o dos veces por semana para ir al cine. Me venía a buscar a casa en el tranvía y el tren e íbamos a ver alguna película en el multicine de Dún Laoghaire. El recuerdo más vivo que guardo de esa época es el de Patrick llamando al timbre, cuando tomábamos el té con Ciara y mis padres en la mesa de la cocina, ante los restos de la cena todavía sin recoger, algunas judías verdes sobrantes en la fuente, pequeños charquitos de helado derretido con migajas de tarta de manzana en el fondo de nuestros cuencos. Siempre planeábamos nuestras citas con antelación, de modo que su llegada era algo que esperábamos, un tintineo conocido que señalaba la regularidad de la vida en los suburbios: compañeros de instituto que se hacían mayores, como sus padres, sólidas terrazas de ladrillo rojo, las repeticiones inmutables, ineludibles, el sonido del cántico gregoriano que aprendíamos en el coro del Gonzaga. *Resurrexit! sicut dixit.* No íbamos nunca a casa de Patrick, no sólo por la aceptación tácita de que ahora Paula y yo no nos llevábamos bien, sino también porque estaba tan preocupado por mantenerme alejado del centro y de mis recuerdos, que Ranelagh me parecía peligrosamente cercano a sus límites. En Dalkey, Blackrock y Carrickmines no encontraba ningún recuerdo, tan sólo el paso lento de los días, libre del tañido de las campanas.

Mis únicos momentos de energía y de creatividad tenían lugar los martes y los viernes, cuando tomaba el 46A hasta Stillorgan para visitar a Deirdre, mi psicóloga. Me recibía en su despacho de paredes amarillas, dispuesto como podía esperarse de un lugar semejante: cajas de pañuelos de papel, asientos confortables y no encarados unos con otros, pósteres alegres con eslóganes positivos –un gato colgado de un tendedero diciendo «sigue luchando»–[1] y libros con títulos como *El lenguaje de los adolescentes, La vejez: cómo sobrevivir a ella* o *Tú y tu hijo adolescente.* Deirdre era una mujer de unos cuarenta años, delgada y ligeramente monjil. Tenía un sentido del humor trillado y dulzón, sus pequeñas bromas –estoy seguro de que en su pensamiento las llamaba sus «pequeñas bromas»– eran como el aire de una tienda de jabones, o de una librería de ciencias ocultas fuertemente perfumada con incienso («¡Bueno, eres el primer chico de diecinueve años que conozco que tiene un conflicto con sus padres, te lo aseguro!», «¿Y qué era lo que atraía de ese Ian? ¿Se parecía a Tom Cruise?»).

Su estrategia consistía en hacerme hablar, y no opuse la menor resistencia. Llené sus oídos de mentiras, las inscribí con letras enérgicas en las paredes claras de su despacho, en las macetas y los radiadores, le dije las cosas que esperaba oír, expandidas y elaboradas de un modo extravagante y refinado. Quería saber qué había ocurrido. Yo no tenía la menor intención de sumergirme ni siquiera en la parte más superficial de aquellas aguas turbias, así que Deirdre pasó una hora tras otra escuchando mis invenciones. Las tramaba en el 46A, de camino a su despacho, recordando lo que le había contado en la sesión anterior y cuáles habían sido sus reacciones. Quería que pensara que me estaba ayudando a progresar (me caía lo bastante bien como para desear contribuir a su autoestima profesional), que creyera que contarle todo aquello me resultaba profundamente doloroso y, sobre todo, que lo que le decía era inesperado, una serie de sorpresas incluso para mí mismo.

Con el tiempo me volví más ambicioso y me impuse el reto de conmoverme en cada sesión hasta el extremo de llorar con mis propias mentiras. La mayor parte de las veces lograba derramar unas pocas lágrimas; en algunas ocasiones, cuando la musa me asistía y las historias fluían con facilidad, llegué a sollozar, con la respiración entrecortada, emitiendo silbidos asmá-

1. Juego de palabras intraducible: *Hang in there* significa en inglés «sigue luchando», y también, en sentido literal, «ahí colgado». *(N. del T.)*

ticos y manchando de babas la alfombra. En los días en que me encontraba cansado o en baja forma, o cuando la verdad sobre Pour Mieux Vivre amenazaba con dominar mi mente y tenía que emplear todas mis fuerzas para mantenerla enterrada, lo que hacía que mis ojos se mantuvieran secos, intentaba parecer pálido y aturdido, y hablaba con voz grave, como diciendo: esto es demasiado serio para llorar. Deirdre adoraba mi modo de proceder. La charla a la que me incitaba llegaba pronto, se desarrollaba y, lo más importante, estaba llena de los temas que le habían enseñado a buscar, y que su clientela habitual de chicos de doce años obesos y marginados y de esposos faltos de afecto no siempre le proporcionaba. Busqué explicaciones verosímiles pero estimulantes de lo que me había ocurrido en el segundo y tercer trimestres de aquel curso. Le dije que había tenido una crisis porque no podía afrontar el hecho de ser gay. Sin que hubiera ninguna razón para ello, decidí darle a Ian un papel decisivo en mi paisaje mental, y después de algunas semanas le dije a Deirdre que, gracias a su ayuda, me había dado cuenta de que mi amistad con él había dejado en mi interior un importante «bagaje» (pensé que esta palabra le gustaría, y no me equivoqué: «Entonces, Niall, volviendo a ese bagaje...»). Le dije que era un paranoico, y siguiendo sus sugerencias admití («Sabes, Deirdre, creo que tienes razón, nunca hasta ahora lo había visto así...») que tenía dificultades para distinguir la realidad de la ficción, que padecía insomnio y alucinaciones, que decía mentiras.

Deirdre era la destinataria exclusiva de toda la energía creativa que me quedaba, pero las conversaciones con ella me brindaron también la posibilidad de tramar para mí mismo una explicación del pasado reciente que evitara la verdad. De este modo, cuando estaba en casa o con Patrick los hechos reales me atormentaban menos, y mis días transcurrían por lo general de forma plácida. Disfrutaba con el trato de la gente que conocía, los amigos de mis padres que nos visitaban en casa, o que encontraba en el club de tenis cuando algún anochecer iba con mi madre a ver jugar a mi padre, las amigas de Ciara de Muckross, algunas de ellas hermanas de mis antiguos compañeros de clase del Gonzaga. Me gustaba interrogarles sobre ellos, saber qué hacían ahora, si les gustaba la universidad, si aún veían a alguien del instituto, y decía que les dieran recuerdos de mi parte. Estaba disgustado conmigo mismo por haber perdido un año de un modo tan absurdo, y odiaba la idea de ir desfasado respecto a mis compañeros.

Le escribí un correo electrónico a Fionnuala preguntándole si le gustaría venir a verme a Sandycove y comer conmigo junto al mar. Pasaron algunos días antes de que contestara. Accedía a que nos viéramos, con un tono algo seco, pero decía que no tenía tiempo de desplazarse hasta mi casa porque estaba estudiando para los exámenes, y proponía que quedáramos en el Buttery. Yo no quería ir al centro; sugerí la solución intermedia de vernos en un café de Donnybrook, peligrosamente en el límite, y ella estuvo de acuerdo. Llegó un poco tarde, mirando nerviosa a un lado y a otro, con una cara que me dio a entender que no se había decidido a venir hasta el último momento. Yo estaba junto a una de las ventanas que daban a la calle, donde los coches pasaban veloces; ella no me vio al entrar y se quedó en la barra recorriendo el local con la mirada.

–Fionnuala... –la llamé, levantándome un poco de la silla.

Se acercó y se quitó el abrigo. Llevaba el pelo recogido.

–Hola –dije.

Me dedicó una sonrisa nerviosa y se sentó.

–Gracias por venir.

–Claro. No puedo quedarme mucho rato...

–Ya sé, los exámenes. Yo no... tal vez lo habrás oído.

–Lo supuse.

La camarera italiana tomó nota de lo que queríamos tomar. Le pregunté a Fionnuala cómo le estaban yendo los exámenes, y ella –¡atenta, inteligente Fionnuala!– aprovechó la oportunidad para desviar la conversación de lo que sabía era el objetivo principal de nuestro encuentro, pedirle perdón. Me informó de todo lo que había ocurrido durante el semestre, qué cursos habían ido bien, quién había sido un cerdo corrigiendo los trabajos del trimestre anterior, qué clases habían sido instructivas, brillantes o aburridas. Me dijo qué exámenes tenía y en qué fechas, y en qué grado estaba preparada para cada uno de ellos. Se había presentado a una beca para ir a París aquel verano. Al fin, a pesar de su habilidad para enlazar los temas de conversación que nos eran comunes, el peso de lo que había ocurrido entre nosotros acabó por imponerse. La conciencia que los dos teníamos del fin prematuro de nuestra amistad, de mi comportamiento ingrato y de mi caída en la locura no podía eludirse, y la conversación llegó a un punto muerto. Le dije de golpe que lo sentía y ella asintió.

Era complaciente, pero tenía sus límites, aunque fueran pocos, y no iba a estallar en una alegre serie de diptongos de Belfast y comentarios de pasada. Me miró de arriba abajo, con los ojos bien abiertos, como si fuera un animal exótico en una jaula. Repetí lo que le había dicho. Reflexionó unos instantes, luego dijo:

–Está bien.

–Estoy muy avergonzado. Estaba enfermo.

–Lo sé, me lo dijo Patrick. ¿Estás... mejor?

–Creo que estaba deprimido. Simplemente no podía manejar mi vida. Tuve una actitud agresiva con los seres más próximos –proseguí, pensando en lo rápido que había asimilado el vocabulario de Deirdre–. Entre los que estás tú, por supuesto. Estoy yendo al psicólogo. Necesitaba romper la espiral en que estaba metido, sabes.

–Estás mezclando metáforas –dijo con una sonrisa triste.

Esta broma, antes frecuente en nuestras conversaciones, repetida ahora en el café de Donnybrook, tras nuestra larga separación, hizo que nuestra amistad pareciera irrecuperable.

–Siento mucho cómo te he tratado –dije–. No era yo. ¿Puedo pedirte que lo veas así? Era otra persona.

No respondió, y desvió de nuevo la conversación a los temas habituales, me habló de James (a quien había dejado), me contó historias de Andrea, disparatadas, divertidas, ofensivas, con esa penetración que sólo ella poseía, romances entre compañeros de clase, grandes juergas nocturnas. Todo lo que me había perdido y que, como Fionnuala se esforzaba en dar a entender, seguía a mi alcance si quería recuperarlo. Nos despedimos sin acordar un nuevo encuentro. Le deseé suerte en sus exámenes, y le pedí que me informara de cómo le habían ido.

–Buena suerte –fue lo último que me dijo al separarnos.

Fui hasta la parada del 46A tan rápido como pude. Era mediodía, y los campanarios del centro comenzaban a tocar el ángelus. Quería marcharme antes de que aparecieran los nombres de las iglesias de Londres entre los ecos de las campanas, antes de que el canto llano empezara a multiplicarse en una armonía barroca.

Me mantuve alejado del centro en todo momento, y entre la calma de los días en Sandycove y el desahogo colorista e hipócrita de mis encuentros con Deirdre en Stillorgan, el recuerdo amenazante de Sarah, John y Pour Mieux Vivre comenzó a difuminarse. Empecé incluso a leer un poco, tímidas tentativas con el periódico y alguna novela, siempre con cuidado de mantener un ritmo constante, de no centrar la atención en ninguna palabra ni frase fuera del contexto absoluto de lo que venía antes y después.

En junio, cuando terminaron los exámenes en el Trinity y Fionnuala me mandó un mensaje invitándome a ir al centro para celebrarlo con los demás compañeros, pensé que podía aceptar sin correr ningún riesgo, que la ciudad en la que había vivido bajo la influencia de Pour Mieux Vivre quedaría oculta por el palimpsesto de mi nueva vida. Le pedí a Patrick que me acompañara, en parte por precaución y en parte para tener una compañía de confianza, dado que mi relación con Fionnuala estaba bastante deteriorada y al resto de compañeros del Trinity hacía mucho que no les veía. Patrick había terminado sus exámenes unos días antes y estuvo encantado con el plan, aliviado probablemente de que rompiéramos la monotonía de nuestros paseos entre mi casa y el cine.

Nos encontramos en el O'Neill's de Suffolk Street, en cierto modo el escenario inicial de mis desgracias, el lugar donde había visto los primeros *sortes*, así que comencé la velada nervioso y asustado. Temía que se presentaran los recuerdos prohibidos de mi vida con John y Sarah. Pero nuestro grupo ocupaba un cubículo aparte junto a la ventana, y esos recuerdos se mantuvieron alejados. Como había esperado, las viejas voces del lugar fueron ahogadas por los gritos más fuertes de la realidad cotidiana reencontrada, sus signos sustituidos por nuevos símbolos, más grandes y con tinta más negra; era como si la prohibición de fumar hubiera ahuyentado a los viejos fantasmas junto con los ceniceros y las nubes de humo. Andrea estaba encantada de coincidir con Patrick; su timidez, su torpeza en el trato y sus silencios repentinos le convertían a ojos de ella en una especie de figura de culto. Le hizo sentarse con ella y sus amigas, y él se sonrojó mientras le elogiaban su ropa, su piel morena, su peinado, sus zapatos y sus «músculos». La tensión entre Fionnuala y yo se relajó un poco, gracias al alcohol, al ambiente y principalmente a la mediación de nuestros compañeros. Ella incluso cantó la canción de su tierra natal, *Carrickfergus*, con otra chica también del norte, desafiando las advertencias del personal del bar. La mayoría de nosotros nos añadimos al coro, junto con algunos espontáneos risueños de otras mesas.

I wish I was in Carrickfergus
Only four nights in Ballygrand
I would swim over the deepest ocean
The deepest ocean my love to find[1].

Era agradable, casi conmovedor, oír cantar a las dos chicas con el acento que les era común, con las vocales de su tierra natal, transportadas a su infancia, lejos de Dublín.

But the sea is wide and I cannot swim over
And neither have I the wings to fly

1. «Ojalá estuviera en Carrickfergus / tan sólo cuatro noches en Ballygrand / cruzaría nadando el más profundo océano / el más profundo océano para mi amor hallar.» *(N. del T.)*

If I could find me a handsome boatman
To ferry me over to my love and die[1].

Incluso Andrea, que odiaba las canciones en los pubs y en las fiestas más que ninguna otra cosa, sabía el estribillo y participó en nuestro pequeño acto de rebeldía, agitando su vaso al ritmo de la música. Me sentí integrado y lleno de una esperanza secreta por lo que podía depararme el futuro, Fionnuala y yo amigos de nuevo, Patrick incluido en el grupo de mis compañeros de la universidad, esa fraternidad prolongada durante años.

Salimos pronto del pub para ir a la fiesta de fin de curso de la Students' Union, en el Club Nassau, enfrente del Trinity, donde sonaba lo más conocido de la música de los ochenta y los noventa. Andrea, excitada por nuestra actuación en el O'Neill's, insistió en que cantásemos otra canción irlandesa, y propuso una de las más conocidas, la que Chris cantaba de niño. Los del norte no la conocían. Andrea y los demás sólo recordaban algunas partes de la letra. Así que Patrick y yo, siempre los más empollones, tuvimos que liderar el grupo una vez hubimos vociferado todos juntos el primer verso, caminando por Nassau Street.

Báidín Fheilimí d'imigh go Gabhla
Báidín Fheilimí's Feilimí ann.

El pequeño bote de Felim iba a Gola
el pequeño bote de Felim con Felim a bordo.

En la discoteca había mucha gente de nuestro curso, los compañeros que frecuenté en las primeras semanas del primer trimestre, antes del George y de mi vida en el culto, como ahora la llamaba para mí mismo. Tuve una larga conversación a voces con Jayne, en la barra, sobre nuestros conocidos de la uni-

1. «Pero el océano es grande y no puedo cruzarlo / y no tengo tampoco alas para volar / si pudiera encontrar un apuesto barquero / que me llevara hasta mi amor y mi suerte.» *(N. del T.)*

versidad, sobre nuestros padres, sobre la vida, y pensé que tal vez el año siguiente le revelaría mi homosexualidad a ella, a Andrea y a Fionnuala, y quizá también a Patrick y a Ciara. Luego nos reunimos con los demás en la pista de baile. Fionnuala y su amiga del norte, Caroline, lideraban una especie de coreografía con palmadas, vueltas y gestos con las manos, y Andrea intentaba que Patrick, completamente rígido, bailara al estilo *Pulp Fiction* con ella.

Más tarde sonó una música más tranquila y contemporánea, y formamos un círculo estrecho y alegre, hablando unos con otros, moviéndonos al ritmo de las canciones. Eileen, de Carlow, me dio unas palmadas en el hombro y me dijo algo al oído. Pero la música era demasiado fuerte.

–¿Cómo? –incliné la cabeza hacia ella.

–Hay alguien...

Sus palabras se deshicieron en un zumbido y un cosquilleo en mi oreja. Lo intentó dos veces más, y al ver que no lograba entenderla, me tiró de la manga y señaló a un hombre que esperaba en el límite de la pista de baile, rígido, sin hacer el menor movimiento para seguir la música ni para esquivar a la gente que le empujaba al pasar a su lado. Eileen me dejó para reunirse con los demás. Entorné los ojos para distinguir mejor a aquel hombre entre los focos y el hielo seco. Permanecía inmóvil como la silueta de una estatua, con la mirada fija hacia el frente, como si fuera la única persona en el local. Me acerqué a él, pasando con cuidado entre los que bailaban. Mi vodka con tónica cayó al suelo cuando le reconocí. Era John.

Me quedé helado; el vaso roto, a mis pies, pasó desapercibido. Difícil de distinguir entre la masa de gente que bailaba y reía, John desaparecía de vez en cuando en la oscuridad y reaparecía luego iluminado por un flash blanco intermitente, y debido al azul ultravioleta de su camiseta clara y al color negro de su pelo, parecía un hombre sin cabeza, una aparición aterradora procedente de mi pasado, que se presentaba en estallidos momentáneos pero plenamente visibles.

Paralizado por el terror, veía cómo la imagen de John se encendía y se apagaba ante mí, sin saber si se trataba de una de las violentas recreaciones mentales del pasado que tanto había temido, una afloración de la corriente subterránea de la memoria, o si era él realmente, llegado del otro mundo para buscarme. Miré detrás de mí y vi a Patrick, Fionnuala y Andrea en una escena eléctrica y espasmódica de risas y baile; luego avancé hacia John.

Él bajó la vista y me pidió con una inclinación de cabeza que le siguiera fuera de la pista de baile. Abandonamos la sala principal de la discoteca, cerramos la puerta que aislaba del ruido y la música y nos quedamos en el vestíbulo, ante la mirada de los vigilantes y de la chica del mostrador del guardarropa. John parecía un náufrago. Tenía el pelo enmarañado, los ojos inyectados de sangre y los párpados morados, estaba más delgado y llevaba la ropa arrugada y raída. Tenía un corte en el labio inferior. Me sorprendió que le hubieran dejado entrar.

–No quiero verte –le dije–, no puedo verte...

Él miraba al suelo.

–Lo digo de veras, John. Esto me va a matar. No tengo nada que decirte. He estado a punto de arruinar mi vida y ahora estoy fuera de todo esto. Ni siquiera puedo recordar lo que ocurrió entre nosotros tres, y estoy decidido a olvidarlo para siempre. Se acabó, se acabó, se acabó. Estoy reconstruyendo mi vida y...

–Está bien, está bien, ya capto el mensaje. No he venido aquí para oír tus discursos.

Seguía mirando al suelo. Entonces, de pronto, levantó la cabeza y me miró fijamente, sus ojos oscuros rodeados por una infinidad de venas rojas.

–Niall...

–¿Qué?

Volvió a bajar la vista.

–Necesito tu ayuda –murmuró.

–¿Quieres dinero?

Meneó la cabeza.

–¿Qué quieres entonces?

No dijo nada.

–John, ahora tengo una nueva vida, adiós, no vuelvas a acercarte a mí –dije con convicción, y abrí la puerta para volver a la discoteca.

El sonido del interior llenó como una ola el vestíbulo. John agarró la puerta e impidió que terminara de abrirla. Los porteros se miraron el uno al otro.

–Tranquilos, chicos... –dijo uno de ellos con tono amenazador.

John soltó la puerta.

–Por favor, Niall, espera un momento.

En el interior vi por un momento a mis amigos –así pensaba en ellos ahora, un tanto prematuramente– en la pista de baile. Andrea estaba apoyada en el hombro de Jayne y le gritaba algo al oído. Harry y Eileen hacían cola en la barra. Fionnuala, Caroline y un Patrick tímido pero cada vez más confiado lanzaban patadas al estilo ruso, agarrados en círculo. John cerró la puerta de golpe. Dudé un momento, pensé en mis compañeros allí dentro, en el remolino del baile y de sus conversaciones, pensé en John y Sarah mirándome como zombis sobre el Grand Canal, y volví a abrir la puerta.

–Venga, chicos, aclaraos de una vez –dijo uno de los porteros–, o entráis o salís.

Miré a John de un modo desafiante.

–Estoy decidido –dije.

–Niall –dijo con la voz rota–, escúchame, por favor.

Otra vez me hizo dudar.

–Dime lo que quieres entonces, deprisa.

Miró a los vigilantes y a la chica del guardarropa; luego me miró a mí con expresión implorante e inclinó la cabeza hacia la calle.

–Vuelve conmigo al piso –dijo.

–No, si quieres decirme algo tiene que ser aquí.

Murmuró algo con voz ronca. Cerré la puerta y le pedí que lo repitiera.

–Sarah se ha ido –dijo.

–¿Se ha ido? ¿Qué quieres decir?

Otra vez miró a los vigilantes y con expresión suplicante me señaló la puerta de salida.

–Está bien, pero sólo un momento –concedí.

Subimos las escaleras y pasamos entre el grupo de los que salían a fumar delante de la puerta, que hablaban y reían ruidosamente. Hacía un tiempo tan inusualmente caluroso que aunque íbamos los dos en camiseta no teníamos frío.

–¿No podemos alejarnos un poco de la gente?

–Como quieras –dije con indiferencia.

Caminamos unos pasos por Kildare Street y nos detuvimos, ya algo apartados del grupo de fumadores, delante del hotel Earl of Kildare. El joven medio dormido que atendía el teléfono y la puerta detrás del mostrador nos miró un momento sin la menor curiosidad. John tenía los brazos cruzados y las manos escondidas bajo las axilas.

–¿Y bien? –pregunté.

–Ya te lo he dicho... –comenzó excitado, levantando la voz.

Luego hizo una pausa, se calmó un poco y dijo lentamente, con una paciencia dolorosa:

–Sarah ha desaparecido.

–¿De qué estás hablando? ¿Ha desaparecido? ¿Desde cuándo?

–Hace unas dos semanas.

–Cuéntame qué ha ocurrido.

–Yo... ella... quiero decir, no ha dado señales de vida desde hace dos semanas.

–¿Quieres decir que los sincronismos no funcionan? Siempre podéis contactar como lo hace todo el mundo, con un mensaje.

Ignoró mis palabras y continuó:

–Salió del apartamento una mañana y ya no ha vuelto.

–¿Así sin más?

–Había empezado a salir sola. Algunas veces no podía encontrarla con los libros. Todo lo hacía en secreto. Ya no me dejaba leer los correos electrónicos de Luis. Un día salió del piso con una maleta mientras estaba distraído. Estábamos los dos juntos y ella hizo la maleta delante de mí. No me di cuenta de lo que estaba haciendo hasta que ya se había ido. Me mandó hacer no sé qué cosa en el balcón, que arrancara la enredadera de la ventana, y cuando volví a entrar ya no estaba.

–¿Y su habitación del Trinity?

–Vacía. Se ha llevado todas sus cosas y ha devuelto la llave. Ya la han alquilado a unos turistas.

–¿Galway?

Meneó la cabeza, resopló y levantó la vista hacia el cielo.

–¿Luis? –pregunté.

Los nombres de aquel mundo perdido, *sortes, sincronismos, Luis,* estaban hundidos en lo más recóndito de mi memoria. Para hallarlos tenía que rastrear las profundidades oscuras, envolverlos en una red e izarlos trabajosamente hasta la superficie. Sin embargo, cuando salían de mi boca eran rápidos y ligeros, con un brillo plateado y un destello seductor, como las estrellas.

–Escríbele un correo electrónico.

«laninahillen@eurosur.org», recordé en silencio.

–No me contesta.

–Bueno, pues telefonéale, o lo que sea.

–No tengo ninguna forma de contactar con él. Ni siquiera le he visto nunca –añadió, a la defensiva.

–Yo tampoco –dije–. Tal vez es el momento de que lo dejes tú también. Olvida los libros. Busca un trabajo. Haz amigos.

Meneó la cabeza.

–No. Para mí ya es demasiado tarde. Tengo que saber más. Tengo que seguir. No pueden abandonarme así. *Esto es la muerte.*

Sus ojos refulgían de pánico.

–¿Qué quieres que haga, John?

Me dirigió una mirada patética, implorante.

–Ayúdame a encontrarla, Niall. Vuelve, por favor. Eres el único que puede ayudarme a encontrarla. La necesito. Sin ella, sin ella, no tengo nada.

–¿Dónde crees que puede estar?

–No lo sé.

–¿Has ido a la policía?

Negó con la cabeza.

–¿Por qué no? Es la policía quien puede ayudarte, no yo.

Miró al otro lado de la calle, hacia el edificio desierto de ladrillo rojo de la Alliance Française. Se aclaró la garganta y, todavía sin mirarme, dijo:

–Sabes perfectamente por qué no lo hice. Mira, Niall... estábamos... a punto... parecía que Luis iba a empezar a contarnos más cosas. Ya sabes, las cosas importantes. Llevarnos al siguiente nivel. Creo que Sarah se ha marchado con él para hacer ese paso ella sola. Lo único que haría la policía es joderlo todo... Niall, ayúdame, por favor. Te necesito. Tú puedes ayudarme a encontrarla. Los libros no me llevan a ninguna parte.

Reprimió un fuerte sollozo y de nuevo se volvió hacia las ventanas oscuras de la Alliance, avergonzado. Reflexioné unos instantes. Mi mente estaba extrañamente vacía, sin otro pensamiento que la visión de la calle, que parecía más bien dos calles, dos capas una sobre otra, una la sólida superficie a la que había regresado hacía poco, y otra debajo, más oscura y reluciente, de la que venía John. Pasaron segundos, minutos, sin que me decidiera a responderle. John jadeaba pesadamente. Al fin, me volví hacia él y abrí la boca, sin estar muy seguro de lo que iba a salir por ella.

–No, John, no voy a ayudarte –fue lo que dije, con una voz clara, resuelta, sobria e inequívoca, mientras que del lado de John el mundo se volvía vacilante, vertiginoso, complejo y polifónico–. No –continué en el mismo tono claro y directo que reconocí de algunas de las conversaciones con Deirdre–, el único recuerdo preciso que tengo de cuando jugaba al club de los libros con vosotros es que era, como tú dices, la muerte. No voy a volver, pase lo que pase. No quiero saber nada más de vuestro mundo de los muertos. Prefiero vivir. Ha sido un placer, de veras. Y ahora buena suerte.

Le di la espalda y caminé, a un paso deliberadamente lento, hacia la discoteca, esperando que me llamara. «Si lo hace una vez más –pensé–, sé que voy a rendirme.» Me detuve en el límite del grupo de fumadores, que inhalaban el humo del tabaco en el aire del verano, enfrascados en sus conversaciones. Antes de bajar las escaleras de entrada a la discoteca, lancé una última mirada a Kildare Street. John estaba sentado en la acera, apoyado contra una verja, inmóvil, con la cabeza entre las manos. Le miré unos instantes, a él y a las dos calles que se superponían ante mis ojos, la vieja Kildare Street y la nueva Kildare Street. Luego me di la vuelta, mostré a los vigilantes la marca estampada en mi mano y entré en la discoteca. Entre una multitud de estudiantes de primer año, vi a Patrick, Fionnuala, Andrea, mis compañeros del futuro, bailando y bebiendo. La música llenó mis oídos. Dejé que la puerta se cerrara detrás de mí y me adentré en el local, con la impresión ilusoria de que los porteros habían observado la escena conscientes de lo que ocurría, como ángeles de la guarda, y respiraban aliviados por mi decisión final.

Entonces, ya fuera por el recuerdo lejano del día en que, siendo aún un extraño, me recogió del suelo en Georges Street y me acompañó a mi habitación, o tal vez por un retorno inesperado del deseo sexual, o acaso simplemente por la atracción inevitable y peligrosa de los *sortes*, cambié de repente de opinión, me detuve, di la vuelta, y corrí por las escaleras hacia el exterior. Los porteros se miraron el uno al otro, arqueando las cejas. Salí a la calle y miré hacia el lugar donde John se había sentado. Pero ya no estaba allí. Fui hasta donde le había dejado, me apoyé contra la verja e inspeccioné el pavimento de granito. Avancé unos pasos más por la calle y grité su nombre, primero con timidez y luego más fuerte, provocando un eco en los muros de piedra. Caminé hasta la esquina de Molesworth Street, observado con un vago interés por el policía que hacía guardia delante del Leinster House, y al fin di la vuelta para reunirme con mis amigos en la discoteca, puesto que John se había marchado, se había perdido en la oscuridad, en dirección al canal, solo.

Diez

También este incidente, mi primera tentación, pude borrarlo con una facilidad pasmosa de la parte consciente de mi mente. Cuando volví al club, pasé el resto de la noche bailando con mis amigos, sin pensar en John. De hecho, hacia el final de la fiesta no estaba seguro de si había venido realmente. Una o dos veces me pareció ver a Pablo Virgomare entre el hielo seco, bailando solo en la pista, o en medio del grupo de fumadores delante de la puerta, mirándome con una sonrisa, pero eran apariciones fugaces e ilusorias. Fionnuala se marchaba a Belfast al día siguiente, y desde allí iba a tomar un vuelo directo de Aldergrove a París al cabo de pocos días, así que nos despedimos en la acera, con un pitido en los oídos y el aliento de vodka con tónica, dándonos un abrazo rápido y frío. Patrick se despidió de todo el mundo, con muchos besos y risas, y partió por Kildare Street hacia el canal y Rathgar. Yo me fui en taxi, como supuse que habría hecho John, si es que realmente había estado allí, por Merrion Square y Lower Mount Street; lo compartí con Andrea hasta Foxrock. Tuve el valor de mirar el piso de Northumberland Road, al pasar por delante. Las luces estaban apagadas. No parecía que hubiera nadie en casa.

Por entonces el problema de la beca de la Beckett Foundation ya estaba resuelto, gracias a Paula: la beca recomenzaría en octubre y no se tendría en cuenta el curso que había perdido. Pero quedaba el problema de cómo pasar el verano. No tenía ahorros, había pasado el último mes con lo que me daban mis padres. Preocupados como estaban por mi bienestar, después de lo que mi tía había llamado mi «pequeña crisis nerviosa», no se hubieran quejado si hubiera decidido alargar mi convalecencia hasta octubre, cuando recomenzaban la beca y las clases, y podría volver a mi habitación en el Trinity. Era un pensamiento sorprendentemente reconfortante: caerían las hojas, llegaría una nueva estación, tan inexorable como la muerte. Pero decidí que ya estaba lo bastante recuperado para retomar una vida más satisfactoria y más plena que la que me ofrecía la caridad de mi familia. A Ciara, que trabajaba a jornada completa en Dunne's Stores, en Dún Laoghaire, le irritaba verme sin hacer nada, y me daba cuenta de que a mis padres les preocupaba que cayera en una abulia de la que después no pudiera recuperarme. Así que empecé a buscar trabajo. Dejé solicitudes en el Spar de Sandycove, en el asilo Bulloch Harbour de Dalkey (desafiando la mirada desconfiada de las monjas), en tiendas de estampación, en pubs y en supermercados de Dún Laoghaire. A mis padres les hubiera gustado que trabajara en una librería, lo que parecía más adecuado para un estudiante universitario que vender boletos de lotería o fregar la orina de los octogenarios, pero por más recuperado que me sintiera, ése era un riesgo que no podía asumir, era como pedirle a un alcohólico recién rehabilitado que trabajara tras la barra de un bar.

Patrick me telefoneó a principios de julio, cuando aún no había logrado organizar mi vida cotidiana, para decirme que su padre había decidido alquilarle un apartamento en el centro. Los motivos de esa decisión no eran muy claros. Supuse que tal vez el padre de Patrick, en su confortable apartamento de soltero en Mount Merrion y en brazos de su atractiva compañera, se sentía culpable por haber dejado a su hijo en el papel de hombre de la casa. Pero la realidad resultó ser más interesante: la idea había sido de Paula. Según me contó Patrick, su madre pensaba que para «seguir adelante con su vida» necesitaba que su hijo se independizara y verse confrontada de este modo con la realidad del nido vacío. De no proceder así, se convertiría (cito de mi imaginación) en «una vieja que murmura sobre cosas que ocurrieron veinte o treinta años atrás». Le dijo a Patrick que necesitaba esa ruptura para asumir la nueva situación, y yo estaba seguro de que era cierto: Paula deseaba, por encima de todo, estar al día, no quedarse atrás en el camino. Pero por otra parte yo sabía, y Patrick también, aunque no lo dijera, que si Paula había tomado esa decisión era principalmente por él, para que no perdiera su tiempo y su energía sintiéndose culpable, forzado a ser el hombre de la casa cuando debería andar por ahí viviendo sus propias aventuras. En cualquier caso, el hecho era que alguien, Paula, Patrick o Frank, había encontrado un sótano de dos habitaciones, debajo de una oficina en Baggot Street, a un precio excepcionalmente bajo para la zona, y que Frank iba a pagar la mitad que le correspondía a Patrick del alquiler por lo menos hasta el final del verano. La idea era que yo ocupara la otra habitación, y que Patrick y yo viviéramos como dos caballeros solteros de Dickens o Wilde, compartiendo piso en la ciudad. Cuando Patrick me hizo esa propuesta, durante un paseo por el frente marítimo de Sandycove hasta la torre Martello, nos imaginé a los dos arreglándonos para salir a cenar al Savoy y bebiendo champán en los camerinos con actrices de dudosa reputación. De hecho, estas imágenes improbables fueron tan vívidas que casi dudé de aceptar por miedo a terminar sumido otra vez en un estado de irrealidad. Pero no parecía prematuro abandonar Sandycove y volver al centro, así que acepté.

Encontré un trabajo a tiempo parcial, bien pagado, introduciendo datos y ocasionalmente atendiendo al público en la Educational Building Society, en Westmoreland Street, desde donde podía ver el muro trasero de mi bloque de Botany Bay. Era un trabajo bastante sencillo. Pasados dos días de preparación, entraba nombres y direcciones en un despacho trasero, y de vez en cuando ayudaba a gestionar los ingresos en el mostrador. Sólo trabajaba tres días por semana, martes, miércoles y jueves, pero el sueldo era bueno. Mi labor lograba captar infaliblemente mi atención, de hecho el mecanismo global de aquel lugar era una versión humana, sana, agradable de los *sortes*, por el cual la multitud de gente que pasaba arriba y abajo por Westmoreland Street, yendo y viniendo del O'Connell Bridge, se manifestaban ante mi ventanilla como individuos, cuya procedencia, clase, acento, edad y saldo en la cuenta corriente eran completamente impredecibles. Separados de la masa, se convertían en números, valores, genealogías de ingresos y reintegros, que escondían significados e historias distintos en cada caso.

Nuestro nuevo piso era pequeño y luminoso, para ser un sótano, con una sala de estar que daba a una verja al nivel de la calle, donde Patrick y yo nos sentábamos por las noches a beber té o cerveza, una cocina en la que intentábamos cocinar la cena por turnos, y en la parte trasera nuestros dormitorios, que daban a un patio abandonado, el de Patrick ordenado, amueblado y decorado con gusto, y el mío, un espacio sin un solo libro con una cama, una silla, una mesa, y el toque adolescente de una pila de ropa en el suelo.

En una ocasión me cité con Paula. Le telefoneé a su casa de Rathgar; se mostró reacia a que nos encontráramos, aunque simuló alegrarse de que la hubiera llamado. Dijo que me llamaría la próxima vez que viniera al centro, y que podíamos vernos para tomar una copa después del trabajo. Por supuesto no tuve noticias suyas, así que el lunes siguiente, uno de los días que no trabajaba, entré en la habitación de Patrick y busqué en su agenda el número del móvil de Paula. La llamé al día siguiente al salir del Educational Building Society, a las cinco y media. Su «¿Diga?», que era el de quien no reconoce el número que aparece en la pantalla, era aprensivo, pero también, pensé sintiéndome culpable, algo esperanzado. Tal vez pensó que era Frank desde su nuevo teléfono, llamando acaso con un ánimo distinto, o alguna nueva relación de su vida independiente, un hombre divorciado que conocía del hospital. O quizá se trataba simplemente de la posibilidad improbable pero estimulante de algún misterio que interrumpiera la rutina diaria, en la que todos los interlocutores estaban programados con antelación. La esperanza se desvaneció cuando oyó la voz del amigo inestable de su hijo.

–Oh, hola, Niall.

Le dije que acababa de salir del trabajo y que, si estaba en el centro, tal vez podíamos tomar esa copa. Dudó, en lo más hondo deseaba negarse, pero el ruido de fondo de la gente y el tráfico dejaban claro que estaba en el centro. Por unos instantes pensó en poner una excusa, pero al fin se resignó a pasar una hora en mi compañía, probablemente porque los pretextos que se le ocurrieron eran descarados o inverosímiles. Dijo que, puesto que yo trabajaba justo enfrente, podíamos vernos en el Bewley's de Westmoreland Street; yo le propuse que fuéramos al Dunne and Crescenzi's, y allí nos encontramos veinte minutos más tarde. Le dije que después del trabajo me moría por un vaso de vino, y le sugerí que compartiéramos una botella.

Paula pidió un capuchino y no quiso comer nada, yo tomé una copa de Chianti y *bruschetta*. Parecía cansada, no con la fatiga dramática de cuando nos encontramos en Moore Street, justo después de que Frank la abandonara, sino más bien con un cansancio aburrido, con la mirada de quien ha calculado, como en los enigmas de la clase de religión, la duración de la eternidad. Hablé con animación sobre mi trabajo, me extendí en anécdotas divertidas de clientes extravagantes, fui vulgarmente efusivo al darle las gracias por haberme salvado la papeleta, le conté en tono estridente, con un entusiasmo fingido, algunos cotilleos sobre las pocas amistades comunes que teníamos, chicos y padres aburridos que pertenecían a un mundo muerto, y que significaban muy poco para mí y nada para ella. Paula se limitó a dar las respuestas y las leves sonrisas imprescindibles para una mínima corrección, y parecía avergonzarse de mí ante los demás clientes. Era visible que deseaba que bajara la voz y que dejara de tratarla con ese afecto y esa intimidad teatrales. Le pregunté qué tal se las arreglaba sin Frank. Me respondió que era difícil explicar los vaivenes de veinticinco años de matrimonio a alguien tan joven como yo, y me dijo que debía irse porque tenía un invitado a cenar en su casa. La acompañé hasta el aparcamiento de Drury Street. Por el camino, libre de la vergüenza de sentirse observada por los otros clientes, hizo algún esfuerzo por darme conversación, pero así como en nuestros encuentros anteriores había intentado salvar las barreras que nos separaban, ahora me hablaba en el tono propio de una madre con los amigos de su hijo, si me gustaba haberme independizado, cuándo empezaban las clases en la universidad, qué quería hacer cuando acabara los estudios, si Ciara pasaría el examen final del bachillerato aquel año y que le diera recuerdos a mi madre. Cuando se despidió en la entrada del aparcamiento, me dio unas palmadas en el hombro de forma distante. Comprendí que no me estaba ocultando nada, que no me guardaba rencor por lo ocurrido, que aquello no era una crisis que pudiera resolverse al cabo de un tiempo: simplemente era alguien que empezaba a vivir un largo epílogo a todas sus historias.

Regresé al piso de Baggot Street, pensando en ella y en el lugar que ocupaba en mi cosmología, considerando que alguien, tal vez ella misma, me había hecho falsas promesas. Paula era una absoluta decepción, me dije, casi en voz alta. O tal vez no Paula exactamente, sino más bien toda esta historia de la que se suponía que ella era un punto de referencia, el santo patrón. En el piso las luces estaban apagadas; Patrick no estaba en casa. Eran alrededor de las ocho. Aún era de día, pero las sombras se alargaban y reinaba en las calles la quietud que precede a la caída de la noche. En lugar de entrar, seguí paseando sin un rumbo preciso, algo que me resultaba imposible cuando todos mis pensamientos y actos dependían de los *sortes*. Crucé el canal y pronto me hallé caminando a buen paso por Northumberland Road. Me detuve ante la vieja casa, y miré a la ventana lateral de nuestro piso. Las finas cortinas blancas estaban corridas; no había luz en el interior. Me acerqué a la puerta de entrada y miré los nombres en el interfono. Nuestra casilla, donde antes había un papel arrugado con «PMV» escrito en bolígrafo, ahora estaba vacía. Toqué el timbre y lo oí sonar en la distancia. Nadie bajó. Llamé una y otra y vez, pero tenía la clara impresión de estar llamando a un lugar vacío, a un caos largamente olvidado, a una pluralidad de botellas y libros condenada a su soledad silenciosa e inhumana. Seguí llamando durante un rato, retirando el dedo sólo cuando me parecía que el sonido estridente podía molestar a los vecinos. Mientras regresaba a Baggot Street seguía sonando en mi mente, y se fue metamorfoseando en el comienzo del salmo para el Miércoles de Ceniza:

... incerta et occulta sapientiae tuae manifestasti mihi...

Me alivió encontrar las luces encendidas y a Patrick en casa, esperándome. Como hice con los anteriores encuentros fortuitos, decidí de un modo instintivo e inexplicable no contarle que había visto a su madre. Patrick tenía planes para aquella noche, y quería que le acompañara. Un grupo de amigos del University College iban a un concierto en Whelan's; una chica en la que estaba interesado iba a estar allí. Me lo dijo en un tono que no presuponía un interés mutuo, un indicio, pensé, de que sospechaba que era gay y podía revelárselo cuando quisiera. No hay prisa, parecía decirme, tenemos tiempo de sobra. Entre las idas y venidas del baño a los dormitorios, la elección de unas camisetas informales, el aftershave, los sonidos de Patrick preparándose torpemente un gin-tonic a partir del recuerdo vago de cómo lo hacía su madre y su móvil sonando todo el tiempo con mensajes de los que iban a venir con nosotros, mi melancolía, la vejez de Paula y especialmente John y Northumberland Road volvieron a hundirse de nuevo en el inconsciente. «Estoy realmente recuperado –pensé–, no voy a recaer, todo aquello se acabó.» Aunque Paula me había decepcionado, una noche como la que nos esperaba, en el ambiente de mis coetáneos en los pubs de Dublín, contenía un cierto elemento de atracción, la sensación de que podía encontrar algo que venía buscando. Al menos para nosotros, había una historia que seguía viva.

Y efectivamente encontré algo que buscaba, otro cabo suelto que necesitaba ser atado, o tal vez un nudo que debía deshacer. En el concierto, vi a Chris con un grupo de amigos. No me atreví a acercarme a él, puesto que el último episodio de nuestra relación había sido mi plantón en el Capel Street Bridge. Preferí observarlo desde lejos, con su pose habitual, llevando pintas entre la gente desde la barra. Al fin, cogí el móvil, llamé a su número y esperé a ver cuál era su reacción. Notó que vibraba en su bolsillo mientras acababa de distribuir las pintas entre sus amigos. Pude ver su cara de sorpresa al leer mi nombre en la pantalla. Dudó; pensé que iba a guardar el teléfono otra vez en el bolsillo, pero luego cambió de opinión, apretó la tecla de descolgar y se lo llevó a la oreja. Colgué y me abrí paso entre el grupo de amigos de Patrick para ir a saludarle.

Al verme se puso a reír y me dio unas palmadas en el hombro.

–¡No puedo creerlo, maldito traidor embustero!

El grupo estaba tocando en el escenario, así que tenía que gritar juntando las manos alrededor de mi oreja. El suave contacto de su piel y el calor de su aliento me recordaron las dos noches que habíamos pasado juntos y me hicieron desear una tercera. Le pregunté si quería que nos retiráramos a un rincón tranquilo para poder hablar con calma. Le dije que le debía una disculpa. Me contestó que aquella noche estaba «con unos amigos», pero que teníamos que vernos. Quedamos en que tomaríamos una pinta juntos después del fin de semana, alguna tarde al salir del trabajo, le prometí que le mandaría un mensaje para concretar la cita. Rió y dijo que ya conocía mis promesas, y se despidió deseándome buena suerte.

Era evidente que Chris no se había dado cuenta de que era un hombre nuevo, de que ahora era, de hecho, un hombre. Le envié un mensaje el siguiente domingo por la noche y quedamos en vernos el jueves en el bar del Irish Film Institute para tomar una pinta. Patrick se dio cuenta de que ocurría algo, tal vez sospechó incluso que tenía una cita. Las cosas habían salido bien entre él y Melanie, la estudiante de medicina en la que se había interesado. De hecho, los tres compartimos el taxi de vuelta a Baggot Street, y tomamos la última copa juntos en la sala de estar. Antes de terminar el gin-tonic, algo caliente, les dije que estaba cansado y les dejé solos. A la mañana siguiente, muy pronto, coincidí en la cocina con ella, una persona sonriente y segura de sí misma que me hacía sentir con los pies bien puestos en el suelo, y tomamos juntos un café, aturdidos por la resaca, antes de partir corriendo hacia los respectivos trabajos veraniegos. El sexo era un gran tabú entre Patrick y yo, y tuve que sobreponerme a la timidez para abordar el tema y decirle que «Melanie me gustaba». Fue entonces cuando él pareció notar la excitación que me producía la espera de mi cita con Chris, pero se limitó a sonreír y me dejó tranquilo.

El sentido de narrar estos encuentros (éste es el último de ellos) es mostrar que a pesar de que en realidad el podenco siniestro de los *sortes* seguía pisándome los talones, lograba seguir avanzando hacia delante, sin darme la vuelta. Estaba seguro de que lo que tenía que hacer para dejar atrás aquel fantasma era, por encima de todo, completar las imágenes más bien superficiales que tenía de los personajes que entraban y salían de mi realidad, convertirlos en presencias de carne y hueso, formarme una idea más precisa del mundo que sentía que estaba perdiendo.

Llegué un poco antes que Chris. Pedí una pinta y me senté a una de las mesas que había en el vestíbulo, enfrente de las taquillas, desde donde podía ver a la gente que llegaba de la calle por el largo corredor. Pensé que tal vez Chris no se presentaría, y quién podía culparle. Pero quince minutos después de la hora acordada, vino hasta mi mesa caminando sin prisa, con una camisa a rayas de manga corta, pantalones marrones y unos zapatos negros impolutos. Rió a carcajadas al verme, sorprendido de que me hubiera molestado en ir, pero empezaba a darme cuenta de que esa risa, que para mí formaba parte de la imagen alocada y despreocupada que tenía de los jóvenes de clase trabajadora de la escena gay de Dublín, era en realidad una risa nerviosa, una risa que ocultaba el dolor y el miedo.

Antes que nada me preguntó, con un deje de genuina preocupación, cómo estaba. Vi con placer que la conversación se orientaba a ponernos al día de todo lo ocurrido en aquel tiempo. La escena parecía propia de una verdadera vida humana, una muestra de cómo sería mi futuro. Por supuesto no podía revelarle a Chris lo que había ocurrido realmente, ni a él ni a nadie, así que le conté una ficción, cosa que me reportó casi el mismo placer que elaborar las invenciones para Deirdre. Lo que me gustaba no era el hecho de mentir, sino la verdad potencial y humana de las cosas que le conté (que todo el asunto de ser gay me resultaba muy traumático, que estaba deprimido, que el paso de mudarme al centro me había resultado muy difícil, que me había rodeado de malas influencias). Porque si bien técnicamente eran mentiras en relación con mi pasado reciente, en el contexto general de mi nueva vida eran, según me parecía, instancias de verdad, falsas en sus detalles específicos y en las notas de gracia que yo les añadía, pero ciertas en tanto que manifestaban una verdad más general, como parte integrante de la nueva melodía de mi realidad.

Independientemente de las cosas que le conté, hablar con Chris me sedujo por completo. Tenía un aspecto magnífico. Se había dejado crecer un poco el pelo y lo llevaba engominado en desorden. Tenía la piel fina y reluciente, y su media sonrisa irónica, sus largas pestañas y sus clavículas, que asomaban por el cuello de la camisa, le daban un fuerte atractivo sexual.

Le pedí que me contara sus novedades. Me dijo que le habían ascendido. El sueldo no era mucho más alto y a veces tenía que trabajar hasta tarde, pero en cualquier caso era una «buena señal».

–¿Y has estado...? ¿Sales con alguien? –pregunté.

Sonrió y me guiñó un ojo.

–Bueno... ¿sí o no? –insistí.

–Ah, me he mantenido ocupado, ya sabes cómo es la cosa. Conocí a un tipo después de la última vez que nos vimos, y he salido con él algunas veces desde entonces, pero vive en Drogheda y tiene que volver hasta allí cada día después de trabajar. Esto dificulta bastante que la historia funcione, te puedes imaginar, aunque nunca se sabe.

Sentí una fuerte punzada de celos. Chris parecía estar completamente volcado en nuestra conversación, sus ojos azul verdoso estaban fijos en los míos, sin pestañear apenas, y se inclinaba sobre la mesa, acercando su cara a la mía, de forma que pequeñas motas de Guinness volaban de vez en cuando entre nosotros, como besos. Era evidente, por el tono ligeramente reservado con que me hablaba y la vaga tristeza que había en sus ojos, que mi comportamiento le había herido. Pero pensé que si bien le había dado plantón dos veces, también le había buscado deliberadamente en tres ocasiones. Parecía interesado por mí, o al menos sentía curiosidad, aunque Chris estaba tan acostumbrado a la promiscuidad de la escena gay de Dublín que trataba a sus compañeros de noches pasadas como conocidos y no como ex amantes. Me contaba su nueva relación como la contaría a cualquier amigo, o a un primo lejano que no viera muy a menudo, y yo intentaba seguirle la corriente para complacerle. Su amante de Louth se llamaba Paul. Se habían conocido en el George hacía unas seis semanas y sus citas eran «muy agradables».

–Todo muy cómodo, sabes.

Pensé que su acento de Cabra le permitía manejar las consonantes del amor con una facilidad imposible en mi lengua correcta y distinguida de Sandycove.

–Es un tipo encantador.

Imaginé la presencia de otro hombre en su piso, el montón de zapatos el doble de grande, dos cepillos de dientes en el cuarto de baño, rodeados por una doble acumulación de frascos de colonia y jabón. Les vi en un sábado por la tarde, con resaca, hojeando una revista para hombres heterosexuales en el sofá blanco de Chris, y yendo al anochecer al Irish Film Institute, donde estábamos él y yo tomando nuestras pintas, para ver una película francesa.

Pese a todo, Chris me tocó más de lo que era estrictamente necesario mientras le acompañaba por Temple Bar y el Merchant's Quay, al otro lado del Liffey. Nos detuvimos unos minutos junto al agua, intercambiando bromas de gays sin contenido alguno, una charla que era una especie de expresión metafórica de nuestra relación. Cuando encendí un cigarrillo (el único hábito de la época de Pour Mieux Vivre que no había abandonado del todo), hizo un gesto como si me diera una bofetada, y lo lancé al agua sin fumarlo. Finalmente usó el viejo truco de preguntarme la hora y cogerme la mano para verla en mi reloj. Dijo que era tarde y que tenía que irse. Antes de partir me anunció que el sábado siguiente daba una fiesta para celebrar su cumpleaños, en su piso, sobre las nueve. Le dije que iría.

–Sí, bueno, comprenderás que no me haga ilusiones –respondió, y tras besarme en los labios se alejó por el Capel Street Bridge.

Cuando llegué a casa encontré la luz encendida y a Melanie saliendo del piso.

–Hola, Niall –dijo con una sonrisa al cruzarnos en la escalera.

Patrick, que la había acompañado hasta la puerta, estaba tumbado en el sofá y acababa de abrir el *Irish Times.* Al verme entrar, volvió a plegarlo y lo lanzó sobre la mesa de la sala de estar.

–¿Qué tal ha ido la noche? –me preguntó.

Le dije que había sido magnífico poder ponerme al día con aquel amigo, a quien no había vuelto a ver desde antes de que empezaran mis problemas, que había podido restablecer nuestro vínculo y darle algunas explicaciones. Patrick preparó un té y estuvimos charlando en la pequeña sala de estar hasta las dos de la madrugada, cuando tuve que irme forzosamente a la cama para estar en condiciones en el trabajo a la mañana siguiente. Me dijo que las cosas iban muy bien con Melanie, y que el próximo fin de semana iban a París para celebrar su cumpleaños, un poco pronto para ir juntos de vacaciones, pero ella había encontrado por Internet unas habitaciones de hotel muy baratas y querían aprovechar esa oportunidad. Así que esa escapada sería una prueba de fuego para su relación. Hablamos de Melanie de la única forma que sabíamos, como chicos educados del sur de Dublín: qué hacía, de dónde era, quiénes eran sus amigos, a qué bares solían ir. Patrick no puso en la historia ninguna reciprocidad, no se ofreció a presentarme alguna amiga de ella; de nuevo tuve la certeza de que, a su manera callada, me estaba concediendo el espacio para que le contara mis secretos. Me metí en la cama feliz, planeando los pasos que iba a dar en el futuro.

Por su cumpleaños le regalé a Patrick la *Rough Guide to Paris*. Había tomado muchos *sortes* de aquel libro en los días de Northumberland Road, y me alegré secretamente al ver que el ejemplar que le compré era una nueva edición, revisada, de la cual muchos de mis antiguos oráculos habrían sido felizmente eliminados.

–*Thanks, man* –me dijo Patrick cuando se lo entregué.

Una expresión norteamericana que testimoniaba una nueva fortaleza de carácter, una hombría recién adquirida, pero también una complicidad más madura entre nosotros dos, la semilla de una relación entre personas adultas. Eso ocurrió el jueves por la noche, la víspera del día de su cumpleaños. El viernes se marchó al amanecer para encontrarse con Melanie en el aeropuerto y tomar el vuelo de las siete de la mañana hacia Beauvais. Ya se había marchado cuando me levanté para acudir al trabajo; encontré los signos de su partida apresurada, el olor a café y una piel de plátano en el cubo de basura de la cocina. Di una vuelta por la casa antes de partir hacia Westmoreland Street, entré en la habitación de Patrick, cosa que nunca hacía, y miré la fruta prohibida de los libros en la estantería, manchados por la luz tenue del amanecer. Había los libros descubiertos por Patrick en el University College *Estúpidos hombres blancos, Darwin's Worms, El hombre de los dados, Brevísima historia del tiempo,* algunos volúmenes que pertenecían a nuestro pasado común, *The Secret History, Entrevista con el Vampiro, Guía del autoestopista galáctico, The Color of Magic, Grandes esperanzas,* y algunas reliquias conmovedoras de la infancia, trasladadas de Rathgar a Baggot Street por razones que sólo podían ser sentimentales, *La yesquera maravillosa, La llave mágica, La Phoenix y la alfombra, The Island of the Great Yellow Ox.* Toqué el lomo de uno de esos libros con los dedos, y por un momento los dejé correr hacia los volúmenes siguientes antes de retirar la mano. Lentamente, la tentación ya olvidada comenzó a rezumar por la madera del suelo, y a caer del techo, como una gotera. Estaba inmóvil ante la librería, con la mano medio levantada, pero me distrajo la vibración de mi teléfono anunciando un mensaje de Chris. Eso me devolvió la conciencia: salí a toda prisa, llegaba tarde al trabajo.

Aquella noche fui a tomar una copa al Palace Bar con algunos compañeros de la oficina. Un poco como ocurría en el George, nuestro grupo era una mezcla entre estudiantes que trabajaban allí en verano, como yo, y los miembros más jóvenes del personal permanente. Los que acabábamos de incorporarnos a la oficina no conocíamos a ninguno de nuestros compañeros, más allá de las breves conversaciones de un puesto a otro cuando había poca gente en el banco, así que aquella noche en el Palace se combinaron las anécdotas sobre los clientes con los diálogos de presentación entre unos y otros.

Llegué a casa borracho y aburrido, y otra vez me planté ante la librería de Patrick durante unos minutos, mientras bebía un vaso de agua. Cuando estuvo vacío lo dejé sobre una de las estanterías y seguí mirando los libros, hasta que los faros de un coche que pasaba me despertaron del trance. Entonces entré en mi habitación y me metí en la cama.

Logré dedicar la mayor parte del sábado a prepararme para la fiesta de Chris. Le compré el DVD de *La noche americana*, que había visto con Fionnuala en el cineclub del departamento de francés a principio de curso. Lo encontré en la tienda del Irish Film Institute, al lado del bar donde nos habíamos encontrado la semana anterior. Volver allí avivó los celos que sentía del nuevo amigo de Chris. Intenté imaginar a Paul, pensé que sería rubio y delgado, con acento de Louth, oculto cuidadosamente bajo el acento dublinés genérico, un poco egocéntrico en la conversación al principio (demasiadas historias sobre sí mismo y las locuras de sus tías de Termonfeckin), pero con una curiosidad que se iba abriendo con el paso del tiempo. La falta de datos concretos restaba consistencia a estas conjeturas, pero en cualquier caso mi mente se llenaba de imágenes de Chris con otro hombre, fuera quien fuere. Por entonces veía con total claridad cuál era el atractivo de Chris, qué era aquello que alguien que le amara apasionadamente (como yo había amado a Ian, por ejemplo, o tal vez como Paula amaba a Frank) transformaría de meras características individuales, un conjunto de hábitos y rasgos normales, en el centro de un deseo palpitante: su bello cuerpo, para empezar, su aire confiado y desenvuelto, su piel oscura, sus manos grandes, su cuidado obsesivo y un tanto femenino de la ropa y el aspecto físico, su curiosidad por las opiniones y la vida de los demás y la consecuente aceptación natural de la diversidad humana, su infancia en un barrio obrero, en una calle bastante peligrosa de la parte norte de la ciudad, su pasión por el cine francés. Era la mejor de las compañías, pensé, para el cuerpo y para el espíritu, siempre dispuesto a escuchar, siempre activo.

Después de hacerme con el DVD en el Irish Film Institute, fui a comprarme algo de ropa. En los días de Northumberland Road me cambiaba de indumentaria de un modo muy irregular. Algunas de las prendas que más me gustaban se quedaron en el piso cuando me marché, y eran por lo tanto irrecuperables, otras estaban demasiado deterioradas por el uso y las que quedaban me recordaban demasiado aquella época para ponérmelas. Al lado de Chris parecía un espantapájaros. Me compré una camisa de color azul eléctrico, unas Camper y unos pantalones. Cuando por la noche me miré en el espejo de cuerpo entero de Patrick, de espalda a la librería, me sentí casi complacido con mi aspecto. Parecía otra persona, alguien mayor, un hombre nuevo. Era la primera vez en mucho tiempo que me miraba con detenimiento en el espejo. El sonrojo había desaparecido de mi cara, dejándola, en todo caso, algo pálida. Tampoco quedaba ni rastro del reflejo verdoso que parecía emanar de detrás de mis ojos. Cuando con un dedo tiré de mi mejilla hacia abajo para dejar al descubierto la parte inferior del globo ocular, me pareció distinguir todavía una leve sombra de jade, pero era tan tenue que parecía estar a punto de desaparecer definitivamente.

Caminé tranquilamente hacia la fiesta, con un paquete de seis cervezas Beck's, una tarjeta de felicitación humorística y el DVD envuelto en un papel estampado con ositos de peluche. Eran cerca de las diez cuando llegué. Llamé al interfono y me abrieron sin contestar. La puerta del piso de Chris estaba entreabierta, y por ella salía un fragor de risas y voces. El interior estaba lleno hasta los topes de gente, incluidas algunas caras que reconocí del George. Los invitados se apoyaban contra las paredes del pequeño apartamento, bebiendo en vasos de plástico azul que servían también de ceniceros.

Di una vuelta por el piso, buscando a Chris. Luego entré en la cocina y puse las cervezas en la nevera. Sobre una mesa, entre los paquetes de vasos de plástico y las rodajas de lima, naranja y limón, había varias jarras llenas de un líquido rosa. Un tipo bajo, con una calva incipiente y zapatos blancos relucientes, hablaba con una mujer que llevaba una gorra con visera.

–¿Quieres un poco de cóctel, encanto? –me dijo con acento *cockney,* no supe si genuino o simulado.

Asentí y me sirvió un vaso de una de las jarras, sin dejar de hablar con la mujer de la gorra. El acento era genuino.

–Intenté que no viniera, pero ella no paraba de repetir «me debes cinco de los grandes, ¿cuándo diablos me pagarás?». Próxima parada Tribunal Penal de Old Bailey.

Tomé el vaso y volví a rondar por el piso en busca de Chris. Le encontré hablando con unos invitados que hacían cola para ir al baño.

–¡Chris!

–Un segundo –le dijo al hombre con quien estaba hablando, un joven inequívocamente gay, de unos treinta años, rubio, que me miró con unos ojos azul claro, casi de un modo familiar, mientras Chris se acercaba y me pasaba el brazo por los hombros.

–Niall, gracias por venir.

–Feliz cumpleaños –dije, y le tendí el regalo.

Esperaba que me besara, pero ni siquiera dejó el brazo sobre mis hombros mucho tiempo.

–Lo abriré luego –me dijo–. Mil gracias. ¿Tienes algo de bebida?

–Sí. –Le mostré mi vaso de brisa marina–. Me lo ha servido un tipo de Londres.

–Bien, bien, sírvete lo que quieras.

Y volvió a la conversación con el tipo rubio. Me quedé un rato a su lado, esperando ser presentado –¿sería Paul?–, pero su diálogo era pausado y serio, no estaba abierto a juerguistas pasajeros.

En la sala de estar encontré a Ciarán y Darina, el comediante afeminado y la mujer heterosexual que conocí en el Front Lounge la segunda vez que vi a Chris. Me recibieron con bastante frialdad, presumiblemente porque sabían que le había dado plantón a su amigo dos días después de la noche en que fuimos a bailar juntos al George, pero eran las únicas personas que conocía, así que me aferré a ellos. Ciarán estaba contando su visita al Gay Man's Health Centre por un problema en la vejiga.

–La enfermera me dice que cuántas veces voy al baño y yo le digo que como veinte, y me pregunta que si cada hora. ¡Cada hora! Cielos, ¿podéis imaginarlo? Veinte veces cada hora, eso es una vez cada tres minutos...

Finalmente se unieron a un grupo que conocían y se fueron a otra habitación, dejándome otra vez solo. Tomé un vaso de agua del grifo en la cocina y me senté en el sofá blanco, donde Chris y yo nos habíamos besado mientras sonaba la música de France Gall y Jane Birkin. Tenía la esperanza de que Chris estuviera aguardando a tener algo de privacidad para hablar conmigo. Aunque lo más razonable era suponer que cuando los invitados se marcharan Paul y él se quedarían solos, como dos pecios sobre la arena al retirarse la marea. En todo caso, aquélla no era la clase de fiesta que se dispersa fácilmente; hacia la medianoche, cuando llevaba una hora leyendo revistas y bebiendo agua, aún llegaba gente. Me di cuenta de que me estaba comportando de un modo ridículo y egocéntrico, como si fuera el centro de la fiesta, y decidí marcharme. Busqué a Chris por el piso para despedirme de él, pero cuando vi mi regalo abandonado sobre una mesa en un rincón, envuelto todavía en el papel de ositos de peluche, y el sobre con su nombre escrito que contenía la tarjeta de felicitación aún cerrado, resolví irme sin más. Cuando me disponía a abrir la puerta, una mano cálida me agarró por el hombro y una voz denunció mi bajeza.

–¡Eh, Niall, grandísimo traidor!

Al darme la vuelta vi la cara sonriente de Chris. Estaba borracho. Tenía las mejillas coloradas y la mirada vidriosa y feliz. Levantó la mano, me tocó la cara un momento, en un gesto ebrio, y luego la dejó caer de nuevo.

–Grandísimo traidor –repitió–. ¿Adónde ibas sin despedirte de mí, el día de mi cumpleaños?

Al verle ante mí con sus zapatos caros, su camisa brillante de seda medio desabrochada, su pelo desordenado por el sudor y su cara de adolescente confiado, no pude contener una sonrisa. Pensé en la canción de su infancia, sobre el pequeño bote y su dueño, que naufragaban, sin él saberlo, cada vez que la cantaba.

–Perdona... –dije–. Es que no conozco a nadie... ¡Venga, es más de medianoche!

Reí en respuesta a su cara de protesta.

–Oh, vamos, Cenicienta, quédate un poco más. La animación va a empezar ahora.

Alguien había subido el volumen de la música; su pulsación rápida y regular llenaba todo el piso.

–¡Venga! –dijo, tomándome de la mano.

–Ten cuidado –respondí–. Paul podría formarse una idea equivocada.

Me soltó la mano y sonrió.

–¿Paul?

–Sí.

Se acercó un paso más, nuestras narices casi se tocaban.

–Paul no está aquí –dijo.

Había en su aliento una mezcla agridulce de brisa marina y hachís.

–¿No?

–Mm-mm.

Meneó la cabeza, acercando hacia mí su cintura. Noté el comienzo de una erección bajo sus pantalones.

–¿Y dónde está?

–Lejos... –Sacudió la mano en el aire–. Lejos...

Acercó la cara y me besó en los labios. Yo le aparté.

–No, de veras, Chris, ¿dónde está?

Se apartó y se echó a reír.

–No está en ninguna parte, Niall.

–¿En ninguna parte? ¿Qué quieres decir?

–Quiero decir que no es nadie, que no existe, que me lo inventé, *Puff* el dragón mágico.

Su acento, que procedía de una parte de Dublín en la que nunca había estado, donde todos los autobuses tenían números primos, me calmó.

–¿O sea que era mentira?

–Sí, una mentira inocente.

Reclinó su cuerpo inestable contra el mío. Su erección era completa, y al apoyarse contra mí hizo que comenzara a excitarme. Me besó en el cuello.

–¿Por qué mentiste?

–¿Tú qué crees?

–¿Porque te di plantón?

–Dos veces.

–¿Para ponerme celoso?

–Parece que ha funcionado.

Se abalanzó sobre mí y nos besamos largamente. Sentí un sabor a pomelo, aftershave, marihuana, vodka y tabaco, pero por encima de todo el olor acogedor y misterioso de Chris.

Había mucha gente en la fiesta, y Chris, un buen anfitrión, no iba a ceder a la tentación de encerrarse conmigo en el dormitorio, así que me llevó de la mano hasta la sala de estar, donde algunos invitados estaban bailando. Era la única persona sobria en aquella habitación pero, ebrio de la alegría de estar con Chris, me puse a bailar con ellos con mi repertorio de movimientos adolescentes. Nuestro anfitrión estaba demasiado borracho para hacerse cargo de la música. Un chico joven y delgado hacía de pinchadiscos, agachado ante una pila de CD, como un habitante de una isla tropical abriendo ostras en busca de perlas. Al cabo de un rato comenzó a usar la colección de música *pop* francesa de Chris, y bailamos más cerca unos de otros, haciendo sutiles insinuaciones, sonriendo cuando nos tocábamos, como en una conspiración ilegítima. Chris entraba y salía de la cocina para llenar los vasos de todo el mundo. Yo aceptaba los que me ofrecía, para no ser una mala compañía, pero los dejaba intactos en una mesa o en una estantería: por una vez, no sentía el deseo de emborracharme. Al cabo de unas horas, pasamos del baile a cantar a coro las canciones que Brendan tocaba en la guitarra.

–Si tenemos que cantar una canción, que sea irlandesa –propuso.

Chris balbuceó el principio de su canción de la infancia, pero los otros le hicieron callar. Cantaron la habitual *Fields of Athenry,* y después algo de Leonard Cohen, con la letra bastante imprecisa, mientras una botella de vino circulaba de mano en mano. Cuando el cielo comenzaba a aclararse, los invitados que quedaban se fueron marchando. Chris se había dormido sobre mi hombro, así que salieron sin decirle nada, y yo decidí ser el último en partir. Brendan y Darina intercambiaron lo que me pareció una mirada de desaprobación al ver que me quedaba en el sofá con él. «El bobo de Chris va a dejarse engañar otra vez por este miserable.» Pero no me importaba. Rondaron por el piso con unas bolsas de basura, recogiendo las botellas, los vasos y los ceniceros; dejé que nuestro anfitrión siguiera durmiendo.

Antes de irse me preguntaron, en tono de advertencia y de admonición, si iba a asegurarme de que se encontraba bien. Les dije que sí. Cuando se hubieron marchado, le ayudé a levantarse del sofá y le acompañé lentamente hacia la cama.

–¿Qué tal estás? –le pregunté.

–Borracho –dijo–, normalmente no me pasa... estoy bebido... Dios, estoy tan bebido...

Le tumbé en la cama, le quité los zapatos, los calcetines, el cinturón y los pantalones. Liberé con cuidado el edredón de debajo de su cuerpo y le cubrí. Fui a buscar un vaso de agua a la cocina y lo dejé sobre la mesita de noche, entre el despertador digital y el libro que estaba leyendo, *Por los pelos,* de Marian Keyes, un libro para chicas. Le besé en la frente sudorosa y le dije adiós.

–Quédate –murmuró–, por favor, quédate.

Me desvestí hasta quedar en calzoncillos y me metí en la cama a su lado, cerca de él, de forma que podía sentir su cuerpo cálido junto al mío. Tuve una erección casi instantánea, pero Chris ya estaba dormido y roncaba apaciblemente.

Me desperté con el sol del amanecer en la cara. Durante un breve, horrible segundo, creí que acababa de terminar una sesión en Northumberland Road y que pronto sería la hora de salir a la ciudad, solo, con mi bolsa de libros. Pero al abrir los ojos, me di cuenta casi al instante de que todo aquello había terminado, de que me hallaba en el piso de Chris, en su cama. Estuve contento, y sobre todo sorprendido, de no haber bebido casi nada la noche anterior y de no tener resaca. La cama, a mi lado, estaba vacía. Me senté. El reloj despertador marcaba las 06.58. Apenas había dormido unas horas. ¿Chris tenía que ir al trabajo? No, era domingo. Un sonido grotesco llegó del lado del baño, una especie de gruñido canino. Me levanté y caminé hacia allí. Tras empujar la puerta vi a Chris de rodillas ante el váter, con una camisa de seda azul botella y calzoncillos, devolviendo un líquido rosa. Le puse la mano en la nuca. Me miró, pálido y tembloroso, y luego rugió y volvió a vomitar. Me quedé con él, le traje agua y pañuelos de papel, le acompañé a la cama cuando hubo terminado y limpié con papel de cocina las salpicaduras que había por todas partes, antes de estirarme a su lado para seguir durmiendo.

Volví a despertarme avanzada la mañana, esta vez por el movimiento del cuerpo de Chris contra el mío, besándome la nuca y acariciándome todo el cuerpo, tomando mi pene dormido en su mano, jadeando furiosamente. Me atrajo hacia él cuando vio que estaba despierto.

–¿Cómo te encuentras? –dije.

–Iba a hacértelo mientras dormías –me susurró en la cara–. Espera.

Retiró el edredón y salió del dormitorio. Hice un movimiento de sorpresa, pero sólo iba a lavarse los dientes; volvió en pocos minutos y se tumbó sobre mí, para evitar que me escapara otra vez.

Nos levantamos a las dos del mediodía, cubiertos de sudor y de semen reseco. Nos duchamos juntos; Chris me hizo volverme hacia los azulejos de la pared y me enjabonó el pelo, la espalda y las piernas. Preparó un café en una cafetera italiana, como en las películas francesas, algo que no se ve todos los días en Dublín, y noté en su piso el encanto que tiene el hecho de emigrar.

Maldito seas tú con tus modas de París.

Era un día caluroso, así que bajamos con las tazas y dos plátanos y nos sentamos en los escalones de la entrada, ante Capel Street, sucia y alegre bajo el sol. Bebimos el café en silencio, mirando a la gente que pasaba, dos jóvenes chinos en bicicleta, una mujer que empujaba un cochecito hablando por el móvil, un BMW negro conducido por un cincuentón canoso. Otro Frank McVeigh de camino a una cita romántica.

–Gracias por cuidar de mí esta mañana –dijo Chris finalmente, dándome una palmada en la rodilla, con un tintineo de su pulsera contra mis pantalones–. Normalmente no pierdo el control de esta manera.

–No te preocupes... –dije–. Una...

...pluralidad de botellas me ha inducido muchas veces a este estado.

–He hecho muchas veces el otro papel –concluí.

–Me lo imagino –rió Chris.

–¿Qué quieres decir?

–Es broma, es broma.

Terminamos los plátanos y nos quedamos sentados en silencio, felices, bañados por el sol, con los hombros y las rodillas en contacto.

Limpiamos el piso a conciencia. Abrimos las ventanas para que se fuera el olor a tabaco y a hachís y entrara el sol y el aire del verano. Durante un rato nuestra complicidad se desvaneció, o más exactamente yo desaparecí para Chris, concentrado en la labor de limpiar el apartamento. Fregó los zócalos y el escurridero de la cocina, siguió llenando una bolsa de basura tras otra hasta mucho después de que a mí me pareciera que estaba todo recogido y pasó la aspiradora con tal ahínco que las fibras de la moqueta parecían haber cobrado vida. Era un hombre transformado, en trance, yendo de un lado a otro con el ceño fruncido y equipado con guantes de goma y bayetas, como una auténtica mujer de la limpieza, hasta que aquel lugar fue transfigurado en un espacio blanco y esplendoroso, su piso. La primera vez que estuve allí me sorprendió el desapego de Chris respecto a su hogar. Ahora, al ver la energía y la determinación con que cumplía aquella transformación mágica, pensé en los lugares que yo había habitado, en mi habitación del Trinity, abandonada durante tanto tiempo, con el suelo cubierto de prendas que no me llegué a poner y de papeles inútiles, en mi dormitorio de Baggot Street, con una cama individual con la mitad de la sábana en el suelo y la ropa todavía dentro de una maleta en un rincón, y comprendí y amé aquella pasión de Chris que yo nunca había sentido.

Fuimos a comer algo al Bewley's de Westmoreland Street, un lugar decorado con madera oscura y barandillas metálicas y que olía a café y a pastas dulces. Descubrimos el recuerdo común de haber estado en aquel lugar con nuestras madres y hermanas, por Navidad, cuando veníamos al centro para ver a Papá Noel en el Switzer's. Le dije que tal vez habíamos coincidido en alguna ocasión y nos habíamos visto. Imaginé la escena en silencio, Ciara, mi madre y yo sentados en los bancos rojos acolchados alrededor de una mesa, mi madre tomando una taza de café y un bollo con pasas, Ciara y yo una Fanta y una tarta de crema, fascinados y un poco asustados por el jolgorio de la familia de clase trabajadora que teníamos al lado, una niña y un niño más pequeño, amonestados por su hermana mayor. El niño de pie sobre el banco, mirándonos por encima de la mampara de separación, Ciara y yo con los ojos como platos y ligeramente emocionados por el tono peligroso de su acento. Su madre: «¡Christopher! ¡Christopher! ¡Bájate de ahí! ¡Bájate de ahí o te doy!». Una fuerte bofetada y luego el llanto; «Te he avisado, Christopher». Nuestra madre: «Niall, ¿puedes dejar de mirar a la gente? Cómete la tarta de crema».

Estuvimos comiendo y charlando en el Bewley's hasta el anochecer; eso era lo que yo más deseaba. El cielo podía estar iluminado u oscuro, el sol al este o al oeste, las calles abarrotadas o desiertas, los músicos callejeros podían tocar lo que quisieran: yo sólo deseaba sentirle cerca, escarbar en la mina inagotable de su persona y su pasado, conocer su infancia, sus opiniones, su forma de expresarse, sus padres, sus años en la escuela, su salida del armario, sus hábitos alimentarios, sus traumas, sus amigos perdidos. Al salir del Bewley's, nos detuvimos en la calle sin saber adónde ir: cualquier dirección era buena.

–Vayamos a dar un paseo –dijo Chris finalmente.

–¿Adónde?

... debo ir a alguna parte y la oficina de correos es una destinación.

–A casa.

Esa noche también dormí allí. Nos levantamos a las siete y salí del piso con Chris, quien tenía que ir a trabajar. Tomamos un café en una cafetería de Temple Bar antes de separarnos, rodeados por la masa de los que corrían a cumplir sus obligaciones, recién duchados y con las caras rosadas. Chris llevaba traje y corbata, el pelo húmedo y el rostro fino, recién afeitado, como un joven oficinista, mi joven oficinista; yo vestía ropa que él me había prestado. Aquella noche no podríamos vernos: después del trabajo iba a ver a su hermana, quería hacerle una visita por su cumpleaños, y además hacía mucho que no veía a sus sobrinos, Lucy y Daragh. Aprovecharía la hora de comer para comprar algún regalo; había adquirido el hábito de llevarles dulces y juguetes en cada visita, y ahora le «comerían vivo» si llegaba con las manos vacías. El martes yo trabajaba, y al día siguiente Ciara se marchaba a Francia, donde iba a pasar tres semanas alojada por una familia, así que por la noche tenía que ir a Sandycove para participar en una pequeña cena de despedida. De modo que quedamos en vernos el miércoles, al salir del trabajo. «Tenemos tiempo de sobra –dijo Chris–, tiempo de sobra.»

La despedida en el café fue horrible. No podíamos besarnos ni cogernos de la mano en medio de la gente, un abrazo rápido o un apretón de manos hubiera sido demasiado frío después de las dos noches que habíamos pasado juntos, así que nos dimos un fuerte abrazo, lo que hizo que la separación pareciera más angustiosa, como la de un emigrante dando la espalda a un rostro que sabe que no va a volver a ver nunca más.

Volvimos a vernos el miércoles; cenamos juntos en su piso. Me quedé a dormir con él, y a la mañana siguiente fui a trabajar llevando unos calzoncillos y unos calcetines prestados debajo de mi uniforme de la Educational Building Society. Al mediodía comimos juntos en el Liffey Boardwalk. También por la noche nos encontramos en el Capel Street Bridge, cuando las campanas de St. Michan's, Christchurch y St. Patrick tocaban las seis, y nos separamos en el mismo lugar, a las nueve menos cuarto, a la mañana siguiente. Patrick volvió de París el viernes, completamente enamorado. Chris salió a encontrarse con sus amigos en el Front Lounge y yo me quedé en casa con Patrick para que me contara el viaje mientras tomábamos un té. La estancia en París había sido magnífica; había hecho una lista de lugares interesantes para prestarla a cualquier conocido que fuera allí. Con Melanie todo había ido de maravilla. Me armé de valor y le dije que estaba saliendo con alguien.

–¿Quién es? –preguntó, evitando cuidadosamente el pronombre personal.

–Ya os presentaré cuando la relación haya avanzado un poco –respondí–, tenemos tiempo de sobra.

Durante aquellas dos semanas, Chris y yo llevamos una vida rutinaria de ciudadanos de Dublín. Entre semana nos encontrábamos prácticamente todos los días a las seis de la tarde, en el puente, cenábamos en su piso y mirábamos algún vídeo o simplemente hacíamos el amor. Solía pasar las noches en su piso, y Patrick se iba normalmente a casa de Melanie, de modo que nuestro apartamento estaba vacío gran parte del tiempo. Los lunes y los viernes, los días que no trabajaba, veía a Patrick o a mis padres, con quienes me reunía para llamar a Ciara a Lyon. Tanto Patrick como yo sabíamos que iba a revelarle mi homosexualidad de un momento a otro, pero ninguno de los dos teníamos prisa. Toda mi energía mental estaba concentrada en el milagro de Chris, su cuerpo, su voz, su acento, sus secretos, y no tenía ningún momento de calma para hablarle de todo ello a Patrick. Le escribí una carta a Paula, dándole las gracias formalmente, un vez más, por la ayuda que me había prestado, y expresándole mis deseos de que pudiera adaptarse pronto a su nueva situación, aunque sabía por Patrick que, por el contrario, a medida que pasaba el tiempo cada vez le resultaba más difícil asumir lo ocurrido. Según me dijo, nadie la invitaba a ninguna parte, ahora que ya no formaba parte de una pareja. Los fines de semana, Chris y yo salíamos con sus amigos. Él me animaba a que le presentara también los míos, especialmente Patrick, una figura que le intrigaba, pero yo me resistía, diciendo que necesitaba encontrar el momento adecuado para revelarle que era homosexual, cosa que era cierta. Los viernes íbamos al Front Lounge y nos emborrachábamos con el mismo grupo de amigos, con algunas variaciones, que acompañaba a Chris cuando le conocí. Eran cordiales conmigo, alguna vez incluso amables, pero en realidad nunca me trataron con confianza. Creían que volvería a abandonar a su amigo, y entre ellos fui siempre un advenedizo tímido, animado y protegido por Chris, pero incapaz en realidad de desenvolverme por mí mismo. Los sábados íbamos a ver una película al Irish Film Institute a última hora de la tarde, cenábamos con nuestras respectivas familias y luego volvíamos a encontrarnos en el George, pero no bebíamos mucho ni nos acostábamos tarde, porque Chris ya no tenía fuerzas para acudir al trabajo con resaca. Era la edad, me dijo, lo comprendería cuando tuviera sus años.

El tiempo transcurría conforme a un patrón regular; no se comprimía, ni se dilataba, ni desaparecía, como había ocurrido tantas veces en los meses anteriores. Yo amaba la rutina casi tanto como a Chris, el orden predecible en que cambiaba la luz del día y se sucedían los quehaceres de la semana, y amaba también la ciudad que había redescubierto y que volvía a habitar.

Sin embargo, los lunes y los viernes, los días en que no trabajaba y estaba desocupado en las horas de oficina, me asaltaba con una intensidad creciente un sentimiento indefinido e inquietante que sabía procedía de Pour Mieux Vivre, ya fuera la reverberación de mis recuerdos soterrados o un mensaje siniestro que John y Sarah me enviaban desde el lugar donde se hallaran. Esta distorsión de fondo se esfumaba cuando estaba con Chris. De hecho, en el mismo instante en que mis ojos le veían u oía su voz en el interfono de su piso, olvidaba por completo que hubiera existido alguna vez. Con el paso de las semanas, el sentimiento se hizo más intenso y tardaba menos en reaparecer cuando me quedaba solo. Patrick también hacía que se mantuviera alejado, y cuando él estaba en casa, hablando y riendo, planeando salidas al cine con *The Ticket*[1], podía respirar tranquilo. Pero había empezado a trabajar parte de la semana en una sinecura que su padre, movido tal vez por el sentimiento de culpa, le había conseguido en el Colegio de Cirujanos, y el resto del tiempo lo pasaba con Melanie y sus amigos comunes o en Rathgar, haciendo compañía a su madre. Así que a menudo estaba solo, una circunstancia en la cual aquella sensación se volvía amenazadoramente poderosa, y una presencia invisible en el piso hacía que mi atención regresara poco a poco a mi antigua vida, a las preguntas que habían quedado sin respuesta. Recuperé la tendencia a responder de forma automática, una peligrosa reacción propia de mi pasado. Al principio intentaba distraerme rondando por el piso o saliendo a dar una vuelta por Baggot Street. Telefoneaba a Chris, y si me contestaba, la presencia amenazadora se desvanecía de inmediato. Pero su móvil estaba apagado durante la mayor parte de la jornada laboral, y además su efecto anestésico se fue debilitando con el paso del tiempo.

Adquirí la costumbre de encender la radio y llenar el piso con el discurso inacabable de RTÉ Radio One. Al principio esta estratagema era infalible, los diálogos que se sucedían en los distintos programas, Morning Ireland, Marion Finucane (el más eficaz), Pat Kenny y los noticiarios del mediodía, ocupaban mi

1. Suplemento de ocio del *Irish Times*. *(N. del T.)*

atención y colmaban el espacio a mi alrededor. Pero al cabo de pocos minutos, una parte ociosa y atormentada de mi mente se apartaba del tema de la conversación, perdía el hilo de los argumentos y comenzaba a saltar de un fragmento a otro, como una cabra de piedra en piedra. Sin darme cuenta, me concentraba en determinadas frases y comenzaba la labor de transformarlas en algo nuevo. Por supuesto, era consciente de las consecuencias que aquello podía tener. Apagaba la radio y salía a la calle, pero también allí mi mente se entregaba a confeccionar montajes con las frases de las vallas publicitarias, los sonidos lejanos y las conversaciones de los transeúntes.

No le hablé de todo esto a Chris, en parte porque no le había contado absolutamente nada de mi etapa con Sarah y John, más allá de las mentiras que inventé en las visitas a Deirdre en Stillorgan, pero también porque su presencia borraba el fenómeno de un modo tan efectivo que literalmente me olvidaba de ello, o dudaba de su existencia real, cuando estábamos juntos. Pronto disminuyó mi resistencia ante mis viejos hábitos. El sentimiento que me afectaba se hizo demasiado persistente como para ignorarlo o acallarlo mediante distracciones, y comencé a prestarle atención, a considerar su forma y su significado. «Esto no es suficiente –decía–. Asunto no concluido.» Patrick notó el cambio. Dijo que estaba más pálido.

–Será el amor –le respondí, desviando la conversación hacia mi otro secreto para distraer su atención del que era más preocupante.

–Tengo ganas de que me lo cuentes.

Me había entregado por completo al orden, a la gente y a la cosmología del nuevo Dublín de Patrick, Chris, mi familia y Paula –¡nadie podría haber hecho un esfuerzo más decidido por mantenerse en una realidad sin fisuras!–, pero a medida que avanzaba el verano, se hizo evidente que el mundo turbio y multicolor de Pablo Virgomare y los demás personajes evanescentes se estaba infiltrando lentamente en él.

El día que tanto temía llegó a mediados de julio; fue uno de esos días calurosos provocados por el efecto invernadero. Había pasado la noche en Capel Street, en los brazos de Chris, y nos separamos en un café situado justo encima de los muelles, a las nueve menos cuarto, cuando él partió hacia el trabajo, vestido con su traje. Era viernes, y Chris iba a casa de su hermana por la tarde. Su cuñado le llevaría de vuelta al centro en su coche, pero no sabía a qué hora. Me escribiría un mensaje tan pronto como llegara, a las nueve o las diez, probablemente, para encontrarnos en el Front Lounge. Yo no trabajaba aquel viernes, así que regresé a Baggot Street.

–Hola... –llamé al entrar.

La puerta del dormitorio de Patrick estaba abierta y la cama vacía, fría y hecha: habría dormido en Rathgar para hacer compañía a su madre, como solía hacer los jueves. La decepción que me provocó su ausencia derivó lentamente en una especie de pánico de estar solo en el piso tan pronto por la mañana y no tener nada que hacer en todo el día. Pensé incluso en presentarme en el trabajo para ver si alguien estaba enfermo, o si necesitaban mi ayuda, pero sabía que era una idea absurda. Preparé un café en la cafetera eléctrica, pensando que me gustaría hacerlo en una cafetera italiana como la de Chris. Me dije que tal vez nuestro primer viaje a París lo haríamos juntos, y me puse a imaginarlo para distraerme.

Me senté ante la mesa de la cocina, cegado por el sol de la mañana, y escuché el programa matutino de la radio, un ritual que había visto cumplir a mi abuela durante toda su vida, en el tiempo perdido en que los veranos irlandeses no eran tan calurosos, sentada después del desayuno y de la misa para escuchar cómo el país hablaba consigo mismo. *Abracadabra mi abuela es de Cabra.* Anne de Sligo. «Así que has tenido problemas con la prohibición de fumar, ¿no es cierto, Anne?» Pádraig de Drumcondra, Breda de Tralee, Agnes de Dunmore East, Margaret de Mount Merrion, Chris de Montparnasse.

Ante la perspectiva de todo un día por delante, antes de que el sol declinara y pudiera encontrarme con Chris, decidí telefonear a mis padres y proponerles una visita a Sandycove. Respondió la voz de mi hermana:

«Hola, éste es el número de los Lenihan. Sentimos no poder contestar en este momento, pero deja un mensaje, por favor, y te devolveremos la llamada. Mil gracias.»

Llamé al móvil de mi madre. Estaba en el tren, y el ruido nos obligaba a gritar para entendernos. Le pregunté si estaba libre a la hora de comer.

–Oh, lo siento, cariño, he quedado con Nuala. Quiere que recuperemos lo del club de lectura. ¿Qué tal mañana?

–No, mañana trabajo. No importa, es que tenía un rato libre.

–¿Cómo?

–Que tengo un rato libre.

–¿Qué tienes?

–Un rato libre.

Hubo una pausa.

–No te oigo. ¿Puedes recomendarme algo para el club de lectura, algo ligero pero que no sea una completa basura?

La rama dorada.

–No se me ocurre nada. Bueno, ¿y cómo estáis?

–¿Qué?

–Que cómo estáis todos.

–¿Cómo? ¿Cómo? ¿Hola? ¿Niall? No puedo oírte. ¿Hola?

Hubo una crepitación y un zumbido y se perdió la comunicación.

Todo el vacío del piso me cayó encima; cada uno de sus pequeños objetos, el recipiente lleno de conchas marinas sobre la repisa de la chimenea, la acuarela del mar de Sandycove colgada en la pared, me parecieron destartalados, míseros, falsificaciones baratas. Me senté en el sofá y pensé en Chris, le imaginé en el trabajo, hablando con sus colegas, jugando con su sobrina, sentado ante su escritorio (vi las arrugas en la palma de su mano al sostener el teléfono contra su oreja), sentado en un banco de Liffey Boardwalk a la hora de comer, gozando del sol, abriendo la boca despreocupado para comer un bocadillo, con el pensamiento puesto en el París de los años sesenta, *«New York Herald Tribune, New York Herald Tribune...»*. Pero me resultó difícil figurarme su cara; el piso me oprimía con sus cucharas y cojines.

Llamé inmediatamente a su móvil para oír su voz en el contestador.

«Hola, éste es el móvil de Christopher Mooney, por favor deja tu mensaje, gracias.»

El sonido de su voz me calmó, e hizo que los fragmentos sueltos del cuarto a mi alrededor se unieran en un todo concreto. Llamé una segunda vez, y una tercera, y otra, y otra, y otra. Clic, «Hola, éste es el móvil de Christopher Mooney, por favor deja tu mensaje, gracias...»; clic, «Hola, éste es el móvil de Christopher Mooney, por favor deja tu mensaje, gracias...»; clic, «Hola, éste es el móvil de Christopher Mooney, por favor deja tu mensaje, gracias».

La transformación llevada a cabo por esas palabras se desvanecía cada vez instantáneamente, como una llama inútil.

Exasperado, me quedé sentado en el sofá escuchando la Raidió na Gaeltachta hasta el mediodía. Luego salí del piso y pasé toda la tarde paseando sin rumbo fijo. Pero mis pies me conducían a lugares peligrosos: el canal, el Trinity, Northumberland Road. A las cinco de la tarde, cuando pensé que podría distraerme de la distorsión que padecía tomando una pinta entre los oficinistas que salían del trabajo (tenía la esperanza de que sus trajes y su charla me recordaran a Chris), fui a parar ante la entrada blanca y negra del O'Donoghue's, el lugar donde en una ocasión fui forzado a volver a los *sortes.* Estuve un rato ante la puerta, sin saber qué hacer; al fin decidí que era mejor no entrar.

Pisando ahora en un pedazo de hielo, ahora en el barro, cruzó el arroyo de aguas relucientes.

El sol resplandecía en lo alto del cielo, indicando el largo lapso que me separaba del encuentro con Chris. Iluminaba el mundo con tal intensidad que parecía que nunca iba a descender sobre el horizonte. Regresé a casa y comí un plato de pasta con salsa Dolmio, sentado en el sofá, leyendo la sección de anuncios inmobiliarios del *Evening Herald.* Pero las palabras, los rótulos y las frases comenzaban a fragmentarse, se separaban y volvían a unirse ante mis ojos en constelaciones ilícitas, así que cerré el periódico y miré la luz del atardecer en Baggot Street. Masticaba lentamente, intentando conservar en mi mente la imagen holográfica de Chris, esperando que el sol descendiera pronto y permitiera la llegada de las sombras, de mi amante, de la vida. Los coros empezaban a congregarse en las esquinas doradas del techo, murmurando sus armonías en latín. En el sol del atardecer comenzaba a formarse la imagen de la cara autoritaria de John. «Muere, desvanécete, oscurécete», le decía en mi interior. Si podía resistir las pocas horas que quedaban hasta que Chris volviera al centro, estaría salvado definitivamente, nunca volvería atrás.

De l'autre côté de la rue...

A las ocho, cuando aún había luz en el cielo, escribí un mensaje de texto a Chris, a Patrick, incluso a Fionnuala, que estaba en Francia, buscando desesperadamente a alguien que pudiera salvarme.

«Llámame cuando leas esto. N.»

Miraba el teléfono, esperando que sonara y se iluminara, mientras el piso se llenaba de voces y cánticos religiosos.

Pero cuando al fin el teléfono sonó, en lugar de volver al sofá, donde la pequeña pantalla verde iluminada mostraba el nombre de quien llamaba, me dirigí, casi distraídamente, a la habitación de Patrick, y me detuve ante su librería. En un solo instante de iluminación, como el flash y el estallido de una bombilla al fundirse, supe que esa nueva vida, breve y segura, había terminado. Me contuve unos momentos, en una resistencia falsa, fingiendo oponerme al mundo resplandeciente y fuera del tiempo, del que había escapado hacía tan poco, mediante mis miradas a los coches que circulaban regularmente por Baggot Street, allá en el mundo de los vivos, sucediéndose de forma ininterrumpida unos a otros, como los días, los minutos, los años.

Abracadabra...

Encendí la lámpara de lectura de Patrick para iluminar los títulos de la librería. Miré por encima del hombro y vi en la ventana una figura masculina familiar y prohibida, que no era la de

Chris; con la cara casi pegada al cristal, miraba hacia la sala de estar y hacia mí, arrodillado en el pequeño círculo de luz junto a la cama. Levanté la mano con solemnidad para saludar al rostro, perdido durante tanto tiempo, de Pablo Virgomare, que sonrió y se marchó. Mi mente y mi cuerpo estaban anulados, envueltos en la certeza dulce y peligrosa de que era otra vez el comienzo, de que estaba a punto de volver.

Cuando tomé el primer volumen prohibido, el tráfico, el rumor de la nevera, la pareja de mendigos peleándose en el exterior, el tictac del reloj despertador de Patrick e incluso, tal vez, el timbre de mi teléfono se habían entretejido en un fino entramado de sonido: el inevitable y peligroso cántico en latín que me había seducido la primera vez y que ahora iba a guiarme de nuevo:

ecce enim veritatem dilexisti
incerta et occulta sapientiae tuae manifestasti mihi
Asperges me hyssopo et mundabor
Lavabis me, et super nivem dealbabor.

Once

El viejo mundo se infiltró paulatinamente en el nuevo. De un modo gradual e imparable, emergió por el desagüe del fregadero de la cocina y se derramó sobre el suelo de linóleo; afuera, fluyó como un agua silenciosa de debajo de las losas de granito, subió por los agujeros de las alcantarillas y por las bocas de acceso al subsuelo y se extendió como una capa reluciente que cubría las aceras, las calles, los pubs. En esa inundación, los nombres, Chris, Patrick, Fionnuala, se convirtieron en meras sílabas que flotaban un momento sobre la superficie, entre los demás objetos, antes de hundirse en las profundidades del silencio y el olvido.

Estaba de pie en la habitación iluminada por una luz tenue y dorada: estaba completamente perdido. Me aclaré la voz, como un tenor al volver por primera vez al escenario tras un largo paréntesis en su carrera, y pregunté en el cuarto sin eco:

–¿Dónde están John y Sarah?

Al oír sonar la pregunta, noté un impulso como el de un avión al despegar, la impresión del mundo alejándose de pronto y el cuerpo elevándose vertiginosamente. Me di la vuelta, apartando la vista de la librería, y alargué la mano para sentir una vez más, lleno de felicidad, cómo los lomos fríos corrían bajo las yemas de mis dedos, cómo regresaba mi viejo instinto mientras aguardaba el tirón que me indicaría la respuesta, como la sacudida en el hilo que despierta al pescador adormilado.

Miraron el evento cegador.

Evidentemente, ya no estaban juntos. Tendría que buscarles a cada uno por separado. Dejé caer el libro al suelo y planteé de inmediato la pregunta suplementaria.

–¿Dónde está John?

El cubículo rosa había dejado de existir, los monos se habían sumido en una dimensión mejor. Ford y Arthur se encontraban en la zona de embarque del navío.

Éstas eran el tipo de respuestas que esperaba. Comprendí que por debajo de mi estado consciente, durante todo el período de mi rehabilitación, me había dedicado a planificar mi partida. Recorrí la librería de Patrick con movimientos rápidos y metódicos, avanzando de un modo competente y decidido hacia la verdad. El placer de la interrogación era intenso, pero lo mantuve con habilidad bajo mi control, sin saltar de forma precipitada, guardando prudentemente en la memoria todo lo que los libros decían, usando cada respuesta como un trampolín hacia la siguiente pregunta.

Cuando el cielo se hubo oscurecido por completo, había en el suelo del dormitorio de Patrick una pila de libros consultados. Ya casi lo tenía, y decidí trasladarme a mi cuarto, porque usar la pequeña colección de libros de Patrick para seguir la pista de Pour Mieux Vivre me parecía una especie de traición. Volqué sobre la cama la caja de libros que había traído de casa y aún no había tocado. Puesto que no tenía estanterías, los dispuse en tres pilas aproximadamente iguales.

–¿Qué debo hacer para encontrarles?

Mi mano recorrió los lomos de los libros, pasando de una pila a otra. Luego descartó dos de ellas y se centró en la que quedaba, la siguió de arriba abajo una y otra vez. Al poco se limitó a los volúmenes de la parte superior y, finalmente, mis dedos se posaron sobre el segundo libro de la pila. Tras un momento de duda, lo tomé en mis manos. Proinsias Diarmaid Mac Suibhne, *Is Maith an Scéalaí an Aimsir [El tiempo cuenta muchas historias: proverbios y refranes irlandeses]*. Pasé las páginas y elegí:

Is fearr rith maith ná drochsheasamh.
Una buena fuga es mejor que una mala espera.

–¿Adónde? –pregunté de inmediato, y tomé la antología de prosa selecta que habíamos usado en la clase de la profesora Dunne.

Beauvais.

Dudé unos instantes. Tal vez John estaba en un pequeño pueblo de la Picardía... pero no, lo que había preguntado era dónde tenía que ir. En Beauvais aterrizaban los vuelos económicos hacia París. Encontraría lo que estaba buscando en París, lo sabía desde el principio.

Tomé tres hojas de papel y un bolígrafo de un cajón del escritorio de Patrick, y me senté a escribir tres cartas. Antes de comenzar cada una de ellas, tomé un sincronismo que me sirviera de guía. La primera era para mis padres, y la escribí tras leer un pasaje de Balzac. «Queridos papá y mamá, por favor no os asustéis si os digo que me he ido a París.» Les escribí que un buen amigo de la universidad, que estaba pasando el verano en un lujoso apartamento en París, propiedad de su tío, me había llamado para pedirme que me reuniera con él y le ayudara a hacerse cargo de la casa. La persona que en un principio tenía que compartir el piso con él, otro amigo nuestro, se había desentendido del asunto en el último momento. La oferta era demasiado buena para rechazarla, escribí, el único inconveniente era que tenía que partir de inmediato, porque mi amigo iba a estar fuera algunos días y la casa no podía quedar vacía. Me iba en el primer vuelo de Ryanair de la mañana y me pondría en contacto con ellos tan pronto como llegara.

Para la carta de Patrick elegí una frase de *Orgullo y prejuicio.* El lenguaje y las mentiras fluían de mi pluma con tal facilidad que no cabía duda de que realmente volvía a estar del otro lado. Le escribí que sentía tener que decirle de aquel modo, después de tantos años de amistad, lo que de hecho ya sabía, que era gay, que me había enamorado de un hombre francés, a quien había conocido aproximadamente al mismo tiempo que él a Melanie, y que yo también me iba a París con mi amante. Si todo iba bien, le escribí, me quedaría un mes o dos. Le pedí por favor que me guardara el secreto y le conté lo que decía la carta a mis padres para que pudiera confirmar la historia si se los encontraba o hablaba con ellos. Había dado la orden en el Bank of Ireland, escribí también, para que abonaran mi parte del alquiler, y tenía un saldo suficiente (había sido precavido con mis ingresos de la Educational Building Society y todavía me quedaba algo de la Beckett) para pagar los tres meses siguientes. «Ha sido un placer –concluí–, ¡y ahora buena suerte! N.»

«Querido Chris», escribí antes de tomar el sincronismo. Mi mano recorrió las tres pilas de libros varias veces, pero fui incapaz de elegir. Me concentré y volví a intentarlo, pero fue imposible. La energía con que había escrito las dos cartas anteriores había abandonado mi cuerpo y mi mente. Incluso ahora, en la habitación transfigurada y vertiginosa, de vuelta en el viejo mundo mágico, las palabras, en todas sus formas, me fallaron. Al fin, comencé a escribir sin recurrir a ningún sincronismo, y mientras mi corazón zozobraba, le dejé a Chris lo único que me vino a la mente, la transcripción y la traducción de la última estrofa de una canción infantil en una lengua moribunda:

Báidín Fheilimí, briseadh i dToraigh
Báidín Fheilimí's Feilimí ann
Báidín Fheilimí, briseadh i dToraigh
Báidín Fheilimí's Feilimí ann
Báidín bídeach, báidín beosach,
Báidín bóidheach, báidín Fheilimí
Báidín díreach, báidín deontach,
Báidín Fheilimí's Feilimí ann.

El pequeño bote de Felim se hundió en Tory,
el pequeño bote de Felim con Felim a bordo.
El pequeño bote de Felim se hundió en Tory,
el pequeño bote de Felim con Felim a bordo.

Pequeño bote frágil, pequeño bote intrépido,
pequeño bote hermoso, pequeño bote de Felim,
pequeño bote valeroso, pequeño bote fiel,
el pequeño bote de Felim con Felim a bordo.

No firmé. Puse la hoja en un sobre que encontré en la habitación de Patrick y lo cerré.

Christopher Mooney
Apt. 6 Capel Court
Capel Street
Dublín 1

Añadí una posdata a la carta de Patrick pidiéndole que enviara las otras dos por mí. Luego metí en mi mochila unas sábanas, una toalla y toda la ropa que encontré, tomé una bolsa de deporte para los libros y salí precipitadamente del piso.

Caminé primero hasta el canal. Tenía un color grisáceo a la luz de la luna, como la noche en que dejé a Sarah y John caminando sobre su superficie. Me detuve sobre el puente, puse las mochilas en el suelo y lancé mi móvil al agua. Vi cómo salpicaba y se hundía. Luego me dirigí a la costa y esperé un taxi en Ringsend Road para ir al aeropuerto.

Ésa fue la última imagen que tuve de Chris, una imagen de principios de los años ochenta, la época en que nací, un niño de ocho años de cara dulce y saludable, a quien asustaban el fútbol y los chicos mayores y que solía saltar a la cuerda con las amigas de su hermana, vociferando unas sílabas incomprensibles, vestido con un pequeño jersey azul y una corbata, entre dibujos de colores, crucifijos y piñas, en un aula de la Christ the King Boys' National School, en Cabra. En mi opinión, éste es el verdadero final de la historia, un final triste y absurdo, un joven débil, incapaz de aprender, lanzando su móvil al Grand Canal desde el Baggot Street Bridge.

–¿Se marcha de vacaciones? –me preguntó el taxista mientras recorríamos la costa hacia el norte.

–Eso es –respondí, con la voz despreocupada y alegre de una persona corriente–, voy a Francia a ver a mi novia. Trabaja allí de profesora.

–¿Francesa?

–Española, de hecho.

Lanzó una carcajada de congratulación, de hombre a hombre.

–¡Una pena para ti! –bromeó–, ¡una auténtica pena! He llevado a unas cuantas de ellas en el taxi, con los años... las chicas españolas... una gente magnífica, se parecen mucho a nosotros, los irlandeses. Como los italianos, ellos también se parecen mucho a los irlandeses. Saben cómo divertirse, ¿me comprende? Adondequiera que vayas, los irlandeses siempre son bien recibidos... Mire los alemanes, en cambio... una gente muy fría. Los alemanes y los eslavos, gente muy fría. Aunque dicen que los rusos son grandes bebedores.

–Vodka.

–Eso es. Una vez llevé a un hombre de color, el tipo hablaba todo el tiempo. Me dijo que en su país un hombre puede tener tantas mujeres como quiera. Pero él sólo tenía una. «Demasiado caro –me dijo–. Yo sólo tengo una –me dijo–, más de una es demasiado caro.» –Me miró por el retrovisor para ver si me reía o le seguía la corriente, pero ya me había cansado de fingir y estaba deseando abrir un libro–. De los chinos, en cambio, sé bien poca cosa...

No habló más, se limitó a considerar interiormente el misterio de los pueblos orientales, mientras seguíamos la costa, por Ringsend y el East Link Bridge, donde las últimas luces se reflejaban en el mar en calma. Pasamos junto al Dockers, el bar al que acudirían por la mañana los hombres que en el amanecer gris descargaban la mercancía de los barcos, y el último reducto de los bebedores nocturnos. Cruzamos la zona de pubs de Drumcondra y de la parte norte de la ciudad, en dirección a la M50 y al aeropuerto, que en aquella época del año era una galaxia de luces.

Fui directamente al mostrador de Ryanair y me puse a la

cola de los miserables clientes que esperaban con paciencia para pagar las cargas abusivas por exceso de equipaje. Eran las diez y media y no estaba seguro de poder tomar el vuelo hacia Beauvais. Era temporada alta, y además viernes. No me importaba tener que esperar en el aeropuerto hasta el primer vuelo de la mañana, a las seis o las siete, excepto por el hecho de que alguien, alertado por Patrick y preocupado por mi salud mental, pudiera venir al aeropuerto para intentar disuadirme de mi viaje.

Marie, la chica que me atendió en el mostrador, tecleó con sus uñas largas en el ordenador durante un rato y finalmente me puso en lista de espera. Fui directo al Hugues & Hugues, donde compré seis libros, una guía y un mapa de París, y esperé que mi nombre sonara en medio del caos de la terminal, lo que al fin ocurrió. Cumplí todos aquellos pasos con una calma plácida, sin emoción, ni nerviosismo, ni estrés, con la mente libre de todo pensamiento acerca de los vivos.

Los pasajeros entraron en el avión dando empujones y codazos para elegir asiento. Yo me dejé llevar hasta un asiento cualquiera, en la parte trasera, junto a una ventanilla. Miré cómo las luces trémulas de Dublín se alejaban hasta desvanecerse. A mi lado viajaba una chica pecosa más o menos de mi edad, con un aspecto inequívoco de norteamericana, que leía *Ulises.* Dejó claro con una amplia sonrisa que deseaba charlar. En lugar de eso, miré por la ventana las luces de las alas entre las nubes nocturnas, ignorando la comida, las bebidas y las baratijas que las azafatas ofrecían, a precios excesivos, arriba y abajo del pasillo. Pensé en sacar los libros y comenzar el trabajo, los pasos iniciales en la búsqueda de mis compañeros y su mundo perdido, pero decidí que por el momento era mejor seguir mirando por la ventanilla y dejar que los recuerdos del pasado reciente se filtraran en mi mente y cayeran en el olvido. Aparecieron ante mí imágenes de Dublín, en una sucesión lenta y sin orden preciso, Patrick, Paula, Chris, mis padres, Ciara, Andrea, Fionnuala, Ian; pero las escenas que veía tenían un aura irreal, habían adquirido la resolución y los colores simples de las caricaturas, como ficciones lejanas y anodinas.

Una vez en tierra, montado en el autobús de Beauvais a París, saqué tres libros y los puse ante mí, en mi regazo; pero a aquellas alturas todo lo que veía parecía brindarme nuevos *sortes,* los campos oscuros a ambos lados, la hilera de las luces de la autopista, el murmullo de los pasajeros irlandeses a mi alrededor, alejados de su isla natal.

–¿Adónde voy? –pregunté a un papel impreso de Internet, pisoteado y sucio, que había en el suelo del autobús.

... algunas calles llevan los nombres de los líderes del pueblo...

El autobús nos dejó ante un centro de convenciones, en el Boulevard Gouvion-Saint-Cyr, en el límite del centro de la ciudad. El tráfico era intenso, coches con los faros amarillos y un 75 en la matrícula corrían hacia lo que pensé sería el Arc de Triomphe. Al bajar del vehículo, una bocanada de aire caliente, con olor a ajo y a petróleo, me hizo sentir vértigo de estar tan lejos de Dublín, como si estuviera cargado de láudano, de opio o de alguna sustancia amnésica. Era la una de la madrugada. Caminé con mi equipaje por el bulevar, y me detuve en un pub llamado James Joyce, que apareció ante mí como un sincronismo en la noche. Era un local frío y oscuro, decorado como los pubs de mi ciudad. La chica de detrás de la barra, más o menos de mi edad, con una larga coleta rubia y ojos verdes e incisivos, hablaba con acento de Dublín con un joven sonrojado, que respondía tímidamente, con las vocales abiertas de las zonas rurales de Irlanda.

–No, conocí a Lisa en Artane –decía ella–, también allí se comportaba como una loca. Así que le dije un día que estábamos todos tomando algo en el Monte Cristo, un martes después del trabajo, le digo, mira Lisa, vete al cuerno, yo cojo un taxi y me voy a casa.

–Supongo que algunos se levantarían con dolor de cabeza a la mañana siguiente.

–La culpa es de ellos, maldita sea.

Dejé mis mochilas en el suelo y me apoyé en la barra.

–Hola.

La chica se volvió hacia mí.

–Una pinta de Stella, por favor.

El chico de provincias le puso la mano en el hombro.

–Espera, Michelle, te moveré esos barriles de cerveza –le dijo y desapareció en la oscuridad del pub.

–Gracias, Pat.

Bebí la Guiness mientras Michelle y Pat recogían el local para cerrar, con una pila de libros a un lado, el mapa de París desplegado delante de mí y un bloc y un bolígrafo en el otro. Realmente procedía como un profesional; me di cuenta de que durante el tiempo que pasé en Northumberland Road, en esos días y noches vividos en una confusión borrosa e indistinta, había cumplido un proceso de aprendizaje, y ahora me sorprendía la destreza con que manejaba los libros. No tomé todavía ningún sincronismo específico, orientado directamente a mi fin, sino que los usé para formarme una idea del territorio, de cómo estaba distribuido París en términos de los libros, de las posibles formas y simetrías que debía buscar. Cuando Michelle me dijo que debía irme, que iban a cerrar, tenía una serie de notas tomadas y había trazado las primeras líneas divisorias en el mapa. Eran las dos de la madrugada y no tenía ningún lugar donde dormir. Pero mantuve la calma, y decidí dejar que los libros me guiaran. Mientras Michelle esperaba con una escoba en la mano y Pat, sudoroso, pasaba la bayeta detrás de la barra, tomé algunos *sortes* y los relacioné con el mapa y la guía para saber adónde debía ir.

Esperé con mis dos mochilas en el Boulevard Gouvion-Saint-Cyr, vestido aún con camiseta, porque seguía haciendo calor, y paré un taxi.

–*Rue de la Roquette, vers place de la Bastille* –le indiqué al conductor, un hombre africano.

Eran las primeras palabras en francés que decía fuera de Dublín, y me sorprendió ver que el pequeño fragmento de lenguaje que lancé era recibido con normalidad y producía el efecto de llevarme velozmente, pasando por el Arc de Triomphe, hacia las luces del corazón de París. Aunque mi entorno aún no brillaba con los reflejos de Pour Mieux Vivre, y el mundo exterior no había empezado todavía su caída lenta en la irrealidad, mientras el taxi me llevaba hacia el centro París ya era para mí, a pesar de los coches, los móviles y los carteles de plástico en un inglés arbitrario, la ciudad de Balzac, de Rimbaud, de la *belle époque,* de Madame de Lafayette, ya era la ciudad, pensé con una tristeza momentánea pero nauseabunda, de las películas de Chris.

Bajé la ventanilla para ver mejor las fachadas de Haussman, detrás de cuyos postigos adolescentes despeinados estarían siendo seducidos por mujeres de sesenta años que fumaban cigarrillos sin filtro, las pequeñas ventanas cuadradas que sobresalían de los tejados metálicos, con los aleros blancos por los excrementos de las palomas, donde jóvenes lánguidas y silenciosas preparaban cafés, planeaban carreras literarias y tenían sueños eróticos sobre sus padres. Para mí, cualquiera de los chicos con el pelo rapado que paraban su moto a nuestro lado en los semáforos, con la camiseta ondeando en la brisa cálida, debajo de la chaqueta de cuero, podían ser personajes de una novela de Balzac, o de un poema, que acabaran de tomar vida. Cuando el taxi corría por la *voie rapide,* en la ribera derecha, vi por primera vez el agua terrosa del Sena, la Tour Eiffel alejándose detrás de nosotros y las torres esbeltas de la Conciergerie, recortadas contra un cielo iluminado por tantos focos y farolas que no parecía que fuera de noche.

El taxi me dejó en el lugar que, a la luz del mapa y la guía, interpreté era el indicado por los libros, una calle situada justo detrás de la Place de la Bastille. Los sincronismos habían acertado al elegir el bar que tenía ante mí, Objectif Lune (de hecho, el título de un cómic de Tintín que había leído en casa de Patrick), puesto que, según anunciaba, estaba abierto toda la noche, mientras que el resto de bares de copas y de *bars américains* del vecindario parecían estar a punto de cerrar y echaban a la calle a grupos de bebedores que gritaban y arrojaban botellas al suelo. El portero, un hombre de origen africano de mediana edad, con una cara modesta y sumisa que le daba un aspecto más de maestro de escuela que de vigilante, me dijo buenas noches y me preguntó cómo me iba, un filtro, supuse, contra los borrachos incontrolables; como le respondí satisfactoriamente, abrió la puerta y entré, cargado con mi equipaje. El bar era pequeño y estaba abarrotado; tuve dificultades para abrirme paso hasta la barra, golpeando con mi mochila en las espaldas de los clientes, las pintas y los Pernods. Hacía mucho calor y la concurrencia apenas podía moverse. Dejé mis bolsas en el suelo y me hice un lugar entre dos hombres de mediana edad con trajes arrugados que bebían whiskies dobles y un pequeño grupo de treintañeros. El barman era un hombre negro y alto, de unos treinta y cinco años, con una perilla perfectamente modelada, la cabeza afeitada y reluciente y dos anillas doradas en las orejas. Se movía de un lado a otro de la barra con una calma absoluta, como si estuviera sirviendo gazpacho a sus primos en el jardín, una tarde apacible, en lugar de mojitos, piñas coladas y cubalibres a una masa acalorada y humeante de clientes que se inclinaban sobre la barra y alzaban la voz por encima de la música y el fragor de las conversaciones y las risas para captar su atención y darle prisa.

Cuando me hubo servido la pinta de Stella Artois que le pedí –una nueva bebida para una nueva etapa–, me di la vuelta, apoyando los codos en la barra, y observé la clientela con más detenimiento.

En una mesa cercana había dos hombres, uno con el pelo decolorado, de veintiuno o veintidós años, el otro de unos cuarenta, fofo y de aspecto malicioso. Mi mente avezada a los sincronismos casi me hacía ver la inscripción «www.gay.fr» flotando a su alrededor. Se habían conocido por Internet –me parecía evidente, por la forma en que se observaban con atención, como si se vieran por primera vez, y en cambio hablaban en serio, más allá de los primeros flirteos superficiales, que su encuentro en el Objectif Lune era la manifestación física de un intercambio previo, la palabra hecha carne.

En el rincón de la parte derecha, al fondo, distinguí a un

grupo bastante obvio, cinco estudiantes norteamericanos, más corpulentos que ningún otro hombre en el bar, vestidos con chancletas, gorras de béisbol con las viseras sobre la nuca y prendas deportivas *(«PRINCETON: GO TIGERS!»)*. Uno de ellos llegó a la mesa con una bandeja de chupitos de licor; hubo un gran jolgorio mientras los distribuía, algún tipo de broma entre estudiantes, supuse. Golpearon los pequeños vasos contra la mesa, gritaron una rima, los alzaron en el centro de la mesa, bebieron el licor de un trago y al fin se pusieron de nuevo a gritar mientras volvían a sus cervezas.

Vacié mi pinta rápidamente y pedí otra. Me preguntaba qué me iba a ofrecer aquella gente, quién emitiría una frase significativa entre aquella masa acalorada, y me abandonaba a las distintas conversaciones que llegaban a mis oídos, dejaba que los fragmentos en francés, inglés e italiano se superpusieran en mi mente, un océano de sincronismos que chocaba regularmente contra la costa, pero no oí nada que fuera sugestivo.

Seguí bebiendo hasta después del amanecer, cuando salí del bar con las dos mochilas, cegado por el sol de la mañana, a una ciudad que comenzaba a despertarse y a ponerse en movimiento. Estaba mareado y exhausto, no sentía el menor indicio del insomnio que pensé que volvería a afectarme de inmediato, no oía coros papales ni campanas sugestivas y, lo que era más grave, no tenía la menor indicación de dónde podría dormir, ni mucho menos vivir. Compré un litro de agua mineral en un colmado chino y un café y una pasta de chocolate en la panadería que había al lado. Debía de tener un aspecto parecido al de los *punks* mugrientos que vi en las calles de los alrededores de la Bastilla, sentados en grupos, con sus perros, riendo, bebiendo y pidiendo limosna, pero los tenderos, con espíritu práctico, me atendieron sin inmutarse. Me senté en un banco junto a un canal y abrí mi bolsa de libros. Estaba deshidratado, sentía náuseas y me caía de sueño; además, me di cuenta de que no tenía la menor idea de lo que debía preguntar, de qué era exactamente lo que había venido a buscar a París. Algunos sincronismos dispersos me guiaron de forma vaga hacia el este, y volví a caminar, como un viajero perdido en el desierto, cargado con mi equipaje. Mis sentidos estaban saturados de París: mujeres vestidas con ropas africanas de colores extravagantes, transportando a niños pequeños de pelo rizado que dormían envueltos inextricablemente en sus telas, jóvenes intensos que lanzaban las colillas a la cuneta al pasar a toda prisa entre la gente y las mujeres misteriosas de las películas francesas, con el pelo oscuro y vestidos negros y cortos, bajando las escaleras de las estaciones de metro, con un ruido de zapatos contra los escalones, o buscando en sus pequeños bolsos el tabaco o el pintalabios mientras caminaban por la calle. Pero mi mente y mi modo de emplear los libros no lograban conectar con la realidad circundante. Me hallaba perdido en una horrible tierra de nadie, separado del mundo de los vivos, pero incapaz de ingresar de nuevo en el otro. Se me cerraban los ojos y tenía el estómago revuelto. Fui a parar a la Place des Vosges y decidí entrar en el parque. Avancé tambaleándome entre las parejas, los turistas y los niños, hasta que localicé un lugar sombreado. Dispuse mis bolsas para usarlas de almohada, me tumbé sobre la hierba y caí rendido, vencido por la fatiga y la tristeza.

Dormí apaciblemente, sin miedo, como en un hotel. Soñé con Dublín, y cuando me desperté, en el primer momento creí que me hallaba en Stephen's Green, rodeado por Ians, Chrises y Darinas tomando el almuerzo. Me senté y tuve un sobresalto al ver que el sol era demasiado intenso, los árboles demasiado escasos y los edificios al otro lado de la verja improbables. Noté las huellas de la hierba en mi mejilla y lentamente reconocí el lugar donde me encontraba. Habían pasado varias horas, el sol estaba al otro lado del meridiano. De pronto me di cuenta de que en realidad era un vagabundo sin hogar, que pasaba la noche bebiendo en solitario y dormía en los parques.

Me puse en pie, me sacudí la hierba de la ropa, bebí el agua recalentada que quedaba en la botella y fui directamente a una cabina para llamar a Sandycove a cobro revertido. Patrick les había llevado la carta en persona esa mañana. No estaban tan alarmados como temía, pero hicieron muchas preguntas comprometedoras sobre mi amigo y el piso, por qué todo había ocurrido tan de repente, por qué no les había llamado en lugar de pedirle al pobre Patrick que hiciera todo el camino desde el centro para llevarles la carta, qué había dicho en la Educational Building Society. Me preguntaron también si tenía un número de teléfono. Les dije que teníamos problemas con eso, pero que me mantendría en contacto con ellos. Cuando colgué y salí de la cabina, que era como un horno metálico, fui a sentarme contra un pilar bajo las arcadas de la Place des Vosges, donde vendedores callejeros ofrecían pinturas y baratijas a los turistas. Abrí mi bolsa de libros, pero aún no tenía ánimos para los *sortes*, así que me limité a hojear la *Rough Guide*, como hubiera hecho cualquier otro visitante. Miré en la sección del Marais y busqué cómo llegar a la zona gay. Con las malditas mochilas cargadas a la espalda, pasé junto a hoteles del siglo XVII, *delicatessen* chinos y panaderías judías, hasta llegar al corazón del barrio gay, rue Saint-Croix-de-la-Bretonnerie, el escenario de muchas de mis alucinaciones sobre París en los días en que estuve más perdido en los *sortes*. Me detuve en un bar de moda que vi en una esquina y me senté a una de las mesas redondas del exterior, rodeado por gays franceses y norteamericanos de entre veinte y sesenta años, sentados en parejas y en grupos de cuatro o de seis, con la mirada atenta a cualquiera que entrara o saliera del local.

Le pedí un café americano al camarero joven y musculoso, que no reaccionó ante el flirteo sutil de mi mirada y mis comentarios. Vamos hombre, parecía decir con su ademán fatigado, éste es un bar gay y aquí todos somos gays, ¿no podemos tener un momento de calma? Me di cuenta además de que había viajado desde Dublín, pasado la noche en el pub y dormido en el parque sin cambiarme de ropa. Y en cualquier caso, era el momento de comenzar mi labor. Después de pagarle el café, saqué el bloc y el bolígrafo y revisé las notas que había tomado en el James Joyce, la noche anterior. «¿Para qué he venido aquí?», decía en lo alto de la hoja. Debajo, después de las transcripciones de los sincronismos generados por la pregunta, estaba la respuesta: «Para encontrar a John, a Sarah y a Luis (en este orden). Para pasar al siguiente nivel». Desplegué el mapa de París, sobre el cual ya había trazado algunas líneas. Al verlas cruzarse en un diseño simétrico ante mis ojos, volví a tener la impresión de que un orden oculto empezaba a manifestarse, de soplar el polvo y devolver a la luz unas formas escondidas, de estar a punto de descubrir mediante rayos X una obra maestra oculta bajo una pintura mediocre. El hilo de mi pensamiento se veía interrumpido constantemente por lo que veía a mi alrededor, una mujer con un delantal de camarera que fumaba en una esquina, sosteniéndose el codo con la mano libre, un hombre de mediana edad, montado en una motocicleta aparcada, que flirteaba con un joven delgado con el pelo teñido de verde. Recorrí con la mirada los pisos superiores de los edificios que tenía enfrente, con la esperanza de encontrar una silueta o alguna otra señal en las pequeñas ventanas que sobresalían de los tejados. Me fijé también, con el mismo propósito, en el trajín de los homosexuales que circulaban ante mí.

–¿Qué es lo primero que debo hacer en París? –pregunté, y elegí un punto del mapa como respuesta.

Mi dedo fue a parar sobre el museo Orangerie, lo que de entrada no hizo sonar ninguna campana, por decirlo de algún modo. Comprendí el sentido cuando repetí la pregunta y consulté un libro:

> Todos los asesinatos tuvieron lugar en una área de 3 km^2 (1 mi^2), que incluía Whitechapel, Stepney y la City of London.

Pero claro. Cerré el libro y, mirando nerviosamente a mi alrededor, canté en voz tan alta como me permitió mi timidez:

> «¿Y eso cuándo será?», dicen las campanas de Stepney.

Mientras las cabezas se volvían para ver quién era aquel lunático inglés, distinguí entre la gente una figura que caminaba hacia el bar. Era una perturbación visual que reconocí de otras veces, una presencia familiar que emergía de la multitud. Estiré el cuello para distinguirla mejor, y entonces apareció, no proveniente de la calle, sino materializándose en el interior del bar, como una nube de vapor que procediera de los demás clientes, el cuerpo vigoroso, con el pelo claro, de Pablo Virgomare. Arqueó las cejas a modo de saludo y esbozó una amplia sonrisa, maliciosa y fugaz. Estaba apoyado en la barra, fumando. Metí mis libros y papeles en la mochila y me abrí paso entre los clientes hacia él.

Al llegar a su lado dejé mis paquetes en el suelo. Como siempre, vestía ropa elegante y cara y su aspecto era impecable. Llevaba una camisa blanca de lino, medio desabrochada, unos pantalones cortos por debajo de la rodilla y unas sandalias de cuero. En un dedo del pie, cubierto de vello rubio, exhibía una anilla dorada. Nunca supe cómo saludarle: le miraba con detenimiento de arriba abajo para cerciorarme de que era real, me fijaba en cada detalle de su piel morena, en sus ojos azules, su atuendo a la última moda y la pequeña cicatriz sobre su ojo derecho; me aseguraba de la palpitación humana de su carne, pero no decía nada.

También él me miró de arriba abajo, y al ver mi aspecto sucio y desaliñado se echó a reír meneando la cabeza. Me atrajo hacia él, me dio un beso cálido en la boca y luego me apartó y volvió a mirarme con atención, como una abuela inspeccionando a su nieto recién llegado de la guerra. Esperé que me dijera algo, pero en lugar de eso llamó al camarero.

–*Deux citrons glacés au vodka, chef* –pidió en un francés de Dublín despreocupado y resuelto.

Abrí la boca para comenzar a hacerle preguntas, pero me detuvo chasqueando la lengua y levantando un dedo, así que esperamos en silencio junto a la barra hasta que el camarero trajo las bebidas. Pablo pagó y alzó el pequeño vaso.

–*Saol fada, gob fliuch agus bás in Éirinn* –brindó en tono burlón–. Por una larga vida, un gaznate húmedo y una muerte en Irlanda.

Hicimos chocar los vasos y bebimos.

–Muy bien –le dije–, necesito encontrar un lugar donde vivir y...

Él se puso a recitar, en un tono de ensoñación romántica:

> ¡Oh, tener una pequeña casa!
> ¡Un hogar, una silla y todo lo demás!

Seguí bebiendo el licor, arrugando la nariz por el sabor amargo, sin decir nada. Pablo se secó los labios con el reverso de la mano, suspiró y dijo, en tono serio y resolutivo.

–Ve a la Iglesia Americana y alquila la habitación que ofrece madame de Montvrai.

–¿Montvrai?

–*Vraiment.*

La duda me pesaba en el pecho, y decidí preguntar.

–Pero Pablo... ¿voy a encontrarles? ¿Cuál es el sentido de todo esto?

–Ya conoces el procedimiento. Mándame una canción.

Se alejó silbando la tonada que siempre le acompañaba, atrayendo, pensé, las miradas de admiración de los demás clientes. Intenté observarle mientras se marchaba, pero como ocurría siempre, su forma de moverse distraía la atención y en lugar de alejarse hasta desaparecer parecía disiparse lentamente, fundirse de forma progresiva en la actividad de la calle.

Por supuesto, seguí su consejo, y pasé el resto de la tarde merodeando por los alrededores de la Iglesia Americana, en el Quai d'Orsay. Me fijé en los anuncios, pero no encontré a ninguna madame Montvrai que ofreciera una habitación.

El sol comenzaba a ocultarse y yo estaba cada vez más nervioso. De vez en cuando, un grupo de norteamericanos o australianos se acercaban al tablero de anuncios. Los libros respondían de un modo críptico a mis preguntas.

Finalmente, un hombre de poca estatura con una gabardina sucia y raída se me acercó y me preguntó si buscaba una habitación. Era prácticamente calvo, y llevaba los pocos mechones grasientos que le quedaban peinados con esmero hacia atrás. Hurgó en su nariz peluda mientras aguardaba mi respuesta.

–*Non, je cherche une madame Montvrai* –aventuré.

–*Ah là, Montvrai c'est ma patronne.* Ella es mi patrona. Los norteamericanos le habrán dado su nombre, supongo.

–*Irlandais.*

Se encogió de hombros, dando a entender que poco importaba.

–¿Tiene una habitación disponible?

Dijo que ya sólo les quedaba un estudio. Quinientos cincuenta al mes. Ella le había encargado que encontrara un inquilino extranjero. Extranjero forzosamente. Los franceses, dijo, estaban protegidos por leyes absurdas, una vez ponían un pie en la habitación era imposible echarlos. Inspiró ruidosamente y escupió en un pañuelo sucio.

–¿Para cuánto tiempo la quiere?

Evidentemente, me era muy difícil responder a esa pregunta. Dependía de lo que tardara en encontrar a John, y luego a Sarah, y de lo que ocurriera cuando volviéramos a estar juntos. Le dije que por el momento me quedaría hasta finales de agosto, si les venía bien. Comenzaba a experimentar el placer de hablar francés en París, así que le expliqué que me daba cuenta de que no era mucho tiempo, que sólo había venido a buscar a dos amigos, que iba a realizar una labor detectivesca, podía decirse, y...

–*C'est vos oignons* –dijo–. Hasta final de agosto está bien.

Le seguí mientras recorría lenta y mecánicamente un trayecto en el que tomamos dos metros, soportando el olor repulsivo que emanaba de debajo de su gabardina con el calor. El apartamento no se hallaba lejos de donde había estado bebiendo la noche anterior. Eso me alegró, porque demostraba que los sincronismos habían funcionado y porque de ese modo tendría un lugar donde pasar las horas muertas. Se hallaba al nordeste de Bastille, más allá de la zona de los bares de copas y las tiendas de comida para llevar, en una calle de cafés árabes, comercios indios y mayoristas chinos. El edificio era del siglo XIX, de piedra clara, con la puerta principal de cristal con herrajes de formas curvas, situado entre una pequeña tienda de informática y una lavandería. El hombre me dijo que esperara en el vestíbulo, junto a los buzones, y se metió en un cuarto, donde oí que hablaba con una mujer. Ella se asomó un momento para mirarme, no más de dos segundos, y volvió a desaparecer. Tenía el pelo blanco e iba enjoyada con perlas. Unos instantes después el hombre reapareció con un manojo de llaves.

–*Alors* –dijo–. Debe dejar como depósito el alquiler de un mes. Pagará doscientos cincuenta por lo que queda de julio y quinientos cincuenta el primer día de agosto. El código de la puerta de la calle es 45-39-45. *Comme la guerre.* No lo olvide.

Mi habitación estaba en el quinto piso, bajo la cubierta inclinada del edificio, tras una de las dos puertas azules y descascarilladas que se abrían desde un pasillo sin moqueta.

–En la habitación de al lado hay otro chico norteamericano –dijo el hombre al tenderme la llave.

Me indicó que abriera la puerta, para cerciorarse, según parecía, de que era capaz de hacerlo. La habitación era pequeña, con el aire cargado, y un suelo desnudo de listones de madera que no se barnizaba desde hacía muchos años. Había una cama vieja y estrecha contra la pared de la izquierda. A su lado, una silla de madera que sostenía precariamente una pequeña lámpara hacía las veces de mesita de noche. En el rincón de la parte derecha, había una cocina diminuta con el suelo de linóleo (un hornillo eléctrico, un fregadero y una mesa basta de madera con un jarrón lleno de agua sucia) y contra la pared del fondo un sillón de cuero raído y una librería torcida. Las dos ventanas de la pared de la derecha daban a la calle. Eran estrechas, con plantas muertas colgando en la parte exterior y enmarcadas en el alero del tejado, sobre el que podía oírse el arrullo y los arañazos de las palomas. Entre las dos ventanas había un escritorio de plástico con una silla de jardín.

–*Lit, douche, WC* –dijo el hombre mecánicamente, señalando el cubículo en el rincón de la izquierda, a los pies de la cama, oculto tras una cortina sucia de plástico–. *Au revoir.*

Cerró la puerta tras él y me dejó solo en el cuarto.

Dejé mis mochilas sobre el sillón, y pensé que una vez más todo empezaba de cero, en una habitación vacía, con la cama desnuda, y con *Naranjas y limones* como mi única guía. Miré a mi alrededor el pequeño espacio al que Pablo me había conducido de forma inequívoca, y presumiblemente no sin un buen motivo. Aquél sería mi centro de operaciones: entre aquellas paredes, sentado en el escritorio, desde el que podía ver al tendero indio vender escobas y trampas para ratones, seguiría el rastro de John, y luego de Sarah, y luego de otros como ellos, recorrería el camino de regreso a la vida que deseaba. Hice la cama con las sábanas que había traído. No había almohada, y la pared tenía en la cabecera de la cama una mancha negra, producida por el roce de los cabellos de los huéspedes a lo largo de los años. Abrí la bolsa de los libros y los dispuse meticulosamente, de uno en uno, sobre una de las estanterías, al lado de los pocos volúmenes amarillentos y moteados que había allí, alguna traducción de Agatha Christie, Simenon y una guía turística en español y en euskera de la población de Durango, en Vizcaya.

Me senté en la cama, hipnotizado por la pequeña hilera de libros. Allí estaba contenida toda la información a mi alcance sobre John, Sarah y Luis, quienes podían encontrarse en cualquier parte de la ciudad, en cualquier habitación de cualquier piso de cualquiera de los elegantes edificios de piedra que se alineaban a ambos lados de las calles. Me hallaba en una tierra de nadie, entre la vida a la que había renunciado recientemente y el mundo de sombras y visiones al que quería regresar. La energía latente en la letra impresa de aquellas páginas era la única puerta abierta para mi retorno. Desde aquella habitación les seguiría la pista; desde allí saldría a reunirme con ellos.

Abrí la ventana para que entrara el aire fresco. Abajo, la calle hervía de actividad, indios, africanos y árabes iban de un lado a otro, compraban y vendían, se sentaban a comer y a beber. El aire sucio traía un sutil olor a especias. La vista se extendía sobre una infinidad de tejados, ventanas, antenas de televisión y parabólicas. Y por encima de todo ello, se alzaba, como un dios misterioso, la Tour Montparnasse, salpicada de pequeñas luces, negra, brillante y silenciosa, proyectando solemnemente el mensaje regular e inescrutable de su luz roja dentro de mi habitación. Me senté junto a la ventana mientras caía la noche, observando cómo aquella misiva antigua, profunda y oscura, marcaba con su cadencia el transcurso de mis primeras horas en el cuarto, como un latido primigenio.

Hacia las ocho o las nueve estaba hambriento, y no podía demorar por más tiempo el comienzo de mis pesquisas. Metí cinco libros en la bolsa de deporte, cogí la cartera y salí del estudio. En el pasillo me encontré con un tipo de poca estatura, más o menos de mi edad, fornido, con el pelo muy corto, chancletas y una mochila colgada en el hombro. *Le garçon américain.* No quería establecer ningún tipo de relaciones sociales que interfirieran en mis planes, que retrasaran el cumplimiento de mi cometido de vital importancia. Era una flecha que cruzaba el cielo en dirección a un único punto lejano, y no quería ser desviado de mi trayectoria, menos aún por la charla estereotipada de un joven consentido norteamericano que vivía en París. Pensé en volver rápidamente a mi habitación, pero él me vio e hizo un gesto de saludo, así que le esperé ante mi puerta, resignado al encuentro.

–*Bonsoir* –dijo con un marcado acento norteamericano.

–*Bonsoir.*

Nos estrechamos la mano.

–Keith Balfour.

–Niall Lenihan.

–Oh, ¿eres americano?

–Irlandés.

–¿Eres el nuevo inquilino?

–Sí.

Introdujo la llave en la cerradura y empujó la puerta con el pie.

–¿Y qué has venido a hacer a París? –preguntó.

–A buscar a un amigo.

Rió y dijo:

–Bueno, eso suena intrigante.

–No lo creas.
–¿Quieres pasar a tomar un whisky?
–No, gracias. De hecho, tengo prisa.
Me miró de arriba abajo. No había cerrado la cremallera de mi bolsa y pudo ver que estaba llena de libros. Sonrió con cara de sorpresa.
–Te gusta leer, ¿eh?
–Exacto.
Arqueó las cejas y volvió a sonreír.
–En fin, Niall, ya nos iremos viendo.
–Sí...
–*Au revoir!* –dijo a mi espalda, mientras me apresuraba escaleras abajo y cerraba la bolsa.

Cené una crep de Nutella que compré en una esquina y caminé por el barrio, guiado en parte por mi propia voluntad y en parte por los sincronismos que consultaba en los cafés, mientras tomaba una cerveza y fumaba un cigarrillo. El aire del anochecer era cálido y olía a árboles y a ajo, el que para mí es desde entonces el olor de París. Merodeé por las calles de los alrededores de la rue de la Roquette. Vi farmacias con cruces verdes de neón, pequeñas tiendas de comestibles cuyos tenderos con delantal esperaban en la puerta, los espaciosos apartamentos de moda de las *bonnes familles* y, encima de ellos, pequeñas habitaciones como la mía. Volví a mi calle, rue du Chemin Vert, pasé ante el edificio donde un pequeño cuadrado de luz bajo el alero anunciaba la presencia de Keith Balfour, ocupado en sus quehaceres, cualesquiera que fueran, y seguí caminando, ante las pastelerías donde la gente hacía cola para comprar la *baguette* de la mañana, hasta el cementerio Père Lachaise, la ciudad amurallada de los muertos, el lúgubre hogar de Balzac, Proust, Jim Morrison y Oscar Wilde, impermeable a las luces y las voces de los vivos, que pasaban a toda prisa por el Boulevard Charonne. Una y otra vez me pareció verles: John bromeando con unas chicas en la entrada de un restaurante, apoyado con un pie en un árbol, como un joven seductor del barrio; Sarah comprando cigarrillos en un estanco, cerca de Bastille; John pasando una mano pálida por su pelo negro y brillante mientras cruzaba el Boulevard du Faubourg Saint Antoine, esquivando los coches entre bocinazos; Sarah mugrienta y gruñendo bajo unos cartones en la boca de metro en République. Pero las visiones se desvanecían infaliblemente cuando miraba con más atención, las siluetas de mis compañeros perdidos se disipaban en el paisaje de la noche.

Guiado por los libros, volví al Objectif Lune. Era más pronto que la noche anterior y los demás bares aún estaban abiertos, así que no había casi nadie, y se ofrecían pintas por el precio de una caña hasta la medianoche. Conversé con el barman, el hombre negro y alto de la noche anterior. Le interesó saber que era irlandés, había salido con una chica de Kilkenny, según me dijo. Se llamaba Fiona. Le había enseñado a contar hasta diez en irlandés. *A haon, a dó, a trí, a ceathair, a cúig, a sé, a seacht, a hocht, a naoi, a deich.* Me dijo que había otro cliente del Objectif Lune que también era irlandés, y que bien podía ser que apareciera esa misma noche. «¡John!», pensé de inmediato. Tal vez ése era el motivo de que los libros me hubieran llevado allí en dos ocasiones.

El barman se presentó formalmente; se llamaba André.

–Niall –dije, y le estreché la mano.

Su rostro se iluminó y dijo:

–¡Te llamas igual que el otro tipo irlandés que viene por aquí, este del que te hablaba hace un momento!

Decepcionado, le pregunté si estaba seguro. Repetí y deletreé mi nombre, pensando que nuestro acento similar y nuestros nombres extranjeros podían haberle confundido. Pero André conocía al otro Niall desde hacía varias semanas y estaba convencido.

–Cada vez que viene charlamos un rato. Recuerdo incluso que comentamos una vez que tenía el mismo nombre que un futbolista de la selección irlandesa.

–Niall Quinn –dije.

–*C'est ça, voilà!* Empiezo a pensar que todos os llamáis Niall, *les irlandais*.

Esa evidencia era irrefutable: no era John. Volví a caer en la desesperanza, y deseé no tener que conversar con el otro Niall en el futuro. Consulté a los libros, pero la respuesta fue ominosa y críptica:

Ya han matado a un muchacho. Ahora te toca a ti.

Pasé toda la noche bebiendo en el Objectif Lune y me desperté al día siguiente vestido y sudoroso sobre mi cama. El sol, que entraba por las ventanas, orientadas al sur, atormentaba a mi cerebro deshidratado. Afuera las palomas arañaban el alero y batían las alas. Me arrastré hasta la cocina, incliné la cabeza bajo el grifo y bebí hasta que no cupo más agua en mi estómago. Mi cuerpo estaba completamente abatido por la resaca, me temblaban los dedos y me dolían los huesos. Me metí en la precaria ducha, con un fuerte zumbido en la cabeza, y en menos de veinte minutos me hallaba en un café, a dos manzanas en dirección a Bastille, aseado y con una buena dosis de paracetamol, sentado a una mesa ante un café exprés doble, un agua con gas, un cruasán, seis libros, el bloc, un bolígrafo y el mapa de París. Planteé varias preguntas específicas y, según me pareció, inteligentes, que no me llevaron a ninguna parte. Finalmente pregunté:

–¿Cómo puedo encontrar a John y a Sarah?

Tendrías más posibilidades de encenderlo si sostuvieras la cerilla más cerca.

Consideré estas palabras con detenimiento. Tomando la frase como una analogía, la cerilla serían los *sortes,* la luz que necesitaba para hallar mi camino en la oscuridad. ¿Sostenerla más cerca querría decir entonces leerlos con más atención? Pero luego pensé que «la cerilla» también podía interpretarse como «la pareja»[1], Sarah y John, y que tal vez debía «sostener», es decir,

1. En inglés, la palabra match puede significar tanto «cerilla» como «pareja». *(N. del T.)*

considerar, que estaban más cerca de lo que pensaba. Me asaltó la idea de que podían estar en la misma zona de París donde me hospedaba, el distrito undécimo, lo que explicaría por qué Pablo me había guiado hasta allí. Excitado, terminé y pagué el desayuno, metí mis cosas en la bolsa y salí del café. Mi plan era dar por hecho que se hallaban en los alrededores, y en consecuencia recorrer el distrito guiado en cada esquina, a cada paso si era necesario, por los *sortes*.

Era una odisea ardua y calurosa, pero no falta de esperanza en un principio. Recorrí arriba y abajo las calles sucias en el triángulo entre Bastille, République y Nation, cruzándome con ancianas que paseaban a sus caniches, con jóvenes vestidos a la moda con una guitarra al hombro y con una pareja de latinoamericanos que cantaban en el metro para ganar unas monedas. Pasé también por las avenidas arboladas de la ciudad de los muertos, en Père Lachaise. Era un recorrido muy fatigoso, en círculos sucesivos, pero a cada momento parecía que los *sortes* estaban a punto de revelar algo. Me condujeron hasta la puerta de un tal S De Vere, en la rue de Bagnolet, pero cuando llamé al timbre la única respuesta fue el ladrido de un perro resonando en el interior, lo que me pareció una señal dudosa. Más extraño aún fue cuando una serie de sincronismos me guiaron hasta una iglesia de Saint-Jean-Baptiste, donde un coro estaba ensayando el *Miserere Mei,* a pesar de que faltaban ocho meses para el Miércoles de Ceniza.

Cuando volví a consultar los libros tras comer una *baguette* de jamón y queso y dos Orangina, parecieron orientarme explícitamente por la rue de la Roquette hacia Bastille, y luego («Francamente, señorita Price») hacia el supermercado Franprix. En el interior, entre el zumbido de las neveras y el frío del aire acondicionado, que me hizo estremecer, tomé otro sincronismo de forma ostensible, para que el guarda de seguridad no creyera que estaba escondiendo manzanas y estropajos Brillo en mi bolsa de libros.

En la parte del fondo hay algunos hombres atractivos.

Interpreté estas palabras como el final de mi búsqueda: un hombre atractivo, John, me esperaba al fondo del supermercado. Era una solución perfectamente coherente, y encajaba con la hipótesis de trabajo de que se hallaba cerca de mí. Pablo me había enviado de forma deliberada a esta parte de París; las vueltas que había dado esa tarde debieron de seguir el rastro de John, como las de un podenco tras un zorro que cruzara una y otra vez su territorio. Me había movido en círculos, pero sin perder el rastro, y al fin le había dado alcance. Avancé por el pasillo, alejándome de la sección de frutas y verduras, en dirección al mostrador del *delicatessen* de la parte trasera.

Algunos hombres atractivos. Ralenticé el paso. Eran más de uno entonces. El sudor me humedecía la espalda, y por momentos parecía que el aire acondicionado había aumentado su potencia. Aquello sólo podía significar que John estaba allí en compañía de Luis. Avancé lentamente, pegado a las estanterías llenas de frankfurts y pechugas de pollo. Les imaginé a los dos juntos, John malhumorado, guapo, desaliñado, Luis de mediana edad, moreno, con el pelo canoso, un traje y una corbata impecables, zapatos caros sin cordones y con pequeñas borlas y una maleta de cuero en la mano, vagando de lado por el supermercado en cumplimiento de alguna indicación de los libros, inspeccionando las estanterías con sus cuatro ojos verdes. Mi corazón latía con fuerza. ¿Y después del encuentro? El siguiente nivel.

Seguí avanzando, casi abrazado a las estanterías, convencido de que se hallaban tras el siguiente recodo, al fondo del pasillo. Me detuve a dos pasos de dar la vuelta y escuché. Podía oír el murmullo de dos voces masculinas al otro lado. Además hablaban inglés. Me quedé helado; saqué otro libro de la bolsa. Me agaché, oculto tras el expositor de patatas fritas del extremo de la estantería. Mientras pasaba las páginas, de pronto fui arrollado por la espalda por un objeto metálico. Hubo un estruendo de cristales rotos. El dolor me hizo caer de bruces y mi bolsa salió despedida por el pasillo, esparciendo los libros por el suelo. «Me van a matar –pensé–, he ido demasiado lejos y Pour Mieux Vivre va a asesinarme.»

–¡Oh, mierda, lo siento! ¿Estás bien? ¡Sí que lo siento! No queríamos... pero, si es mi vecino irlandés... cielos, Niall, lo siento de veras... ¿estás bien?

Keith Balfour había dejado su mochila en el suelo y estaba de cuclillas ante mí, con una mano sobre mi hombro, mirándome con cara de preocupación. Recuperé el aliento y me puse en pie. También él se levantó y dio una vuelta por el pasillo recogiendo mis cosas. Me tendió el bloc y el bolígrafo y devolvió los libros a la bolsa de uno en uno, leyendo cada título. De pie a mi lado había otro chico norteamericano, vestido con una camiseta de Princeton y una gorra de béisbol con la visera hacia atrás. Con una mano agarraba un carrito del supermercado, que era lo que me había embestido. Estaba lleno de patatas fritas, galletas, una veintena de botellas de cerveza y otras de vodka y de tónica, las causantes del ruido de cristales que había oído al recibir el impacto.

–Estoy bien –dije–, de veras. –Tomé la bolsa de libros de sus manos y cerré la cremallera–. La próxima vez mirad por dónde vais –le espeté.

Keith me miró y esbozó una media sonrisa.

–Claro. Perdona. Pero si no te importa que lo diga, parece que estabas... escondido.

–Estaba buscando algo –expliqué–. Me he agachado para cogerlo.

Nuestros tres pares de ojos se dirigieron al estante inferior que indicaba mi mano. Estaba completamente vacío, a excepción de un saquito de comida para gato, *Minourriture,* que un comprador o compradora indeciso había abandonado allí, lejos de la sección de comida para animales.

–Bueno, a partir de ahora tendremos más cuidado de no topar con compradores en los escondrijos –dijo Keith, sonriendo todavía–. Por cierto, él es Ryan.

El tipo corpulento que llevaba el carro me alargó una mano del tamaño de un guante de béisbol.

–Ryan, éste es mi nuevo vecino de la puerta de al lado, Niall, de Irlanda.

–Siento lo del carro en el trasero, amigo –dijo Ryan–. Dos irlandeses echándose sobre unas cuantas cervezas, no es la primera vez que pasa, ¿no?

–Iba a llamarte, o a dejarte una nota –dijo Keith, señalando la bolsa de libros con una inclinación de cabeza– para decirte que esta noche doy una especie de fiesta. Puede que dure hasta tarde y que haya un poco de ruido, ya sabes. Espero que no te moleste. Podrías pasarte si quieres. Habrá dos irlandeses amigos de Ryan.

–¿Irlandeses como yo o como él? –pregunté en tono ofensivo, señalando a Ryan.

Ellos rieron de buena fe.

–Oh, recién llegados de la isla Esmeralda –dijo Keith–, nada de norteamericanos deseosos de tener raíces. Venga, anímate. Será sobre las nueve o las diez.

–Estoy ocupado –murmuré, y desaparecí dando la vuelta a la estantería.

Mi presa había escapado en el tiempo que perdí con los norteamericanos y su carro de bebidas, estaba convencido. Al salir del supermercado, maldije en voz alta a Keith y a su amigo irlandés-norteamericano por haberlo arruinado todo en el último momento. Pasé el resto de la tarde en mi habitación, con los libros, el mapa y el bloc abiertos sobre la mesa, la cabeza inclinada en la pequeña mancha de luz, intentando reencontrar el rastro perdido. Marqué sobre el mapa, trazando unas líneas discontinuas con el bolígrafo, el recorrido de aquella tarde, para ver si podía hallarle algún sentido, como un detective de una película siguiendo los pasos de un asesino en serie. Mi ruta podía verse aproximadamente como una zeta mayúscula inclinada, pero eso no me decía nada. Repasé la transcripción de los sincronismos que había elegido a lo largo del recorrido, desde «si sostuvieras la cerilla más cerca» hasta «hombres atractivos», siguiendo las imágenes y los temas recurrentes, buscando anagramas, iniciales y otras pistas, relacionando los resultados con nuevas preguntas que planteaba a los libros que aún no había utilizado y que seguían en la estantería, *sortes* sobre *sortes* sobre *sortes*, todo ello sin ningún resultado aparente.

En algún momento llegaron Keith y Ryan, con un tintineo de botellas, y durante las horas siguientes les oí pasar la aspiradora, mover los muebles, mantener conversaciones por el móvil, las más largas en inglés americano, *«I think Stacey's coming, you can, like, walk over with her»,* y las más breves en francés americano, *«la métro c'est Saint Ambroise, oui, oui, c'est ça».* Más tarde, les oí entrar con comida china para llevar, que pude oler desde mi cuarto. Sus amigos empezaron a llegar a las ocho y media, y tuve que oír todos sus «qué tal, tíos», sus palmadas en la espalda y las voces de pito de las chicas norteamericanas entusiasmadas con los cócteles que les servían, «oh Dios mío, estas margaritas están de muerte». Durante una o dos horas me concentré en mi labor lo suficiente como para aislarme del ruido, pero cuando finalmente se convirtió en el alboroto simultáneo de mucha gente, y la música, Eminem o algo parecido, empezó a retumbar en el suelo, tomé un sincronismo para ver qué debía hacer.

> Fui abajo y bebí hasta saciarme, volví a subir, eché un vistazo a la luna, y luego bajé de nuevo.

Estaba claro: metí mis utensilios en la bolsa y salí en dirección a Bastille, dispuesto a emborracharme una vez más en el Objectif Lune. Una vez en el bar seguí trabajando todavía un rato, mientras André, que me informó de que el otro Niall no estaba allí aquella noche, me miraba desde lejos, moviéndose al ritmo de la música. Hacia la medianoche había demasiada gente para poder realizar mis consultas con comodidad, así que guardé los libros y me dediqué a observar a los clientes. Me salvó de mis pensamientos angustiosos el acento irlandés de un grupo que entró de la calle bromeando y riendo y se desplazó rápidamente hasta la esquina de la barra. Eran cuatro hombres y tres mujeres, todos ellos de la edad de John y Sarah. Una de las chicas, con voz estridente y acento de Cork, era la líder del grupo.

Cada vez que tenían que tomar una decisión (qué iban a beber, cuánto iban a beber, quién pagaba la ronda, se quedaban o se iban, se levantaban o se sentaban, etc.), o a veces porque le apetecía, repetía un eslogan que había ideado quién sabe si para todas sus noches de parranda o, como deseé encarecidamente, sólo para aquella ocasión:

–¿Quién manda aquí, chicos? *The Wan from Clon.* Decidme quién, venga, bien alto, chicos, todos juntos. ¿Quién es la mejor?

–*The Wan from Clon* –repetían tímidamente los demás, que no parecían conocerla mucho, ni tampoco unos a otros, al principio con un entusiasmo residual, y más tarde, según avanzaba la noche y el grito de guerra se hacía más frecuente, con una nota de duda, aburrimiento y vergüenza resignada.

Observé aquel espectáculo durante casi una hora, fascinado por la imagen de unos irlandeses convertidos en personajes extraños y exóticos. Finalmente, tras algunos comentarios en voz baja, la chica de Cork vino hacia mí y me dijo:

–¿Eres irlandés?

–Sí.

–Pues únete a nosotros y *fáilte romhat!* Me llamo Gráinne y soy de Clonakilty. Pero en París todo el mundo me conoce como...

–Ya lo he oído. Niall, de Dublín. Sandycove.

–¡Sabía que eras un maldito Dub! Os lo dije, ¿eh? ¿Os lo dije o no? ¿Quién es aquí la que conoce el percal? ¿Quién, chicos? *The Wan from Clon*, eso es.

Aunque la de Clon era sin duda un personaje cargante, la alternativa de dar vueltas en la cama mientras los norteamericanos escuchaban *rap* y bebían Jack Daniels en la habitación de al lado o de seguir allí con la mirada perdida y dejar que los pensamientos sobre los fantasmas que estaba buscando volvieran a angustiarme tampoco eran particularmente atractivas, así que cogí mi pinta y la bolsa y me uní al grupo de los irlandeses. Le pregunté a Gráinne si conocía al otro Niall.

–No, por lo que yo sé –dijo–. Espera. Miento. ¿Te refieres a ese tipo alto con el pelo negro?

–No lo sé, André sólo me dijo que había otro Niall.

–Sí, hay un tipo irlandés que siempre está aquí y que se llama como tú, por lo que yo sé.

Gráinne llevaba cinco años en París, se movía exclusivamente en los círculos de irlandeses y afirmaba conocer a todos nuestros compatriotas jóvenes de la ciudad, o por lo menos los que, como ella decía, «participaban». En un arrebato de alegría pensé que ella, por más que fuera una parodia grotesca, era el personaje hacia el que me habían orientado los libros. Ella sería mi guía, el Virgilio que me ayudaría a tratar con este mundo complejo y me conduciría, finalmente, hasta Pour Mieux Vivre. Le conté cuál era mi cometido, la búsqueda de un amigo irlandés a quien había perdido la pista.

Dijo que no se había cruzado con John, *por lo que ella sabía*, empleando la que evidentemente era su frase predilecta. Le pregunté por Sarah y otra vez meneó la cabeza. Me dijo que debía ir al Harry's Bar, en la esquina de la rue de Rivoli, un viernes o un sábado por la noche, y preguntar a los irlandeses que lo frecuentaban. Mientras tanto pensaría cómo podíamos encontrarles. También le dije que buscaba un trabajo que me permitiera pagar el alquiler, algo temporal, y ella me habló de una cadena francesa de cafeterías cuya sucursal de los Champs Élysées solía contratar a irlandeses. Conocía a la encargada, una tal Aisling. Me aseguró que si pronunciaba las palabras *«The Wan from Clon»* cualquier puesto que estuviera libre sería para mí.

–Es un sistema que tenemos. De esta forma saben que la persona que les mando es un buen elemento. Es una clave.

Se lo agradecí.

–¿Tienes claro lo que tienes que decir, que te envía *The Wan from Clon*?

Le dije que lo comprendía, pero siguió mirándome con suspicacia.

–No digas Gráinne –insistió, pronunciando esa palabra odiada entre comillas, como si fuera un insulto en una lengua extranjera que le habían gritado por la calle durante unas vacaciones–. Es nuestra clave.

Apunté el nombre del lugar antes de irme, y le dije que nuestros caminos volverían a cruzarse sin duda en el Objectif Lune, o tal vez en el Harry's un viernes o un sábado por la noche. Le di mi dirección y le pedí que me mandara una postal si encontraba a alguien que encajara con la descripción de mis amigos. Nada de lo que le conté, el hecho de que fuera un chico de diecinueve años que iba solo a la caza de alguien en un país extranjero, o que no tuviera otro medio para comunicarme que las postales, sorprendió a Gráinne de Clonakilty, quien, según parecía, en los últimos años de vida social en París lo había visto todo.

Me sublevó ver las luces todavía encendidas en la habitación de Keith Balfour, y las siluetas y los puntos rojos de dos invitados fumando en la ventana. Pasé de puntillas ante su puerta, que estaba entreabierta y dejaba que la música *rap* y las voces de los jóvenes norteamericanos invadieran el pasillo. Me tumbé en la cama vestido, fumando y escuchando el rumor del final de la fiesta al otro lado de la pared. Pensé que me estaba convirtiendo en un verdadero fumador. Hacia las dos y media abrí la bolsa de libros, y estaba empezando a reconsiderar las pesquisas del día cuando oí un golpe tímido en mi puerta y escuché a Keith Balfour decir en voz baja:

–Eh, vecino. Hola. ¿Estás despierto? ¿Hola? ¿Niall?

Suspiré, dejé los libros junto a la cama y abrí la puerta. Vi cómo Keith lanzaba una mirada rápida a mi habitación, a los libros y al mapa en el suelo. Me moví para impedirle la visión.

–Vamos a empezar con el whisky irlandés –dijo, mostrándome una botella de Jameson–, he visto luz en tu habitación y he pensado, qué diablos, que era una descortesía no invitarte.

–Mira, te lo agradezco pero, mmm, no es un buen momento... tengo mucho que hacer...

–Quería decirte también –continuó, inclinándose un poco hacia mí– que puede que haya encontrado a tu amigo.

–¿Cómo? ¿De veras? ¿Dónde está?

–Ven a tomar un whisky y te lo cuento.

Dudé unos instantes.

–Espera un segundo –dije, y cerré la puerta.
Tomé un libro del suelo y pasé las páginas.

Los dos teníamos claro que hablaba absolutamente en serio, así que Alan y yo subimos al barco sin temer ninguna traición.

Lo arrojé sobre la cama y volví con Keith, que esperaba con la botella en la mano al otro lado de la puerta cerrada.

–De acuerdo –respondí, para su sorpresa–, entraré a tomar una copa.

Su habitación era algo mayor que la mía, y estaba mucho mejor amueblada, llena de lo que los norteamericanos llaman su *stuff,* pósters, sillas, taburetes de bar, un aro de baloncesto, un banderín con la inscripción *«Princeton Class of 2005»,* un letrero de neón de Budweiser, una lámpara de lava, una librería de pino y junto a ella un ordenador sobre un mueble especial para ello, con dos altavoces de los que procedía la música. Junto a la suya, mi habitación parecía un cobertizo abandonado. En la parte izquierda había una cama doble, donde Ryan estaba sentado con un vaso de whisky en la mano, hablando con una chica oriental, apoyada contra la pared con los ojos cerrados. Dos chicas rubias, las dos siluetas que había visto desde la calle, estaban sentadas sobre el antepecho de la ventana, bebiendo y riendo. Cuando se movían, las luces blancas y el foco rojo de la Tour Montparnasse aparecían de pronto. Un sofá y varios sillones rodeaban una mesa baja en el centro de la habitación, llena de botellas vacías, vasos y recipientes con hielo. Allí estaban tumbados unos seis invitados con aspecto de norteamericanos, fumando y bebiendo. Uno de ellos preparaba un canuto, agachado ante la mesa.

–¡Amigos! –exclamó Keith cuando entramos, golpeando en un lado de la librería con la mano para atraer la atención–. ¡Amigos, escuchad! Éste es Niall, de Irlanda, mi vecino de al lado. Tratadle con cariño, que no le falte de nada. Niall, ya conoces a Ryan. Ella es Julie, Shannon, Brad, Mike, Noah, Joel... –siguió diciendo los nombres.

Las chicas me miraban con una amplia sonrisa, los chicos levantaban una mano y decían «Hey». Por fortuna, retomaron de inmediato sus conversaciones.

Keith sirvió dos vasos de Jameson y fuimos a charlar junto a la otra ventana.

–Salud –dijo.

Le devolví el brindis, con la torre como telón de fondo.

–¿Así que crees haber encontrado a mi amigo?

–Directo al grano, ¿eh? Ha venido un primo de Ryan, que se llama... Eh, Ryan, ¿cómo se llama tu primo?

–Johnny.

–Ah, eso es, Johnny.

Arqueé las cejas esperanzado, aunque era difícil imaginar a John aceptando la invitación a una fiesta como aquélla. Keith continuó:

–Sí, bueno, no me refiero a él, sino a un amigo que venía con él. Era un tipo de Dublín. Hemos estado charlando un rato y me ha dicho que le parecía que os conocíais.

–Y su nombre... ¿cuál era?

–Déjame pensar... sí que estoy espeso. Ha dicho que te conocía del instituto.

–¿No será de la universidad?

–No, estoy bastante seguro de que ha dicho del instituto. Se llamaba... era un nombre muy corto. ¡Ian! Sí, eso es, Ian.

Callé un momento para encajar la sorpresa, que me produjo una mezcla de decepción e intensa curiosidad.

–Sí –dije al fin–, del instituto. Pero no es la persona que estoy buscando.

–¿No? Lo cierto es que he dudado de si sería él, porque sólo se quedaba en París unos días.

«Es un alivio», pensé mientras miraba hacia la torre y la ciudad oscura, que seguía ocultándome sus secretos.

–En todo caso, qué coincidencia, ¿no? Hemos llamado a tu puerta varias veces, pero creo que estabas fuera...

–Sí. ¿Y cuándo se marcha exactamente?

–Vuelve a Dublín mañana. Como te digo, hemos intentado

avisarte. Él estaba muy emocionado con la coincidencia. ¡Más de lo que tú pareces!

–Estoy acostumbrado a las coincidencias –expliqué–. De hecho, mi vida está infestada de ellas. Y él... ¿tenía ganas de verme?

Keith me miró con curiosidad.

–No lo sé, supongo... como te digo, la coincidencia le chocó mucho.

–¿Y... –comencé la última pregunta que pensaba hacer sobre ese asunto– tiene novia? ¿Iba con él?

–Sí, venían juntos a pasar unos días románticos en París, creo. ¿Lisa?

–Laoise, sí –asentí–. Me alegro por él.

Bebimos en silencio. El olor del canuto a nuestra espalda empezaba a marearme.

–Así que no era el tipo que estás buscando.

–No. Pero gracias –añadí.

–Para eso estamos.

Nos pasaron el canuto. Keith le dió una calada profunda. Yo meneé la cabeza y lo devolvió a sus amigos.

–Bueno –siguió diciendo, echando el humo por la ventana y mirando al exterior, hacia la torre–. ¿Y quién es entonces el tipo que estás buscando? ¿Qué es lo que estás haciendo? Con los libros, quiero decir. Me he fijado...

–Soy estudiante de literatura. Leo mucho –dije, quitando importancia a la cuestión, y antes de que pudiera insistir pregunté–. ¿Y tú a qué te dedicas?

–¿Yo? Bueno, también soy estudiante de literatura, como dices tú. Voy a empezar el último curso en Princeton. Estudio filología inglesa. He venido a París a pasar un semestre y el verano.

–¿Para hacer qué?

–Estoy recogiendo material para mi tesina.

–¿Y de qué va, de escritura creativa? –pregunté con un toque de desdén europeo.

–Más o menos. Es sobre escritura creativa de no ficción.

–¿Y eso cómo se entiende?

–Es una especie de tesis de tipo periodístico.

–¿Y por qué París?

–Bueno, ¿y por qué no? Al llegar aquí pensé que podía hacer algo sobre los extranjeros que viven en París. Ya sabes, romper el mito de la Lost Generation. Y a partir de ahí la cosa se ha ido extendiendo. ¿Ves ese cajón? –Señaló la mesa del ordenador–. Está lleno de casetes. Casetes y más casetes. Desde que llegué me he dedicado a entrevistar a gente.

–¿A quién?

–Oh, cualquiera que pueda explicarse correctamente en inglés. Docenas de personas.

–¿Y de ahí vas a sacar tu tesina?

–Ésa es la idea. Aunque es muy posible que cuando vuelva a Princeton acumulen polvo y escriba un trabajo sobre *El gran Gatsby* o *Bartleby el escribiente,* como hace todo el mundo. Y hablando de libros...

Meneé la cabeza y dejé el vaso. Keith no iba a rendirse.

–Debo irme a la cama.

No dijo nada. Se levantó y me acompañó hasta la puerta.

–Gracias por invitarme –dije–. Disfrutad del resto de la noche.

Sonrió y meneó la cabeza.

–Piensas que somos unos filisteos, ¿verdad? –dijo pausadamente–. Unos filisteos belicistas.

Abrí la boca para protestar, pero él dijo.

–Está bien, de veras. Tal vez lo somos.

Oí que alguien exclamaba detrás de él:

–Eh, ¿qué clase de irlandés le da la espalda a tantas botellas de whisky?

–Hasta luego –dijo Keith, alargándome la mano.

Se la estreché, y me quedé al otro lado de la puerta el tiempo suficiente para oírle responder a su amigo.

–No se encuentra muy bien desde que Ryan le atropelló con una pluralidad de botellas.

Doce

Por supuesto, estas palabras en boca de Keith me sorprendieron y me asustaron. Ahora las ramificaciones eran demasiado complejas para poder comprenderlas y desentrañarlas. Parecía que la realidad se estaba convirtiendo en una ficción de sí misma, y me hallaba completamente perdido. Pasé unos diez minutos delante de la puerta, preguntándome si debía volver a entrar y hablar con Keith, pero al fin decidí no sólo que debía volver a mi habitación, sino que en adelante era mejor evitarle. Las cosas ya eran bastante complicadas. Al día siguiente me concentré en la cuestión del dinero. Siguiendo el consejo de la de Clon, fui en metro de Bastille a Franklin D. Roosevelt, en los Campos Elíseos, y encontré el establecimiento (La Brioche Dorée) del que ella me habló. Oí que las dos chicas de detrás de la barra, uniformadas con una blusa a cuadros rojos, un delantal blanco y una cinta roja en el pelo, hablaban con acento irlandés. Les pregunté por Aisling. Me respondieron que no estaba en ese momento, pero que podía hablar con el otro encargado, un francés amable y atolondrado de unos treinta años que afirmó que no había ningún puesto disponible. Pronuncié tímidamente las tres sílabas de la contraseña:

–*C'est The Wan from Clon qui m'a envoyé.*

–*Qui ça? La quoi de Clonne...?*

Lo repetí; el hombre parecía confuso. Una de las chicas irlandesas le dijo algo y entonces su rostro se iluminó.

–*Ah, Gráinne!*

Cambió inmediatamente su discurso, me dijo que ya había cuatro estudiantes irlandeses trabajando para él, todos recomendados por Gráinne, y que hasta el momento habían hecho un *bon travail*, de modo que si era ella quien me enviaba, podía decirme que una de las chicas francesas dejaba el trabajo para preparar sus exámenes de derecho (lo comentó con orgullo, como si las fregonas, los ceniceros de aluminio y las tartas de frambuesa de La Brioche Dorée procuraran el acceso directo a las pelucas y los pergaminos del Palais de Justice) y que podía ocupar su puesto. Comenzaría al cabo de tres días.

Me explicó las condiciones, le di mis datos y volví corriendo a casa para retomar mi labor con los libros. En mi calle, vi a Keith acercándose en la otra dirección. Íbamos a encontrarnos en la puerta, así que me desvié por una calle lateral y me entretuve un rato, hasta que estuve seguro de que ya habría entrado.

De vuelta en mi habitación, me senté ante el escritorio dispuesto a concentrarme en mi trabajo. Pero la respuesta a la primera pregunta, *diez botellas verdes,* me enfureció y arrojé el libro al otro extremo del cuarto. Pasé toda la tarde, hasta el anochecer, merodeando sin éxito por la zona gay del Marais, y terminé bebiendo una cerveza en el bar donde tomé el vodka con limón con Pablo. Reflexioné sobre mi falta total de resultados hasta el momento y concebí la idea de que desde mi llegada a París, Keith Balfour había frustrado todas mis tentativas de encontrar a John, un propósito maligno que culminaba con la artimaña ridícula de pronunciar la frase mágica. En un rincón oscuro e irracional de mi mente, vi a Keith como una especie de anticristo, un demonio enviado para frustrar mi intento de regresar a Pour Mieux Vivre. En los días que siguieron le saludé con frialdad al cruzarnos en el pasillo, cuando salía para ir a trabajar a La Brioche Dorée.

Mi nuevo trabajo era fatigoso pero fácilmente manejable. Gran parte de mi labor consistía en meter los cruasanes en bolsas de papel y cobrar a los clientes en la caja. Los aspectos más delicados eran usar la máquina de helados –más difíciles de sostener sobre un cucurucho de lo que podría parecer–, preparar los cafés exprés, lograr que unos discos congelados se transformaran en el microondas en *croque monsieurs* y glasear (el proceso epónimo de *dorer*) las pastas antes de meterlas en el horno que había detrás de la barra.

Me tocó hacer el turno que llamaban *fermeture*, la palabra que en francés significa «cierre», aunque en realidad ese término, como tantos otros objetos y conceptos en La Brioche, tenía un sentido intraducible dentro de su contexto, de modo que los irlandeses seguíamos diciendo *fermeture* incluso cuando hablábamos en inglés, adaptando, eso sí, las vocales a nuestro acento.

Después de la *fermeture*, una vez habíamos recogido los últimos restos de las pastas de almendra que se colaban en las rendijas de los cristales del aparador, nos sentábamos sobre el mostrador, entre las mesas vueltas patas arriba, y fumábamos un cigarrillo con el resto del equipo del turno, normalmente unos dos tercios irlandeses y el resto franceses, Sinéad, Laure, Paul, Aisling, Karim, Jennifer, y tras declinar su oferta de ir a tomar algo al bar de al lado, el Monte Cristo, llegaba a casa a las dos o las tres de la madrugada. A esa hora estaba agotado, los pies me dolían después de ocho horas de pie tras el mostrador de La Brioche y no sentía ni el menor indicio de insomnio. Pero me impuse a mí mismo la rutina de sentarme directamente a trabajar en los *sortes* al llegar a mi habitación. Estaba en París por un motivo muy concreto, y sería absurdo, me decía a mí mismo cuando el dolor de cabeza y la fatiga en los huesos me hacían flaquear, que el trabajo que necesitaba para financiar mi estancia me impidiera buscar a John. Envié una postal a mis padres, supuestamente para felicitar a Ciara por su cumpleaños, pero en realidad porque no me sentía capaz de contar tantas mentiras por teléfono, y les dije que había encontrado un trabajo y me había hecho amigo de un americano.

Lo cierto, sin embargo, era que la frase mágica pronunciada por Keith retumbaba en mi cabeza y que hacía cuanto podía por evitarle. De hecho, mantenerme alejado de él se convirtió en una actividad casi tan absorbente como la búsqueda de John, puesto que consideraba a la primera una condición indispensable para la segunda. Cuando en La Brioche empezaron a cambiarme periódicamente el turno, según lo que llamaban *le planning,* entre primera hora de la mañana, *ouverture* (06 h-14 h), la jornada normal (09 h-17 h) y *fermeture* (17 h-02 h), lo que era una práctica habitual en el establecimiento, le pedí a Aisling si podía mantenerme en el turno de *fermeture:* trabajar por la noche significaba que cuando llegaba a casa Keith estaba casi siempre en la cama y podía seguir mis pesquisas sin preocuparme de él. Como era de esperar, a Aisling le pareció una petición bastante extraña, y muy probablemente ilegal según las leyes laborales francesas, pero insistí hasta que logré convencerla, y me convertí de este modo en una presencia permanente en *fermeture,* el vampiro de La Brioche Dorée, pronto reputado como un experto en el procedimiento de cerrar la tienda, el rey del último turno. Las pocas veces en que me vi forzado a cambiar de horario, me encontré infaliblemente con Keith en un momento u otro, como ocurría también con frecuencia, en los días que cumplía mi turno habitual, al salir de casa a las cuatro de la tarde. En las pocas ocasiones en que veía la luz encendida en su habitación al regresar de *fermeture,* iba a tomar una copa al Objectif Lune, con la bolsa de libros y el bloc, y no volvía a mi cuarto hasta que estaba convencido de que ya se habría acostado. Ninguna de esas noches coincidí con la de Clon, así que no pude darle las gracias por haberme conseguido el trabajo. André me dijo que el otro Niall ya no iba nunca por allí.

Mi rutina, cuando no se veía interrumpida por estas incursiones nocturnas, o por un cambio de turno forzado por Aisling, consistía principalmente en realizar *sortes* y trazar esquemas y estrategias durante horas en mi habitación, que se convirtió, como Northumberland Road en su día, en un centro de operaciones indispensable. Al amanecer ponía en práctica mis planes con largos paseos por la zona central y este de París, siguiendo escrupulosamente cada nueva pista y guiándome por líneas discontinuas que sólo existían en mi mapa, cubierto a aquellas alturas por una telaraña de trazos a lápiz y bolígrafo y con los márgenes llenos de anotaciones. No hallé nada concreto, sólo algunas señales obsesivas de que algo seguía funcionando, de que cierto orden seguía activo, como ir a parar a una puerta donde las iniciales de los nombres en el interfono formaban un acróstico de «Sarah» *(Solange NARDINI, Alain ILLIERS, Rachid ALSHAKRY, Anne-Claude LISÈRE, Henri LAVALLE)*, o terminar conversando en el Marais con un gay irlandés borracho llamado John. Más allá de estos pequeños trucos, y de la extraordinaria frecuencia con que me encontraba cerca de conocidos de Dublín que habían viajado a París en los vuelos de Ryanair, permanecía todo el tiempo sobrio, en términos de Pour Mieux Vivre: no tenía visiones, no perdía el sentido de la realidad ni veía los contornos borrosos. Tampoco tenía insomnio; al contrario, anhelaba y guardaba celosamente mis horas diarias de sueño, desde las seis de la mañana hasta las dos de la tarde. Comía en cantidades aceptables, si bien de forma poco variada. Mi dieta consistía casi en exclusiva en las sobras de La Brioche, que –una de las ventajas del turno de *fermeture*– nos permitían llevar a casa en bolsas de plástico. Me alimentaba de flanes, tartas de fresa, *baguettes* de atún, *croque monsieurs* frías y, por supuesto, *brioches* glaseadas.

La frase de Keith sobre las botellas me atormentaba si dejaba que aflorara un instante en mi pensamiento: por eso intentaba que tal cosa no ocurriera y mantenía mi fatigoso horario nocturno para evitar tener trato con él. Pero evidentemente no podía tener en cuenta todas las eventualidades, y una noche, cuando llevaba una semana inmerso en mi rutina de *fermeture*, sincronismos y paseos por la ciudad, al volver del trabajo vi la luz encendida en su habitación. Pasé de puntillas ante su puerta, esperando que no me oyera, y comencé mi labor con los libros y el bloc, como de costumbre. Pero aún no había tomado el primer sincronismo cuando llamó a la puerta.

–¿Niall? ¿Niall? ¿Estás despierto?

Elegí un pasaje antes de contestar:

Yo tenía razón desde el principio. Descubrí cuál era la pauta.

Apretando los dientes, fui hasta la puerta y la abrí.

–Keith.

–Hola. Acabo de llegar, he visto tu luz encendida desde la

calle y he pensado, qué diablos, no debemos ser muchos los que seguimos despiertos en París a las tres de la madrugada. ¿Tomamos una copa?

–No –respondí, sorprendido de mi propia firmeza–, no, gracias, tengo trabajo. Ahora tengo un empleo en un café por las tardes, o sea que tengo que...

–Oh, vamos. De la fiesta del otro día me quedaron, como diría vuestro Myles na gCopaleen, una pluralidad de botellas...

¿Qué podía hacer ante eso? Intenté convencerme a mí mismo, mientras Keith esperaba mi respuesta, de que se trataba de una coincidencia extrañísima que no tenía nada que ver con los *sortes.* Pero después me asaltó la idea de que eso era precisamente lo que debió de pensar John de mí en su día. No, lo cierto era que en el caso de Keith las señales se sucedían continuamente. Aunque me disgustara la forma en que se manifestaba, el sistema era superior a mí y debía aceptarlo. Como Luis con Sarah, Sarah con John y John a su vez conmigo, también yo sabía que aquella presencia no iba a desaparecer. Podía apretar los dientes, escabullirme por calles laterales y fatigarme los ojos con frases y párrafos con consejos crípticos, pero él seguiría llamando a mi puerta, como yo seguí llamando a la de John.

–De acuerdo, pero sólo una copa –dije al fin, sabiendo perfectamente que iban a ser una pluralidad.

Sirvió dos pequeños vasos y nos sentamos en los sillones, uno enfrente del otro, con la botella en medio. Yo miraba por la ventana, hacia la torre.

–Salud.

–Por los viejos amigos –respondí–, que se presentan cuando menos los esperas.

–Por los viejos amigos.

Vaciamos los vasos de un trago, por iniciativa de él, y luego sirvió otra ronda, que saboreamos lentamente.

–¿De dónde eres? –pregunté.

–Marin County, California.

–Creo que nunca lo he oído nombrar.

–Está al lado de San Fancisco, enfrente de Alcatraz. Es un barrio rico. Mi padre es cirujano plástico. ¿Y tú?

–Irlanda, como ya sabes. Dublín County. Enfrente de Dalkey Island. ¿Y piensas dedicarte al periodismo? Cuando termines en Princeton, quiero decir.

–No. Ahora hago este trabajo periodístico, pero cuando termine me gustaría entrar en el mundo editorial.

–Ah, bien. Una buena industria.

–No mucho, en realidad, pero en fin. ¿Y tú?

Me encogí de hombros.

–Me parece que falta mucho para eso.

–¿Algún trabajo que implique leer? –sugirió.

–Puede. ¿Hoy hiciste alguna entrevista? –pregunté con amabilidad.

–Nada serio. Sólo norteamericanos.

–Filisteos –dije, y él rió.

–¿Y tú?

–¿Que si entrevisté a alguien? Sólo a los clientes del café, «¿la quiere natural o con gas?». También norteamericanos, mayoritariamente.

–No, quiero decir si has hecho alguno de tus estudios en el exterior, si has avanzado en la búsqueda de tu amigo.

–Mira... –dije–. Es un juego. Lo uso como una forma de... meditación. No es más que eso, un juego.

–Enséñamelo.

–No.

–¿Por qué?

–Porque... porque... desearía que nadie me lo hubiera enseñado a mí, Keith.

Tuve una revelación nauseabunda, medio cierta solamente, pero nauseabunda de todos modos.

–No digas mi nombre de esa forma. Pareces un asesino de una película de terror.

–Perdona.

–Por favor, enséñamelo.

Tomé un sorbo de whisky, mirando hacia la torre, y después otro. Keith me creía completamente inmerso en el sistema misterioso que me había visto utilizar. No debía descubrir que estaba perdido, extraviado en la brecha entre dos mundos. Por supuesto, existía aún la posibilidad de ahorrarle esa experiencia. Pero al mirar su rostro, al otro lado de la mesa, en el calor de la noche en París, recordé la conversación en el Kehoe's de South Anne Street, en diciembre, y me vi a mí mismo insistiendo ante un John reticente. «No depende sólo de mí –pensé–, esto escapa a mi control.» Había cumplido mi etapa de aprendizaje y había seguido adelante. Ahora se me designaba para iniciar al estudiante de Princeton.

–Muy bien, ponte de pie –le ordené. Se levantó del sillón–. Ahora haz una pregunta.

–¿Qué debo preguntar?

–Cualquier cosa. Algo que quieras saber.

–¿Como mi futuro?

–Si quieres, sí.

–Vale.

–¿Qué?

–Ya lo he preguntado.

–No, Keith, en voz alta. Esto no es como el deseo al soplar las velas del pastel de cumpleaños.

–Vale. ¿De qué voy a trabajar? ¿Y ahora qué?

–¿De qué trabajará Keith?

Proseguí inmediatamente con las instrucciones.

–Ahora ve a la librería –dije, sorprendido de que alguien cumpliera mis órdenes por una vez, y no a la inversa.

–¿Y ahora qué? –preguntó Keith, detenido absurdamente de cara a su librería.

–Bien. Ahora date la vuelta hacia mí. Repite otra vez la pregunta.

–¿La misma?

–La misma.

–¿De qué voy a trabajar en el futuro?

–Ahora, acabamos de decidir que la respuesta a esta pregunta se halla en la librería.

–¿Ah, sí?

–Sí. Pasa la mano por los libros, sin mirar, eso es, así, hasta que sientas que has encontrado el libro adecuado. Cuando hayas elegido el que quieres, el que sientes que es el acertado, pasa las páginas, sin mirar, y marca un pasaje con el dedo.

–¿Al azar?

–Pon el dedo donde sientas que es el punto adecuado.

–De acuerdo. –Eligió una novela fantástica. Miró el pasaje que había marcado–. ¿Cuánto tengo que leer?

–Lee la línea donde has puesto el dedo, luego lee un poco más arriba y más abajo y decide si necesitas más por alguno de los dos lados. Lo verás claramente.

–He elegido el título de un libro, de la lista de títulos del mismo autor que hay en la última página.

–Léelo en voz alta.

–*Las nieblas de Avalon.* Esto no me dice nada.

Claro. No era bueno iniciando a los demás, pensé. Lo había hecho todo mal. Encogí la nariz y cerré los ojos, imitando la pose de frustración de un iniciador sabio y experimentado.

–No, perdona. Normalmente no es una buena idea intentar predecir el futuro exactamente. Es más que nada una cuestión de cómo formulas la pregunta. Lo que están diciendo es que el futuro está oculto en la niebla.

–¿Quiénes son *ellos*? Niall, estás empezando a asustarme –rió.

Le ignoré.

–Vuelve a dejar el libro, no en el mismo sitio, si no recordarás dónde está y la elección no será realmente al azar. Bien. Ahora pregunta otra cosa, algo sobre el presente.

–¿Como por ejemplo?

–Bueno, ya sabes, sobre una chica o algo así.

–¿Cuáles son mis sentimientos por Rebecca? Es la chica con quien salía en Princeton antes de venir a París.

–¿Cuáles son los sentimientos de Keith por Rebecca?

Eligió otro pasaje.

–«Yo, señor, me dirigía a Francia; y había un barco francés que iba a venir a recogerme; pero pasó y se alejó de nosotros en la niebla... ¡como desearía en lo más hondo que lo hubiera hecho usted también!» Bueno, esto tampoco me dice gran cosa.

–A ver, enséñamelo –le dije. Me tendió el libro y se sentó en el sillón para seguir tomando el whisky. Mis viejos ojos de Jedi no necesitaron más que una mirada superficial para que el texto cristalizara ante mí en un significado obvio–. Oh, vamos, está claro. Estás en Francia, ¿no? El barco francés que te pasa a buscar debe de ser alguna chica que has conocido aquí y que pensaste que, bueno, ya sabes...

–Vale –concedió–, sí ha existido esa otra chica, Cécile.

–Pero al final ella no estuvo interesada en ti, ¿no?

–Eso mismo. «Ella se alejó en la niebla», supongo.

–Exactamente. Ahora, lo que te están diciendo es que desearías que la otra chica, cómo se llamaba, Rebecca, hiciera lo mismo. Que te dejara en paz. Que dejara de quererte. Es a ella a quien se refieren cuando dicen «lo hubiera hecho usted también». Lo ves, te dije que era obvio.

Keith se quedó callado, tomó el libro de mis manos y volvió a leer el pasaje, bebiendo despacio el whisky y asintiendo.

–Es cierto –admitió–. Esto es exactamente lo que ocurre con Rebecca. Y es lo que pensé cuando Cécile me dio largas. Tienes razón, quiero decir tienen razón.

–Te lo dije.

–Sí... pero ¿quiénes son *ellos*?

Respiré hondo y le conté lo poco que sabía, que originariamente se usaba la obra de Virgilio y los Evangelios, y todo lo que pude recordar de lo que primero John y después Sarah me explicaron la primera vez que realicé los *sortes*, aunque sin ninguno de los nombres ni referencias históricas precisas que ella conocía tan bien, sólo la frase de san Agustín, *«tolle, lege»*, que recordé y que me hizo sentir una persona culta. En este punto de la captación de Keith, un proceso que hasta entonces me había resultado agradable, comenzaron a asaltarme las dudas. Mi nivel de conocimiento de la materia era claramente insuficiente para poder ejercer de instructor. De pronto pensé que para Keith yo iba a ser la única fuente de información sobre el sistema que en breve dominaría su vida, aunque yo mismo no sabía nada. En vista de eso me pregunté, con una tristeza y un pánico crecientes, cómo podríamos, yo o cualquiera de los demás, avanzar en el conocimiento del sistema global, si en realidad consistía en un cadena de ciegos que guiaban a otros ciegos.

Pero a Keith esta parte de la historia no le interesó en absoluto. Sólo quería saber cómo funcionaban los libros en el presente, qué uso les daba en mi vida. Le respondí de forma evasiva.

–Muy bien, de acuerdo –dijo entonces, poniéndose en pie de cara a la librería–. Cuando Niall habla de los sincronismos y dice *ellos*, ¿a quién se refiere?

–No –me interpuse–, no puedes preguntar eso. Ellos... –desistí.

Keith me miró con una sonrisa, tomó un volumen de la librería y leyó:

> Son muchas las dudas existentes sobre quiénes son y cuántas son –aunque dos de los nombres que reciben las sibilas, por ejemplo, representan de hecho a dos seres o a uno solo–. Algunas tradiciones nos ofrecen hasta diez sibilas: la persa, la libia, la délfica, la cimeria, la eritrea, la de Samos, la cumea, la del Helesponto, la frigia y la triburtina. Otros, aplicando una versión mediterránea de la Navaja de Occam, sugieren que existe solamente una, que se presenta bajo múltiples apariencias. Según la más famosa e inquietante de estas historias, la sibila destruye dos tercios de los libros que transmiten su saber.

Keith estaba asombrado.

–Uau –dijo, y volvió a leer el pasaje lentamente. Luego se sentó y siguió bebiendo de su copa–. Es una coincidencia asombrosa. Increíble.

–Te lo dije. Tienden a ser especialmente explícitos con los escépticos. Pregunta algo más.

Hicimos las preguntas habituales, sobre temas íntimos, sobre otra gente, cuestiones generales de tipo filosófico y otras parecidas. Los *sortes* se mantuvieron en el tono pertinente y extraño que siempre tenían, aunque no volvieron a dar una respuesta tan explícita como el pasaje de la sibila. Pero para mi sorpresa, Keith no dio el salto que di yo en mi día de plantear cuestiones concretas y objetivas. Nos separamos al amanecer, y cuando miré atrás desde la puerta y le vi hundido en el sillón, rodeado de las pilas de libros consultados, me pareció la imagen perfecta del neófito, y pensé «Dios mío, qué he hecho».

La tarde siguiente en La Brioche, mientras preparaba *cafés serrés* para hombres con traje de camino entre su oficina de los Campos Elíseos y el apartamento de su amante en el distrito decimoquinto, y servía *croques* a *drag queens* como su único alimento antes de pasar la noche entera en la discoteca, imaginaba a Keith solo en su apartamento haciendo preguntas y tomando un libro tras otro, progresando lentamente en su intento de descubrir qué había más allá de lo poco que yo le había contado. Al salir de *fermeture* volví a casa a toda prisa: esperaba encontrarle despierto, aguardándome, con una montaña de libros consultados en el suelo y un leve resplandor verdoso insinuándose ya en sus ojos. Me pregunté si tal vez los dos juntos bastaríamos en número y experiencia para comenzar a leer simultáneamente a la luz de las velas. Pensé que podríamos unir esfuerzos en la búsqueda de John, Sarah e incluso Luis. Mientras el taxi me llevaba por la ribera derecha hacia Bastille, pensé que todo aquello no eran más que deseos egoístas... aunque lo cierto era que sería imposible mantenerle alejado una vez que le había iniciado en los sincronismos, que querría pasar al siguiente nivel. Tal vez en ese momento ya estaba vagando por las calles, cargado con los libros, escuchando fragmentos sueltos de las conversaciones a su alrededor. Pronto empezaría a plantearme las preguntas que yo le había planteado a John, qué había detrás de todo aquello, quién había comenzado la cadena, qué significaba, adónde conducía, y no sabría qué contestarle.

Por todo ello me sorprendió ver su ventana a oscuras y con

la persiana bajada, al cerrar la puerta del taxi y levantar la vista hacia el último piso de nuestro edificio. En mi habitación, me demoré en el escritorio, trabajando con el mapa, los libros y el bloc, hasta más tarde de lo habitual, esperando que regresara y llamara a mi puerta. «Niall, enséñame más, necesito saber más.» Pasadas varias horas sin haber recibido ninguna señal, llegué a temer incluso que hubiera ido demasiado lejos con los sincronismos y que estuviera perdido en la ciudad, extraviado entre la realidad y la ficción. Pero al fin, algo después de las cuatro de la madrugada, un ronquido suave que procedía del otro lado de la pared me hizo saber que Keith estaba en su habitación, que de hecho había estado allí, durmiendo, desde que llegué del trabajo. Recurrí a los libros:

> Me has hecho rodar por todas partes, pero debemos ir paso a paso.

Sabias palabras. De todos modos, el sonido de aquellos ronquidos me provocó una impresión vaga pero innegable de decepción y de soledad, y en lugar de seguir mi labor con los *sortes*, caminé lentamente hacia el Objectif Lune, donde podría esperar la salida del sol tomando algunas pintas de Stella. No hallé ninguna compañía en el bar, pero André me dijo que el otro Niall había estado allí esa misma noche y que había preguntado por mí.

Pasaron dos días antes de que volviera a ver a Keith. La siguiente noche, después del trabajo, mis compañeros del turno de *fermeture* iban al Monte Cristo a tomar una copa para despedir a Sinéad. Había suspendido uno de sus exámenes en el University College y tenía que volver a casa para recuperarlo. Ella fue quien me instruyó cuando entré en La Brioche, quien me ayudó a preparar mi primer cucurucho y a glasear mi primera pasta de almendras, así que, sensibilizado como estaba con la cuestión de las iniciaciones, decidí hacer una excepción en mi estricta rutina e ir a tomar una piña colada y a brindar a la salud de mi antigua mentora. Volví a casa en el primer metro; el sol asomaba por encima de los edificios cuando llegué a mi habitación. El día siguiente era mi día libre. Pasé la tarde fuera, con mi bolsa de libros, buscando a John, o cualquier rastro de Pour Mieux Vivre, sin ningún resultado sustancial. De vuelta a mi habitación, cené tortellini directamente del paquete, e inventé toda clase de excusas para no moverme de allí, con la esperanza de ver a mi vecino: sentía una gran curiosidad por saber cómo estaba después de haber sido iniciado en los *sortes*. Llegó alrededor de las siete. No le dije nada; quería ver si acudía a mí, como yo había ido tras John y Sarah en tantas ocasiones, guiado por los libros. Tal como esperaba, hacia las diez de la noche vino a llamar a mi puerta.

–Buenas noches, vecino –dijo cuando le abrí–, ¿te apetece una copa de algún líquido irlandés?

Le observé con atención, intentando distinguir algún cambio en su aspecto. Parecía un tanto desaliñado, y tal vez había en sus ojos un tenue reflejo verdoso, aunque la pobre iluminación del pasillo no permitía apreciarlo.

–Claro.

El orden de su cuarto no mostraba la menor alteración; más extraño aún, su librería estaba intacta, y un libro con un punto sobre su almohada evidenciaba la práctica de una lectura normal.

–Siéntate. –Trajo los pequeños vasos de siempre y destapó la botella verde–. Bueno –dijo al fin–, a ver, tengo algunas preguntas que hacerte.

–Lo esperaba.

Estaba determinado a ser mejor instructor de lo que John lo fuera para mí, así que me acomodé en la silla, dispuesto a pasar una larga noche, con el firme propósito de responder a cada pregunta tan honestamente como pudiera, de no ocultar nada de lo que a mí me fue ocultado, de ser sincero incluso respecto a la severa limitación de mis conocimientos.

–Quisiera saber más cosas sobre cómo usas los libros, y también sobre el amigo que estás buscando.

–De acuerdo. ¿Quieres formular alguna cuestión para preguntarla a los libros?

Keith pareció sorprendido.

–Mmh... ¿crees que es necesario?

–No, no, por supuesto que no. Dispara. Quiero decir, pregunta lo que quieras.

–Si eso te ayuda a pensar –dijo en tono de disculpa–, hazlo con toda libertad.

Hizo un gesto hacia la librería.

–No, de veras –dije con firmeza, sintiéndome como el único comensal que pide una copa de vino–, pregunta lo que quieras.

–Bueno... ya te he dicho lo que quería saber. Sobre todo lo referente a los libros.

Comencé a explicarle el mecanismo de los *sortes*, las tácticas que empleaba, el modo en que «ellos» reaccionaban, cómo los resultados se obtenían al combinar distintas respuestas, cómo usaba el mapa. Me escuchó durante unos cinco minutos, luego me interrumpió cortésmente.

–Yo me refería más bien a cómo te iniciaste en el juego. Ya sabes, qué es lo que te condujo hasta él.

Empecé, como era obvio, por la fiesta del noviembre anterior, cuando al despertarme después de mi borrachera oí a Sarah, John y Fionnuala haciendo la clase de preguntas que le pedí a Keith que hiciera la otra noche. Volvió a interrumpirme y me preguntó quiénes eran esas tres personas. Le dije que John y Sarah eran los amigos que estaba buscando, y quienes me habían iniciado en los sincronismos.

–¿Y Funla?

–Fionnuala. Es una compañera de la universidad.

–Y a los otros, John y Sarah, ya les conocías de antes, ¿no?

Quiso saber cómo les había conocido exactamente, y también hasta qué punto era amigo de Fionnuala, cómo habíamos entrado en contacto y cómo había evolucionado después nuestra relación. Cada vez que comenzaba a relatar una parte de la historia, él me hacía retroceder un poco, se interesaba por su fundamento o por algún detalle y me pedía que lo explicara. Dónde estaba Ranelagh. Cuándo fue la noche en que me agredieron y John me ayudó a levantarme. Si era antes o después de conocer a Sarah en el pub. Acabé retrocediendo hasta el día en que salí de Sandycove para ingresar en la universidad, pero al mencionar a Ian volvió a interrumpirme.

–¿Es ése el tipo que estuvo aquí con el primo de Ryan? Aquí hay una coincidencia tras otra, ¿no? Háblame de él.

Hablar con Keith era cómodo y en absoluto embarazoso. Le conté que estuve enamorado de Ian en el último año del instituto. Cuando empezaba a desarrollar esta parte de la historia, Keith se levantó y abrió un cajón del mueble del ordenador. Volvió con un dictáfono. Me lo mostró arqueando las cejas, pidiéndome permiso. Dudé unos instantes, luego dije:

–Claro, por qué no. Si piensas que puede servirte para tu trabajo...

–Gracias... volvamos al principio, entonces.

Puso el aparato en marcha.

Comencé por el anochecer en Baggot Street, cuando abandoné mi frágil vida nueva, y a las personas que me habían ayudado a construirla, y regresé al mundo de juegos extraños y sistemas secretos del que ellos me habían salvado. Hablé de ello durante algunos minutos, luego Keith me interrumpió y me pidió que volviera al principio, nueve meses antes, cuando, como le dije, todo eran palabras.

Conversamos, o mejor dicho me hizo hablar, durante cerca de dos horas, de un modo tan detallado, y con tantas vueltas atrás para explicar los antecedentes de los distintos personajes e incidentes, que al cabo de ese tiempo tan sólo habíamos llegado al amanecer después de la fiesta en casa de Anna, cuando pregunté dónde vivían mis padres y elegí el pasaje sobre las modas de París y la leche de Sandycove. En ese punto el dictáfono se detuvo; lo tomamos como una señal de que era hora de acostarse.

–Muchas gracias por hacer esto –me dijo Keith en la puerta–. Puedes volver cuando te sientas con ánimos de continuar. Me encantaría tener la historia completa.

Regresé a mi habitación confundido, aunque no insatisfecho, y sin hacer caso de los libros y el mapa me eché a recuperar el sueño perdido.

Al día siguiente, al volver de *fermeture*, la luz estaba encendida en el cuarto de Keith, pero no quise decirle nada y retomé mi labor con los *sortes*. Podía oírle al otro lado de la pared, tecleando en su ordenador mientras encendía y apagaba el dictáfono y rebobinaba la cinta una y otra vez. Le escuché fascinado, y no salí a continuar mis pesquisas por la ciudad hasta que interrumpió su trabajo y se fue a dormir.

Así pasaron algunos días, sin ninguna visita de Keith, pero con el sonido del teclado del ordenador y del dictáfono llegando, durante horas, del otro lado de la pared. Me pregunté si usaría las cintas de sus entrevistas para buscar sincronismos, rebobinando hasta un punto al azar y tecleando lo que resultara en el ordenador.

Fue por esos días cuando empecé a notar, en los sincronismos que tomaba para seguir el rastro de John, ciertos indicios de que alguien, un hombre concretamente, me estaba buscando. Aparecía reiteradamente en los *sortes,* algunas veces de forma explícita, otras como una especie de ruido de fondo: una figura, un hombre, que venía tras de mí. Lo interpreté como una interferencia provocada por el interés de Keith en mi «historia», pero de todos modos me inquietaba. Hasta tal punto era así, que cuando Keith vino a llamar a mi puerta, el día siguiente a medianoche, me sentí aliviado de alejarme por un rato de los libros.

De nuevo me pidió permiso para conectar el dictáfono.

–Bueno, cuando lo dejamos la última vez, acababas de contarme tu primera experiencia con los sincronismos, cuando dices que apareció el nombre del lugar donde viven tus padres. ¿Qué ocurrió después de eso?

Relaté el final desagradable y triste que tuvo aquella mañana, y también lo que ocurrió después, mi intento de hacer algunos *sortes* por mi cuenta en mi habitación del campus y la vuelta a casa para cenar con mis padres y con Ciara. Le conté que un relato mío fue publicado en una revista literaria del Trinity, que encontré a John en la fiesta de presentación y que intentó huir de mí. Le expliqué cómo di con él, con la ayuda de los sincronismos, en la 1937 Reading Room y cómo le forcé a tomar una cerveza conmigo en el Kehoe's. Llegué entonces al punto que estaba esperando, con gran excitación, poder relatarle a Keith: cuando John se decidió a contarme lo que sabía sobre Pour Mieux Vivre porque me oyó decir «una pluralidad de botellas». Pero no pareció sorprenderse ni reconocer esas palabras. Cuando conté, unos minutos más tarde, que esa misma frase era la que había convencido a Sarah de introducir a John en su círculo, hice una pequeña pausa para dejar que surgiera su efecto, pero Keith no reaccionó, seguía mirándome expectante mientras corría la cinta del dictáfono.

Expliqué todo lo que John me había contado sobre Pour Mieux Vivre. Ésta era otra de las partes en la que esperaba que Keith me interrogara con más avidez, la que contenía todo lo que yo sabía sobre los orígenes y la razón de ser de la organización, sobre su historia, sus procedimientos, su significado, pero pareció interesarse más por lo que sucedió después, mis primeras incursiones en el ambiente gay de Dublín, la Navidad en casa de mis padres y mi regreso a la universidad. La figura de Pablo la aceptó sin hacer ninguna pregunta ni mostrar un interés especial, en cambio me hizo relatar con todo detalle otros sucesos de esa misma época, hechos insignificantes en los que no había vuelto a pensar, como la vez que Frank McVeigh me llevó en coche al centro tras haber tomado una copa de vino con Patrick y Paula, o la noche en el George en que conocí a Chris Mooney.

Interrumpimos la sesión poco antes del amanecer, cuando la narración se hallaba al principio del segundo trimestre, en la noche en que espié a John y a Sarah desde mi ventana de Botany Bay. El dictáfono se detuvo al final de la cinta; Keith y yo seguimos charlando un rato, sobre él y París y La Brioche, y luego abandoné su habitación y fui directo a la cama.

Retomé los *sortes* la noche siguiente, después de *fermeture*, mientras Keith tecleaba sin pausa en su ordenador al otro lado de la pared, pero de nuevo aparecieron referencias constantes a ese personaje que me buscaba, que venía siguiendo mi rastro para cazarme. Irrumpía en un pasaje tras otro, lo que hizo que me embargara un sentimiento de profunda soledad. Llamé a la puerta de Keith y le dije si quería seguir con la entrevista, yo estaba libre.

–Claro. ¿Estás seguro de que te viene bien? No quiero interferir en tu trabajo...

–No, de veras, no es ninguna molestia –dije–. De todas formas no estoy avanzando mucho.

Esa noche relaté mi primera experiencia realmente importante con los *sortes*, la que viví con John y Sarah en casa de Anna, en Ranelagh, la vez que aparecieron la música y las visiones, un momento crucial que ocupó toda la sesión hasta que nos fuimos a dormir. La noche siguiente, después de *fermeture*, no me molesté en retomar los *sortes* y fui directamente a ver a Keith, e hice lo mismo la otra noche y la otra. Del mismo modo que había gozado con las mentiras que le conté a Deirdre Carr en Stillorgan, ahora la narración de la verdad ante el piloto rojo y la cinta dando vueltas dentro del dictáfono de Keith Balfour, en París, se convirtió en el centro de mis pensamientos, el punto culminante de cada día, la *raison d'être,* a decir verdad, de mi estancia en París. Keith era amable conmigo, pero mostraba una frialdad absoluta respecto a nuestro proyecto. Tan pronto como entraba en su habitación ponía el dictáfono en marcha e íbamos directos al grano, parando solamente para servirnos el whisky con que acompañábamos mis monólogos. Cada vez intervenía menos, porque fui comprendiendo su método y sus intereses, y podía prever qué puntos debía clarificar, qué aspectos de la vida de Dublín querría que explicara, cuáles de mis recuerdos eran los más relevantes. Los momentos más extravagantes de mi narración no despertaron en él ninguna reacción apreciable: no expresó sorpresa, incredulidad ni admiración, y parecía alegrarse si los pasaba por alto en favor de los aspectos más personales de mi historia. Recordar estos últimos fue doloroso al principio, especialmente los encuentros con Chris, pero el zumbido de la cinta al correr y las pacientes interrupciones de Keith sobre detalles concretos acabaron por contagiarme cierto distanciamiento de los hechos. De este modo pude contárselo todo, la decoración del apartamento de Chris, su acento, los nombres de sus amigos, la canción de su infancia.

Generalmente Keith se sentaba ante mí, con las piernas cruzadas, tomando alguna nota de vez en cuando en un bloc y vigilando que no se agotara la cinta del dictáfono. Llegado a cierto punto dejé de mirarle mientras hablaba, como hacía al principio, cuando nuestros encuentros aún parecían una conversación corriente, y seguí mi narración mirando por la ventana hacia el pulso regular del foco de la Tour Montparnasse, la única fuente de conocimiento que quedaba en el mundo, proyectando su mensaje pausado y extraño, su secreto para siempre indescifrable.

Al final de aquella semana, le había proporcionado a Keith más de siete horas de grabación. La historia se hallaba en el momento en que John y Sarah me forzaron a abandonar una sesión de música tradicional en el O'Donoghue's. Tal vez por el paralelismo turbador que ofrecía el episodio precedente, aquel en que intenté convertir a Paula a los *sortes*, por el sentimiento de culpa que me producía haber abandonado el proyecto original de mi viaje a París o simplemente por el deseo de dejar de hablar de mí mismo, la noche siguiente, al volver de *fermeture*, llamé a la puerta de Keith para decirle que no podría quedarme con él. Me respondió que no había ningún problema, que volviera cuando tuviera otro rato libre.

En mi cuarto, abrí los libros abandonados, pensando vagamente en salir a la calle a buscar a John. Pero tal como temía, recibí señales más claras que nunca de que también a mí me estaban buscando:

> Fue esto lo que le dio alguna esperanza de que tal vez yo lograría llegar a tierra, y le hizo dejar las pistas y mensajes que me habían llevado (por mis pecados) hasta aquella infortunada tierra de Appin.

Frustrado y desconcertado por estas palabras, cerré los libros y decidí volver a la habitación de Keith. Sentí una gran decepción, casi fui presa del pánico, cuando vi que tenía la luz apagada y oí sus ronquidos al otro lado de la puerta. Regresé a mi cuarto, pero los libros me acechaban con sus insinuaciones siniestras desde el escritorio, así que salí a la calle y me dirigí al Objectif Lune, donde no había estado desde hacía un tiempo.

Gráinne y otra chica salían del bar cuando llegué. Le dije que su contraseña me había abierto las puertas para trabajar en La Brioche, y le di las gracias.

–Por lo que yo sé –respondió–, nunca han rechazado a nadie que dijera las palabras mágicas. ¿Quién te ayuda cuando lo necesitas? ¿Quién? ¿Quién? –me urgió.

Respondimos a coro: «*The Wan from Clon*» y nos despedimos. Mientras se alejaba en dirección a Bastille, me gritó por encima del hombro:

–¡Oh, dentro encontrarás a tu homónimo! Niall *a dó*. Recuerda quién fue la primera en hablarte de él, *The Wan from*...

El bar estaba medio lleno; me senté en la barra, donde André me saludó y me preguntó si iba a tomar lo de siempre. Asentí.

–El otro tipo irlandés que se llama igual que tú está aquí esta noche –me dijo mientras servía la pinta–, por fin podréis conoceros.

–¿Dónde está?

–Ahí. Ha ido al baño. Volverá en un segundo. Ves, ha dejado sus cosas.

Señaló el taburete vacío que había a mi lado. Delante de éste, sobre la barra, había una pequeña pila de libros y una libreta abierta con un bolígrafo encima. Miré la página que quedaba a la vista. Estaba dividida en dos columnas. Casi caí del taburete al leer lo que había escrito. La de la izquierda estaba encabezada por «Sarah», la más cercana a mí, por «Niall», y debajo tenían una serie de notas en una letra diminuta que reconocí. Me acerqué tanto como era posible sin llamar la atención de André. Leí:

«Greenaway» R. Du Chemin Vert

«Que coman tortas» (Fr. «*brioche*») –¿una panadería? ¿N trabaja en una panadería en r. du c.v.?

Como si no fuera ya bastante evidente, tomé el primer libro de la pila, lo que me pareció que podía verse como un gesto inofensivo de curiosidad en un bar, y miré la guarda. *Secuestrado*, de R. L. Stevenson. Y debajo: «John Bastible, once años, 74 Marlborough Road, Donnybrook, Dublín 4, Irlanda, Europa, la Tierra, la Vía Láctea, el Universo».

Finalmente los libros nos habían vuelto a reunir. Tomé un trago de cerveza, listo para el encuentro y para el siguiente episodio de la historia. Pero entonces, al ver la luz del baño, al fondo del bar, a través de la puerta que se abría, y la silueta oscura de «Niall» avanzando hacia su asiento entre la gente, sentí un miedo indescriptible, un pánico atroz de perder mi vida en París, la plácida rutina de mi trabajo en La Brioche y, por encima de todo, de las entrevistas con Keith, que sabía tendría que abandonar en cuanto me reuniera con John. Mientras él seguía acercándose a la barra y a sus libros, aparté mi taburete y salí corriendo a la rue de la Roquette.

La noche siguiente, mi noche libre en La Brioche, llamé a la puerta de Keith, pero había salido. Fui a Oberkampf y me senté a beber y a fumar, solo con mis libros en un bar que me era desconocido, intentando aceptar el hecho de que, después de haber buscado a John durante tanto tiempo, resultaba que era él mismo quien a su vez me buscaba a mí, dando el nombre de Niall, por el motivo que fuera, en el Objectif Lune. Había venido a París para reunirme con él, pero ahora mis sesiones de entrevistas con Keith se habían convertido inexplicablemente en algo muy importante, y tenía que esconderme de John hasta que las hubiera terminado. Pregunté a los libros si se hallaba muy cerca:

Que era del barrio podía confirmarse siguiendo su itinerario sobre el mapa, puesto que, como dije cuando se descubrieron los primeros crímenes en el décimo arrondissemment, todos los otros fueron cometidos en el undécimo, en un área cada vez más restringida, en las inmediaciones del ayuntamiento y de la Place Léon Blum.

Corrí a casa al salir de *fermeture*, la noche siguiente, y fui directo a la puerta de Keith, sin ni siquiera quitarme la camisa a cuadros rojos y blancos de La Brioche Dorée, todavía con migajas de las pastas en el pelo y en mis pantalones grises de camarero. Me alivió encontrarle en casa.

–¡Qué tal, amigo! –me dijo–. ¿Qué son estas prisas?

–John. Está en París, en el barrio, en el undécimo distrito. Me está siguiendo el rastro y pronto me encontrará. Usa mi nombre por algún motivo. Ayer por la noche estaba en el Objectif Lune y fue cuestión de segundos que pudiera huir.

–Un momento, un momento –rió Keith, yendo a buscar el whisky–, ¡pensaba que le estabas buscando!

–Yo también lo pensaba, hasta un momento antes de encontrarle. Entonces me di cuenta de que, bueno, en fin, primero quiero acabar esto –respondí, señalando la pila de casetes sobre la mesa del ordenador–. Sé que cuando John me encuentre tendré que dejarlo.

–¿Por qué? ¿No te lo va a permitir?

–Yo mismo no lo voy a permitir. Y ellos tampoco. Simplemente no será posible.

Realizamos una hora más de entrevista, en la que conté lo ocurrido hasta la noche en que caminamos por encima del canal. Yo quería seguir, pero Keith dijo que estaba cansado, que volviera al día siguiente y continuaríamos entonces. Le dije que era urgente, pero él se echó a reír.

–Estoy seguro de que puedes mantenerte alejado de ese tipo si eso te parece tan importante. ¿No puedes usar los sincronismos para evitarle? Además yo no me marcho de París hasta dentro de dos semanas.

Me dijo que me calmara, que seguiríamos al día siguiente.

–Tenemos tiempo de sobra, Niall, tiempo de sobra.

Durante mi pausa del trabajo en La Brioche, la noche siguiente, mientras comía un bocadillo en una mesa del piso superior, como solía hacer para evitar el tintineo incesante de la caja, Aisling subió y me dijo que había alguien abajo que preguntaba por mí.

–¿Quién?

–Un tipo irlandés. Alto, guapo, con el pelo negro. Dice que también se llama Niall. Dice que le envía no se qué de «Clon».

–¿Y qué le has dicho?

–Que iba a avisarte.

Reflexioné unos instantes, luego dije:

–Aisling, ¿puedes hacerme un gran favor? ¿Puedes volver a bajar y decirle que te has confundido, que trabajaba aquí pero que ya lo he dejado?

Ella rió.

–Esto es como una historia de detectives. ¿Por qué quieres que le diga eso?

Hice una elocuente demostración de timidez e incomodidad, y le dirigí una mirada cómplice.

–¡Oh! –exclamó, con los ojos muy abiertos–. ¿Quieres decir...?

–Es mi ex –admití, como si lo hiciera de mala gana.

Me miró con sorpresa.

–Entonces, eres...

–Sí. No lo digas a nadie, por favor.

–Oh, por supuesto que no. A nadie en absoluto. Y no te preocupes, yo me deshago de él.

Estaba seguro de que Aisling, a quien le encantaba mezclarse en las relaciones bohemias y las intrigas deshonestas, y que tenía, además, cierto gusto por la mentira, se libraría sin dificultades de John. Fui hasta la ventana, me oculté a un lado, detrás de un cubo de basura, de forma que no podía ser visto desde el exterior, y esperé mirando el tramo de la acera entre la entrada y la pequeña zona junto a la calzada con mesas y sombrillas de La Brioche. Tras algunos segundos tuve la primera imagen de John en París, delgado y desaliñado, caminando con paso lento y resignado, con una bolsa Adidas cargada al hombro, sin duda llena de libros. Parecía uno de esos africanos que recorren fatigados las calles de las ciudades europeas vendiendo gafas de sol y relojes baratos. Se detuvo y miró, entrecerrando los ojos, hacia la ventana del piso donde me hallaba. Sin poder verme, dio media vuelta y comenzó a caminar lentamente por los Campos Elíseos, alejándose de La Brioche. En ese momento, la figura de John, y el aura de Pour Mieux Vivre que le rodeaba, se hizo poderosamente atractiva, y por un instante pensé en rendirme y correr escaleras abajo tras él.

En los días que siguieron, sentí en todo momento que se hallaba cerca, nunca a más de unas docenas de pasos de dar conmigo. Cambié mi rutina, iba al trabajo por otras líneas de metro y pedía a los taxis que me llevaban de vuelta que dieran rodeos innecesarios. Cada noche, tan pronto como llegaba de La Brioche, iba directo a la habitación de Keith para continuar las entrevistas. Él seguía imponiendo su ritmo pausado, resuelto a no pasar por alto el menor detalle, por superfluo que fuera, aunque eso retrasara la narración de las partes que yo consideraba más importantes, las referentes a los *sortes* y a Pour Mieux Vivre. Su entusiasmo por las entrevistas no había decaído: por el contrario, parecía más interesado incluso en mi narración y en el proyecto de lo que lo estuvo al principio. Pero ahora yo deseaba realmente poder completar mi historia, y sabía que las entrevistas se interrumpirían tan pronto como John me encontrara. Me mantuve alejado de los sincronismos, excepto en los días en que Keith estaba ocupado con otras entrevistas o había salido con sus amigos norteamericanos. En esas noches, interrogaba a los libros sobre John, y le hallaba cada vez más cerca.

Algunas veces le vi justo antes de que fuéramos a encontrarnos. Pero siempre pude escapar a su mirada, escondiéndome detrás de un coche o entre la gente, desde donde le observaba, a través de la ventana de un café o de un bar, murmurando preguntas para sí mismo, eligiendo pasajes de una pila de libros sobre la mesa, tomando notas en un bloc y en un mapa, exactamente como hacía yo. Cuando marqué sobre mi mapa los lugares y las fechas donde le había visto, se hizo evidente que formaban un movimiento en espiral con el centro en mi apartamento.

A medida que John avanzaba, de calle en calle, de manzana en manzana, en dirección a mi edificio, donde no podría ocultarme de él, crecía mi nerviosismo en las entrevistas con Keith. Le dije que iba a dejar el trabajo en La Brioche (como sabía que ocurriría de todas formas cuando John diera conmigo y emprendiéramos juntos el viaje o la transformación que debía conducirnos hasta Sarah y Luis) de modo que podría entrevistarme a cualquier hora del día. Él rió, como siempre, y me dijo que me calmara, que podíamos alargar un poco las sesiones de la noche y terminar la historia en pocos días.

–Bueno, no falta mucho para llegar a la parte que pasa en París, ¿no?

Presumiblemente, Keith pensaba que estaba loco, pero aceptaba este hecho como uno más de mis rasgos, no más relevante que el color de mi pelo o mi acento. Le era indiferente si el hilo principal de mi historia era cierto o no, y escuchaba en cambio con gran interés, casi con pasión, los detalles de todo lo que le contaba. Cada vez que empezaba alguna digresión con mis teorías sobre los *sortes,* la identidad de Luis o de Pablo o los mecanismos de las sesiones de lectura, me pedía que fuera al grano y me preguntaba algo sobre sus temas predilectos, Patrick, Paula, Chris, Fionnuala y, especialmente, Ian. Para Keith, igual que para Deirdre, la figura de Ian ocupaba, misteriosamente, una posición central dentro de mi historia; para mí era extraño pensar, mientras hablaba ante el dictáfono, que él había estado sentado en ese mismo cuarto tan sólo unas semanas antes.

La noche que mantuvimos la última entrevista, la que completó un total de unas once horas de grabación, lo hicimos rodeados por las maletas y las cajas con las cosas de Keith, que regresaba a Princeton a la mañana siguiente. Al volver a casa después de *fermeture,* había visto a John sentado en un café de la rue du

Chemin Vert, a pocas manzanas de nuestro edificio, con un solo libro en las manos, una señal certera, como sabía por mi larga experiencia, de que su búsqueda, como el dictado de mis aventuras a aquel norteamericano, se acercaba a su fin. Ahora estaba preparado para terminar mi relato ante Keith y partir con John hacia el mundo de Pour Mieux Vivre.

Comencé repitiendo, prácticamente con las mismas palabras, el episodio de Baggot Street, cuando escribí las tres cartas y partí hacia París. Keith me pidió que explicara el encuentro con él y Ryan en el Franprix. Cuando le hube contado mi versión de aquellos hechos, y el significado de que hubiera dicho las palabras «una pluralidad de botellas», detuvo el dictáfono.

–Bueno, aquí es donde yo entro en escena. Hemos terminado –dijo, rebobinando la cinta, cinco minutos de mi voz retrocediendo a toda velocidad–. Sabes muy bien, sin embargo, que nunca dije eso de las botellas.

Era su primera intervención en referencia a la verdad objetiva de los hechos.

–Oh, claro que lo hiciste –dije–, dos veces. Pero no tiene importancia.

–Tienes razón –dijo, en el momento en que la cinta se detenía–, no tiene importancia.

La sacó del aparato y la guardó con las demás. Lo único que faltaba por empaquetar era el ordenador, los altavoces, la impresora y la pila de pequeños casetes, junto a un sobre grande y acolchado con la etiqueta «Niall Lenihan (Sandycove, Dublín, Irlanda), vecino, París, verano 2004, 11 horas».

Tomamos un último vaso de whisky y brindamos por el futuro.

–Gracias por el material –dijo–. Te mandaré una copia de la tesina, si llego a escribirla. ¿Prefieres que cambie los nombres?

–No.

–Y, por supuesto, si un día vas a Estados Unidos, ya sabes, puedes venir a verme. Hay un futón en mi piso con tu nombre escrito. Princeton no queda lejos de Nueva York. Y con un poco de suerte, el año que viene estaré viviendo en la metrópolis.

–Lo mismo digo, si un día necesitas escapar otra vez de los filisteos, siempre te queda Dublín.

–Siempre te queda Dublín –repitió–, siempre te queda Dublín. Me gusta como suena. No lo olvidaré.

Cuando nos dimos la mano en la puerta de su habitación vacía, ante las pilas de maletas y cajas, de pronto sentí el impulso de rogarle que se quedara, que me salvara. Casi podía oír los pasos firmes y regulares de John, acercándose indefectiblemente para llevarme con él.

–Hasta la vista.

–Hasta la vista.

Nunca en la vida me había sentido tan solo como me sentí aquella noche, tumbado boca arriba sobre la cama de mi estudio, hundida en la parte del centro, mirando las luces de los coches que pasaban a intervalos regulares por el techo, escuchando los ruidos de Keith tecleando, imprimiendo y finalmente empaquetando la última parte del texto en la habitación de al lado, el sonido de mi querido tapiz y de mi último compañero a punto de marcharse y dejarme solo ante mi verboso destino.

Al día siguiente, cuando salía de casa, tarde, para cumplir la que sabía sería mi última jornada de trabajo, tropecé con un paquete apoyado en el lado exterior de mi puerta. Era un sobre grueso con mi nombre escrito a mano en la parte anterior. Pensando que sería un libro que Keith me había dejado como regalo de despedida, lo puse en la bolsa, con los libros, el uniforme de La Brioche y los cigarrillos, con la idea de abrirlo en el metro. Pero el metro estaba demasiado lleno de trabajadores que volvían a casa a la hora punta, y como llegué tarde, no fue hasta mi pausa, a las nueve y media de la noche, mientras estaba sentado a una de las mesas exteriores fumando y observando al gentío que pasaba apresuradamente por los Campos Elíseos, cuando lo abrí. Era un montón de hojas impresas en Times New Roman de doce puntos, a doble espacio, trescientas sesenta y cinco exactamente, según la numeración de las páginas, que terminaban con las palabras «una pluralidad de botellas». Estaban acompañadas por un disquete y una hoja de papel cuadriculado plegada. La desplegué y leí lo siguiente, escrito a mano con rotulador y en letra de imprenta:

París, 26 de agosto de 2004

Estimado Niall,

Ésta es la transcripción de nuestras conversaciones. No creo que pueda hacer nada con ellas, pero tal vez tú sí. ¿Por qué no lo ordenas un poco, le das cierta forma, cuando tengas tiempo, y luego me lo envías a Princeton? Añádele una duodécima hora: una jornada entera de trabajo.

Ha sido un placer, de veras. ¡Y ahora buena suerte!

Keith

kbalfour@princeton.edu
Keith Balfour
c/o Dept. de Inglés, McCosh Hall, Princeton University,
Princeton, NJ-08544, Estados Unidos.

Miré el tráfico que avanzaba hacia el este, hacia el Arc de Triomphe, y me concedí un último momento de tristeza, nostalgia y soledad humanas, antes de devolver el paquete a mi bolsa. Durante aquella jornada le dije a Olivier, el encargado del día, que ya no iba a volver. Al principio reaccionó con un nerviosismo exagerado, pero cuando consultó la planificación y vio que tenía libres los dos días siguientes, se calmó. De todos modos se acercaba el final de la temporada turística y empezaba a haber menos trabajo. Incluso encabezó el equipo de *fermeture* cuando fuimos al Monte Cristo a tomar una piña colada de despedida. Todos mis compañeros (mis «amigos de día», como una vez oí decir a un *drag queen* en el George) sentían curiosidad por el motivo de mi partida. Les conté las mentiras fáciles de costumbre, que no quisiera repetir una vez más en estas páginas. De alguna forma les vine a decir que había pasado una crisis transitoria y que ahora volvía a los planes que tenía en un principio, lo que de hecho era cierto. Tomé un taxi enfrente del Monte Cristo, les dije adiós con la mano y partí hacia mi exilio de insomnio.

John estaba sentado a la entrada de mi edificio cuando llegué, hacia las tres de la madrugada. Se puso en pie mientras cerraba la puerta del taxi y éste desaparecía en dirección a Bastille, llevándose los últimos restos de mi pesar. Me bastó ver el reflejo verde en el fondo de sus ojos negros para saber que ya había vuelto. Sentí que caía con rapidez, como si hubiera tomado un potente somnífero, como Alicia en la madriguera del conejo. El París de Keith, de la de Clon y de La Brioche Dorée con su rito de *fermeture* se desvaneció, y por fin me hallé de vuelta en el mundo que buscaba cuando abandoné Dublín. No nos saludamos. John alargó una mano pálida y la apoyó en mi hombro; yo le miré a los ojos. Estaba demacrado, tenía las mejillas coloradas y el pelo enmarañado. Su ropa, que antes cubría un cuerpo mucho más voluminoso, ahora colgaba de sus hombros. Permanecimos inmóviles unos instantes en el calor de la noche, mirándonos a los ojos, como viejos amantes, mientras la brisa traía la primera insinuación del otoño. Pulsé el código de la puerta y John me siguió escaleras arriba.

Apoyado en el marco de la puerta, observó mi cuarto con una vaga curiosidad, mientras yo recogía mis cuatro cosas esenciales, el pasaporte, algo de ropa y, por supuesto, los libros de la estantería. Dudé en coger el paquete de Keith Balfour. Pensando que su presencia podía entorpecer el camino que iba a emprender con John, y sabiendo que las cintas estaban bien guardadas en casa de Keith, en Princeton, Nueva Jersey, decidí abandonarlo allí, una fuente de sincronismos para el siguiente inquilino del ático de madame Montvrai. Pero al ver, mientras retiraba mis sábanas de la cama, que John tomaba distraídamente el paquete y apoyaba el dedo en una de sus páginas para elegir un sincronismo, se lo quité de las manos y lo guardé en mi bolsa con los libros.

Cuando hube cerrado la cremallera de la bolsa, John y yo intercambiamos las primeras palabras:

–¿Hacia dónde? –pregunté–. ¿Sabes dónde está ella?

–Primero tengo que decirte algo –respondió, apareciendo ahora como una imagen trémula ante mí, como a través de la estela caliente de un avión.

Volvía a gozar del sentimiento de sumisión, a John y a nuestro sistema. Era éste el motivo por el que había huido de Baggot Street, por fin lo había descubierto.

–¿Qué es, John?

–Algo que he descubierto. Con los libros.

–¿Qué?

–Luis.

–¿Sí?

–No hay tal Luis. O al menos, Sarah no le ha visto nunca. Todo es una mentira que ella inventó. Le enviaba correos electrónicos, de acuerdo, pero nunca le ha visto, ni nunca ha ido con él a ninguna parte. Él nunca estuvo en Augsburgo, y nunca vino a Dublín.

–¿Estás seguro?

Alargó la mano hacia mi bolsa de libros, como concediéndome el permiso para consultarlos. Abrí la cremallera, aparté el paquete de Keith para acceder a los volúmenes de debajo y elegí:

El destino no es más que una historia, los oráculos son cuentos.

–Luis... la razón de ser... no existe. Ella nunca le conoció, nunca estuvo con él –murmuré–. En ninguna parte.

–Pero Sarah tenía fe –replicó John–. Inventó la historia de los dos encuentros para que yo también confiara. Se fue para encontrarle, a quien sea que esté detrás de él.

–¿Podemos encontrar a Sarah?

–Creo que sí. Creo que nos está esperando. Ven.

Vagamos durante días, tal vez semanas, en cierto sentido durante años: si hubiéramos sido marineros hubiéramos terminado cubiertos de sal, llenos de cicatrices y enfermos de escorbuto. No recuerdo dónde dormimos, si es que dormimos, ni qué comimos, si es que comimos, ni qué dijimos, si es que hablamos alguna vez. Avanzamos sin descanso por un lugar soñado y brumoso, con el aire cargado y opaco, donde hasta el tintineo de una moneda en el cazo de un mendigo era un augurio sibilino.

Seguimos nuestro camino hacia la luz, siguiendo el rastro de Sarah. Atravesamos París, llamando a los interfonos de apartamentos vacíos, merodeando por las salas de lectura de las bibliotecas y bebiendo en *brasseries* donde los libros nos aseguraban que ella había estado hacía poco. Guiados por los *sortes* y los rituales a la luz de las velas que intentamos realizar, trazamos nuestro camino entre los gays y los judíos del Marais, las colas de los cines en la Place de la République y la rue des Écoles y los transexuales que bailaban en Folies Pigalle. Caminamos por las aceras de los barrios ricos de la parte norte y entre la gente que salía de noche en Oberkampf y Belleville. Pasamos horas y horas caminando deprisa y en silencio, ante los postigos cerrados de los restaurantes griegos baratos de la rue de la Hachette, por el Boulevard Saint-Michel, por Luxembourg, Denfert, el cementerio de Montparnasse, el Parc Montsouris, las orillas del río.

Tal vez uno de nosotros, o los dos, deseó saltar al Sena oscuro desde el Pont des Arts, para sentir con alivio el tacto del agua fría, confiada e invisible, rodeando su cuerpo, pero temíamos que la zambullida fuera el preludio de una escena no deseada, un salvavidas lanzado por un turista suizo, rechoncho y alegre, las luces rojas de una ambulancia, un joven auxiliar eficiente y atractivo tomándonos el pulso, la agradable conversación de la trabajadora social del hospital, contando con una sonrisa que había visitado Dublín en una ocasión, que había estado en el Trinity College, que le pareció *très bien fait*.

Así que seguíamos recorriendo la ciudad, que dejó de ser París para convertirse progresivamente en un palimpsesto entre París y Dublín. Al final de la romana rue Saint-Jacques, en lugar de la Tour Saint-Jacques, apareció ante nosotros la aguja de O'Connell Street. También los parisinos se transformaban a veces en los *dramatis personae* de mi Dublín: en una esquina de la rue des Rosiers, en lugar de los clientes noctámbulos de un restaurante libanés, vi a Paula bromeando y riendo con un camarero italiano en una sucursal del Dunne and Crescenzi's; una tarde calurosa en que nos detuvimos a tomar una Orangina en la rue de Rivoli, oí a Andrea charlando sobre sus experiencias como *au pair* en Neuilly («lo juro, era su maldita esclava, como si fuera una filipina o algo así»), delante de lo que parecía el Renard's de South Frederick Street; vi a Chris saltar al agua, desnudo y musculoso como un cisne, desde una de las torres del Pont Neuf; Fionnuala bailó con la música de France Gall en el sótano de un club gay llamado Banana mientras yo bebía una copa, sentado en un rincón; vi a Patrick vestido con el uniforme de gala del ejército francés, con el pelo rubio sudoroso debajo del casco y las plumas escarlata inmóviles en el aire cálido, en un desfile por los Champs Élysées. Los distritos de Dublín se sobreponían descaradamente con los de París: en el decimoquinto, donde deberíamos haber hallado la iglesia de Notre-Dame de l'Arche de l'Alliance, topamos con la Church of Saint Thomas the Apostle de Carpenterstown, del distrito decimoquinto de Dublín. Cuando fuimos a ver la Tour Montparnasse en el *sixième*, llegamos a Sandford Road y jugamos a los videojuegos, con unos chicos que vestían el uniforme del Gonzaga, en el Jason's de Ranelagh, en el distrito sexto de Dublín; en la zona gay del Marais, en el cuarto distrito, vimos cómo Merrion Road se alejaba hacia el sur desde Ballsbridge, por el cuarto distrito de Dublín; al caminar por la rue du Temple, en el primer distrito, pasadas las tiendas de los mayoristas de joyería china, ésta se transformó en Chapel Street, donde un niño con un uniforme escolar y sandalias de los años ochenta vociferaba la primera estrofa de *Báidín Fheilimí* con voz trémula y aguda y el acento de la clase trabajadora de Dublín.

Aquel día de julio, en el piso de Baggot Street, en que decidí volver, sabía lo que eso supondría; sabía que encontraría a John, y también el tipo de delirio que sufriríamos en nuestra búsqueda compartida. Así, mientras avanzábamos por aquella ciudad oscura y con dos caras superpuestas, no dudamos ni un solo momento de que nuestros libros y rituales, aunque nos provocaran visiones fugaces y engañosas de Dublín, nos conducirían finalmente hasta Sarah.

No nos equivocamos. Usando los mapas de las dos ciudades, comenzamos a descubrir un orden en las visiones y las orientaciones que obteníamos de los libros. Tal vez fuera abstracto e imposible, pero en cualquier caso lo percibíamos los dos, en silencio, y nos permitió comprender la distribución del territorio y cómo podían desarrollarse los acontecimientos. De este modo la historia de dos ciudades comenzó a revelar lentamente sus secretos. Durante una serie de largas noches en el Objectif Lune, ante un montón de libros, mapas, lápices y papeles, distribuidos en la mesa debajo de nuestras pintas, restringimos la búsqueda primero a un solo distrito, el decimosexto, Ballyroan o Passy, luego a un puente sobre el río, sobre el Dodder o cruzando el Sena entre la Tour Eiffel y la Avenue President Kennedy, luego a una sola calle, rue de l'Alboni, y finalmente a un solo edificio, el número uno.

La mañana en que nos convencimos de que nuestros cálculos eran correctos, tomamos un generoso desayuno, con pastas y café, en una cafetería de la rue du Chemin Vert. Planificamos la ruta que seguiríamos en el metro para llegar hasta allí, y luego charlamos durante una hora de otras cosas, temas de los que nunca antes habíamos hablado, nuestros padres, Ian, Anna, la vida en casa. Y al fin, hacia las once, como por un acuerdo preestablecido, terminamos esa conversación para siempre y salimos del café para ir al encuentro de Sarah y del siguiente nivel.

La calle bajo la estación de metro de Passy estaba cubierta de hojas marrones húmedas, y el viento que soplaba hacía pensar en los libros de texto, los lápices y los dictados; había permanecido en París durante toda una estación. El número uno de la rue de l'Alboni estaba en la esquina; la entrada se hallaba bajo el Pont Bir-Hakeim, con una puerta de cristales translúcidos y herrajes con diseños curvos. Estaba abierta, así que entramos en el vestíbulo. Desde allí, una puerta de cristal conducía a las escaleras y al ascensor. Junto a ella estaba el panel con los interfonos de los distintos apartamentos; los inspeccionamos hasta encontrar el último de nuestros *sortes:*

Sarah Ní Dhuibhir, PMV.

John pulsó el botón y los dos nos retiramos un poco. Hubo una larga pausa. Miré a través de las cortinas de red de la portería, en el lado opuesto del vestíbulo, y vi que el portero me miraba también desde detrás de ellas. Cuando John iba a pulsar por segunda vez, hubo un chasquido y un zumbido anónimos, y entramos por la puerta de cristal. Tomamos el pequeño ascensor, que nos llevó con un ruido quejumbroso hasta el sexto piso. Aquel piso superior, como el de mi edificio en Bastille, era oscuro y sin moqueta, un pasillo tétrico con el suelo de madera basta y con una pequeña puerta azul a cada lado. No había ningún nombre en la puerta de la izquierda, y detrás de ella se oían unas voces masculinas que hablaban un idioma extranjero. En la de la derecha había una pequeña tarjeta grabada con las iniciales «PMV»; tras ella no se oía nada. John golpeó la puerta dos veces y esperamos.

Una voz femenina respondió, en irlandés:

–*Tar isteach.* Entrad.

Era ella, la voz profética de un pasado muy lejano. John, demacrado y con el reflejo verdoso en los ojos, dudó, como si tuviera miedo. Empujé la puerta y entramos.

Accedimos a una pequeña estancia circular, pobremente amueblada con un viejo sofá de cuero y una cama plegable a rayas verdes, con la almohada y las sábanas cuidadosamente plegadas en un extremo. Sarah estaba de pie, de espaldas a nosotros, mirando por una de las tres altas ventanas de doble hoja que daban al Sena y a la Tour Eiffel, que se alzaba justo enfrente, dominando la vista. Un cigarrillo humeaba en su mano.

–Me alegro de que hayáis venido –dijo sin volverse.

A su derecha, delante de la ventana central, había tres cajas llenas de papeles, y junto a ellas, un escritorio con un ordenador portátil cerrado, un frutero lleno de mandarinas, un limón viejo, y una pequeña pila de céntimos obsoletos.

–¿Estás bien? –le pregunté.

Lanzó el cigarrillo al viento por la ventana abierta, la cerró ruidosamente y se volvió hacia nosotros. Tenía un aspecto sorprendentemente saludable, tal vez un poco más delgada que antes e igual de pálida. Llevaba unos pantalones y una camiseta negros. Nadie hizo un solo movimiento para besar o abrazar a nadie. Ella nos miraba de un modo inexpresivo con sus grandes ojos grises.

–Me alegro de que hayáis venido –repitió. Fue hasta el sofá y se sentó–. Tengo algo que deciros.

–Lo sabemos, Sarah –dijo John–. Lo descubrí. No puedes encontrarle. Se escapa como el aire entre tus dedos. Te inventaste los encuentros.

Se miraron a los ojos en una pausa prolongada, hasta que Sarah la interrumpió desviando la vista. Se levantó y se detuvo de nuevo ante la ventana, mirando la Tour Eiffel, gris y vulgar a la luz de primera hora de la tarde. Una barcaza cargada de arena pasaba con lentitud.

–Bueno, no exactamente –dijo ella–. He encontrado este lugar. Él... ellos estuvieron aquí. Aquí es donde imprimían nuestros informes. Los imprimieron todos. Pero llegué demasiado tarde. Sabían que venía y se marcharon. Tenemos que encontrarles.

–¿Estás segura de que éste es el lugar? –preguntó John.

Sarah sacó un pliego de hojas de una de las cajas y se las tendió.

John las fue pasando cuidadosamente con sus manos fuertes y pálidas, dándomelas de una en una cuando las terminaba de leer. Eran correos electrónicos impresos, enviados por Sarah, todos en español. Por lo que pude entender, describían nuestras sesiones en Northumberland Road.

De: «Sarah Ní Dhuibhir» nidhuibhs@tcd.ie
Para: «Luis» laninahillen@eurosur.org
Enviado: 1 abril 2004, 18.56.40
Re: jueves

Empezamos con una lectura normal, como solíamos hacer, dos libros, dos voces

–¿Por qué... por qué los imprimieron? –pregunté–. Quiero decir, si él nunca vio a...

Sarah me ignoró, y le dijo a John:

–Eso no es todo. Mira lo que les hicieron.

John comenzó a pasar las páginas con rapidez. Le vi palidecer y estremecerse conmocionado. Alargué el brazo y me tendió la hoja con la mano temblorosa. Era la descripción, me pareció, de la noche en que cobraron vida las estatuas en lo alto del Bank of Ireland («que empezaron a moverse»). La palabra «PUTA» estaba escrita en lápiz azul cruzando la página. John me pasó más hojas. En todas había expresiones muy vulgares garabateadas en lápiz azul. En una de ellas había un dibujo esquemático de tres personas. Debajo se leía: «John, Niall, Sarah». Eran monigotes con enormes genitales, los hombres con penes mayores que ellos, Sarah un conjunto de círculos obscenos. Seguimos pasando las hojas. Sarah y John, o burdas representaciones sexuales de ellos, aparecían en todas partes. Yo aparecía solamente en dos páginas; una de ellas representaba a un monigote, John, sodomizando a otro, yo, con la palabra «PÉDÉ» escrita encima. Había muchos dibujos de Sarah en posiciones obscenas, con «puta», y sus variantes en otros idiomas, escrito por todas partes, encima del meticuloso español hibernés de los correos electrónicos. Era evidente, por los cambios de idioma y los distintos estilos de los dibujos y la letra, que aquello era la obra de varias personas, no de una sola.

Devolví las hojas a John y él se las tendió a Sarah, que las guardó de nuevo en la caja.

–Bueno –dijo Sarah–, se han marchado. Sabían que venía a su encuentro y han huido.

–Les encontraremos –dijo John–, donde sea que estén, por más tiempo que nos cueste.

–Sí –añadí–. Les encontraremos. Llegaremos hasta el siguiente nivel.

–Muy bien –dijo Sarah–, poned vuestros libros en la estantería.

John y yo abrimos nuestras bolsas y añadimos nuestros volúmenes a la pequeña colección que había en la librería. Tras un momento de duda, tomé lo único que quedaba dentro de mi bolsa, el pliego de papeles de Keith Balfour, y lo dejé también con los demás.

–Niall, tú primero –ordenó Sarah–. *Tolle, lege.*

–No –dije–, tú, elige tú.

John asintió:

–Sí, Sarah, tienes que ser tú.

Sarah apartó la vista de la librería y miró por la ventana hacia el cielo azul pálido, atravesado por las vigas de hierro de la Tour Eiffel. Su mano recorrió de un lado a otro la hileras de libros y se detuvo, finalmente, en el pliego de páginas de Keith. Sin mirar, retiró el sobre y pasó la mano una y otra vez por el grueso montón de papeles impresos, hasta que eligió uno y lo separó de los demás. Pasó los dedos por la hoja, como si contuviera un texto en Braille, y leyó en voz alta el pasaje elegido:

> –Vale, ¿dónde viven mis padres? –pregunté.
>
> La respuesta que elegí fue ésta:
>
> –Lo podemos tomar solo –dijo Stephen–. Hay un limón en el aparador.
>
> –Maldito seas tú con tus modas de París –dijo Buck Mulligan–: yo quiero leche de Sandycove.

Sara reflexionó unos instantes, mirando de la hoja a la ventana y de nuevo a la hoja. Pasaron unos segundos y al fin habló.

–Ya lo tengo. Debemos ir a Italia. «Maldito seas tú con tus modas de París» es una clara exhortación a abandonar esta ciudad. «Mis padres» tiene que referirse a los líderes de la organización: después de todo también ellos han dejado París. Y aunque hayan podido engañarme en el pasado, ahora estoy segura de que la sede principal está en Roma. Roma es la ciudad de nuestros padres también en otro sentido: es el lugar donde los hombres que en la antigüedad emplearon la técnicas de los *sortes* escribieron los textos que describían sus prácticas para que pudieran llegar hasta nosotros. Creo que la mención de los limones es simplemente una referencia al sur de Italia, famoso por sus limonares. «*Kennst du das Land, wo die Zitronen blühn*», «conoces el país donde florecen los limoneros», como dice Goethe. La *sandy cove,* cala arenosa, puede entenderse como la bahía de Nápoles. La imagen de un limón en el aparador hace pensar en oro dentro de una caja fuerte; en Roma, o tal vez en Nápoles, hay algo valioso que espera ser descubierto. ¿Qué opináis? –preguntó después de una pausa.

–Estoy de acuerdo –respondió John–, tiene sentido. Iremos a buscarles a Italia. ¡Hacia el sur!

Mientras hablaban animadamente sobre el significado del pasaje, mi atención se apartó de lo que decían para fijarse en un *bateau mouche* que pasaba por el río. Su sirena dio tres toques largos y graves. *Ooh-ooh-eeh.* Desde la ribera izquierda del Sena, la música inevitable, las voces tintineantes y fantásticas, llegaron hasta mí por la ventana abierta. Íbamos a abandonar aquel lugar, partiríamos a tierras lejanas a proseguir nuestra búsqueda. Seguiríamos el largo camino hacia el sur, hacia el siguiente nivel.

Y entonces, tuve una duda. La sensación de algo inconcluso me turbó. La sirena del barco volvió a sonar, un toque que pareció responder a mi incertidumbre, ofrecer la línea que faltaba, el último verso.

... y en lo secreto me enseñas la sabiduría...

No, no era eso.

Ante las miradas de John y Sarah, fui hasta la librería y tomé uno de los papeles de Keith, dispuesto a elegir un sincronismo por mi cuenta.

Mientras buscaba el pasaje que debía leer, la sirena del *bateau mouche* sonó tres veces más, con toques largos y tristes, como la campana de una catedral. Con el último de ellos, llegó por encima del agua rizada la frase olvidada, el último verso, el más sencillo, la más obvia culminación de todos los anteriores:

«No lo sé», dice la gran campana de Bow.

Se despejó la niebla que cubría el mundo. Miré a mis compañeros y les dije que se había acabado. Me despedí deseándoles lo mejor.

–Ha sido un placer, de veras –dije–. ¡Y ahora buena suerte!

Desde el aeropuerto de Dublín, tomé un autobús que me llevó hasta O'Connell Street, fui a pie a Stephen's Green y tomé el tranvía hasta Rathgar, pero no encontré a nadie en casa de los McVeigh. Le dejé una nota a Patrick y caminé hacia Ranelagh, pasando por la entrada del Gonzaga, donde vi un pequeño grupo de chicos de trece años con el uniforme de mi antiguo instituto, voces trémulas sobre el fragor de la hora punta. La tarde declinaba cuando pasé por Eglinton Road, donde tantas veces estuve a punto de llorar por un amor ilusorio. Esperé en la parada de autobús junto a la iglesia de Donnybrook, frente al tráfico veloz de Stillorgan Road. En la puerta de la iglesia, un grupo vestido de negro que se agitaba con saludos y condolencias debía de ser el de los últimos asistentes en llegar a un funeral. Las campanas anunciaron el comienzo de la ceremonia.

–¿Sabe cuándo llega el próximo 46A? –le pregunté a la anciana que esperaba a mi lado.

–Abracadabra –dijo, señalando el vehículo verde que venía hacia nosotros, procedente del centro.

Subí al autobús y pagué el billete. «No lo sé», me pareció que decían las campanas. Pero cuando subía al piso superior, me detuve en el último escalón y volví a escuchar. Entre el fragor del tráfico, en el aire gris del atardecer, comencé a distinguir los primeros sonidos de algo viejo y triste, los últimos sonidos de algo nuevo. Pero antes de que pudiera comprenderlo del todo, el 46A había cerrado sus puertas y entraba de nuevo en la autopista, llevándome una vez más, por las luces del tráfico, por los años, hacia el sur.

Agradecimientos

Estas páginas son un pobre resultado en relación con la ayuda y al empeño de todas las personas que secundaron su creación. En primer lugar, quiero dar las gracias a Keith Wallman, de Carroll & Graf, cuya creatividad, paciencia y comprensión hicieron posible este libro; también en primer lugar quiero mencionar a Elaine Markson y Gary Johnson, que fueron amigos fieles de la obra y de su autor desde el principio.

Es inestimable mi deuda con quienes leyeron los muchos borradores y versiones provisionales de esta obra, y me ofrecieron su ayuda y su complicidad a lo largo de todo el proceso de creación. En Dublín: Léan Ní Chuilleanáin, Caitríona Ní Dhubhghaill, Helen Finch, Carmel McCrea, Colin McCrea, Killian McCrea, Rónán McCrea, Rachel Magshamhráin, Gary O'Reilly y Francis Sweeney. En Princeton y Nueva York: Michelle Clayton, Maria DiBattista, Ingrid Horrocks, Paul Muldoon, Ricardo Piglia, Elaine Showalter, Erika Thorgerson, Éric Trudel, Don Weise y, especialmente, Edmund White.

Este libro está dedicado con amor y gratitud a Ludovico Geymonat.

Índice

Libro primero 11
Libro segundo 101
Libro tercero 241

Título de la edición original: *The first verse*
Traducción del inglés: Luis Nacenta,
cedida por Ediciones Destino, S. A.
Diseño: Joan Batallé
Fotografía de la sobrecubierta: © Bruno Perousse/AGE Fotostock

Círculo de Lectores, S. A. (Sociedad Unipersonal)
Travessera de Gràcia, 47-49, 08021 Barcelona
www.circulo.es
1 3 5 7 9 6 0 0 7 8 6 4 2

Licencia editorial para Círculo de Lectores
por cortesía de Ediciones Destino, S. A.

Depósito legal: B. 28540-2006
Fotocomposición: Fotoletra, S. A., Barcelona
Impresión y encuadernación: Printer industria gráfica
N. II, Cuatro caminos s/n, 08620 Sant Vicenç dels Horts
Barcelona, 2006. Impreso en España
ISBN 84-672-1967-X
N.º 28720

3